KB235298

남북교류협력의 규범체계

이 효 원

景仁文化社

머리말

남북통일이란 남한과 북한이라는 두 개의 정치적 실체를 단일한 정치체제로 통합하는 것만을 의미하는 것이 아니라 사회·문화·심리적 통합을 통하여 새로운 민족공동체를 창조하는 과정을 의미합니다. 이 새로운 민족공동체는 '나 자신과 나의 가족, 친구, 이웃이 행복하게 살아갈 수 있는 사회공동체'이며, 규범적으로는 자유민주주의와 법치주의가 보장되는 사회입니다. 통일은 개념본질적으로 '원래는 하나'라는 것을 전제로 하고 있습니다. 남북한은 '원래 하나의 한(韓)민족'이기 때문에 통일이 되어야 한다는 것입니다. 이때 주의하여야 할 것은 통일의 정당성과 당위성은 '닫힌 민족주의'가 아닌 '열린 민족주의'로부터 나온다는 것입니다.

분단국가에서 태어난 '나'는 자신의 의사와 상관없이 한시도 통일로부터 자유로운 적이 없었습니다. 그래서 통일을 객관적으로 바라보기가 어려웠습니다. 통일문제의 출발점은 '나'에 대한 존재론적 인식입니다. 내가 발을 딛고 존재하고 있는 사회가 현재 어떠한 모습인지, 어떠한 역사적 배경을 바탕으로 하고 있는지, 그리고 어떠한 미래를 지향하고 있는지를 객관적으로 바라볼 수 있어야 합니다. 그래야만 지금 당장 내가 무엇을 해야 할지를 알 수 있기 때문입니다. 세계화와 지역화가 동시에 진행되고 있는 21세기에 남북한 관계도 근본적으로 변화하고 있습니다. 남북한 관계를 객관적으로 바라보고 남북교류협력을 어떻게 진행하여야 할 것인지를 결정하고 그에 필요한 준비를 하여야 합니다.

저자는 검찰 공안부와 법무부 특수법령과에서 검사로 근무하면서 남북통일에 대하여 실천적 고민을 하게 되었으며, 통일국가인 독일·베트남·예멘, 분단국가인 중국·대만·키프로스, 체제전환국가인 러시아·체코 등 동구유럽국가들, 그리고 북한 지역도 10여 차례 다녀오는 소중한 경험을 하였습니다. 그 과정에서 ‘나’는 자유민주주의와 법치주의가 보장되는 한민족공동체를 지향한다는 것을 확인할 수 있었습니다. 남북한 관계의 현실은 평화통일을 위하여 남북교류협력을 요구하고 있으나, 그에 대한 적실성 있는 규범체계는 마련되지 못하고 있습니다.

남북분단의 원인에서 알 수 있듯이 남북한 관계는 민족 내부문제이자 국제문제의 성격을 갖고 있습니다. 또한, 남북한은 각각 규범적으로는 상대방을 인정할 수 없으면서도 현실적으로는 평화통일을 달성하기 위하여 상대방의 실체를 인정하고 교류협력을 진행하지 않을 수 없습니다. 여기에 남북한 관계를 규율하는 규범체계를 마련하는 어려움이 있습니다.

이 책은 남북교류협력에 대한 규범체계를 헌법학적으로 연구한 결과물로서, 저자의 서울대학교 대학원 법학박사학위논문인 ‘남북한특수관계론의 헌법학적 연구’를 보완·정리한 것입니다. 저자는 이 책에서 자유민주주의와 법치주의를 이념적 목표로 설정하고, 남북한 관계를 그 조망하는 관점과 규범영역에 따라서 구분하여 남북교류협력을 규율하는 규범체계를 모색하였습니다.

이 책을 출간하면서 부모님과 성낙인 교수님·정종섭 교수님께 깊이 감사드립니다. 사랑하는 아내와 예인, 의인이와도 함께 이를 기념하고자 합니다.

2006. 9

저자 李孝元

<차 례>

제4장 남북한특수관계론의 국내법적 적용 ∘ 165

제5장 남북한특수관계론의 남북한간 적용 ◦ 237

제1장 서 론

1. 남북통일과 남북한 관계의 규범적 의의

한반도가 대한민국과 조선민주주의인민공화국으로 분단된 이후, 남북한은 각각 자신이 한반도에서의 유일한 정통성과 합법성을 가진 국가이며 상대방에 대하여는 불법적으로 영토의 일부분을 점령하여 사실상 지배하고 있는 불법단체라고 주장하고 있다. 남북한의 분단상황은 냉전시대의 이념적 갈등의 부산물로서 동족상잔의 전쟁을 겪으면서 상호 불신과 반목을 거듭하는 가운데 남북한 각각 정치권력의 이해관계에 따라서 정권유지의 수단으로 이용되기도 하였다. 그 과정에서 민주주의 사회발전을 저해하고 이산가족 문제를 야기하는 등 인간의 자유와 행복 등 기본적 인권보장을 방해하는 장애물로 기능하였다. 남북한은 모두 한반도에서의 분단상황을 극복하고 한민족공동체의 재통일을 달성하는 것을 민족적 지상과제로 삼아왔다. 남북통일은 남북한 주민으로 하여금 전쟁의 공포와 이산의 고통으로부터 벗어나 자유민주주의를 실현함으로써 인간으로서의 존엄과 가치를 바탕으로 자유와 행복을 향유하도록 하는 것을 목표로 하고 있다. 이는 분단상황에서 비롯되는 정치·경제·사회·군사적 부담과 비용을 민족적 역량으로 결집시켜 보다 행복한 국가공동체를 이룩하는 것이며, 세계평화와 인류공영에도 이바지하는 기초가 된다. 여기에서 남북통일의 민족사적 당위성을 발견할 수 있다.

남북통일이란 "제2차대전 종말과 함께 38도선으로 양단되어 있는 남한과 북한을 통일하여 한 국가로 만드는 일"(민중서관 국어대사전)이며, 남북한 주민이 서로 적대적인 상이한 체제 속에서 살고 있는 현재의 분단상태를 극복하고 하나의 민족공동체를 형성하여 살아가는 것을 의미한다. 이는 남북한이 분단되기 이전의 상태로 돌아가는 것이 아니라 서로 상이한 역사적 현실과 조건을 인정하고 이를 바탕으로 새로운 하나의 공동체사회로 발전시켜 나아가는 창조적인 과정이라고 하겠다. 따라서 남북통일은 정치적으로 대립되었던 통치기구를 하나로 통합하는 것일 뿐만 아니라 상이한 경제체제와 이질화된 문화를 단일하고 동질적인 민족문화로 재구성하는 사회·경제적인 통합을 포함하는 개념이다. 그러므로 남북통일은 비록 정치적 통일이 달성되었다고 하더라도 그것만으로는 부족하고 사회·경제적 통합이 달성되었을 때에 비로소 완성되는 것이라고 하겠다.

남북한이 정치적 통일과 경제·사회적 통합을 달성하기 위해서는 그 과정과 결과에 있어서 법제도의 통합이 필수불가결한 필요조건으로서 통일을 뒷받침하는 수단으로 기능하게 된다. 이때 법제도의 통합이란 헌법의 문제로서 헌법규범을 기초로 하여 통일적인 규범체계에 부합하도록 추진되어야 한다. 남북통일은 남북한 주민의 자유와 권리를 보장하고 새로운 국가공동체를 조직하고 구성하는 작업이므로 헌법적인 문제일 수밖에 없으며, 통일방안의 수립, 통일정책·전략의 입안·집행과 관련되는 국가기관의 작용과 개인의 행위는 국가정치와 국민생활의 최고의 가치규범인 헌법규범에 바탕을 두고 이에 부합하도록 이루어져야 한다. 이러한 의미에서 헌법은 통일을 달성하는 수단임과 동시에 통일의 방향을 제시하고, 통일의 방법과 절차를 규율함으로써 통일의 법적 정당성을 부여하는 규범적 기준이 된다.

남북통일과 남북한 관계를 법규범적 관점에서 파악하기 위해서는 최고규범인 헌법을 정점으로 관련법령의 제정과 해석 등을 통하여 그에 관한 법규범체계를 확립하여야 한다. 남북통일과 남북한 관계에 대한 국

가기관의 정치·행정작용, 입법작용, 사법작용은 물론 개인의 법적 활동
도 모두 그 법규범체계에 따라서 이루어져야 하며, 그에 대한 정당성과
합법성도 동일한 기준에서 평가되어야 한다. 이와 같은 규범체계를 확립
하기 위해서는 남북통일과 남북한 관계에 대한 헌법규범적 의미를 분석
하는 것이 우선적 과제로 요청된다. 이는 구체적으로 우리 헌법규범상
북한의 법적 지위가 무엇이며, 남북한 관계는 어떠한 규범적 의미를 가
지는가를 규명하는 것이다.

20세기 말 사회주의체제의 붕괴에 따라 국제적 긴장이 완화되고 체
제·이념의 대립구도가 와해됨에 따라서 1992년 남북한이 국제연합(UN)
에 동시에 가입하고, '남북 사이의 화해와 불가침 및 교류협력에 관한
합의서(이하 '남북기본합의서'라고만 한다)'를 체결하는 등 남북한간 교
류가 확대되고 협력이 강화되어 왔다. 특히, 2000년 6월 15일 남북한 정
상회담이 개최되고 개성공단과 금강산관광사업이 실현되어 다수의 남한
주민이 북한을 방문하고 있다. 남북한 인적·물적 교류는 1990년 이후 지
속적으로 증가하고 있는데, 2006년 5월 말 현재를 기준으로 첫째, 인적 교
류로는 남한 주민의 북한 방문은 총 208,876명(금강산관광객 1,258,699명
제외)에 이르고, 남북한 주민의 접촉은 총 28,812명에 달하고 있으나, 북
한 주민의 남한 방문은 총 6,828명에 불과하다. 둘째, 물적 교류로는 남
북협력사업자승인이 총 246건(경제분야 126건, 사회문화분야 120건)이
며, 남북협력사업승인이 총 219건(경제분야 98건, 사회문화분야 121건)인
가운데 북한으로 반출한 내역은 총 52,583건 3,359,017달러, 반입내역은
총 52,141건 3,117,526달러로 총 104,724건 6,476,543달러에 이른다.[1)]

최근에는 북한이탈주민이 제3국을 경유하여 남한에 정착하는 사례가
급증하는 등 정치·군사·경제·사회문화 각 분야에서 남북한 관계는
급속한 발전과 변화를 보이고 있다. 국제사회에서도 북한 핵문제의 평화
적 해결을 위한 노력과 북한이탈주민을 포함한 북한 주민들의 인권문제

---

1) 통일부, 월간 남북교류협력 동향 제179호, 2006.5.

의 개선을 위한 노력이 지속적으로 전개되고 있다. 이와 같이 남북교류
협력이 국내외적으로 전면적·일상적으로 진행되고 있어 남북한 관계와
남북통일은 더 이상 정치적 선언이나 추상적인 이념에 머무는 것이 아
니라 우리 생활에 직접적이고 구체적으로 영향을 미치는 현실로 다가오
고 있다. 이러한 남북한 관계의 변화는 남북통일이라는 이념적 기초를 대
전제로 하고 진행되고 있으므로 남북통일에 적용되는 헌법규범적 기준이
남북교류협력을 비롯한 남북한 관계에도 그대로 적용된다고 하겠다.

2. 남북교류협력에 대한 규범체계의 부재

남북분단 이후 남북통일과 남북한 관계는 남북한이 서로 상대방의 존
재를 규범적으로 인정하지 않아 규범적으로 규율되지 못하였다. 즉, 남
북교류협력 과정에서 발생하는 문제를 정치적 방법으로 해결하였을 뿐,
그 해결을 위한 법제도적인 장치를 마련하지 못하였다. 이에 따라 남북
통일과 남북한 관계에 관한 법규범적인 연구는 실효성을 가질 여지가
없었고, 그 결과 남북통일과 남북한 관계는 법규범이 아닌 정치논리에
따라 규율되어 올 수밖에 없었다. 이러한 악순환으로 인하여 남북한 관
계는 남북교류협력의 진전에 따라 법제도적인 규율의 필요성과 당위성
이 보다 강력하게 요구됨에도 불구하고 오히려 법치주의 원칙으로부터
이탈되어 법제도적 규율에서 방기되는 결과를 초래하였다.

최근 북한이 경제분야에서 개방개혁정책을 추진함에 따라서 남북교
류협력이 다양하게 확대되고 있음에도 남북교류협력은 남북한 관계를
규율하는 적실성 있는 법규범을 마련하지 않고 있는 상태에서 진행되고
있다. 특히, 개성공단사업과 금강산관광사업의 경우 다수의 남한 주민이
북한 지역에 상시 출입하고 그곳에서 장기간 체류·거주하면서 북한 주
민과 더불어 근무하고 생활할 것이 예정되어 있어 남북한 주민 사이에

다양한 형태의 민·형사상의 사건사고와 그에 따른 법률문제가 발생할 개연성이 매우 높다. 또한, 북한이탈주민이 남한에 정착하여 새로운 사회구성원으로 활동함에 있어서 북한에 거주하는 배우자와의 이혼·상속 등 가족법상 분쟁도 계속 발생하고 있다. 이러한 법률문제를 해결할 수 있는 법규범적 기준을 마련할 것이 시급히 요청됨에도 불구하고 그에 대한 법제도적 장치는 마련되지 못한 것이 현실이다.

우리 헌법은 제3조에서 "대한민국의 영토는 한반도와 그 부속도서로 한다"고 규정하고, 제4조에서 "대한민국은 통일을 지향하며, 자유민주적 기본질서에 입각한 평화적 통일정책을 수립하고 이를 추진한다"고 규정함으로써 현실적으로나 규범적으로나 한반도의 분단상황을 인정하고 통일의 기본원리와 방법을 제시하였다. 이와 같이 우리 헌법은 규범적으로 완성헌법임을 전제로 하는 규정을 유지하면서도 규범적·현실적으로 분단헌법임을 인정하고 있어 북한의 법적 지위와 남북한 관계에 대하여 헌법 제3조와 제4조의 해석론을 둘러싸고 오랫동안 법리적 논쟁이 계속되어 왔다.

현재 남북통일과 남북한 관계에 대하여 적용되는 법규범은 국내법률과 남북한 당국이 체결한 남북합의서로 구분될 수 있다. 첫째, 국내법률로는 남북통일과 남북한 관계의 기본 원칙을 선언하고 있는 헌법, 남북교류협력에 관한 기본법인 남북교류협력에관한법률과 남북관계발전에관한법률, 그리고 일정한 분야에 적용되는 남북협력기금법, 통일교육지원법, 북한이탈주민의보호및정착지원에관한법률 등이 있으며 남한의 국내법적 관점에서 남북한 관계를 규율한다. 둘째, 남북한 당국간 체결한 남북합의서로는 남북기본합의서를 비롯한 다양한 남북합의서가 있으며 남북한 상호 간의 관점에서 남북한 관계를 규율한다.

그러나 남북교류협력을 규율하는 국내법률인 남북교류협력에관한법률 등도 남북한 관계의 특정한 분야에서 발생하는 개별적 사안에 대한 절차법적 규정을 두고 있을 뿐이어서 남북한 관계에서 발생하는 다양한 법률관계를 규율하는 법규범적 기준을 제시하지 못하고 있다. 남북합의서도 그 형식과 체결절차가 다양하여 그 법적 성격과 효력에 대하여 논란이 계속되고 있다. 따라서 헌법을 포함한 국내법률과 남북합의서는 그 내용과 체계에 있어서 질적으로나 양적으로나 모두 남북통일과 남북한 관계에 대하여 적용되는 법규범체계로서 매우 미흡하다고 판단된다.

요컨대, 남북한이 남북회담을 진행하여 각종 남북합의서를 체결하고, 개성공단사업을 비롯한 경제·사회문화 분야에서 다양한 교류협력사업을 활발히 전개하고 있음에도 불구하고 남북통일과 남북한 관계를 규율하는 법규범체계가 정립되지 못한 것이 문제이다. 이는 첫째, 국내적으로 통일국가 달성을 위한 과정에서 수반되는 통일방안, 통일 및 남북한 관계에 대한 정책수립과 입법조치 등 모든 국가작용의 법이론적 기초와 토대가 부족하다는 것을 의미한다. 둘째, 남북한 관계에 있어서도 남북회담의 진행과 남북교류협력사업의 추진뿐만 아니라 통일 과정과 통일 이후의 법률·사법통합의 규범적 기초와 정당성이 부재하다는 것을 의미한다. 셋째, 나아가 미국·중국·일본·러시아 등 한반도 주변국가와의 국제관계에 있어서도 남북통일과 남북한 관계를 주장하고 그 특수성을 반영할 수 있는 법이론적 논리와 대책이 부실하다는 것을 의미한다. 따라서 남북통일과 남북한 관계의 헌법규범적 의미를 분석하고 그에 대한 규범체계를 정립하는 것은 자유민주적 기본질서와 법치주의에 입각한 남북통일을 실현하는 가장 기본적인 과제라고 하겠다.

3. 남북한특수관계론

그 동안 일부 학자들은 남북한 관계에 대한 이와 같은 규범적 부재상황을 인식하여 통일전 동서독관계의 사례를 참고하여 남북한 관계에 적용할 수 있는 법규범적 이론으로서 남북한특수관계이론을 제시하였다.

이는 일반적으로 "남북한의 관계는 현실적으로 분단된 국가인 남한과 북한의 관계로서 나라와 나라 사이의 관계가 아닌 통일을 지향하는 과정에서 잠정적으로 형성되는 특수한 관계이며, 남북한간 발생하는 구체적인 사안에 따라서 달리 적용되는 북한의 이중적 지위를 바탕으로 국내법 또는 국제법 원칙이 상이하게 적용되는 관계"로 설명되어 왔다.[2] 그러나 남북한특수관계이론도 남북한 관계가 정치적 상황에 따라 변화된다는 것을 이유로 "개별적인 사건에 따라서 국내법을 적용하는 경우도 있을 수 있고, 국제법 원칙을 적용하는 경우도 있을 수 있다"는 지극히 총론적이고 원칙적인 논의에만 머물러 왔다. 따라서 남북한 관계를 비롯한 남북교류협력의 과정에서 발생하는 다양한 법률적 쟁점들에 대하여 이를 법리적으로 해결할 수 있는 규범적인 기준을 제시하지는 못하고 있다.

물론 남북한특수관계의 구체적인 의미와 내용은 통일을 지향하는 과정에서 남북한 관계의 정치적 상황과 발전양상에 따라서 가변적이며, 구체적으로 법규범이 적용되는 영역에 따라서 다양한 모습으로 나타나게 될 수밖에 없을 것이다. 그러나 남북한특수관계이론이 남북통일을 실현하는 법적 전제로서 남북한 관계를 규정하고 이를 규율하는 법규범적 기준을 제공하는 기초이론으로 기능하기 위해서는 일정한 규범적 기준에 따라 구체적인 기본원리를 제시할 수 있어야 한다. 즉, 남북한특수관계이론은 남북통일 과정에 있어서 남북한 사이에서 발생할 수 있는 다양한 법적 문제들을 유형화하여 어떠한 경우에, 어떠한 범위에서, 어떠한 기준과 원리에 따라서 국내법 또는 국제법 원칙을 적용할 것인지를 구체적으로 제시함으로써 남북한 관계의 현실을 정확하게 반영하는 동

---

2) 최대권, "남북합의서와 관련된 제반 법문제-특히 특수관계의 의미를 중심으로-", 법학 통권 93호, 서울대 법학연구소, 1993.12, 7~35면 ; 민족통일연구원, 남북한특수관계의 법적 성격과 운영방안, 1994, 6~31면 ; 제성호, 남북한특수관계론, 한울아카데미, 1995, 22~43면 ; 김승대, "남북한간 특수관계의 법적 성격에 관한 일고찰", 법조 통권 462호, 1995.3, 28~45면.

시에 이를 법규범적으로 규율할 수 있어야 한다. 남북한특수관계이론이 이와 같은 기능을 담당하지 못한다면 남북한 관계를 규율하는 규범체계를 수립하는 것이 아니라 오히려 규범체계에 혼란만 초래하여 결국에는 법치주의 원칙을 훼손하는 결과가 될 것이다.

남북한특수관계이론에 대하여는 통일 전 동서독과 같은 분단국가 내에 존재하는 분단실체 간의 독특한 관계를 설명하기 위하여 도입된 개념으로 아직 법리적인 측면에서 모든 분단국가에 대하여 일반적·보편적으로 적용될 수 있는 법적 지위를 가지고 있지 못할 뿐 아니라 이론적으로도 체계화되고 정형화된 단일한 논리구성을 갖추고 있지 못하다는 비판이 있다. 즉, 남북한특수관계라는 것도 남북한이 서로에 대하여 대외적인 법주체로서의 지위를 설정하여 주는 법리적 개념이라기보다는 일정한 역사적 조건하에서 분단체로 존재하는 단일민족의 특수한 현실적 상황을 지칭하는 상황적·실용적 개념이라는 지적이다.[3] 그러나 남북한 관계는 남북한 각각의 헌법규범상 서로 모순되고 충돌될 뿐만 아니라 대한민국헌법도 규범적으로 완성헌법을 기본으로 하면서도 현실적인 분단상황을 인정하고 있어 규범체계상 국가 간 관계라고 할 수 없으면서도 단일한 국내법이 현실적으로 적용되지도 않는 특수한 관계라고 할 수 있다.

남북한 관계는 국내법적 규범 영역에서 평화통일을 위하여 교류협력을 지향하면서도 현실적으로 정치적 이념과 체제에 의하여 상대방을 규범적으로 수용할 수 없는 한계를 가지고 있다. 국제사회에서는 남북한이 각각 엄연히 국가적 실체를 가지고 국제법의 주체로서 활동하고 있어 헌법을 비롯한 국내법을 국제법적 규범 영역에 그대로 적용할 수가 없다. 이러한 의미에서 남북한 관계는 국내법 또는 국제법 원칙의 적용만으로는 설명될 수 없는 '특수성'을 가지고 있다. 남북한특수관계이론은

---

3) 이상훈, "헌법상 북한의 법적 지위에 관한 연구", 법제 563호, 법제처, 2004.11, 81~83면.

헌법규범과 헌법현실, 그리고 남북한의 국내법적 지위와 국제법적 지위의 모순적 괴리현상을 합리적으로 설명할 수 있는 유용한 규범적 분석틀이라고 판단된다. 따라서 남북한특수관계이론에 구체적이고 각론적인 규범적 내용을 부여함으로써 남북한 관계에서 실제로 발생하거나 발생이 예상되는 법률문제에 대한 해결방안과 규범적 기준을 제시할 필요가 있다.

이 책은 남북한 관계를 헌법규범적으로 분석하여 헌법이론으로서 남북한특수관계론을 규명하고, 이를 법이론적 기초로 하여 남북교류협력에 대한 규범체계를 모색하는 것을 목적으로 한다. 남북한특수관계는 남북한 관계의 특수성을 강조하는 '사실개념'인 동시에 헌법해석을 통하여 도출되는 '법이론개념'의 성격을 가지나, 법규범으로서는 아직 입법작용을 통하여 명확하게 규정된 것이 아니므로 사실개념과 구별하여 '남북한특수관계론'이라고 표현한다.

4. 남북한특수관계론의 전제

남북통일과 남북한 관계는 남북한의 상이한 정치·경제·사회문화체제를 하나로 통합하는 새로운 국가공동체를 조직하고 구성하는 것을 이념적 목표로 하고 있으므로 남한 또는 북한 어느 일방의 입장만을 고려할 것이 아니라 쌍방 모두의 입장을 포괄하여 검토할 필요가 있다. 또한, 남북통일의 문제는 남북한 내부의 자주적인 문제와 국제적인 문제를 동시에 포함하고 있으므로 통일의 방식과 절차도 남북한 관계와 국제정세의 변화에 따라서 다양하게 전개될 가능성이 상존하고 있다.

남북한 관계를 규율하는 실효성 있는 법규범체계를 정립하기 위해서는 우선적으로 남북한이 분단된 이후 60년이 경과하면서 진행되어 온 역사적인 현실을 살펴보아야 한다. 이를 바탕으로 미래의 통일국가를 예상하여 가장 바람직하고 적실성 있는 통일방안을 중심으로 남북한특수관계를 헌법규범적으로 분석하는 것이 현실적이라고 할 것이다. 따라서 이 책에서는 현재의 남북한 관계가 진행되고 있는 궤적을 따라 향후 변화가 예상되는 남북한 관계의 이상적인 모습을 상정하여 현실적으로 적용할 수 있는 법이론을 도출하기 위해서 다음과 같은 세 가지 전제조건에 따라서 그 연구범위를 제한하고자 한다.

첫째, 대한민국헌법, 즉 남한헌법에서 규정하는 남북통일과 남북한 관계의 규범적 의미를 분석하는 것을 전제로 한다. 남북통일과 남북한 관계는 두 개의 상이한 체제와 이념을 전제사실로 인정하고 있으므로 이를 모두 포괄하는 상위개념에서 분석할 수도 있다. 그러나 이는 정치·사회학적 관점에서 그 유용성이 인정되는 것은 별론으로 하고, 헌법규범학의 관점에서는 위와 같은 연구목적을 달성하는 데에는 아무런 도움이 되지 않는다고 할 것이다. 헌법은 사실적 특성으로서 특정한 시대의 이념과 이데올로기가 반영되어 있을 뿐만 아니라 역사적 현실을 반영하고 있는 시대정신을 구현하는 가치지향적인 성격을 가지고 있으며, 규범적 특성으로서 통일된 가치체계로서 최고규범성을 가지고 있다. 그러므로 이러한 헌법규범의 특성과 남북한 분단의 현실을 고려하여 우리 대한민국헌법을 전제로 하여 그 규범적인 의미를 분석하는 것이 필요한 것이다. 다만, 북한헌법인 조선민주주의인민공화국헌법도 대한민국헌법에서 규정하는 남북통일과 남북한 관계의 헌법규범적 의미를 정확하게 분석하고 평가하는데 있어서 도움이 될 수 있으므로 그러한 범위에서 북한헌법도 함께 검토하기로 한다.

둘째, 남북통일을 준비하고 이를 실현하는 과정에서 발생하는 다양한 법적 문제점을 해결하기 위하여 남북한 관계의 헌법규범적 의미를 분석하고자 한다. 즉, 시기적으로 통일 이전 단계에 진행되는 남북교류협력을 대상으로 하며, 통일 이후에 이루어지는 법률·사법통합에 관한 문제는 연구범위에서 제외하고자 한다. 남북통일을 달성하는 것은 필수적으로 법적 통합을 필요로 하는 것이므로 남북통일을 완성하는 과정이나 통일 이후에 필요한 법적 통합작업은 남북통일의 방식에 따라서 그 내용과 정도가 다양하게 전개될 것이다. 이 책에서는 그와 같은 남북통일의 과정이나 통일 이후의 법적 통합을 준비하고 남북한의 정치적 통일 또는 사회문화적 통합작업을 대비한다는 것에 보다 큰 의미를 부여하고자 하는 것이다.

셋째, 남북통일을 실현하기 위한 특정한 통일방안을 전제로 하지 않고 남북한 통일을 실현하기 이전 단계에서 이루어지는 남북교류협력을 규율하는 규범체계를 모색하고자 한다. 남북한 통일방안은 남북한 정치관계나 국제정세에 따라서 역사적으로 다양하게 변화되어 왔으며, 통일에 대한 이념·가치에 따라서 다양한 방안이 제시되고 있다. 그러나 우리 헌법이 규정하는 자유민주적 기본질서에 바탕을 둔 평화통일을 전제로 하는 경우에는 어떠한 통일방안에 따르더라도 통일을 지향하는 현 단계에서는 그 목적을 달성하기 위해서 남북교류협력을 지속적으로 추진하여야 한다는 것 자체에 대하여는 아무런 이의를 제기할 수가 없을 것이다. 남북한 관계는 이를 조망하는 관점과 적용되는 규범 영역에 따라서 그 헌법규범적 의미·내용이 다양하고 가변적일 수가 있다. 그러나 우리 헌법에서 규정하고 있는 평화통일의 기본원칙을 바탕으로 하여 남북교류협력을 중심으로 검토하는 것이 적실성 있는 규범적 기준을 제공하는데 의미가 있을 것이다. 따라서 남북통일과 남북한 관계의 다양한 규범적 의미·내용을 고려하되 자유민주적 기본질서에 바탕을 둔 평화통일과 이를 실현하기 위한 구체적인 실천방안으로서 남북교류협력에 관한 규범체계를 모색하고자 한다.

제2장 헌법상 남북한 관계의 규범적 의미

Ⅰ. 헌법규정의 변화

1. 대한민국헌법

1) 건국헌법~1960년 헌법

1948년 7월 17일 제정된 건국헌법은 통일에 관하여 아무런 규정을 두지 않고 제4조에서 "대한민국의 영토는 한반도와 그 부속도서로 한다"고 규정한 영토조항을 통하여 법규범적으로 국토의 분단상황을 인정하지 않았다. 이에 따라 북한 지역도 대한민국의 영토의 일부를 구성하므로 당연히 대한민국의 영토고권이 미친다고 해석되었으며, 건국헌법은 분단국가 헌법이 아니라 영구헌법 또는 완성헌법을 전제로 하고 있는 것으로 평가되었다. 영토조항은 건국헌법의 제정을 위한 헌법초안에도 포함되어 있다. '유진오씨 헌법초안' 제4조는 "조선민주공화국의 영토는 조선반도와 울릉도, 제주도 기타 부속도서로 한다"고, '제2단계 헌법초안' 제4조는 "한국의 영토는 조선반도와 울릉도 및 기타의 부속도서로 한다"고, '법전편찬위원회 헌법초안' 제4조는 "대한민국의 영토는 경기도·충청북도·충청남도·전라북도·전라남도·경상북도·경상남도·황해도·평안남도·평안북도·강원도·함경남도·함경북도이다"고 각각 규정함으로써 북한 지역도 대한민국의 영토에 속한다는 점을 분명히 하고 있었다.

1952년 헌법, 1954년 헌법, 그리고 1960년 헌법에서도 통일에 관한 규정을 두지 않고 동일한 내용의 영토조항이 그대로 유지되었다. 다만, 1954년 헌법은 제7조의2를 신설하여 "대한민국의 주권의 제약 또는 영토의 변경을 가져올 국가안위에 관한 중대사항은 국회의 가결을 거친 후에 국민투표에 부하여 민의원의원 선거권자 3분지 2 이상의 투표와 유효투표 3분지 2 이상의 찬성을 얻어야 한다. 전항의 국민투표의 발의는 국회의 가결이 있은 후 1개월 이내에 민의원의원 선거권자 50만 인 이상의 찬성으로써 한다. 국민투표에서 찬성을 얻지 못할 때에는 제1항의 국회의 가결사항은 소급하여 효력을 상실한다. 국민투표의 절차에 관한 사항은 법률로써 정한다"고 규정하여 주권의 제약과 영토의 변경을 제도적으로 인정하였다.

요컨대, 해방 이후 한반도는 분단되어 남한 지역과 북한 지역에 두 개의 상이한 이념과 체제가 지배하고 있었다. 건국헌법은 미군정 상태에서 한반도의 가능한 범위 내에서 총선거를 실시한다는 UN소총회의 결의에 따라 남한 지역에서만 국회의원 총선거를 실시하여 당선된 국회의원으로 구성된 제헌국회에 의하여 제정되었으므로 북한 지역에 거주하는 주민들의 주권적 의사가 반영되지 않았다는 한계를 지니고 있었다. 그럼에도 불구하고 건국헌법은 법규범적으로는 분단헌법이 아닌 완성헌법으로서 북한의 실체를 인정하지 않았고, 남북통일이란 규범적 영역에 속하는 것이 아니라 사실의 영역에 속하는 것으로 인식하고 있었던 것으로 평가된다.

2) 1962년 헌법

4·19민주혁명을 통하여 자유당 정부의 권위주의체제가 무너지고 제정된 1962년 헌법은 종전에 제4조에서 규정하였던 영토조항을 제3조로 바꾸었을 뿐 그 내용을 그대로 유지하였으며, 종전에 제7조의2에서 규정하였던 영토의 변경을 위한 국민투표에 관한 규정을 삭제하였다. 그러나 부칙 제8조에서 "국토수복 후의 국회의원의 수는 따로 법률로 정한다"고 규정함으로써 한반도가 분단되어 있다는 사실을 처음으로 헌법에 명문으로 반영하였다.

이는 한반도의 분단상황을 간접적으로 인정하고 있으나 제3조의 영토조항을 그대로 유지하면서 부칙 제8조에서 '국토수복'이라고 표현한 것에서 알 수 있듯이 법규범적으로는 한반도의 분단상황을 인정하지 않고 있으며, 북한 지역에도 대한민국의 영토고권이 미친다는 입장을 그대로 유지하고 있었던 것으로 판단된다. 그러나 현실적으로 남북한이 영토적으로 분단되어 있다는 사실을 인정하고 이를 헌법에 명시하였다는 점에서 큰 의미가 있다고 하겠다. 한편, 1969년 헌법도 영토 및 통일에 대하여 1962년 헌법과 동일한 내용으로 규정하였다.

3) 1972년 헌법

'10월유신'의 기치 아래 조국의 평화적 통일을 전면에 내세워 등장한 1972년 헌법은 제3조의 영토조항을 그대로 유지하면서도 그 전문에 "조국의 평화적 통일의 역사적 사명에 입각하여 자유민주적 기본질서를 더욱 공고히 하는 새로운 민주공화국을 건설함에 있어서"라고 규정하였다. 이는 조국의 평화통일이 역사적 사명이며 새로운 민주공화국을 건설하는 이념적 토대와 정당성의 기초가 된다는 것을 명시적으로 선언한 것으로 평가된다.

조국의 평화적 통일을 추진하기 위하여 국민의 총의에 의한 국민적 조직체로서 통일주체국민회의를 헌법기관으로 신설하여 제3장 제35조에서부터 제42조까지 이에 대하여 상세한 규정을 두었다. 헌법 제35조는 조국통일을 '신성한 사명'으로 명시하는 한편, 통일주체국민회의의 헌법적 지위와 성격을 '국민의 주권적 수임기관'으로 규정하여 통치기구의 맨 앞 장에 규정하였다. 또한, 제43조는 대통령의 책무에 '영토의 보전'을 포함시키고, 대통령에게 '조국의 평화적 통일을 위한 성실한 의무'를 부과하였으며, 제46조에서는 대통령의 취임선서의 내용에 '조국의 평화적 통일을 위하여 대통령의 직책을 성실히 수행할 것'을 포함시켰다. 부칙 제10조는 "이 헌법에 의한 지방의회는 조국통일이 이루어질 때까지 구성하지 아니한다"고 규정함으로써 지방의회에 관한 헌법규정의 효력을 정지시켰다.

1972년 헌법은 제3조에서 영토조항을 그대로 유지함으로써 법규범적으로는 한반도가 분단된 것이 아니므로 당연히 북한 지역도 대한민국의 영토에 포함된다는 당위성을 강조하면서도, 한반도가 분단국가임을 헌법적 차원에서 직접 인정하고 조국의 평화적 통일을 국가목표로 설정하였다. 이를 달성하기 위하여 대통령에게 평화통일을 위한 헌법적 의무를 부과하고, 헌법기관으로 통일주체국민회의를 설치하여 대통령선출, 국회구성, 헌법개정 등에 대하여 막강한 헌법상 권한을 부여하였다. 이는 법규범적인 측면에서 제3조의 영토조항에 따라서 북한 지역도 대한민국의 영토에 포함되지만 한반도는 남한과 북한으로 분단되어 있다는 사실을 규범적으로도 인정한 것이다. 특히, 헌법이 인정하는 지방자치제도를 남북통일이 실현될 때까지 유예하는 규정을 두고 있어 1972년 헌법이 통일을 지향하는 잠정헌법으로서의 성격을 갖는 것이라는 평가도 가능하였다. 한편, 통일의 방법에 있어서도 종전의 '북진무력통일'이 아닌 '평화적 통일'을 규정함으로써 건국헌법에서 영토조항을 규정한 당초의

의미는 크게 상실되었다는 지적도 있다.[1]

　1972년 헌법에 대하여는 남북분단과 평화통일을 명목으로 초헌법적인 조치를 단행함으로써 정권유지와 강화를 위하여 이용한 것이라는 비판이 가능하다. 즉, 법치주의 원칙과 권력분립의 원칙에 위반되는 통일주체국민회의를 설치하여 운영하고, 헌법이 규정하는 지방자치제도를 조국통일이 이루어질 때까지 유예하는 등 비민주적인 헌법으로서 실질적으로는 계속집권을 위한 쿠데타적인 성격을 가진다는 것이다.

4) 1980년 헌법

　1980년 헌법은 조국의 평화적 통일에 대한 전문규정, 제3조의 영토조항, 그리고 대통령에게 영토보전의 책무와 조국의 평화적 통일을 위한 성실한 의무를 부과하고 선서하도록 한 제38조와 제44조의 내용을 그대로 유지하였다. 그러나 제47조에서 대통령의 국민투표회부권을 규정하면서 그 대상으로서 '기타 국가안위에 관한 중요정책'을 예시하면서 '통일'에 관한 내용을 신설하여 이에 포함시켰다. 즉, 1972년 헌법 제49조는 "대통령이 필요하다고 인정할 때에는 국가의 중요한 정책을 국민투표에 붙일 수 있다"고 규정하여 통일에 관한 사항을 명시하지는 않았으나, 1980년 헌법 제47조는 "대통령은 필요하다고 인정할 때에는 외교·국방·통일 기타 국가안위에 관한 중요정책을 국민투표에 붙일 수 있다"고 규정하여 통일에 관한 사항을 명시하였다. 제68조 제1항에서는 "평화통일정책의 수립에 관한 대통령의 자문에 응하기 위하여 평화통일정책자문회의를 둘 수 있다"고 규정하여 대통령의 자문기구로서 평화통일정책자문회의를 임의적 헌법기관으로 신설하였고, 그 대신 1972년 헌법에

---

[1] 양건, 입헌주의를 위한 변론, 고시계, 1987, 28면 ; 최창동, "헌법상 영토조항과 통일조항의 올바른 헌법해석론", 정책연구, 국제문제조사연구소, 2005, 295면.

서 막강한 권한을 부여하였던 헌법기관인 통일주체국민회의를 폐지하였
다. 또한, 조국통일이 이루어질 때까지 지방의회를 구성하지 아니하도록
규정한 부칙 제10조를 개정하여 "이 헌법에 의한 지방의회는 지방자치
단체의 재정자립도를 감안하여 순차적으로 구성하되, 그 구성시기는 법
률로 정한다"고 규정함으로써 지방의회의 구성과 통일과의 관련성을 배
제하였다.

요컨대, 1980년 헌법은 통일과 관련하여 통일주체국민회의를 폐지하
는 등 반법치주의적이고 비민주적인 요소를 개선한 측면이 있으나 대체
로 1972년 헌법에서 규정하는 기본원칙을 그대로 유지하고 있었던 것으
로 평가할 수 있다.

5) 1987년 현행헌법

1987년 개정된 현행헌법은 조국의 평화통일에 대한 전문규정, 제3조
의 영토조항, 대통령에게 영토보전의 책무와 조국의 평화적 통일을 위한
성실한 의무를 부과하고 선서하도록 한 제66조 제2항과 제69조, 대통령
의 통일정책에 대한 국민투표회부권을 규정한 제72조의 내용을 그대로
유지하고 있다. 다만, 1980년 헌법은 그 전문에서 '조국'의 평화적 통일
을 '역사적' 사명이라고 규정하고, 제3조에서 "대한민국의 영토는 한반
도와 부속도서로 한다"고 규정하였으나, 1987년 현행헌법은 그 전문에
서 '평화적 통일의 사명'이라고 규정하고, 제3조에서 1960년 헌법 이전
과 같이 "대한민국의 영토는 한반도와 그 부속도서로 한다"고 규정함으
로써 '그'자를 추가하였다. 또한, 제92조에서 평화통일정책자문회의의
명칭을 '민주평화통일자문회의'로 변경하였다.

현행헌법의 통일에 관한 가장 큰 변화와 특징은 제4조에서 평화통일
에 관한 규정을 신설한 것이라고 할 수 있다. 즉, 제4조는 "대한민국은
통일을 지향하며, 자유민주적 기본질서에 입각한 평화적 통일정책을 수

립하고 이를 추진한다”고 규정하였다. 이는 헌법이 추구하는 통일은 무력에 의한 것이 아닌 평화적 수단과 방법에 의한 통일을 의미하며, 궁극적으로는 자유민주적 기본질서에 반하는 통일을 배격함으로써 통일의 기본원리와 방법을 구체적으로 규정한 것이다. 헌법 제4조에서 규정하는 평화통일의 헌법규범적 의미에 대하여는 헌법 제3조와의 관계를 중심으로 다양한 학설과 이론이 제기되고 있다. 특히, 1990년 이후 남북통일에 관한 국제환경의 변화, 남북한의 UN 동시가입, 그리고 남북교류협력의 진전에 따른 남북한 관계의 발전에 따라서 헌법규범과 헌법현실 사이의 갈등이 심화되고 있다.

2. 조선민주주의인민공화국헌법

1) 1948년 헌법~1962년 헌법

1948년 9월 9일 제정된 조선민주주의인민공화국헌법은 국가의 영토, 통일과 남북한 관계에 대하여 직접적으로 이를 규정하지는 않았다. 그러나 제1조에서 “우리나라는 조선민주주의인민공화국이다”, 제7조에서 “아직 토지개혁이 실시되지 아니한 조선 안의 지역에 있어서는 최고인민회의가 규정하는 시일에 이를 실시한다”, 제53조에서 “내각에서 공포한 결정 및 지시는 조선민주주의인민공화국 영토 안에서 의무적으로 집행된다”, 제103조에서 “조선민주주의인민공화국의 수부는 서울시다”라고 각각 규정하여 남북한 관계, 특히 남한의 법적 지위에 대하여 간접적으로 밝히고 있다. 즉, 제7조의 ‘조선 안의 지역’과 제53조의 ‘조선민주주의인민공화국 영토’에는 북한 지역뿐만 아니라 남한 지역도 포함되는 것으로 해석된다. 특히, 제103조에서 남한 지역에 속하는 서울을 북한의 수도로 규정한 것은 제1조의 ‘우리나라’란 북한 지역은 물론 남한 지역을 모두 포함하는 의미라는 것을 확인한 것이다. 따라서 한반도 전체가 조선민주주의인민공화국의 영토라는 것을 선언한 것으로 해석된다. 북한은 북한헌법이 한반도 전체의 인민을 대표하는 정당·사회단체에 의하여 제정되었으므로 전 조선에 효력을 미친다고 주장하였다. 이를 바탕으로 북한이 한반도에서 유일한 합법성과 정통성을 가진다고 주장하면서 1946년 제정한 노동당 강령과 규약에 따라 공산주의혁명과 민주기지론을 바탕으로 남조선해방을 이룩하는 것을 통일이라고 인식하고 있는 것이다.

1954년 10월 헌법은 제5장 지방주권기관을 수정 및 보충하였는데, 일부 지방행정구역의 신설 및 변경에 관하여 "1952년 말의 북반부 전 지역에 걸친 행정체계 및 행정구역개편을 실시하였다", "최고인민회의 제8차 회의 제3일 회의는 공화국 북반부 지역에 있어서"라고 규정하였다. 이는 남한 지역도 조선민주주의인민공화국의 영토에 포함된다는 것을 전제로 하여 실질적인 통치권과 주권행사는 북한 지역에 제한적으로 그 실효성이 미친다는 것을 인정하고 있는 것으로 해석된다. 북한의 1955년 헌법과 1956년 헌법은 국가영토 및 통일에 관하여 1954년 10월 헌법의 규정을 그대로 유지하였다.

북한은 1946년 3월 '토지개혁령'을 근거로 무상몰수와 무상분배를 원칙으로 하여 토지개혁을 단행하여 1958년까지 토지국유화 작업을 완료하였다. 그럼에도 불구하고 1962년 헌법은 토지개혁에 관한 제7조를 그대로 유지하고 있어 '아직 토지개혁이 실시되지 아니한 조선 안의 지역'이란 곧 남한 지역을 의미하는 것으로 해석될 수 있다. 또한, 조선민주주의인민공화국의 수도를 서울시로 규정하고 있는 제103조와 내각의 결정 및 명령이 의무적으로 집행되는 지역적 관할을 규정하는 제53조도 그대로 유지하고 있었다.

2) 1972년 헌법

북한도 남한과 마찬가지로 1972년 국제정세와 남북한 관계의 변화에 대응한다는 명분을 내세워 헌법을 개정하여 한반도의 분단상황을 헌법규범적으로 인정하고 조국의 평화적 통일을 헌법적 과제로 설정하였다. 즉, 헌법 제1조를 개정하여 "조선민주주의인민공화국은 전체 조선인민의 이익을 대표하는 자주적인 사회주의국가이다"라고 규정하였다. 또한, 제5조에서 "조선민주주의인민공화국은 북반부에서 사회주의의 완전한 승리를 이룩하며, 전국적 범위에서 외세를 물리치고 민주주의적 기초 우에서 조국을 평화적으로 통일하며, 완전한 민족적 독립을 달성하기 위하여 투쟁한다"고, 제11조에서 "사상혁명을 강화하여 온 사회를 혁명화 · 노동계급화한다"고, 제15조에서 "조선민주주의인민공화국은 해외에 있는 조선동포들의 민주주의적 민족권리와 국제법에서 공인된 합법적 권리를 옹호한다"고 각각 규정하였으며, 제149조를 개정하여 "조선민주주의인민공화국의 수도는 평양이다"고 규정하였다.

1972년 헌법은 국가의 영토에 대하여는 직접적으로 규정하지 않았으나, 제1조에서 국가의 정체성에 대하여 '전체 조선인민의 이익을 대표하는' 자주적인 국가임을 강조함으로써 법규범적으로는 여전히 조선민주주의인민공화국이 한반도에서 합법성과 정통성을 가진 유일한 국가로서 그 영토주권이 남한 지역에도 미친다는 입장을 그대로 유지하였다. 제15조에서는 '전체 조선인민'과 '해외에 있는 조선동포'를 구별하여 규정함으로써 남한 주민도 조선민주주의인민공화국의 공민에 포함되므로 그 대인적 효력이 남한 주민에게도 미친다는 것을 선언한 것으로 해석된다. 그리고 제5조에서 북한헌법상 처음으로 한반도의 분단상황을 인정하여 조국의 평화적 통일과 완전한 민족적 독립을 국가목표로 명시하였다. 여기에서도 '북반부'와 '전국적 범위'를 구별하고, 민주주의에 기초한 '조국의 평화적 통일'과 '완전한 민족적 독립'을 투쟁목표로 설정함으로써 남한은 외세인 미국의 지배를 받아 독립되지 못한 상황이라는 것을 전제로 하였다. 이는 제1차적으로는 북한에서의 사회주의혁명을 완성하고, 이를 토대로 제2차적으로 남한에서 미국을 몰아내고 사회주의혁명을 통해 조국을 통일한다는 사회주의혁명관을 반영한 것으로 분석된다. 제11조에서도 남한을 포함한 '온 사회'의 사회주의혁명을 강조하였으며, 제149조를 개정하여 북한의 수도를 평양으로 규정한 것은 한반도의 분단 상황과 북한의 통치권력이 북한 지역에만 실효성을 가진다는 현실을 헌법에 반영한 것으로 판단된다. 토지개혁에 관한 제7조와 내각의 결정 및 명령이 의무적으로 집행되는 지역적 관할을 규정하는 제53조를 삭제한 것도 이러한 상황인식이 반영된 것으로 평가할 수 있다.

요컨대, 북한의 1972년 헌법은 법규범적으로는 한반도가 분단된 것이 아니고 북한이 한반도에서 유일하게 정통성을 지닌 합법정부이므로 당연히 남한 지역도 북한의 영토에 포함된다는 당위성을 강조하였다. 한편, 한반도가 분단국가이며 북한의 통치권이 남한 지역에는 미치지 않는다는 현실을 헌법적 차원에서 직접 인정하고 평화통일을 국가적 목표로 설정함으로써 남한의 1972년 헌법과 마찬가지로 통일을 지향하는 잠정헌법으로서의 성격을 갖는 것이라는 평가도 가능할 것이다. 그러나 1972년 헌법에 대하여는 남한의 1972년 헌법과 마찬가지로 당시의 남북회담의 진행과 김일성 독재체제의 강화 등에 비추어 남북분단과 평화통일을 명목으로 북한 내부의 권력강화를 위하여 정략적 차원에서 이용되었다는 비판이 일반적이다. 남북한은 1972년 7월 4일 이른바 '7·4남북공동성명'을 발표하여 자주, 평화통일, 민족대단결이라는 통일의 3대 원칙을 발표하였는데, 그 이후 공교롭게도 1972년 12월 27일 같은 날에 남북한은 각각 헌법을 개정하였으며, 역시 같은 날인 1973년 6월 23일 남한은 '6·23 평화통일외교정책'을, 북한은 '조국통일 5대강령'을 각각 발표하였다.

3) 1992년 헌법

　1992년 헌법은 평화통일에 대하여 규정하였던 제5조를 개정하여 제9조에서 "조선민주주의인민공화국은 북반부에서 인민정권을 강화하고 사상·기술·문화의 3대 혁명을 힘있게 벌려 사회주의의 완전한 승리를 이룩하며, 자주·평화통일·민족대단결의 원칙에서 조국통일을 실현하기 위하여 투쟁한다"고 규정하였다. 1972년 헌법에서 조국통일의 기본원칙으로서 규정한 '전국적 범위에서 외세를 물리치고', '민주주의적 기초' 위에서의 '평화적 통일'을 통한 '완전한 민족적 독립'의 달성을 개정하여 '자주·평화통일·민족대단결의 원칙'으로 수정하였으나 사회주의 혁명을 통한 통일의 달성이라는 기본원리와 통일의 원칙은 그대로 유지되고 있다고 평가된다.

　이 밖에 국가의 정체성을 규정한 제1조, 해외 조선동포의 권리보호를 규정한 제15조, 수도를 규정한 제171조는 그 내용을 그대로 유지하여 통일과 남북한 관계에 관한 규범적 의미는 변화가 없다고 하겠다.

4) 1998년 현행헌법

　1998년에 개정된 현행헌법은 처음으로 서문을 두었는데, 서문에서 "위대한 수령 김일성동지는 민족의 태양이시며, 조국통일의 구성이시다. 김일성동지께서는 나라의 통일을 민족지상의 과업으로 내세우시고, 그 실현을 위하여 온갖 노고와 심혈을 다 바치시였다. 김일성동지께서는 공화국을 조국통일의 강유력한 보루로 다지시는 한편, 조국통일의 근본 원칙과 방도를 제시하시고 조국통일운동을 전 민족적인 운동으로 발전시키시여 온 민족의 단합된 힘으로 조국통일위업을 성취하기 위한 길을 열어 놓으셨다"고 규정하고 있다.

현행헌법은 본문에서 국가의 영토와 통일에 관하여 1992년 헌법의 내용과 마찬가지로 국가의 정체성을 규정한 제1조, 평화통일조항인 제9조, 해외 조선동포의 권리보호를 규정한 제15조, 수도를 규정한 제166조를 그대로 유지하고 있다. 현행헌법은 김일성 사망 이후 이른바 '유훈통치'의 차원에서 김일성을 찬양하고 그 공적을 기리기 위하여 서문을 두고 조국통일의 과업을 제시한 김일성의 뜻을 받들어 통일을 달성할 것을 다짐하는 내용을 추가하였을 뿐 통일에 관한 기본원칙은 여전히 사회주의혁명을 바탕으로 자주, 평화, 민족대단결을 통한 통일을 견지하고 있다.

5) 조선노동당 규약

현행헌법은 서문에서 "조선민주주의인민공화국과 조선인민은 조선노동당의 영도 밑에 위대한 수령 김일성동지를 공화국의 영원한 주석으로 높이 모시며 김일성동지의 사상과 업적을 옹호 고수하고 계승발전시켜 주체혁명위업을 끝까지 완성시켜 나갈 것이다"고 규정하고 있으며, 조선노동당 규약도 전문에서 "조선노동당은 오직 위대한 수령 김일성동지의 주체사상, 혁명사상에 의해 지도된다"고 규정하고 있다. 북한의 규범체계는 주체사상과 김일성·김정일의 교시, 조선노동당의 강령·규약과 정책결정, 사회주의헌법, 내각의 정령 및 지침, 각종 법령의 순서로 규범적 효력을 가진다고 평가되므로 조선노동당 규약에 나타난 통일에 관한 규정을 검토할 필요가 있다.

조선노동당 규약은 1946년 8월 30일 북조선노동당 창립대회에서 처음으로 채택된 이후 1980년 10월 13일 제6차 대회에서 마지막으로 채택되어 현재에까지 이르고 있는데, 한반도의 분단현실을 인정하는 전제에서 조국통일의 원칙과 기본원리를 규정하고 있다. 조선노동당 규약은 서문에서 "조선노동당은 조선민족과 조선인민의 이익을 대표한다. … 조선노동당의 당면목표는 공화국 북반부에서 사회주의의 완전한 승리를 이

록하며 전국적 범위에서 민족해방과 인민민주주의의 혁명과업을 완수하는 데 있으며, 최종 목적은 온 사회의 주체사상화와 공산주의사회를 건설하는 데 있다. … 조선노동당은 노동계급의 영도적 역할을 높임으로써 노동연맹을 기초로 한 전 조선의 각계 각층 애국적 민주역량들과의 통일전선을 강화하기 위하여 투쟁한다. 조선노동당은 남조선에서 미 제국주의 침략군대를 몰아내고 식민지통치를 청산하며, 그리고 일본군국주의의 재침기도를 좌절시키기 위한 투쟁을 전개하고 남조선인민들의 사회민주화와 생존권투쟁을 적극 지원하고 조국을 자주적 평화적으로 민족대단결의 원칙에 기초하여 통일을 이룩하고 나라와 민족의 통일적 발전을 이룩하기 위해 투쟁한다"고 규정하고 있다. 이는 헌법 제1조와 마찬가지로 북한이 북한 주민은 물론 남한 주민을 포함한 전체 조선민족과 조선인민을 대표한다고 선언한 것이다.

조선노동당 규약은 이를 채택할 당시의 헌법인 1972년 헌법 제5조에서 규정하는 사회주의혁명관을 그대로 반영하여 조선노동당의 최종목적을 남한을 포함한 '온 사회'의 주체사상화와 공산주의사회를 건설하는 것이라고 규정함으로써 통일의 의미를 명백히 밝히고 있다. 즉, 남한 지역을 포함한 '전 조선의' 애국적 민주역량을 총동원하여 통일전선전술을 형성할 것을 강조하는 한편, 남한을 식민지사회로 규정하여 미국을 몰아내고 남조선인민들의 사회민주화와 생존권투쟁을 통하여 남한에서의 사회주의혁명을 완수하는 것이 통일을 달성하는 것이라고 인식하고 있는 것이다. 이러한 인식을 바탕으로 조국통일의 원칙으로서 '자주적', '평화적', '민족대단결의 원칙'을 제시하고 있는 것이다. 한편, 조선노동당 강령은 1946년 8월 29일 채택된 이후 현재까지 수정되지 않고 있는 것으로 알려져 있는데, 이는 남북한 정부가 수립되기 이전에 채택된 것으로서 통일에 관한 원칙이 구체적으로 제시되어 있지 않다.

Ⅱ. 헌법규범적 의미

1. 헌법규정 변화에 대한 평가

건국헌법은 제4조에서 대한민국의 영토가 북한 지역을 포함한 한반도 전체라는 규정을 두었을 뿐 통일에 대하여는 아무런 규정을 두지 않았다. 이는 1948년 2월 27일 UN소총회의 결의에 따라 실시된 국회의원 총선거와 1948년 12월 12일 한반도에 대한 UN총회 결의 제195(3)호 등을 근거로 대한민국만이 유일한 합법정부로서 한민족 및 한반도 전체를 대표한다는 입장의 당연한 논리적 귀결이다. 건국헌법의 초안자인 유진오 박사도 제4조에서 영토조항을 규정한 이유에 대하여 "대한민국의 헌법은 결코 남한에서만 시행되는 것이 아니라 우리나라 고유의 영토전체에 시행되는 것이라는 것을 명시하기 위하여 특히 본조를 설치한 것이다"고 하였다.[2] 따라서 남북한 관계에 대하여도 남한이 대한민국의 유일한 합법정부이며 북한은 불법적으로 대한민국의 영토의 일부인 북한 지역을 점령하고 있는 불법단체라는 것을 전제로 하였다. 통일이란 것도 미수복 지역인 북한 지역을 회복하는 것이므로 당시의 통일정책은 암묵적으로는 무력통일을 목표로 하였던 것으로 평가되기도 한다.[3]

실제로 대한민국 수립 이후 남한정부는 북진통일론을 주장하던 가운데 6·25남침전쟁을 맞이하였고, 전쟁 이후에도 내부적 힘의 우위에 바탕을 둔 승공통일론을 통일정책으로 채택하고 있었다. 그러나 이는 당시의 남한정부가 정치적으로 선택한 통일정책에 불과할 뿐이며 헌법이 규범적으로 무력통일을 기본원칙으로 하고 있다고 할 수는 없다. 건국헌법은

---

2) 유진오, 헌법해의, 명세당, 1949, 22~23면.
3) 권영성, 헌법학원론, 법문사, 2004, 184면.

통일의 방법이나 기본원리에 대하여는 이를 직접 규정하지 않고 있어 구체적인 통일정책에 대하여는 개방적인 태도를 취하고 있었던 것으로 평가하는 것이 타당하다.4)

1962년 헌법도 부칙에서 '국토수복'이라고 표현함으로써 남북한의 분단상황을 인정하고 이를 헌법에 명시하였다는 의미가 있으나, 규범적으로는 한반도의 유일한 합법정부는 대한민국이며 북한 지역은 대한민국의 '국토'의 일부이며, 이는 '수복'되어야 할 대상이라는 것을 선언함으로써 기존의 입장을 그대로 유지하였던 것으로 판단된다.

1972년 헌법은 통일과 남북한 관계에 있어서 중요한 의미를 가지는데, 헌법규범적으로 북한 지역도 대한민국의 영토의 일부로서 대한민국의 통치권이 북한 지역에도 미친다는 당위성을 강조하면서도 이와 동시에 한반도에서 남한과 북한이 분단되어 있다는 현실을 인정하고 평화통일을 민족의 역사적 사명으로 선언하였다. 이로써 북한의 법적 지위와 성격을 둘러싸고 헌법규범과 헌법현실의 갈등이 대두되기 시작하였다. 이는 미국과 소련의 데탕트, 미국과 중국의 관계개선 등 국제적인 해빙분위기를 반영하는 한편, 남한이 경제개발을 통하여 남북한간 힘의 균형이 이루어졌다는 판단하에 7·4남북공동성명에서 천명한 자주·평화통일·민족대단결이라는 통일의 3대 원칙을 헌법에 반영한 결과로 판단된다. 그러나 '10월유신'과 헌법개정을 통한 박정희 대통령의 영구집권과 통치권 강화를 위하여 정치적으로 이용되었다는 비판에서 보듯이 통일에 관한 헌법규정의 규범적 효력에 한계가 있었다.

1987년 개정된 현행헌법은 건국헌법에서부터 규정한 제3조의 영토조항을 그대로 유지하면서 제4조에서 평화통일조항을 신설하여 통일의 기본원리와 방법·한계를 선언하고 있다. 이는 1972년 헌법에서 인정한 한반도의 분단과 통일에 관한 문제를 헌법상 기본원리로 수용한 것으로 평가할 수 있다. 그러나 1990년 이후 소련을 비롯한 동구권 사회주의체

---

4) 성낙인, 헌법학, 법문사, 2005, 191~192면.

제의 몰락과 남북한의 UN 동시가입, 남북기본합의서의 체결, 그리고 2000년 남북정상회담과 6·15남북공동선언의 발표 등 세계사적인 냉전의 종식과 남북교류협력의 확대에 따라 통일과 남북한 관계에 관한 법규범적 문제는 새로운 헌법규범적 의미를 가지게 되었다.

한편, 북한은 헌법에 영토조항을 두고 있지는 않으나 남한 지역도 북한의 영토에 포함된다는 것을 전제로 북한이 한반도에서의 유일한 정통성을 가진 합법정부라고 입장을 견지하고 있으며, 1972년 헌법과 1992년 헌법을 통하여 통일에 대한 기본원칙을 일부 수정하였으나 남조선혁명론에 바탕을 둔 통일 원칙을 현재까지 그대로 유지하고 있는 것으로 평가할 수 있다.

2. 통일의 헌법규범적 의미

1) 헌법상 통일의 의의

남북한이 분단된 역사적 현실을 고려하여 헌법규범적으로 분석할 경우 통일이란 남북한이 '하나의 헌법체제'로 통합되어 '하나의 국가공동체'를 회복함으로써 한반도 전체에 동일한 헌법과 주권행사가 실효성 있게 적용되는 것을 의미한다고 할 수 있다. 한반도에서 남북한의 분단 상황을 극복하고 하나의 헌법체제와 국가공동체를 회복한다는 것은 역사적·잠재적으로 한반도에 한민족의 전체국가가 존재한다는 것과 현실적으로 남한과 북한이라는 각각 국가로서의 실체를 가진 통치질서가 한반도에 병존하고 있다는 사실을 전제로 하고 있다. 따라서 남북통일은 남북한 분단의 역사적인 현실을 배제한 채 남한과 북한의 상위개념으로서 새로운 국가공동체를 형성하는 것이 아니라 기형적이고 모순된 남북한 분단의 현실을 극복하고 역사적·잠재적으로 존재하는 국가공동체를 회복한다는 의미에서 역사적 현실에 바탕을 둔 미래지향적인 새로운 국가공동체를 창조해 나가는 작업이라고 하겠다. 이러한 의미에서 남북통일은 한국의 '재통일'을 의미하는 것이며, 하나의 전체국가를 전제로 하지 않고 독립된 두 개 이상의 국가가 하나의 국가공동체를 형성하는 국제법상 국가연합과는 구별된다.

한편, 동서독의 경우에 동서독통일조약을 'Wiedervereinigungsvertrag'이 아니라 'Einigungsvertrag'이라는 용어를 사용함으로써 서독이 분단 이전의 독일제국의 영토를 포기한 사례를 들면서 '재통일'은 분단 이전의 영토를 완전하게 회복하는 의미를 담고 있어 단순히 '분단국체제'의 법적 통합을 의미하는 '통일'과는 다른 개념이라는 주장이 있다. 이는 남북한의 경우에 '재통일'의 개념을 도입할 경우에는 중국·북한, 러시아·북한 간의 국경선조약 내용은 물론 현재 일본의 지배하에 있는 대마도의 영유권까지도 분단 이전의 영토의 범위에서 재검토되어야 한다는 것이다.5) 그러나 한반도에 통일국가가 존립하고 있었던 역사적 현실과 분단의 원인과 과정을 고려할 때 우리 헌법상 통일은 남북한의 분단 이전의 '재통일'을 의미하는 것이라고 할 수 있다.

남북통일의 문제는 한민족 내부의 민족문제인 동시에 국제문제의 성격을 함께 갖는다. 즉, 6·25전쟁이 유엔군과 북한·중국 사이에 체결된 휴전협정에 의하여 중단되었으므로 한반도는 국제법적으로 전쟁상태를 유지하고 있는 것이다. 따라서 통일문제는 하나의 국가공동체를 형성함에 있어서 국내법적 측면과 국제법적 측면에서 모두 검토되어야 하며, 구체적인 통일의 유형과 방식은 이론상으로는 다양하게 제시될 수 있으나 규범적으로는 헌법규정과 헌법이념에 의하여 제한된다고 하겠다.

남북통일의 유형은 통일의 방식 또는 통일을 달성하는 수단과 방법을 기준으로 구별될 수 있다. 첫째, 통일의 방식을 기준으로 남북한 전체 한민족이 자율적 총의에 따라 새로운 국가공동체를 창설하는 방안과 남한

---

5) 최창동, 앞의 논문, 317면.

과 북한의 어느 일방이 소멸하고 나머지 일방이 이를 승계·포섭하는 방안으로 구별할 수 있다. 후자는 다시 일방이 소멸하는 원인과 과정을 기준으로 하여 일방의 자발적인 의사에 의한 경우와 다른 일방의 무력 등 강제력에 의한 경우로 구별할 수 있다. 우리 헌법은 제4조의 평화통일조항에서 "대한민국은 통일을 지향하고", 제72조의 국민투표조항에서 "통일 기타 국가안위에 관한 중요정책"을 각각 규정하고 있다. 이는 국가목표로서의 통일과 국민투표에 회부하는 대상으로서 통일과 관련된 국가정책에 대하여는 제한을 받지 않는 개방적 통일개념을 전제로 하고 있는 것으로 해석된다. 따라서 통일의 방식에 대하여는 북한사회의 변화, 남북한 관계의 발전양상과 국제사회의 변동에 따라서 남북한 주민의 국민적 합의를 바탕으로 하여 구체적인 통일방식이 결정될 수 있을 것이다. 다만, 무력에 의한 통일방식은 다음에서 검토하는 통일을 달성하는 방법과 수단에 의한 구별에 따라서 판단하여야 한다.

둘째, 남북통일의 유형은 통일을 달성하는 방법과 수단을 기준으로 평화적 통일과 비평화적 통일로 구별할 수 있다. 이러한 구별기준은 우리 헌법이 규범적인 기준을 제시하고 있어 중요한 의미를 갖는다고 하겠다. 즉, 개방적 통일개념에도 불구하고 헌법의 통일적·규범조화적 해석 원칙에 따라 헌법 전문에서 규정하는 '평화적 통일', 제4조의 '평화적 통일정책', 제66조의 대통령의무와 제69조의 대통령취임선서에서 규정하는 '조국의 평화적 통일', 제5조의 '국제평화의 유지'와 '침략적 전쟁의 부인'의 규범적 의미를 동시에 고려하여야 한다. 따라서 우리 헌법이 예정하고 있는 통일은 평화적 통일만을 의미하며 비평화적 통일은 배제하고 있다고 해석하여야 한다.

이러한 의미에서 '평화적' 방법은 우리 헌법이 지향하는 통일을 달성하기 위하여 임의로 선택할 수 있는 다양한 방법과 수단의 하나가 아니라 우리 헌법이 지향하는 '통일'의 구성요건적 개념요소라고 하겠다. 헌법재판소도 "헌법상 통일관련 규정들은 통일의 달성이 우리의 국민적·

국가적 과제요 사명임을 밝힘과 동시에 자유민주적 기본질서에 입각한 평화적 통일 원칙을 천명하고 있는 것이다. 따라서 우리 헌법에서 지향하는 통일은 대한민국의 존립과 안전을 부정하는 것이 아니고, 또 자유민주적 기본질서에 위해를 주는 것이 아니라 그것에 바탕을 둔 통일인 것이다"고 판시하여 우리 헌법에서 천명하고 있는 통일의 의미를 확인하고 있다.[6]

2) 통일조항의 규범적 기능

우리 헌법의 평화통일 원칙은 분단된 조국의 현실과 무력에 의한 통일추구가 불가능한 국제정치적 현실을 인식하고 평화적인 방법으로 조국통일을 실현하겠다는 의지를 표명한 것이다.[7] 이는 국민적 합의를 바탕으로 헌법의 기본적 가치질서에 관한 이념적 기초로서 헌법의 기본원리의 하나라고 할 수 있다. 즉, 평화통일 원칙은 입법이나 정책결정의 방향을 제시하며, 공무원을 비롯한 모든 국민·국가기관이 헌법을 존중하고 수호하도록 하는 지침이 된다. 또한, 헌법조항을 비롯한 모든 법령의 해석기준을 제공할 뿐만 아니라 헌법조항 내지 법령의 흠결 시에는 이를 보완하는 원리가 되고, 입법권의 범위와 한계를 설정하는 기준이 된다. 헌법재판소도 헌법의 기본원리에 대하여 "헌법의 기본원리는 헌법의 이념적 기초인 동시에 헌법을 지배하는 지도원리이다. 헌법의 지도원리가 구체적 기본권을 도출하는 근거로 될 수는 없으나 기본권의 해석 및 기본권 제한입법의 합헌성심사에 있어 해석기준의 하나로 작용한다"고 판시하였다.[8]

평화통일에 관한 헌법규정은 단순히 정치적 선언이나 프로그램이 아

---

6) 헌법재판소 1990.4.2. 89헌가113 ; 2000.7.20. 98헌바63.
7) 허영, 한국헌법론, 박영사, 2003, 167면.
8) 헌법재판소, 2001.9.27. 2000헌마238 ; 1996.4.25. 92헌바47.

니라 법적 구속력을 갖는 구체적이고 현실적인 규범으로서 입법·사법·행정 등 모든 국가기관의 정당성을 부여하는 기초로 작용하고, 그 합헌성을 판단하는 기준이자 한계가 된다. 따라서 헌법 제4조는 헌법개정에 있어서 헌법내재적 한계로서 헌법개정을 통하여 그 기본적·본질적 내용을 삭제하거나 변경할 수 없다. 현행헌법에 대한 국민적 합의가 자유민주적 기본질서를 바탕으로 하는 평화통일을 지향한다는 점에서 평화통일조항이 헌법의 동일성 여부를 판단하는 중요한 구성요소가 된다. 그러나 남북한 관계와 평화통일을 둘러싼 통일정책·방안이 역사적·국제적인 상황여건에 따라서 개방성·가변성·동태적 발전성을 가진다는 점을 고려할 때 다른 헌법의 기본원리인 국민주권주의, 자유민주주의, 사회문화국가원리 등에 비하여 상대적으로 개방적이고 탄력적인 성격을 지닌다고 하겠다. 따라서 21세기 정보화사회의 발전에 따른 사회공동체의 변화와 유럽연합(EU)의 탄생 등을 고려하여 평화통일을 구체화하는 헌법개정은 물론 한반도에 새로운 국가공동체를 형성하기 위한 헌법개정은 그것이 헌법의 기본원리와 조화를 이루는 경우에는 반드시 헌법의 동일성을 훼손하는 것이라고 할 수는 없을 것이다.

평화통일조항의 재판규범성과 관련하여 특정 정당의 목적이나 활동이 평화통일 원칙에 위반된다고 인정될 경우에 이를 사유로 하여 그 정당이 헌법재판소의 심판에 따라 위헌정당으로 해산되는지 여부가 논란이 될 수 있다. 정당의 목적이나 활동이 평화통일 원칙에 위반되는 경우로는 통일 자체를 반대하는 경우, 통일의 방법과 수단을 불문하고 민족통일을 지향하는 경우, 무력사용 등 비평화적 방법을 통한 통일을 지향하는 경우, 북한의 인민민주주의혁명노선에 따라 통일을 지향하는 경우, 새로운 국가공동체로서 국가연합의 방식을 지향하는 경우 등 통일방안에 따라서 다양한 경우를 상정할 수 있다. 이는 헌법 제8조 제4항이 규정하는 '민주적 기본질서'의 해석에 관한 문제로서 특정 정당이 평화통일 원칙에 위반하는 내용을 주장하고 활동하는 경우에는 정당의 국가 및 헌법질서 준수의무 등에 비추어 대부분 '민주적 기본질서'에 위반되는 경우에 해당할 것이다. 그러나 '자유민주적 기본질서에 입각한 평화적 통일'을 위반한다고 하여 그것이 바로 '민주적 기본질서'에 위배되는 경우라고 할 수는 없으므로 규범적 의미에서 평화통일조항과 위헌정당에 대한 해산사유로서의 민주적 기본질서는 기본적으로 별개의 구성요건적 개념이라고 하겠다.

3) 통일의 기본원칙과 방법 · 수단

헌법 제4조는 남북통일의 기본원칙과 통일을 실현하는 방법과 수단을 직접적으로 규정하고 있다. 통일의 기본원칙으로는 "자유민주적 기본질서에 입각한 평화적 통일"을 천명하고, 이와 함께 통일을 실현하는 구체적인 방법과 수단으로는 '평화적 통일'을 선언하고 있다. 자유민주적 기본질서란 "모든 폭력적 지배와 자의적 지배, 즉 반국가단체의 일인독재 내지 일당독재를 배제하고 다수의 의사에 의한 국민의 자치, 자유 · 평등의 기본원칙에 의한 법치주의적 통치질서"를 말하며, 구체적으로는 기본적 인권의 존중, 권력분립, 의회제도, 복수정당제도, 선거제도, 사유재산과 시장경제를 골간으로 한 경제질서 및 사법권의 독립 등을 의미한다.[9]

이때 자유민주적 기본질서는 자유민주주의에 입각한 사회복지국가원리를 포함하는 것으로 이해할 수 있으나 정치적 다원주의를 부정하는 전체주의와 인민민주주의는 엄격히 배제하는 개념이다. 따라서 통일의 기본원칙으로서 자유민주적 기본질서는 북한이 지향하는 인민민주주의가 아니라 서구적 자유민주주의로서 국민주권의 이념과 정의사회의 이념이 존중되는 통치질서에 입각한 통일을 지향하는 것이어야 한다.[10] 한편, 자유민주적 기본질서와 조화 · 상용할 수 있는 경제질서는 사회적 시

---

9) 헌법재판소 2001.9.27 2000헌마238·302.
10) 권영성, 앞의 책, 186면 ; 허영, 앞의 책, 167~168면 ; 성낙인, 앞의 책, 193면.

장경제질서라고 보고 통일의 내용은 자유민주적 기본질서에 입각한 정치질서와 사회적 시장경제질서에 입각한 경제질서가 되어야 한다는 입장도 있으나,[11] 통일의 기본원칙과 방법·수단을 그와 같이 제한할 필요는 없다고 하겠다.

자유민주적 기본질서에 입각한 통일은 통일의 방법과 내용을 기속하는 것을 의미하기도 한다. 사회주의 내지 공산주의 체제와 제도를 승인하거나 자유민주주의와 공산주의를 절충하는 방식에 의한 통일정책의 수립은 헌법위반이라는 견해가 있다.[12] 그러나 통일한국이 자유민주적 기본질서를 부정하는 사회주의 또는 공산주의를 수용하는 것이라면 헌법에 위반하는 것이 명백하지만 통일정책의 수립과 추진과정에서 공산주의체제를 채택하고 있는 북한의 실체를 인정하고 평화적인 방법으로 통일을 달성하기 위하여 북한과 협상하는 것이 곧 헌법위반이라고 할 수는 없다.[13]

평화통일의 기본원리로서 자유민주적 기본질서를 위와 같이 이해할 경우에는 헌법의 이념적·법적 기초로서의 국민주권주의, 사회·경제·문화의 기본원리로서의 사회복지국가, 국제사회의 기본질서인 국제평화주의 등 헌법의 여타 기본원리와 상호 융합·보완하는 의미를 가진다. 그러므로 평화통일을 추진하는 통일정책도 역시 이러한 헌법의 기본원리에 따라 추진되어야 한다. 우리 헌법은 인간의 존엄과 가치라는 윤리적·자연법적 원리를 헌법규범화하여 제10조에 규정하고 있다. 이는 모든 국가작용에 있어서 목적과 가치판단의 기준이자 법령의 내용과 효력을 해석하는 최고의 기준일 뿐만 아니라 다른 헌법규정을 기속하는 최고의 헌법원리를 이루고 있다. 따라서 국가의 평화통일을 위한 법적 의무는 인간의 존엄과 가치를 보장하고 증진시키기 위한 것이어야 하고

---

11) 권영성, "우리 헌법의 영토조항과 통일조항", 판례월보 제228호, 1989.9, 158면.
12) 김명기, 북방정책과 국제법, 국제문제연구소, 1989, 145면.
13) 제성호, "헌법상 통일관련 조항을 둘러싼 주요 쟁점", 남북법제개선연구보고서, 법제처, 2004, 94~95면.

이를 저해하는 것이 되어서는 안 된다.

우리 헌법은 통일을 실현하는 구체적인 방법과 수단으로서 '평화적 통일'을 천명하고 있으므로 무력에 의한 통일이나 강압에 의한 통일은 허용되지 않는다. 이는 평화적인 방법과 수단·절차에 따라 통일정책을 수립하고 추진해야 하고, 통일을 실현함으로써 창설하는 새로운 국가공동체도 평화주의를 기본원리로 할 것을 예정하고 있는 것이다. 통일의 기본원칙과 통일을 실현하는 방법과 수단으로서의 평화주의는 남북통일의 최종적인 모델은 물론 통일정책을 수립하고 추진하는 과정에서 교류협력을 진행하는 남북한 관계에서도 준수하여야 할 규범적 기준이자 헌법적 한계로서의 의미를 가진다고 하겠다.

따라서 남북교류협력에 있어서도 일정한 경우에 북한을 정치적 실체 또는 평화통일을 달성하기 위한 대화와 협력의 동반자로 인정할 필요가 있다고 하더라도 위와 같은 한계의 범위 내에서 인정되어야 한다. 헌법재판소도 "제6공화국헌법이 지향하는 통일은 평화적 통일이기 때문에 마치 냉전시대처럼 빙탄불상용의 적대관계에서 접촉·대화를 무조건 피하는 것으로 일관할 수는 없는 것이고, 자유민주적 기본질서에 입각한 통일을 위하여 때로는 북한을 정치적 실체로 인정함도 불가피하게 된다. 북한집단과 접촉·대화 및 타협하는 과정에서 자유민주적 기본질서에 위해를 주지 않는 범위 내에서 때로는 그들의 주장을 일부 수용하여야 할 경우도 나타날 수 있다"고 판시하였다.[14]

현행헌법의 통일조항에 대하여는, 이는 너무 추상적이어서 통일방법을 구체적으로 명시하지 않고 있다는 비판이 있다. 즉, 현행헌법은 막연히 통일은 '평화적'인 방법이라고만 언급하고 있어서 통일방법의 기본원칙을 제시하지 못하고 있을 뿐만 아니라 통일 후의 헌법효력에 대하여도 아무런 언급이 없다는 것이다.[15] 또한, 현행헌법의 통일조항은 법

---

14) 헌법재판소 1990.4.2. 89헌가113.
15) 이장희, "평화공존체제를 위한 법적 수정방향", 통일한국, 1990.7, 54면.

적 분단을 전제로 한 것이므로 영토조항과의 관계에서 '통일'을 '민족의 재결합'이라고 개정하여야 하며, 자유민주적 기본질서에 입각한 통일은 병합형 통일에 반하는 것이므로 병합형 통일을 끝까지 고집하려는 것이 아닌 한 '자유민주적 기본질서에 입각한'이라는 문구는 전부 삭제하거나 적어도 그 중 '자유'를 삭제하여야 한다는 주장도 있다.[16] 그러나 헌법 제4조의 통일조항은 대한민국의 영토가 사실상 지리적으로 분단되어 있다는 현실을 인정하고 이러한 분단을 영구적인 것으로 보지 않고 잠정적인 것으로 보아 분단을 극복하고 통일을 이룩하겠다는 강력한 의지를 천명한 것이다. 이는 통일이념과 통일의 기본원칙은 물론 통일정책을 추진하는 과정에서 고려할 통일의 방법과 수단을 선언한 것으로서 남북통일과 남북교류협력에 있어서 헌법적 근거임과 동시에 헌법적 한계를 제시하고 있다는 점에서 여전히 그 규범적 의미가 크다고 하겠다.

4) 통일조항으로부터 파생되는 권리의무

우리 헌법은 전문, 제4조, 제72조, 제66조, 제69조, 제92조 등에서 평화통일을 국가적 목표이자 헌법의 기본원리임을 천명하고 있다. 이는 위에서 검토한 바와 같이 단순히 정치적 선언이나 프로그램이 아니라 법적 구속력을 갖는 구체적이고 현실적인 규범이다. 따라서 대통령을 포함한 모든 국가기관은 적극적으로는 국가정책수립에 있어서 평화통일을 우선 과제로 하여 이를 달성하기 위하여 노력하여야 할 뿐만 아니라 모든 국가작용을 평화통일 원칙에 부합하도록 하여야 하며, 소극적으로는 평화통일에 역행하거나 이를 저해하는 작용을 해서는 안 된다는 헌법적 의무를 부담하게 된다. 또한, 국가기관뿐만 아니라 대한민국 국민도 조국의 평화적 통일을 사명으로 인식하고 이를 위하여 노력할 헌법적 권리와 의무가 있다고 하겠다.

---

16) 김명기, 앞의 책, 158면.

우리 헌법은 대통령에게 평화통일을 위한 책무를 부과하면서 통일정책에 관한 국민투표부의권을 부여하며, 평화통일정책을 수립함에 있어서 자문을 받도록 하기 위하여 민주평화통일자문회의를 둘 수 있도록 규정하고 있다. 따라서 대통령은 국가원수이자 국정의 최고책임자로서 통일정책을 수립하고 추진하는 최종적인 권한과 책임을 가지고 있다고 하겠다. 한편, 헌법은 통일과 관련된 국가정책의 중요성을 감안하여 통일정책에 대하여는 예외적으로 국민투표를 통하여 그 정책에 대한 국민적 정당성을 확보할 수 있는 방안을 마련하고 있다. 따라서 국민은 통일정책에 관한 한 자유로운 의견개진과 토론을 통하여 최종적인 결정권을 행사할 수 있는 헌법적 권한을 부여받고 있다. 이는 통일정책의 수립은 국회나 대통령의 의사보다는 주권자인 국민적 합의를 통하여 결정해야 한다는 것을 의미하므로 대통령 또는 정부의 배타적 독점권에 한계가 있으며, 통일정책의 수립을 위해서는 국민의 적극적 관심과 참여를 통하여 주권자로서의 국민과 국가원수로서의 대통령 사이에 민주적 절차와 방법에 의한 합의가 요구된다고 하겠다.[17]

국가기관 및 국민의 평화통일을 위한 헌법적 의무의 이행과 그에 대한 합헌성 판단에 있어서는 남북한 관계의 특수성과 통일정책적 고려가 반영되어야 한다. 즉, 남북한 관계는 국내적 상황, 남북교류협력의 내용과 정도, 그리고 한반도를 둘러싼 국제정세에 따라서 다양한 정책적 판단이 필요하다. 또한, 북한은 불법단체임과 동시에 평화통일을 위한 대화와 협력의 동반자로서 활동하는 이중적 지위를 가지고 있다. 따라서 통일정책을 수립하고 추진함에 있어서는 고도의 정치적 판단과 합목적적인 통일정책적 고려가 필수적이므로 국가의 평화통일을 위한 법적 의무의 내용은 역사적 상황여건에 따라서 상이하게 나타날 수밖에 없다. 이러한 의미에서 재판규범 또는 통제규범으로서 평화통일조항은 매우

---

17) 권영성, 앞의 책, 186~187면 ; 성낙인 ; 앞의 책, 193면 ; 허영, 앞의 책, 167
   ~168면.

광범위한 입법형성의 자유와 행정재량으로 인하여 그 규범력에 일정한 한계를 가진다고 하겠다. 국가기관의 작용이 평화통일 원칙을 준수하였는지에 대한 사법적 판단에 있어서는 적극적으로 그 작용이 평화통일 원칙을 준수하였다는 것을 판단하기보다는 소극적으로 그 작용이 평화통일 원칙에 위반되었다는 것이 명백히 인정되지 않는 한 그 작용은 합헌적이라는 추정을 받게 될 것이다. 통일 전 서독의 경우에도 연방헌법재판소는 헌법상 통일명제와 관련하여 국가기관에 광범위한 형성의 자유를 인정하였으며, 특히 통일과정 및 통일 이후에 사법적 재조정을 하는 과정에서 '역사적 일회성(historische Einmaligkeit)'을 근거로 통일과 관련된 특수한 사안들을 일반적인 헌법원칙에 우선하여 적용함으로써 행정부·입법부의 정치적 통일추진을 법제도적으로 지원하였다.[18] 서독 국가기관의 통일을 위한 노력의무는 실제로 헌법상 통제를 받지 않는다고 평가하면서 남북한 관계 내지 한반도 상황의 복잡성에 비추어 볼 때 국가기관의 통일을 위한 조치가 명백히 통일과 모순되지 않는다면 그것으로 충분하다는 견해도 있다.[19] 따라서 대통령 등 고위공직자가 그 직무집행에 있어서 평화통일의 법적 의무를 위반하여 탄핵소추·심판의 대상이 되는 경우에도 평화통일의 법적 의무의 위와 같은 특성을 고려하여 그 탄핵심판의 사유를 매우 엄격하게 해석할 필요가 있다.

한편, 평화통일조항의 법적 효과에 대하여 국민의 기본권과 관련하여 국민이 국가기관에 대하여 평화통일을 추진하여야 할 것을 요구할 수 있는 권리가 발생하느냐가 문제될 수 있다. 이에 대하여는 별도의 법률에서 그 권리를 인정하지 아니하는 한 국민은 국가기관에 대하여 평화통일을 추진할 법적 의무를 요구할 수 있는 구체적인 권리를 갖는 것은 아니다. 그러므로 국가기관에 대하여 평화통일을 위하여 특정한 행위를

---

18) Deutscher Bundestag 13. Wahlperiod, Schlußbericht der Enquete-Kommission "Überwindung der Folgen der SED-Diktatur im Prozeß der deutschen Einheit", Drucksache 13/11000, 1998.6.10.

19) 나인균, "한국헌법과 통일의 법적 문제", 헌법논총 제6집, 1995, 464면.

요구하거나 행정·입법 등 국가작용의 부작위에 대하여 헌법위반을 이유로 헌법소송을 제기할 수는 없다고 하겠다. 헌법재판소가 "헌법의 기본원리는 헌법이나 법률해석에서의 해석기준으로 작용한다고 할 수 있지만, 그에 기하여 곧바로 국민의 개별적 기본권을 도출해 낼 수는 없다고 할 것이므로 헌법소원의 대상인 헌법상 보장된 기본권에 해당하지 아니한다"고 판시한 것도 동일한 취지로 이해된다.[20] 이러한 의미에서 국가의 평화통일을 위한 노력의무에 대한 사법적 판단기준은 국가의 기본권 보장의무에 대한 사법적 판단기준인 '과소보호금지의 원칙'보다 더 완화된 기준이 적용된다고 하겠다. 이와 관련하여 조국의 평화통일을 사유로 국민의 기본권을 제한할 수 있는지도 문제될 수 있다. 헌법 제37조 제2항은 일반적으로 기본권 제한의 헌법적 근거이자 한계설정 규정으로 이해되고 있으므로 그 조항에서 규정하는 '공공복리'의 내용으로서 평화통일을 이해할 경우에는 법률의 규정에 따라 기본권을 제한하는 사유가 될 수 있다. 그러나 평화통일 자체를 독자적인 헌법상의 기본권 제한사유로 인정할 수는 없으며, 다만 평화통일 원칙은 헌법의 기본원리가 되므로 기본권을 제한하는 법률의 합헌성심사의 기준이 될 수는 있을 것이다.

3. 북한헌법상 남북한 관계와 통일에 대한 기본원칙

1) 북한헌법체제의 특징

북한은 수령의 유일적 영도와 사회주의 일당독재에 의하여 지배되는 수령유일·일당독재체제로서 모든 국가권력이 조선노동당에 집중되어

---

20) 헌법재판소 2001.3.21. 99헌마139.

있다. 북한에서의 법이란 계급투쟁과 사회주의 국가관리의 수단이고, 혁명에서 싸워 이겨 얻은 전취물을 지키기 위한 무기로 인식되고 있으며, 프롤레타리아 독재를 실현하고 사회의 주체사상화에 적극 이바지하는 것을 그 사명으로 하고 있다. 따라서 북한에서의 최고규범은 주체사상과 김일성·김정일 교시이며, 이를 실천하기 위한 조선노동당의 강령·규약과 정책결정이 사회주의헌법을 비롯한 모든 법률의 상위규범으로 기능하고 있다. 헌법에 의하여 구성되는 모든 국가기관은 노동당에 의하여 결정되는 국가정책을 집행하는 집행기구에 불과하다.

북한헌법은 그 서문에서 "조선민주주의인민공화국 사회주의헌법은 위대한 수령 김일성동지의 주체적인 국가건설사상과 국가건설업적을 법화한 김일성헌법이다"고 밝히고 있다. 이에 따라 국가조직의 구성과 국민의 기본권에 대한 기본원리로서 민주적 중앙집권 원칙과 집단주의 원칙을 채택하고 있으므로 헌법규정의 해석과 규범적 의미도 이를 바탕으로 이해할 것이 요구된다.

헌법 제5조는 "조선민주주의인민공화국에서 모든 국가기관들은 민주주의 중앙집권제 원칙에 의하여 조직되고 운영된다"고 규정하여 민주적 중앙집권 원칙을 선언하고 있다. 이는 모든 국가기관은 민주적 선거를 통해서 선출되고, 선거한 기관에 대하여 책임을 지는 '민주주의' 원칙과 하부조직은 상부조직에, 소수는 다수에 절대복종함으로써 집단지도체제에 통일성을 부여하는 '중앙집권제' 원칙이 결합된 것이다. 따라서 모든 국가권한을 최고 주권기관인 최고인민회의에 통합시켜 최고인민회의가 상임위원회와 함께 입법권을 직접 행사하며, 모든 중앙행정기관구성권, 정책결정권, 집행감독권을 보유하고 그 대의원들을 모든 행정 및 사법기관에 파견하여 간접적으로 모든 정권기관을 장악한다. 따라서 중앙재판소 등 사법기관도 그 상급기관, 최고(지방)인민회의, 노동당의 관리·감독을 받는 제한적 수임기관으로 기능할 뿐이다.[21]

---

21) 북한헌법 제87·91·110조.

헌법 제63조는 "조선민주주의인민공화국에서 공민의 권리와 의무는 '하나는 전체를 위하여, 전체는 하나를 위하여'라는 집단주의 원칙에 기초한다"고 규정하고 있고, 제81조는 "공민은 인민의 정치사상적 통일과 단결을 견결히 수호하여야 한다. 공민은 조직과 집단을 귀중히 여기며 사회와 인민을 위하여 몸바쳐 일하는 기풍을 높이 발휘하여야 한다"고 규정함으로써 집단주의 원칙을 천명하고 있다. 이에 따라 공민의 권리는 전(前)국가적인, 대(對)국가적인 기본권 또는 인권이 아니라 '집단'인 국가가 보장하는 범위 내에서만 그 권리성이 인정된다. 개인이 국가를 위하여 희생함으로써 국가가 개인의 권리를 보장하므로 공민의 권리는 동시에 그것이 공민의 의무가 된다. 따라서 헌법은 제62조부터 제86조까지 공민의 기본권리와 의무에 대하여 규정하고 있으나, 위와 같은 '집단주의 원칙'에 의하여 그 실질적 의미와 내용은 공허한 것이 될 수밖에 없는 한계가 있다.

북한은 이와 같이 사회주의 법체제에 따라서 법의 역할과 기능이 결정되고 헌법을 비롯한 법률체계도 주체사상과 김일성·김정일 교시, 그리고 조선노동당의 강령·규약이 정하는 내용을 통일적이고 효율적으로 집행하기 위한 수단으로서 의미가 강조되고 있다. 또한, 헌법에 의하여 구성되는 모든 국가기관은 노동당에 의하여 결정되는 국가정책을 집행하는 집행기구에 불과하므로 입헌민주주의에서 인정되는 헌법의 규범성과 법치주의는 인정되지 않는다고 평가할 수 있다.

2) 사회주의혁명으로서의 통일

북한은 헌법과 조선노동당 규약을 통하여 조국의 평화적 통일의 의의와 통일의 기본원칙을 선언하고 있는데, 한반도에 남한과 북한이 분단되어 있다는 현실을 인정하고 김일성이 제시한 조국통일의 근본 원칙과 방도에 따라 조국통일을 완수하여야 할 것을 민족적 과제라고 천명하였다.

북한은 조국통일을 달성하기 위해서는 인민정권을 강화하고 사상·기술·문화의 3대 혁명을 강화하여 사회주의의 완전한 승리를 이룩하여야 하고, 남한은 미국의 식민지이므로 우선적으로 미 제국주의의 침략군대를 남한에서 몰아내어 식민지통치를 청산한 다음 남한 주민들의 사회민주화와 생존권투쟁을 통하여 사회주의혁명을 완수하는 것이 반드시 필요하다고 강조하고 있다. 이와 같이 남한과 북한에서 모두 사회주의혁명을 달성한 다음 남북한 주민들의 민족대단결의 원칙에 따라서 조국을 평화적으로 통일할 것을 제시하고 있는 것이다.

　북한의 통일 원칙은 남한에 대한 인식과 전략목표를 반영하고 있는 것이므로 북한의 대남인식과 전략·전술을 함께 고려하여 분석하여야 한다. 북한은 8·15 해방 이후 남한을 미국의 정치·경제·군사적 식민지이자 침략적 군사기지로 파악하였다. 북한은 남북분단과 통일문제에 대하여 "조국통일은 나라의 한 부분을 제국주의자들이 강점함으로써 국토와 민족이 인공적으로 분열된 특수한 조건에서 제기되는 문제이다. 우리 나라에서 조국통일 문제가 생기게 된 것은 미제의 남조선 강점과 관련되어 있다"고 밝히고 있듯이 통일을 분단된 국토와 민족을 단순히 재결합하는 문제로 파악하는 것이 아니라 미제와 남한내부의 매판세력이라는 내외의 분열주의 세력을 분쇄하고 그들에 의하여 강요된 분단조국을 다시 통일된 조국으로 만드는 문제로 파악하고 있다.[22] 김일성이 통일에 대하여 "남조선혁명은 미 제국주의 침략자들을 반대하는 민족해방혁명인 동시에 미제의 앞잡이들인 지주, 매판자본가, 반동관료배들과 그들의 파쑈통치를 반대하는 인민민주주의혁명입니다"고 언급한 바와 같이 미국으로부터의 '민족해방'과 파쇼적 반동세력에 대한 '혁명'을 통해 남한에서 공산정권을 수립하는 것을 대남전략의 목표로 삼아왔다고 평가할

---

22) 조선노동당출판사, 김일성 선집 2, 1964, 365~377면 ; 조선노동당출판사, 김일성 저작집 6, 1980, 1~16면 ; 조선중앙통신사, 조선중앙연감, 평양, 1993, 33~48면.

수 있다.[23)]

　1980년 후반 동구 사회주의권의 몰락과 독일의 통일, 미국의 북핵문제와 관련된 경제제재와 압박 등 국제정세가 변화되었고, 남한의 북방정책 추진, 북한의 식량난으로 인한 남북한 국력격차의 심화 등 대내외적인 통일환경이 급격하게 변화하였다. 이에 따라 북한은 남조선혁명을 통한 공산화통일이라는 궁극적 목표에 앞서 당면한 생존전략차원에서 체제유지에 주력하는 전술적인 변화를 모색하게 되었다. 즉, 북한은 연방제통일방안을 남한과의 관계개선을 통한 체제유지를 위한 수단으로 이용하고자 하는 노력을 기울이고 있다고 할 수 있다. 북한은 김일성 사후인 1998년 4월 '민족대단결 5대 방침'을 통하여 남북한의 공존·공영·공리를 도모하면서 조국통일의 길을 열어나가야 한다고 주장하는 등 연방제를 체제유지를 위한 수단으로 이용하려는 것을 보다 분명하게 나타냈다. 특히, 2000년 6월 15일 남북정상회담에서 발표한 '6·15남북공동선언'을 통하여 이른바 '낮은 단계의 연방제'를 제시하면서 큰 변화를 보이고 있다.

　이와 같은 북한의 태도는 체제생존과 경제난을 극복하기 위해서는 남북한의 관계개선이 절대적으로 필요하다는 인식을 바탕으로 하고 있다. 그러나 이러한 현상만으로는 북한이 지금까지 유지하여 온 '전 한반도의 공산화'라는 전통적인 전략목표를 완전히 포기한 것으로 보기는 어렵다고 하겠다. 북한은 남한을 '흡수통일에 대한 경계의 대상'으로 인식하면서도 북한체제를 유지함에 있어서 '실질적인 도움을 줄 수 있는 대상'으로 인식하고 있는 이중적 상황이라고 할 수 있다.[24)] 따라서 북한은 이러한 대남인식과 전략목표의 변화에도 불구하고 한반도 전체의 공산화를 통한 통일달성이라는 기본원칙을 수정한 것은 아니라고 평가할 수 있다.

---

23) 사회과학출판사, 사회주의, 공산주의 건설이론, 도서출판 태백, 1989, 282면 ; 조선노동당출판사, 김일성 저작집 5, 1980, 479면.
24) 통일부, 북한개요, 2004, 447면.

요컨대, 북한은 사회주의혁명관을 기초로 하여 우선적으로 국가체제와 이념을 달리하고 있는 북한과 남한을 하나의 체제와 이념으로 통합한 다음 하나의 민족공동체를 형성하는 것을 통일로 이해하고 있다고 하겠다. 따라서 남북통일이란 한반도에서의 사회주의혁명을 완성하는 과정에서 달성하여야 할 전제조건이자 그 결과물로 이해하고 있다고 평가할 수 있다.

3) 자주, 평화통일, 민족대단결의 원칙

북한은 조선노동당 규약과 헌법 9조에서 조국통일의 기본 원칙으로서 '자주, 평화통일, 민족대단결의 원칙'을 선언하고 있는데, 이는 1972년 7월 남북한이 발표한 7·4남북공동선언에서 밝힌 이른바 '조국통일 3대 원칙'의 핵심내용이다. 이러한 조국통일 3대 원칙은 북한이 제시하는 통일방안에도 반영되어 있다. 즉, 1980년 10월 10일 제6차 조선노동당대회에서 채택한 '고려민주연방공화국 창립방안'은 자주적 평화통일을 위한 선결조건으로 남한에서의 군사파쇼정권의 청산과 사회민주화 실현, 평화협정 체결과 미군철수, 자주·평화통일·민족대단결의 3대 원칙에 기초한 통일실현을 그 내용으로 포함하고 있다.[25] 1993년 4월 김일성이 제시한 '전민족대단결 10대 강령'의 제1항에도 "민족대단결로 자주, 평화, 중립적 통일국가 창립"이 규정되어 있다.

북한의 조국통일 3대 원칙은 이와 같이 남한과 북한이 서로 합의하여 발표한 '7·4남북공동선언' 제1항에 규정된 사항이나 그 구체적인 내용과 규범적 의미는 북한의 통일방안, 통일에 관한 성명성 등에 비추어 볼 때 남한에서 해석하는 것과는 많은 차이가 있다. '7·4남북공동성명' 제1항은 "쌍방은 다음과 같은 조국통일 원칙들에 합의를 보았다. 첫째, 통일은 외세에 의존하거나 외세의 간섭을 받음이 없이 자주적으로 해결하여

---

25) 조선노동당출판사, 김일성 저작집 14, 1981, 233~249면.

야 한다. 둘째, 통일은 서로 상대방을 반대하는 무력행사에 의거하지 않고 평화적 방법으로 실현하여야 한다. 셋째, 사상과 이념·제도의 차이를 초월하여 우선 하나의 민족으로서 민족적 대단결을 도모하여야 한다"고 규정하고 있다.

남한에서는 '자주'에 대하여는 남한과 북한이 통일과 민족공동체의 운명을 결정하는 당사자로서 통일의 문제를 민족자결의 원칙에 따라 민족 스스로의 정치적 합의와 결단에 의하여 결정되어야 한다는 것을 의미한다. '평화'에 대하여는 모든 종류의 무력이나 강제에 의한 방법이 아닌 대화와 협력을 통한 평화적인 방법으로 통일정책을 수립하고 추진하여야 한다는 것이다. 그리고 '민족대단결'에 대하여도 남북한이 상대방을 상호 정치적 실체로서 인정하고 민족공동체를 형성한다는 목표 하에 전체 한민족의 의지와 의사를 결집하여 통일을 달성한다는 것으로 이해하고 있다.

한편, 북한에서는 '자주'에 대하여는 남한을 식민지로 통치하는 미 제국주의를 남한에서 몰아냄으로써 한민족 스스로의 운명을 결정할 수 있는 토대를 마련한다는 것을 의미한다. '평화'에 대하여도 남한에서 미 제국주의의 식민지통치를 담당하는 주한미군을 철수하게 함으로써 한반도에서 전쟁의 위험을 없앨 수 있다고 한다. '민족대단결'에 대하여도 남한에서 사회주의혁명을 완성하여 모든 정당·사회단체 등 대표자들과 연대하여 한반도에 하나의 사회주의국가인 한민족공동체를 형성한다는 것으로 이해한다.[26] 조국통일 3대 원칙의 규범적 의미를 조선노동당 규약, 헌법규정, 연방제통일방안의 실천방안 등을 종합하여 평가할 때, 북한은 자주와 평화를 통하여 연방제 창립을 위한 선결조건을 관철한 다음, 민족대단결을 통한 합작공산화를 완성함으로써 통일을 달성한다는 것이므로 결국 남조선혁명전략을 의미한다고 할 수 있다. 따라서 자주, 평화통

---

26) 조선노동당출판사, 김일성 저작집 28, 1984, 382~395면 ; 조선노동당출판사, 김일성 저작집 35, 1987, 338~356면.

일, 민족대단결의 통일 원칙은 문언적으로는 7·4남북공동선언에서 밝힌 통일 원칙과 동일하지만 그 실질적인 내용은 남한이 해석하고 있는 내용과는 달리 사회주의혁명을 통한 통일을 실현하기 위한 실천방안으로서의 의미를 가진다고 할 수 있다.

요컨대, 남한헌법상 통일은 민족공동체의 재통합으로서 새로운 국가공동체를 건설하는 것이며, 통일에 대한 기본원칙은 자유민주주의, 법치주의, 국제평화주의에 바탕을 둔 평화통일을 지향하는 것이라고 이해된다. 이에 반하여, 북한헌법과 조선노동당 규약에서 규정하고 있는 통일은 남한에서의 사회주의혁명을 완성하는 것이며, 통일에 대한 기본원칙은 대남적화를 위한 통일전선전술의 내용을 구성하는 것에 불과하다고 평가할 수 있다. 다만, 북한은 2000년 6·15남북공동선언을 통하여 통일방안과 이를 위한 남북한 관계의 개선에 대하여 남북한의 공통적인 인식을 바탕으로 남북교류협력의 강화 등을 통한 평화적 통일을 지향하는 새로운 기본원칙을 마련하고 있는 것으로 평가할 수 있다는 입장도 있다.27) 6·15남북공동선언은 후술하는 바와 같이 그 내용과 효력에 대하여 다양한 입장이 있으며, 향후 그 구체적인 후속조치의 실천여부를 통하여 대남인식의 근본적인 변화여부를 판단할 수 있을 것이다. 그러나 6·15남북공동선언이 남북분단 이후 남북한 정상회담을 통하여 통일방안에 대한 기본원칙을 합의하였다는 점에서 큰 의미를 가진다고 하겠다.

---

27) 이장희, "6·15공동선언과 통일지향적 국제법적 정비방향", 6·15남북공동선언과 통일지향적 법제정비방향, 제30회 아시아사회과학연구원 학술시민포럼, 2001.5.3 ; 최창동, 법학자가 본 통일문제 Ⅱ, 푸른세상, 2002, 15〜79면.

제3장 남북한특수관계론의 헌법규범성

I. 남북한 분단과 특수관계

1. 남북한 관계에 대한 세 가지 관점

남북한 관계를 헌법규범적으로 분석하는 것은 우리 헌법상 북한의 법적 지위 및 성격과 불가분의 관계를 가진다. 남북한 관계는 이를 조망하는 관점에 따라 국내법적 관점, 국제법적 관점, 그리고 남북한 관계적 관점으로 구분할 수 있으며, 각 관점에 따라 각각 상이한 규범체계를 가지고 있는 특수한 관계라고 할 수 있다.

첫째, 국내법적 관점에서 남북한은 기본적으로 상호 상대방을 불법적으로 영토의 일부를 점령하고 있는 단체로 인정하고 있다. 따라서 우리 헌법체계에 따를 경우에는 북한은 국가보안법상 반국가단체 또는 불법단체로서의 성격을 가지고 있으며 북한 지역과 북한 주민에 대하여도 우리 헌법의 규범력이 미치므로 이와 모순되는 북한체제와 법률체계는 그 효력을 인정할 여지가 없다.

둘째, 국제법적 관점에서는 남북한의 의사와 관계없이 남한과 북한은 국제법상 주체로서 지위를 가지고 국제기구에 참여하여 활동하고 있다. 특히, 남북한은 특정한 제3국과의 관계에 있어서 남북한의 외교관계, 국제조약, 그리고 국가·정부승인 등에 따라서 상대적이고 차별적인 지위를 가지고 있으므로 그러한 범위에서는 국제법의 적용을 받게 된다.

셋째, 남북한 관계적 관점에서는 남북교류협력이 확대되고, 경제분야에서의 급속한 진전과 함께 북한의 법적 지위와 성격은 북한이 대남관계에서 활동하는 규범 영역과 사안에 따라서 사실적으로나 법규범적으로나 매우 다양한 의미를 가지게 되었다. 즉, 북한은 남조선혁명노선을 포기하지 않고 있는 상태에서 여전히 남한에서의 사회주의혁명을 바탕으로 한 대남적화통일노선을 따르고 있는 불법단체의 성격을 가지고 활동하고 있다. 이와 동시에 경제·사회문화 분야를 중심으로 각종 인적·물적 교류를 확대하면서 교류협력을 강화하고 있어 이러한 범위 내에서는 평화통일을 위한 대화와 협력의 동반자로서 인정하여야 할 필요성이 있다. 이러한 북한의 법적 지위와 성격은 실제에 있어서 규범 영역과 사안에 따라서 명확히 구분되는 것이 아니어서 그 구별이 애매하거나 상호 모순된 성격이 혼재되어 있는 경우가 많다.

남북한 관계는 이와 같이 조망하는 세 가지 관점에 따라서 각각 상이한 규범체계와 법적 의미를 가지는 것에 그 특수성이 있다. 이러한 세 가지 관점에 따른 법규범적 의미는 각각 별개로 독립적인 것이 아니라 상대적인 것으로서 국내의 정치상황, 남북한 관계의 발전양상, 국제정세 등에 따라서 상호 간 규범체계에 영향을 미칠 뿐만 아니라 이들 세 가지 관점을 동시에 고려해야 하는 규범 영역이 증가하고 있어 이에 대한 규범체계를 확립하는 것을 어렵게 하고 있다. 과거 남북교류협력이 엄격히 통제되었던 시기에는 국가보안법 적용 영역, 국제사회에서의 이분적 대응, 남북회담에 있어서 예외 등 세 가지 관점이 각각 독립적으로 적용되었으나, 남북교류협력의 확대와 진전에 따라서 세 가지 관점을 동시에 고려해야 하는 규범 영역이 원칙적인 것이 되었다고 할 수 있다. 이러한 예는 북한이탈주민의 보호·지원과 제3국에 체류하는 북한이탈주민의 처리, 개성공단사업 등 남북한 경제교류와 WTO체제와의 관련성, 남북교류협력에관한법률상 방북승인을 통한 민간단체의 광범위한 교류협력사업의 추진 등에서 쉽게 찾아 볼 수 있다. 바로 이러한 이유에서 남북한특수관계에 관한 헌법규범적 분석이 더욱 필요하게 되는 것이다.

요컨대, 남북한특수관계론이란 좁은 의미에서 볼 때에는 남북한 관계적 관점에서 파악되는 남북한 관계라고 할 수 있으므로 이를 중심으로 남북한 관계의 규범적 의미를 도출하는 것이 우선적 과제라고 하겠다. 그러나 남북한 관계의 특수성은 국내법적 관점 및 국제법적 관점과 유기적인 관련성을 가지고 상호 영향을 미치므로 위의 세 가지 관점을 포괄하는 남북한 관계를 의미한다. 남북한 관계의 특수성을 정확하게 파악하기 위해서는 남북한의 분단원인과 과정을 객관적으로 검토하고, 남북한이 각각 이에 대하여 주관적으로 어떻게 인식하고 있는지를 규명함으로써 보다 정확한 분석이 가능할 것이다. 또한, 국제법적 관점에서 국가간의 특수관계 또는 분단국가로서 그 특수성이 논의되었던 외국의 사례를 비교법적으로 검토하는 것도 도움이 될 것이다.

2. 남한과 북한의 분단

한국은 1910년 한일합방조약에 의하여 일본의 식민지 통치지배를 받았으나, 1943년 11월 27일 카이로선언을 통하여 일본으로부터 분리·독립이 공약되었고, 이는 1945년 7월 26일 포츠담선언에서 재확인되었다. 1945년 8월 15일 일본은 포츠담선언의 수락을 전제로 연합군 측에 무조건 항복을 하였고, 이로써 한국은 일본의 불법통치로부터 해방되어 독립을 달성하였다. 그러나 일본군의 무장해제와 항복접수를 위하여 미국과 소련이 군사적 조치로 38도선을 경계로 하여 한반도를 분할하였고, 이를 시작으로 미소냉전이 심화되었다. 그 이후 미국과 소련의 전후 한반도문제에 대한 처리과정을 둘러싼 이해관계의 대립이 첨예화되어 결국 남북한의 분단은 한반도의 분할점령을 거치면서 남북한이 각각 정부를 수립함으로써 고착화되었다.

남한 지역에서는 미소공동위원회가 한반도 문제에 대한 해결책 마련을 위한 합의에 실패하자 미국은 이 문제를 UN을 통하여 해결할 것을 시도하여 1947년 11월 14일 UN결의 112를 통하여 한국독립의 문제를, 1948년 2월 26일 중간위원회 결의를 통하여 가능한 지역만의 UN감시하의 총선거 실시를 각각 결정하였다. 이에 따라 1948년 5월 10일 총선거를 실시하여 제헌국회를 구성하고 건국헌법과 초대 대통령을 선출하였으며, 마침내 1948년 8월 15일 남한에는 대한민국 정부가 수립되었다. 이때 대한민국 정부는 한반도의 전체적 대표성을 부여하기 위하여 국회에 북한 지역 대표의 몫으로 국회의원 의석 100석을 유보시켜 두었다.

한편, 북한 지역에서는 1946년 소련의 정책에 따라서 중앙행정기관으로 설립된 북조선인민위원회가 중심이 되어 토지개혁법령, 선거법령, 노동법령, 국유화법령 등 소위 민주기지건설을 위한 제반 법령을 발표하고 이를 시행하였다. 1948년 9월 3일 최고인민회의가 조선민주주의인민공화국헌법을 공식 채택하였으며, 그 해 9월 9일 조선민주주의인민공화국이 수립되었다. 이로써 한반도에는 남한 지역과 북한 지역에 상이한 정치적 통일체가 형성됨으로써 남한과 북한으로 분단되고 말았다.

소련은 1948년 10월 12일 북한을 승인하였으나 1948년 12월 12일 제3차 UN총회 결의문은 UN한국임시위원회의 감시와 협의가 효과적으로 이루어졌으며, 대한민국은 이러한 합법적인 절차에 따라 수립된 정부로서 한국에 있어서 유일의 정부라는 것을 선언하였다. 그러나 위 UN총회 결의문은 "임시위원회의 감시와 협의가 가능했으며, 전 한국 국민의 절대다수가 거주하는 지역의 한국에 대한 유효한 지배와 관할권을 가지는 합법정부가 수립되었다는 것과 동 정부는 동 지역의 선거인들의 자유의사의 정당한 표현이었으며, 임시위원회가 감시를 행한 바 있는 선거에 기초를 두고 있으며, 나아가 이 정부가 한국에 있어서의 유일한 이러한 정부이라는 것"을 선언한 것으로 대한민국 정부가 한반도 전체에 유효한 지배와 관할권을 미치는 유일의 합법정부라는 것을 선언한 것은 아니라는 점을 주목할 필요가 있다.[1] 이 결의문은 대한민국이 한반도 전역에 유일한 합법정부라고 선언하고 있지는 않으나, 이를 부인하고 있는 것도 아니다. 또한, 북한의 정부는 이러한 유보적인 승인조차 받지 못하였다. 따라서 위 결의문은 오늘날까지 대한민국 정부에 정치적 정통성(legitimacy)과 합법성(legality)을 부여하는 근거가 되어 대한민국이 한반도에서 유일한 합법정부라는 이론의 법적 근거가 되고 있다.[2]

3. 특수관계에 대한 규범적 인식

1) 남한의 입장

남한은 해방 이후 대한민국 정부수립에 대하여 UN의 감시하에 선거가 실시되고 UN총회에서 정식으로 인정받았음을 근거로 대한민국 정부가 한반도의 유일한 합법정부이며 그 주권이 북한 지역에도 미친다는 입장을 견지하였다. 이는 분단 이전에 존속하였던 전체로서의 단일국가인 한국의 계속성과 정통성을 남한이 계승하였다는 것에 바탕을 두고 있었다. 이에 따라 통일방안도 공산주의에 대한 불신을 바탕으로 무력에 의하여 북한 공산정권을 타도한다는 이른바 '무력북진통일론'을 채택하였다. 북한과의 협상은 북한 공산정권에 대한 묵시적인 승인을 의미하는 것이므로 결코 있을 수 없는 것이라고 선언하였고, 북한이 제시한 통일

---

1) 최대권, 통일의 법적 문제, 법문사, 1990, 28면 ; 최창동, "헌법상 영토조항과 통일조항의 올바른 헌법해석론", 정책연구, 국제문제조사연구소, 2005, 297~300면.
2) 이완범, "해방 직후 국내 정치세력과 미국의 관계, 1945~1948", 해방전후사의 재인식, 책세상, 2006, 97~98면.

방안을 거부하는 것으로 일관하였다. 남한의 이승만 정부는 북한의 침략으로 개시된 6·25전쟁과 휴전협정을 거치면서 한반도 문제를 국제적인 차원에서 논의하고 해결하기 위해서는 북한의 실체와 존재를 인정할 수밖에 없다는 판단하에 1954년 제네바회의에 북한과 함께 참가하였다. 그러나 북한의 실체를 규범적으로 인정하지 않고 휴전협정 이후에도 내부적 역량을 강화하고 힘의 우위를 확보함으로써 통일을 이룬다는 '승공통일론'을 전개하였다.

1960년 4·19혁명으로 집권한 민주당 정부는 '무력북진통일론' 주장을 폐기하고 UN감시하의 인구비례에 의한 남북한 총선거를 통한 통일방안을 제시함으로써 남북한 통일에 대하여 유연한 태도를 보이기도 하였다. 당시 장면 정부는 비록 '무력북진통일론'을 폐기하고 UN감시하의 남북자유총선거를 통일정책의 기조로 제시하였다. 이는 이승만 정부가 대한민국의 유일한 합법정부라는 것을 전제로 북한도 UN총회의 결의에 따라 자유선거를 실시하여 대한민국에 합류하여야 한다고 주장한 것을 고려할 때 기본적으로 같은 맥락의 통일정책을 추진한 것으로 판단된다. 그러나 1961년 5·16 군사쿠데타를 통하여 집권한 박정희 정부는 남북한 관계의 현실과 국제정세의 변화를 바탕으로 경제건설로 북한을 압도할 수 있는 실력을 쌓음으로써 통일을 달성할 수 있다는 '선건설, 후통일론'을 주장하여 이때까지는 북한정부에 대하여 그 실체와 존재를 부정하는 입장을 그대로 유지하였다.

1970년 초반 동서냉전이 조정기에 접어들자 남한정부는 경제발전의 성과를 바탕으로 남북대화를 진행하였으며, 1972년 7월 4일 이른바 '7·4 남북공동성명'을 발표하여 '자주, 평화통일, 민족대단결'이라는 통일의 3대 원칙을 선언하였다. 1973년에는 7개항의 '6·23특별선언'을 통해 통일정책을 발표하면서 남북한간의 긴장완화와 국제협조에 도움이 되고 통일에 장애가 되지 않는다는 전제하에 남한과 북한이 함께 UN에 가입하는 것을 반대하지 않는다는 입장을 표명하였다. 그러나 이러한 정책은 통일이 성취될 때까지의 과도기적인 기간의 잠정조치로서 하는 것이지 결코 북한을 국가로 인정하는 것은 아니라는 점을 분명히 한다고 선언하였다.[3] 이는 분단 이후 남한과 북한이 처음으로 통일문제를 내부적 논의구조로 끌어들여 대화를 통해 평화통일을 비롯한 통일 원칙에 합의한 것이다. 특히, 남한과 북한이 함께 UN에 가입할 것을 제의한 것은 북한에 대한 입장이 크게 변화된 것을 의미하는 매우 중대한 사건이라고 할 수 있다. 그 이후 1982년 1월 22일 전두환 정부는 '민족화합민주통일방안'을 발표하였다. 이는 통일은 민족자결의 원칙에 의거하여 겨레 전체의 의사가 골고루 반영되는 민주적 절차와 평화적 방법으로 성취되어야 한다는 기본원칙에 입각하여 통일헌법의 제정과 남북총선거를 통한 통일민주공화국 완성에 이르는 일련의 과정을 구체적으로 제시하였다.

1980년 후반 소련의 개혁개방정책과 동구 공산권국가들의 정치개혁이 급속히 진행됨으로써 국제적 냉전질서가 해체되는 국면에 접어들면서 남북한 관계도 새로운 전기를 맞이하였다. 1988년 7월 7일 노태우 정부는 '7·7특별선언'을 통하여 북한을 대결의 상대방이 아니라 선의의 동반자로 간주하고 남한과 북한이 함께 번영을 이룩하는 민족공동체적 관계로 발전시켜 나갈 것을 주장하였으며, 1989년 9월 11일에는 '한민족공동체통일방안'을 발표하였다.

독일이 통일되고 동구권 사회주의체제가 붕괴된 이후인 1994년 8월 15일 김영삼 정부는 '한민족공동체 건설을 위한 3단계 통일방안'을 발표하였다. 이는 하나의 민족공동체를 건설하는 것을 목표로 통일의 과정을 화해협력단계, 남북한연합단계, 통일국가완성단계 등 3단계로 구별하여 점진적으로 통일국가를 완성하자는 내용으로 구성되어 있다. '화해협력단계'는 남북한이 상호 체제를 인정하고 존중하는 가운데 분단상태를 평화적으로 관리하면서 경제·사회·문화 등 각 분야의 교류협력을 통해 상호 적대감과 불신을 해소해 나가는 단계이다. 이러한 과정을 통해

---

3) 박정희 대통령 연설문집 제10집, 대통령비서실, 1974, 165면.

상호 신뢰가 형성되면 남북한 관계는 평화를 제도화하고 통일을 본격적으로 준비하는 과도기적 체제인 '남북연합단계'로 발전하게 된다. 이 단계는 하나의 완전한 통일국가 건설을 목표로 남북한이 서로 다른 체제와 정부 하에서 통일지향적인 협력관계를 통해 통합과정을 관리하는 단계로서 남북한이 각각 대외적 주권을 유지하되 남북정상회의, 남북각료회의, 남북평의회, 남북공동사무처 등 제도적 장치를 마련하게 된다. '통일국가완성단계'는 남북한 두 체제를 완전히 통합하여 하나의 정치공동체를 실현하는 것으로 1민족 1국가로의 통일을 완성하는 것이며, 남북한의 의회대표들이 마련한 통일헌법에 따라서 민주적인 총선거를 실시하여 통일국회, 통일정부를 구성함으로써 통일국가를 수립하는 것이다. 이 방안은 '1민족 1국가 1체제 1정부'를 내용으로 하는 통일방안으로서 민족구성원 모두가 주인이 되며 민족구성원 개개인의 자유와 복지, 인간의 존엄성이 보장되는 선진민주국가를 통일국가의 미래상으로 제시하였다.

1998년 2월 25일 김대중 정부는 '무력도발 불용, 흡수통일 배제, 화해와 협력 추진'을 내용으로 하는 대북정책 3원칙을 선언하였으며, 3단계 통일론을 제시함으로써 북한의 실체를 인정하여 평화통일을 위한 대화의 상대방으로 인정하였다. 3단계 통일론은 남한정부가 공식적으로 채택한 통일방안이 아니라 김대중 당시 대통령이 대통령에 당선되기 이전에 제시한 개인적인 통일방안이다. 즉, 제1단계는 남북연합단계로서 남북정상회담을 통하여 헌장을 제정하여 남북연합을 구성하는 단계(2국가, 2체제, 2독립정부)이다. 제2단계는 남북한이 연방국가를 형성하여 중앙정부가 외교·군사 및 내정의 주요 권한을 행사하고, 연방대통령과 연방의회가 있고, 국제기구에 하나의 국가로 가입하는 단계(1국가, 1체제, 2지역정부)이다. 마지막 제3단계는 남북한이 민족동질성을 바탕으로 국민적 합의에 의하여 단일국가 또는 연방국가를 형성하는 단계(1국가, 1체제, 1중앙정부)이다.[4] 이를 바탕으로 2000년 6월 15일 남북정상회담을

---

4) 아태평화재단, 김대중의 3단계 통일론－남북연합을 중심으로－, 아태평화

거쳐 '6·15남북공동선언'을 발표함으로써 통일방안으로서 남한의 국가연합제와 북한의 낮은 단계의 연방제의 공통성을 인정하였으며, 국내법적 관계에서 북한이 평화통일을 위한 대화의 상대방이자 협력자라는 사실을 공식적으로 확인하였다. 2003년 출범한 노무현 정부도 평화번영정책을 통하여 한반도 평화증진과 남북공동번영이라는 목표를 달성함으로써 한반도를 동북아 경제중심으로 만들어 나가기 위한 포괄적인 중장기 국가발전전략을 제시하고 있다. 이들은 모두 남한의 공식적인 통일방안인 '한민족공동체 건설을 위한 3단계 통일방안'을 바탕으로 하여 이를 구체화시킨 통일정책이라고 평가할 수 있다.

요컨대, 남한은 대한민국 정부수립 이후 지금까지 대한민국을 한반도에서의 유일한 합법정부라는 전제 하에 북한을 국가로 인정하지 않는 입장을 유지하고 있다. 다만 7·4남북공동성명을 계기로 북한의 실체와 존재를 인정하여 통일을 위한 대화의 상대방으로 인식하였고, 남북기본합의서와 6·15남북공동선언 등을 통하여 이를 대내외적으로 공식 확인하였다. 이러한 인식의 변화는 통일에 관한 헌법규정의 개정을 통하여 반영되고 있으며, 이를 바탕으로 현재까지 다양한 남북대화의 진행, 인적·물적 교류의 획기적 증대, 이산가족교류의 활성화, 한반도의 긴장완화 등 평화통일을 위한 남북한 관계의 의미 있는 진전이 이루어지고 있다.

2) 북한의 입장

북한의 대남전략전술은 해방 직후인 1945년 10월 10월 조선공산당 북조선분국을 조직하기 위하여 개최된 서북5도 당대회에서 '혁명적 민주기지론'의 형태로 그 기본구상이 제시되었다. 이는 미군의 남한 점령으로 전국적 범위의 혁명을 동시에 추진할 수 없다고 판단하고, 보다 유리한 조건이 형성된 북한 지역의 혁명역량을 강화하고 그 역량을 바탕으

출판사, 1995.

로 전 한반도의 공산혁명을 완수한다는 전략이었다.[5] 북한은 혁명적 민주기지론에 따라서 1948년 9월 9일 조선민주주의인민공화국 정부를 수립하였다. 북한은 남북한의 모든 정당·사회단체가 참석한 연석회의와 지도자협의회의 결의에 따라 한반도 전역에서 선거가 실시되어 전체 인민의 의사를 대표하는 합법적 통일정부가 수립되었기 때문에 북한이 중앙정부라는 입장을 취하였다.[6]

북한은 이와 같은 혁명적 민주기지전략의 결정적 수단으로서 남조선을 해방하기 위하여 6·25전쟁을 일으켰으나 미국 등 UN연합군의 개입에 따라 실패하고 1954년 제네바회의에 남한과 함께 참가하였다. 북한은 1956년 4월 23일 조선노동당 제3차 대회에서 처음으로 '평화통일론'을 공식화하였는데, 1960년 8월 14일 통일을 위한 과도기적 조치로서 연방제를 제의하였다. 이는 남북한 자유총선거를 통한 통일을 목표로 과도기적으로 남한과 북한 각각의 내정권, 외교권, 국방권을 침해받지 않는 상태에서 남북한 정부당국의 대표기구인 최고민족위원회를 구성하는 것을 내용으로 하였다.[7] 이는 6·25전쟁 이후 체제정비를 통하여 남한에 비하여 경제적으로 우위에 있다는 자신감과 남한에서의 정치사회적 격변상황에 대하여 혁신세력의 지지기반이 확대되었다고 판단한 것에서 비롯되었으며, 남한의 일부 혁신세력의 지지를 받는 등 통일운동에 상당한 반향을 불러일으켰던 것으로 평가되었다.

북한은 6·25전쟁 이후 분단이 장기화되고 남한에서 북한과 상이한 정치체제가 고착화됨에 따라 무력적화통일이 점점 어렵게 될 것이라는 인식을 갖게 되었으며, 1965년경부터 새로운 대남전략으로 '민족해방인민민주주의혁명론' 또는 '남조선혁명론'을 제시하였다. 이는 남조선혁명은

---

5) 조선노동당출판사, "민주기지론", 김일성 선집 2, 1964, 365~377면.
6) 박광, 진통의 기록 : 전 조선 제정당 사회단체 대표자연석회의 문헌집, 평화도서주식회사, 1948, 73~74면 ; 조선중앙통신사, 조선중앙연감, 1949, 38~39면 ; 김한길, 현대조선역사, 사회과학원 역사연구소, 일송정, 1983, 230면.
7) 조선노동당출판사, "통일의 과도적 단계로서의 연방제", 김일성 저작집 14, 1981, 233~249면.

남한의 혁명세력이 주체가 되어 수행하여야 한다는 지역혁명론으로서 우선 1단계로 남한에서 민족해방인민민주주의혁명을 수행한 다음, 2단계로 사회주의혁명을 진행시킨다는 단계적 혁명론이었다.[8] '민족해방인민민주주의혁명론'은 '혁명적 민주기지론'을 한 단계 발전시킨 것으로 1970년 제5차 노동당대회에서 공식적으로 채택되었으며, 이와 함께 남조선혁명을 완성하는 실천적인 요소로서 이른바 '3대 혁명역량 강화'를 제기하였다.

한편, 북한은 국제정세의 변화에 따라 남북대화를 추진하여 1972년 최초의 남북한 정부 당국간 합의문서인 '7·4남북공동성명'을 채택하였으며, 1973년 6월 23일에는 '조국통일 5대 방침'을 제시하여 연방제통일방안을 주장하였다.[9] 김일성의 '조국통일 5대 방침'은 첫째, 군사적 대치상태 해소와 긴장상태 완화, 둘째, 제 방면에 걸친 합작과 교류 실현, 셋째, 각계 각층 인사들의 통일을 위한 애국사업 참여, 넷째, 고려연방공화국 창설, 다섯째, 단일국호에 의한 UN가입 등을 내용으로 하고 있다. 이때의 연방제통일방안은 종전의 최고민족위원회를 폐기하고 통일전선전술에 따라 대민족회의를 전면에 부각시키면서 남한정부의 외교·군사에 관한 독자적인 활동을 부인하고 있는 것이 특징이다. 북한은 같은 해 8월 28일 일방적으로 남북대화의 중단을 선언하였는데, 이는 이른바 '닉슨 독트린'에 따라 미군이 한반도를 포함한 아시아·태평양 지역으로부터 철수하기 시작하고 베트남이 공산화되는 등 국제혁명역량이 강화되자 다시 대남 강경노선으로 전환한 것으로 평가된다.

북한은 1980년 10월 10일 평화공존 원칙이 반영된 통일방안으로 '고려민주연방공화국(Confederal Republic of Koryo) 창립방안'을 발표하였다.[10]

---

8) 조선노동당출판사, "남조선 정세와 남조선 인민들의 투쟁에 대하여", 김일성 저작집 20, 1982, 448~469면.

9) "현 국제정세와 조국의 자주적 통일을 촉진시킬 데 대하여", 노동신문, 1991. 4.13 ; 조선노동당출판사, "민주공화당을 포함해 누구와도 접촉할 용의", 김일성 저작집 26, 1984, 232~233면 ; 조선노동당출판사, "고려연방공화국으로 유엔 가입", 김일성 저작집 28, 1984, 382~395면.

이에 따라 북한은 한반도 문제의 이중적 구도를 반영하여 미국에 대하여는 정전협정을 평화협정으로 전환하기 위한 협상을 제안하고, 남한에 대하여는 과도기 조치가 아닌 통일국가 형태로서 고려민주연방공화국을 창설하자는 방안을 제의하면서 통일 이후 실시할 '10대 시정방침'을 발표하였다. 1980년 초는 남북한이 동시에 권력구조의 변화를 겪으면서 모두 평화공존을 기조로 한 통일방안을 제시한 시기로서 통일방안의 전개에 있어서 하나의 전기를 이룬 것으로 평가된다. 즉, 남북한 모두 새로운 권력구조를 정착시키기 위해서는 남북한 관계의 안정이 절실히 필요하였고, 한반도 주변국가들도 한반도의 현상유지를 통한 안정을 바라고 있었다는 여건이 일치한 상황이었던 것이다. 이는 북한이 소위 '하나의 조선'을 지향하는 대남통일정책을 구체적으로 표현한 것으로서 '1민족 1국가 2체제 2정부' 통일방안에 해당한다.

북한은 그 이후 군사문제에 대하여 미국을 상대로 3자회담, 잠정협정을 제의하는 한편, 남한에 대하여는 조국통일 10대 강령 등을 통하여 연방제통일방안을 일관되게 주장하였다. 1991년 1월 1일 김일성은 신년사를 통하여 '하나의 민족, 하나의 국가, 두 개의 제도, 두 개의 정부에 기초한 연방제'를 주장하는 한편, 남북한이 좀 더 쉽게 합의를 이루기 위해 잠정적으로 지역 자치정부에 더 많은 권한을 부여할 수 있음을 제안하였다. 이는 남북한의 제도를 그대로 두고 연방통일국가를 세우는 것으로 국가연합과는 다르며 지역 자치정부에 외교권, 군사통치권, 내정권 등을 줄 수 있다고 하여 미국의 건국 초기와 같은 '느슨한 형태의 연방제'를 의미하는 것이었다. 북한의 이러한 연방제통일방안에 대하여는 상호 이질적인 체제를 그대로 유지하는 것은 연방국가의 기본원리에 부합하지 않고, 연방이 성립한 이후에 구체적으로 어떻게 기능할 수 있는지에 대한 현실적인 대안을 제시하지 못하고 있으며, 미군철수와 대남통일전선전술의 실현을 위한 여건조성으로서의 수단일 뿐이라는 비판이 가능하다.

---

10) 조선노동당출판사, "고려민주연방공화국 창립방안", 김일성 저작집 35, 1987, 338~356면.

1992년 북한은 남한과 남북기본합의서를 채택하고 남한과 동시에 UN
에 가입함으로써 한반도에 서로 다른 두 정부를 현실로 인정하고 평화
공존의 바탕 위에서 통일방안을 도출하겠다는 입장을 구체화하였다. 이
는 1980년대 완성형 연방제통일방안에서 잠정적·단계적인 연방제통일
방안으로 선회한 것인데, 1990년 동서독이 서독의 주도하에 자유민주주
의체제로 통일한 것에 대하여 제도의 통일은 북한이 남한에 흡수될 수
밖에 없다고 인식하고 단계적 연방제론을 통하여 체제를 유지하고자 하
는 목적에서 비롯된 것으로 판단된다. 북한은 1990년 이후 동구권의 붕
괴 등 국제정세의 변화를 고려하여 대남전략의 핵심을 '반미·자유와
연공·연북'을 핵심 내용으로 하는 '민족대단결론'으로 수정함으로써 한
민족의 혈연적 동질성을 명분으로 남한 내의 광범위한 통일전선조직을
구축하면서 반미자주화투쟁을 선동하여 한·미 간 안보협력체제를 약화
시키기 위한 전술적 변경을 시도하였다. 북한의 이러한 통일전략의 변화
는 1993년 4월 김일성의 '전민족대단결 10대 강령'을 통하여 재확인되었
다. 한편, 1994년 7월 8일 남북정상회담을 앞두고 김일성이 사망하였으
나 김정일은 김일성의 고려민주연방공화국 통일방안을 승계하여 1997년
8월 4일 '조국통일 3대 헌장'으로 '조국통일 3대 원칙', '전민족대단결 10
대 강령', '고려민주연방공화국 창립방안'을 규정하고, '1민족 1국가 2제
도 2정부' 형태의 연방제통일방안을 주장하였다.[11]

북한은 2000년 6월 15일 남북정상회담을 거쳐 '6·15남북공동선언'을
발표함으로써 통일방안으로서 남한의 국가연합제와 북한의 낮은 단계의
연방제의 공통성을 인정하였다. 북한이 주장하는 '낮은 단계의 연방제'
는 종전의 연방제에서 주장하는 자치정부의 권한과 범위를 구체적으로
규정하여 두 개의 정부가 정치·군사·외교권을 비롯한 현재의 기능과
권한을 그대로 갖는다고 주장하였다. 이는 남북한 각각 정부의 대내외적

---

11) "1민족, 1국가, 2제도, 2정부에 기초한 연방제", 노동신문, 1991.1.1 ; "조국통
일 10대 강령", 노동신문, 1993.4.8 ; "온 민족이 대단결하여 조국의 자주적
평화통일을 이룩하자", 노동신문, 1996.9.3.

인 주권을 인정하고 그 틀 위에서 상호 공존과 협력을 제도화하는 것이 바람직하다는 인식에 바탕을 두고 있는 것으로 보인다. 6·15남북공동선언은 김대중의 3단계 통일론과 고려민주연방공화국 통일방안의 공통성을 기초로 한다. 3단계 통일론은 남북연합단계와 연방제단계를 거쳐 통일국가를 완성된 통일국가로 보는 반면, 고려민주연방공화국 통일방안은 두 개의 지역정부가 그대로 유지되는 상태를 통일의 완성된 형태로 인정하는 점에는 차이가 있다. 그러나 양자는 연방제가 실현되면 실질적인 통일이 달성되었다고 인정한다는 점에서 유사하다고 할 수 있다. 이와 함께 북한은 '우리 민족끼리'라는 표현을 '민족공조'로 개념화하여 외세와의 공조를 배격하고 민족공조를 통하여 통일문제를 우리 민족 자체의 힘에 의하여 해결할 것을 강조하고 있다. 이는 북한의 핵문제로 인한 미국의 대북 압박정책에 맞서 남북한이 공동으로 대처해 나갈 명분을 확보함과 아울러 남북한 화해협력관계를 지속적으로 유지하기 위한 수단으로 활용하기 위한 것으로 판단된다.[12]

요컨대, 북한도 남한과 마찬가지로 정부수립 이후 지금까지 조선민주주의인민공화국을 한반도에서의 유일한 합법정부라는 전제 하에 남한을 국가로 인정하지 않는 입장을 유지하고 있으며, 통일이란 기본적으로 미수복지구인 남조선을 미 제국주의로부터 해방하는 것이라는 인식을 바탕으로 하고 있다. 다만, 7·4남북공동성명, 남북기본합의서와 6·15남북공동선언을 통하여 평화공존과 통일에 있어서 남한의 실체와 존재를 인정한 것으로 평가할 수 있다.

3) 국제법적 평가

남북한은 일제로부터의 해방, 남북분단, 그리고 6·25전쟁을 겪으면서 현재까지 국제사회와 밀접하고도 직접적인 관련성을 가지고 있으므로

---

12) 통일부, 북한개요, 2004, 445~447면.

남북한 관계가 국제법적으로 어떻게 평가되고 인식되고 있는지를 규명하는 것도 반드시 필요한 작업이다. 남북한 관계를 국제법적 관점에서 평가하기 위해서는 우선적으로 남한과 북한의 정부가 수립되어 국제사회의 일원으로 참여하게 된 과정과 그 내용을 검토하여야 한다. 이때 남한과 북한이 각각 정부를 수립함으로써 분단되기 이전에 사실적·규범적 국가공동체로서의 존재를 인정할 수 있는지와 관련하여 대한제국과 남북한과의 관계에 대한 분석도 필요할 것이다. 이는 한민족의 국가공동체 형성에 있어서 수반되는 민족사적 정통성과 직접적으로 관련된 문제로서 남북한 관계와 통일국가 형성에 있어서 우월적인 지위를 근거지운다는 의미에서 실질적으로 매우 중요한 기능을 담당할 수 있다.

해방 이후 한반도 문제는 기본적으로 자주화와 국제화라는 두 개의 커다란 흐름 속에서 해결이 모색되었으며, 남북한 관계와 통일방안도 이러한 두 가지 축을 중심으로 동태적으로 변화하였다는 입장이 있다. 이러한 흐름 속에서 남북한이 각각 제시하는 통일방안은 공통적으로 다섯 단계를 거쳐왔다는 것이다. 즉, 첫 번째는 자주화 단계, 두 번째는 국제화 단계, 세 번째는 탈국제화 단계, 네 번째는 자주화와 국제화의 양립현상의 단계, 다섯 번째는 자주화로의 공명단계를 거쳤으며 그 결과 2000년 6월 남북정상회담과 6·15남북공동선언이 나타날 수 있었다고 평가하고 있다.[13] 이러한 분석과 평가는 한반도 문제의 이중적 구조를 정확히 인식하고, 남북한 관계를 민족문제와 국제문제의 관련성을 중심으로 동태적으로 파악한 것으로 남북한 통일방안을 수립하고 추진함에 있어서 적실성 있는 분석틀을 제공하고 있다고 판단된다.

대한제국은 1905년 을사보호조약을 시작으로 1907년 정미7조약을 거쳐 1910년 한일합방조약을 통하여 일본의 불법적 통치지배를 받았다. 이러한 조약은 모두 러일전쟁 이후 일본군대가 대한제국의 왕성을 포위한 상태에서 억압으로 체결되었으며, 대한제국의 황제가 조약체결을 위한

---

13) 심지연, 통일방안의 전개와 수렴, 돌베개, 2001, 18~22면.

전권위임장도 발부한 사실이 없고, 위 조약들을 직접 비준서명을 하지도 않았던 점에 비추어 이는 일본 제국주의의 협박에 따른 강박에 의하여 이루어진 것으로 평가할 수 있다. 이는 국제법상 당연히 무효(null and void ab initio)이며, 이러한 사실은 1965년 체결된 한일기본관계에 관한 조약 제2조에서 "1910년 8월 22일 및 그 이전에 대한제국과 대일본제국 간에 체결된 모든 조약 및 협정이 이미 무효임을 확인한다"고 규정됨으로써 공식적으로 확인되었다. 법규범적 측면에서는 대한제국은 일본에 의하여 불법적 강압에 의하여 점령당하였으며 그 주권행사가 강압적으로 침해당하는 상태에 놓여 있었을 뿐 일본에게 그 주권이 박탈당한 적은 없다고 평가할 수 있다.

이에 대하여는, 일제강점 기간 동안에는 대한제국의 주권이 일본에 의하여 빼앗긴 것은 아니지만 황제제도가 폐지되고 그 이후 주권을 승계할 후계자도 지정되지 않았으므로 대한제국의 주권은 국민전체에게 이양되고 주권자의 변동이 있었다고 볼 여지가 있다. 그러나 1910년 한일합방조약 등이 무효로서 법적 효력이 없는 이상 그에 따라 취해진 황제제도의 폐지 등 사실행위도 모두 무효라고 해야 할 것이다. 따라서 법규범적 의미에서는 대한제국 국제(國制) 제2조와 제3조에 따라 주권자는 여전히 '무한한 군권을 향유하는 대황제'에게 귀속되며, 그 정치체제도 역시 전제정치를 그대로 유지하고 있었으며 대한민국의 정부수립으로 인하여 비로소 대한제국이 소멸한 것으로 평가하는 것이 타당하다. 그러므로 1948년 수립된 남한과 북한의 정부는 신생국가의 정부가 아니라 남한과 북한 가운데 어느 정부가 합법적으로 대한제국의 정통성을 이어 받았느냐의 문제가 있을 뿐, 대한제국과 무관한 것이 아니라 대한제국의 법통성을 이어받은 정부라고 해석하여야 할 것이다. 물론 1945년 8월 15일 일본이 물러나고 미군과 소련군이 한반도에 진주한 이후부터 1948년 남한과 북한이 각각 헌법을 제정하고 정부를 수립한 때까지 미국과 소련이 정치적·군사적 목적을 위하여 일시 점령한 것은 남북분단의 원인과 과정에서 사실상 매우 중요한 의미가 있을 수는 있다. 그러나 이러한 현상은 법규범적 측면에서는 국가의 법통성 승계에 대하여 특별한 의미를 가지는 것은 아니라고 할 것이다. 따라서 남한정부와 북한정부가 대한제국의 법통성을 어떻게 승계하고 있는지가 핵심적인 쟁점사항이 된다.

대한제국의 법통성은 1945년 일본의 패망과 함께 단일의 국가공동체 형성을 통하여 승계될 기회가 있었다. 그러나 국내 정치세력의 좌우대립, 미국과 소련의 정치적 이해관계에 의하여 현재화되지 못하고 결국 남한과 북한이 각각 정부를 수립함으로써 단일한 국가공동체를 형성하지 못하고 말았다. 남한에서는 1948년 7월 17일 헌법을 제정하고 8월 15일 대한민국 정부를 수립하였고, 북한에서는 같은 해 9월 3일 헌법을 공식 채택하고 9월 9일 조선민주주의인민공화국 수립을 선포하였다. 이러한 현상은 사실적·형식적인 측면에서 대한제국의 주권이 황제로부터 국민으로 이전되고 대한제국을 승계하는 국가를 형성하는 과정에서 전체 국민이 남한과 북한으로 나뉘어져 주권을 행사하고 별개의 이질적인 주권행사기관을 창설한 경우에 해당한다. 남한과 북한은 각각 자신들이 창설한 주권행사기관이 대한제국의 법통성을 승계한 유일한 합법정부이며 상대방을 비합법적인 정부라고 주장하는 경우라고 할 수 있다.

이에 대한 법적 평가로서 이론상으로는 남한 또는 북한이 단독으로 대한제국의 법통성을 승계하였다는 견해 이외에도 다양한 논리구성이 가능하다. 첫째, 대한제국의 소멸로 남한과 북한은 그 법통성을 승계하지 못하였으므로 신생국가로서 한반도에 두 개의 국가가 존재한다는 견해이다. 이에 대하여는 한반도에 두 개의 주권국가가 존재한다는 것을 전제로 하는 것으로 평화통일을 지향하는 헌법 원칙에 부합하지 않고, 남북한 관계를 국가와 국가의 관계로 보지 않는 남한과 북한의 의사에도 일치하지 않는다는 비판이 가능하다. 둘째, 남북분단에 의하여 대한제국이 완전히 승계되지 못하였으므로 법적인 의미에서 대한제국은 여전히 권리능력을 가지고 존재하며 남한과 북한은 각각 부분국가를 구성하여 존재하고 있다는 견해이다. 이는 통일 전 서독의 특수관계이론을 참고한 것으로서 독일제국이 행위능력은 상실하였으나 권리능력은 여전히 보유하고 있음을 전제로 '한지붕이론', '부분동일이론' 등 분단국의 특수관계이론을 전개한 것과 동일한 입장이다. 독일의 경우에는 제2차 세계대전 이후 패전국인 독일의 처리와 통일문제에 대하여 '독일문제의 처리에 관한 조약'에서 이를 전승 4대국의 책임과 권한으로 유보하였음에도 전승 4대국의 결정이 없는 상태였으므로 독일제국이 소멸하지 않고 여전히 존속하고 있었던 것으로 이론구성을 하는 것이 가능하였다. 그러나 남북한의 경우에는 독일과 같은 국제법상 제한이 없었으므로 남한과 북한의 정부수립으로 인하여 대한제국은 소멸하였다고 하는 것이 타당하고, 남한과 북한이 각각 유일한 합법정부임을 주장하고 있으므로 당사자의 의사에도 반한다는 비판이 가능하다. 셋째, 남한과 북한 어느 쪽도 대한제국의 법통성을 완전히 승계하지 못하였으므로 남북한을 하나의 '분단체(divided entities)'로 보는 견해가 있다.[14] 이는 분단국가를 구성하는 정치적 실체에 대하여 국가와 교전단체의 중간에 위치하는 법적 지위를 인정하는 것이나, 그 법적 성격이 모호하고 남북한 당사자의 의사에도 반한다는 비판이 가능하다.

요컨대, 한민족의 국가공동체 형성에 대하여는 당사자인 남한과 북한의 자율적인 의사를 존중한다는 의미의 민족자결주의를 고려할 때 이념과 체제가 상이한 남한과 북한이 서로 대한제국의 법통성을 주장하는 상황에서 이를 나누어 가지는 것으로 의제할 수는 없을 것이다. 뿐만 아니라 남한과 북한의 정부수립 과정에서 주권자인 국민의 정치의사결정에의 참여와 기회보장 등을 비교할 때 대한민국이 대한제국의 법통을 승계한 유일한 합법정부라고 해석하는 것이 타당하다. 즉, 북한정부는 북한 지역에 거주하는 주민에 의한 정치의사결정의 기회가 소련 및 김일성 정권에 의하여 박탈된 상태에서 사실상 소련에 의하여 수립되었다.

---

14) 이장희, "남북한의 특수관계와 그 운영 방안", 외법논집 제7집, 1999, 148면.

이에 반하여 대한민국 정부는 한민족의 과반수가 남한 지역에 거주하면서 주권자로서 정치의사결정에 참여한 상태에서 수립되었으며, 임시정부 요인의 대부분이 서울로 귀환하였을 뿐만 아니라 UN이 대한민국을 합법적 국가로 승인하였다는 점에 비추어 대한제국의 법통성은 북한정부가 아니라 남한정부에 승계되었다고 할 수 있다. 따라서 대한민국은 규범적 의미에서 인적·영토적 일체성에 있어서 대한제국과 동일하다는 점에서 대한제국이라는 군주국이 1948년 대한민국이라는 공화국의 형태로 국가형태 및 국호를 변경하여 그대로 존속하고 있다고 해석하는 것이 타당하다.15)

한편, 대한민국이 대한제국의 법통을 승계하였다고 하더라도 건국헌법 이전의 국호에 대하여는 건국헌법 전문에 "대한민국은 기미삼일운동으로 대한민국을 건립하여"라고 규정하고, 현행헌법의 전문에서도 "대한민국은 3·1운동으로 건립된 대한민국 임시정부의 법통"이라고 규정하고 있어 논란이 있을 수 있다. 그러나 임시정부의 국제법적 지위에 비추어 볼 때 대한민국은 건국헌법 제정 및 정부수립과 함께 공식적인 국호로 채택되었으며 헌법규정은 대한민국이 임시정부의 법통성을 계승하였음을 강조하기 위한 것으로 파악하는 것이 타당하다. 또한, 남북한이 분단된 이후 국제사회의 일원으로 활동하고 기능하고 있는 현실로부터 어떠한 규범적 의미를 도출할 것인지가 문제된다. 이는 외국에 의한 남한과 북한에 대한 국가 또는 정부승인, 남북한의 UN 동시가입, 남북기본합의서 체결에 대한 국제법적 평가 등에 대한 규범적 분석을 통하여 가능할 것이다.

---

15) 최대권, "남북합의서와 관련된 제반 법문제-특히 특수관계의 의미를 중심으로-", 법학 통권 93호, 서울대 법학연구소, 1993.12, 7~12면 ; 이성환, "대한민국 국민의 범위", 법학논총 9집, 국민대 법학연구소, 1997, 259~272면.

4. 남북연합과 연방제

남북한특수관계론은 통일을 달성하는 과정에서 잠정적으로 형성되는 남북한 관계를 규율하는 법적 원리이므로 통일방안과 밀접한 관련이 있고, 이를 정확하게 이해하기 위해서는 '연방국가'와 '국가연합'에 대한 개념과 용어를 명확하게 정리할 필요가 있다. 남한에서 채택하고 있는 현재의 통일방안이 제2단계로 '남북연합단계'를 제시하고 있고, 북한도 통일방안으로서 '고려민주연방공화국'을 주장하고 있다. 특히, 6·15남북공동선언에서 남북한은 '남한의 국가연합제와 북한의 낮은 단계의 연방제의 공통성'을 인정하고 있다. 그러나 '남북연합'과 '연방제'는 전통적인 국가형태로서의 국가연합과 연방국가의 구별기준에 의하여 명확하게 구분되지 않은 특성을 가지고 있다.16)

남한의 통일방안에서 제2단계로 제시하고 있는 '남북연합'은 남북한이 각각 외교, 군사 및 내정에 걸쳐 독립적인 주권을 행사하면서 남북연합기구로 남북정상회의, 남북평의회, 남북각료회의를 상설화하여 경제·사회·문화공동체를 형성하는 것을 내용으로 하고 있다. 남한의 '남북연합'은 기본적으로는 국가연합의 범주에 속하는 것으로 이해되나 그 실질적 내용에 비추어 볼 때 국가연합보다 내부적 결속이 높은 연합체라고 판단된다.

한편, 북한의 '연방제'는 자주, 평화, 민족대단결을 통일 원칙으로 하여 연방제창설을 위한 선결조건이 충족되면 남북한이 연방국가로서 통일국가를 구성하자는 것이다. 이에 따르면 중앙정부에 남북 및 해외동포로 구성되는 최고민족연방회의를 정점으로 하는 연방상설위원회를 두고

---

16) 성낙인, 헌법학, 법문사, 2005, 96~101면 ; 최창동, "6·15공동선언과 남·북한의 법적 과제", 법학자가 본 통일문제 Ⅱ, 푸른세상, 2002, 41~79면 ; 새시대전략연구소, 남북연합과 북한의 느슨한 연방제 통일방안 비교, NSIK 2001년도 제2차 심포지움 자료집, 2001.7.6.

정치·국방·외교 등 민족공동의 문제를 처리하도록 하고, 지역정부는 중앙정부의 지도에 따라 민족의 이익과 번영에 맞는 범위에서 독자적인 정책을 실시한다는 것이다. 이러한 '연방제'는 지역정부에 독자적인 외교권과 군사권을 부여하면서도 지역정부에 대하여 독자적인 주권국가성을 인정하지 않고 있어 전통적인 연방국가와 국가연합이 혼합되어 있는 형태라고 할 수 있다. 이는 북한의 통일방안에서 제시하고 있는 통일국가에 대하여 'Confederal Republic of Koryo'라는 용어를 사용하고 있는 것에서도 반영되어 있다.

북한이 6·15남북공동성명에서 처음으로 제시한 '낮은 단계의 연방제'는 종전의 연방제에서 주장하는 자치정부의 권한과 범위를 구체적으로 규정하여 "두 개의 정부가 정치·군사·외교권을 비롯한 현재의 기능과 권한을 그대로 갖는다"고 주장하고 있다. 이는 남북한이 하나의 연방국가로 통합되지는 않았지만 그 초급단계로서 외교권과 군사권은 남한과 북한의 정부가 각각 종전대로 보유하고 행사하는 단계라고 설명된다. 이는 중앙정부가 존재하지 않는 국가연합과는 달리 남북의 최고정치회담을 통하여 남북한의 정치세력이 동등한 자격과 권한으로 참여하여 구성되는 통일상설기구가 중앙정부로서의 지위와 성격을 가진다고 한다.

이와 같이 북한이 주장하는 '연방제'는 비록 '고려민주연방공화국'이라는 용어를 사용하고 있지만, 그 실질은 연방국가와 국가연합을 혼합한 형태의 국가형태를 의미하는 것으로 이해할 수 있다. 북한은 1990년대 이후 남북한이 UN에 동시가입한 이후 '연방제'를 통일완성형 국가형태로 고집하지 않고 잠정적·과도기적 국가형태로 인정할 수 있는 여지가 있다는 입장을 취하고 있다. 즉, 6·15남북공동선언에서 '낮은 단계의 연방제'를 표방함으로써 통일방안으로서의 국가형태에 대하여 전통적인 '연방국가'와 '국가연합'과는 구별되는 새로운 국가공동체 연합형태를 예정하고 있는 것으로 평가할 수 있다. 이는 북한이 6·15남북공동선언에서 제시한 '낮은 단계의 연방제'를 'the low-level federation'이라고 표현하

고 있는 것으로부터도 추론할 수 있다.[17]

결국, 남북한이 주장하는 통일방안의 실질적인 내용에 비추어 볼 때 ‘남북연합’이든지 ‘연방제’이든지 그 용어가 중요한 것이 아니라 남북한 특수관계가 반영되어 나타나는 그 실질적인 내용이 더욱 중요한 것이라 고 하겠다. 다만, ‘남북연합’ 또는 ‘연방제’가 실질적으로 ‘국가연합’을 의미하는 것으로 나아갈 경우에는 그 구성주체인 남한 또는 북한이 국 가로서의 단일성과 동일성을 주장하면서 국가연합에서 탈퇴할 가능성이 상존하게 되고, 이에 따라 법규범적으로도 분단상황을 고착화시키게 되 는 위험성이 있다는 점을 유의하여야 한다.

현대사회에서의 국가공동체 연합형태는 ‘연방국가(Federation)’와 ‘국가 연합(Confederation)’ 이외에도 ‘영연방(Commonwealth of Nations)’, ‘독립국 가연합(Commonwealth of Independent States, CIS)’, ‘유럽연합(European Union)’ 등 다양한 형태를 취하고 있다. 특히, 제3의 산업혁명으로 명명되는 디 지털 혁명과 인터넷의 출현으로 인한 전자민주주의시대의 전개에 따라 서 세계화가 진행됨과 동시에 지방화가 강화되어 국가의 개념과 기능이 근본적으로 변화하고 있을 뿐만 아니라 중국의 일국양제와 같이 지역정 부가 일정한 외교권을 행사하는 등 새로운 국가공동체의 연합형태가 나 타나고 있다.

그러므로 현대적 의미의 국가공동체의 연합형태는 기존의 전통적인 구별기준으로 획일적으로 설명되기 어려운 특성을 보이고 있으며, 이러 한 의미에서 ‘국가연합’과 ‘연방국가’의 개념구별이 무의미하거나 다양 한 형태의 국가연합 또는 연방국가의 개념설정이 필요하다고 할 수도 있다. 남북한특수관계와 남북한 통일방안을 정립함에 있어서 위와 같은 ‘남북연합’과 ‘연방제’의 특성을 고려하여 이에 대한 개념과 용어를 명 확하게 이해하여야 한다.

---

17) The Pyongyang Times, 2000.6.17.

Ⅱ. 특수관계의 비교법적 고찰

1. 영국의 영연방 국가와의 내부관계(inter-se Doctrine) 및 아일랜드와의 특별관계(special relationship)

1) 영국과 영연방 국가 간의 내부관계(inter-se Doctrine)

캐나다, 오스트레일리아 등 영국식민지들은 제1차 세계대전을 거치면서 민족자결주의에 따라 영연방자치령(Dominion)으로 독립하였다. 영국은 1926년 제국회의를 개최하여 각 자치령이 영국 국왕에 대한 공동충성심으로 단합되어 있지만 자유로운 연합체로서 내정과 외교에 있어서 상호 종속적이 아닌 동등한 지위에 있다고 결의함으로써 자치령에 대하여 독립을 허용하는 대신 이들과 함께 영연방(British Commonwealth)을 구성하였다. 그 후 영연방은 제2차 세계대전을 거치면서 인도, 파키스탄 등 아시아와 아프리카 국가들이 영국으로부터 독립하여 그 구성국가가 53개로 확대되었으며, 그 명칭도 'Commonwealth of Nations'으로만 부르게 되었다. 영연방 설립의 법적 근거는 1931년 제정된 웨스트민스터법이라고 할 수 있는데, 2006년 5월 현재 영연방 국가 총 53개 가운데 16개 국가가 헌법상 영국왕을 국가원수로 인정하여 총독(Governor General)이 영국왕을 대표하고 있다. 영연방 국가 가운데 31개 국가가 공화국 형태를 취하고 있고, 6개 국가가 독자적인 왕을 보유하고 있다.

영국식민지들이 자치령으로 독립하고 영연방을 형성하는 과정에서 실질적으로 주권국가임에도 불구하고 영국 및 영연방 국가들과의 관계에서 여러 가지 주권적 제약을 받게 되었다. 이른바 '내부관계이론(inter-se

Doctrine)'은 이러한 정치적 현실을 규율하는 법적 도구로 창안된 것이었다. 이 이론은 영국왕실은 단일하고도 불가분이라는 것과 영연방 신민은 영국왕실에 대한 충성의 의무를 진다는 원칙을 기초로 하였다. 영연방 국가들의 내부관계란 "영연방 내에 동등한 지위를 가지는 관계이며 비록 왕실에 대한 충성의무로 결합되어 있으나 국제문제 또는 국내문제에 있어서는 서로 종속되지 아니하는 관계"라는 것이다.18) 즉, 영연방 국가들은 상호 또는 영국과의 관계에서 종속적이 아닌 완전한 대등관계이지만, 국제법의 적용을 받는 국제관계는 아니라는 것이다.

영연방 국가들의 내부관계의 특수성은 국제법 원칙의 적용에 대한 예외에서 발견할 수 있다. 영연방 국가들은 특정한 목적을 위하여 조약 등 공식협정에 따라 설립된 것이 아니라 과거의 역사적 유대를 바탕으로 상호 협력과 결속유지를 위하여 설립되어 상호 내정 및 외교문제에 대해서는 간섭하지 않는다는 관습이 정착되어 왔다. 즉, 외교관계에 있어서 영연방 국가들 간에는 외교관으로서 대사(Ambassador)가 아니라 고등판무관(High Commissioner)을 파견한다. 이들은 사실상 외교관으로서의 특권과 면제를 누리면서 활동하고 있으나 주재국 각 정부부처와 직접 접촉하여 정보를 공유할 수 있고, 외교절차 등에 있어서 영국왕과도 특별한 관계를 맺고 있다.19) 또한, 1971년부터 영연방 정상회의(Commonwealth Heads of Government Meeting)를 2년마다 정기적으로 개최하여 정치·경제협력 등에 대하여 의견교환을 하고 있다. 영연방 정상회의는 공동성명을 발표하기도 하지만 이들은 법적 구속력이 없어 영연방 국가들에 대해서 어떠한 법적 의무를 부과하지도 않는다. 이러한 의미에서 영연방의 내부관계는 국제법과 국내법의 혼합형태의 성격을 가진다고 한다.

영연방 국가들의 내부관계 또는 특별한 관계를 제국주의 식민지국가가 탈식민지화하는 과정에서 발생하는 법률문제를 해결하기 위한 법적

---

18) Inter-Imperial Relations Committee, 1926.
19) 윤익중, "영연방 외교의 발전(1880-1973) : 역사적 변천과 특징", 한국외국어
　　대학교 사회과학연구소, 2004, 139∼156면.

도구로 일반화할 것을 주장하는 입장이 있다.[20] 즉, 알제리, 필리핀, 미얀마 등 식민지국가가 식민모국으로부터 독립하는 과정에서 특정한 시점에서 발생하는 법적 문제에 대하여 이를 전적으로 국내법 또는 국제법을 적용하기 곤란하므로 양자의 혼합형태 또는 중간형태를 인정하자는 것이다. 이는 국가의 형성과 일부 국가의 분리·독립과정에서 발생하는 법률문제들에 대하여 특정한 시점을 기준으로 양분하여 획일적으로 국내법 또는 국제법을 적용하기 곤란한 현실을 고려한 것이다. 또한, 분리독립 이전에 외국과 체결한 조약 등 국제법적 권리의무가 독립 이후에 그대로 승계되어 유효하게 되는 법리를 설명하기 위해서도 유용한 개념적 도구라는 것이다. 이러한 사례는 알제리가 프랑스로부터 독립하는 과정에서 체결한 에비앙(Evian) 협약에서 찾아볼 수 있다. 프랑스는 알제리반군에 대하여 국제법적 지위를 인정하지 않고 위 협약에 대하여 프랑스 헌법의 적용을 받는 국내법적 효력을 갖는 것으로 보면서도 신생국 알제리가 국제법상 의무를 부담한다고 인정한 것이다. 즉, 국내법적 합의로서 체결된 에비앙 협약이 알제리 독립 이후에는 국제법상 조약으로서 변환되는 것은 위와 같이 국내법과 국제법의 혼합형태 또는 중간형태를 인정하는 이론에 따라서 법이론적으로 설명될 수 있다는 것이다.

1960년대 이후 영연방 국가들이 국제사회에서 독자적인 활동을 강화하면서 영연방의 정치적 의미도 점차 약화되었다. 오늘날에는 영국과 영연방은 정치·경제적으로 역사적인 공통점을 바탕으로 서로 협력하는 범위에서 그 의미를 찾을 수 있을 뿐 법규범적인 의미에서는 국제법 원칙이 적용되는 주권국가 간의 관계로 활동하고 있다. 영연방은 결속력이 느슨한 형태의 국제기구의 일종으로 변모하였으며 법규범적으로 일반적인 국제관계의 예외로서 특별하게 다루어야 할 필요성이 거의 사라졌다

---

20) G. Ress, Die Rechtslage Deutschlands nach dem Grundlagenvertrag, vom 21. Dez. 1972, 1978, SS. 165~166.

고 평가할 수 있다. 이러한 의미에서 영국과 영연방 국가 간의 내부관계
는 그 특수관계의 형성원인, 발전과정, 법규범적 의미가 남북한특수관계
와는 근본적으로 상이한 것이라고 할 것이므로 남북한특수관계론을 법
규범적으로 규명하는 작업에 참고하기에는 한계가 있다.

2) 영국과 아일랜드의 특별관계(special relationship)

12세기 이후 영국의 지배를 받아 오던 아일랜드는 카톨릭과 성공회의
대립, 정치적 자치와 토지문제를 둘러싸고 갈등을 계속하여 왔다. 1920
년 영국의 아일랜드통치법의 제정과 1922년 영국과 아일랜드의 조약을
통하여 아일랜드 북동부 지방인 얼스터 6개 주는 북아일랜드로서 영국
에 속하게 되고, 나머지 아일랜드는 영국으로부터 독립하여 아일랜드 자
유국(Irish Free State)을 구성하였다가 1949년 아일랜드 공화국을 선포하
였다. 아일랜드는 헌법 제2조에서 "국가의 영역은 아일랜드 섬 전체와
그 부속도서 및 영해로 구성된다(The national territory consists of the whole
island of Ireland, its islands and the territorial seas)"라고 규정하여 북아일랜
드를 포함한 아일랜드 섬 전체를 아일랜드 영토라고 선언하였다. 1998년
아일랜드는 북아일랜드 평화협정을 통해 위 헌법조항에 대한 개정을 합
의하였고, 그 해 실시된 헌법개정을 위한 국민투표에서 개정안이 통과되
어 위 내용을 수정하였다. 영국은 1949년 4월 18일 아일랜드법을 제정하
여 영국이 아일랜드에 대하여 외국이 아니라는 전제하에 아일랜드를 영
연방으로부터 탈퇴시켰으나 아일랜드와는 특별한 관계(special relationship)
를 유지하였다. 그 후 1953년 뉴질랜드 등 다른 영연방 국가들도 아일랜
드법을 제정하여 영국과 동일한 입장을 취함에 따라 아일랜드는 영연방
국가들과는 또 다른 의미에서 영국과 특별한 관계를 가지게 되었다.
아일랜드와 영국 및 영연방국가들과의 관계는 정치적으로나 법적으
로 상호 국가의 완전한 독립성을 침해하지 않으면서도 상호주의적으로

특별한 관계를 인정하자는 것으로 무역 등 경제적 거래에 있어서 내국적 취급을 받으며 국적 등에 관한 문제에 대해서도 국제법 원칙이 아닌 특별한 절차를 적용한다는 것이다. 영국은 이를 국제법체제의 변경으로 이해하여 이러한 특별관계를 새로운 개념(new conception) 또는 새로운 범주(new category)라고 평가하였다.

그러나 오늘날 영국과 아일랜드의 특수관계는 여타 영연방국가와 마찬가지로 경제분야 등에서 서로 협력하는 범위에서 그 의미를 찾을 수가 있으나 법규범적인 의미에서는 국제법이 적용되는 주권국가 간의 관계라고 할 것이다. 오히려 영국과 아일랜드의 갈등이 해소되고 있는 가운데, 1999년 이후 영국의 직접통치로부터 자치권을 획득한 북아일랜드와의 관계를 어떻게 정립할 것인가 하는 문제가 더 큰 쟁점이 되고 있는 것이 현실이다. 즉, 영국은 북아일랜드 문제에 대하여 종교적 갈등을 중심으로 정치·경제적 충돌이 계속되자 1972년 3월 북아일랜드 정부와 의회를 폐지하고 직접통치를 단행하였으며, 그 이후 북아일랜드 문제에 대하여 아일랜드의 발언권을 인정하는 등 평화협정을 추진하였다. 1993년 12월 아일랜드공화국군(Irish Republican Army, IRA)의 영구휴전과 신페인당의 평화회담 참여 인정 등을 내용으로 하는 '다우닝가 선언'이 발표되고, 1998년 4월 10일 비례대표제의 북아일랜드 의회의 구성, 인권 및 기회균등의 보장, IRA 등 무장단체의 무장해제, 북아일랜드의 자치권보장 등을 내용으로 하는 북아일랜드 평화협정이 체결되었다. 그 후 1999년 12월 북아일랜드에 자치정부가 수립됨으로서 영국의 직접통치가 종식되고 2004년 11월 신페인당이 '무장투쟁 중단'을 발표한데 이어 2005년 7월 28일에는 IRA도 '무장투쟁 중단'을 선언함으로써 북아일랜드 역사는 새로운 전환점을 맞고 있다. 이러한 의미에서 영국과 아일랜드와의 특별관계도 영연방에서와 마찬가지로 더 이상 국제법 원칙의 예외로서 취급될 여지가 없다고 하겠다.

2. 통일 전 동서독의 선린관계(gutnachbarliche Beziehung)

1) 동서독기본조약 체결 이전

통일 전 동서독의 특수관계(Die besondere Beziehung zwischen den beiden deutschen Staaten)는 1972년 '독일연방공화국과 독일민주공화국간의 관계의 기본원칙에 관한 조약(Grundvertrag, 이하 '동서독기본조약'이라고만 한다)'을 체결하기 이전인 1969년 서독이 동독을 국가로 인정하는 문제와 관련하여 전개되었던 정치논쟁에서 등장하였다. 즉, 서독은 1969년 10월 28일 "서독정부가 동독을 국제법상 승인한다는 것은 생각할 수 없다. 설사 독일에 두 개의 국가가 존재한다고 할지라도 이들은 서로에게 외국이 아니다. 따라서 이들의 관계는 특수할 수밖에 없다"는 내용의 성명서를 발표한 것이다.[21] 그러나 서독기본법에는 '특수관계(Sonderbeziehung)'가 명시되지 않았고, 1972년 동서독기본조약 제1조에서 '정상적인 선린관계(normale gutnachbarliche Beziehungen)'라고 규정되었다. 동서독의 선린관계는 동서독기본조약의 법적 성격과 효력, 그리고 독일의 법적 지위에 관한 서독연방헌법재판소의 판결과 그에 대한 해석을 통하여 구체적으로 정립되었다. 동서독관계는 1972년 체결된 동서독기본조약을 기준으로 그 이전과 그 이후에 따라 동서독 각각의 입장이 구별되므로 이를 나누어 살펴볼 필요가 있다.

동서독기본조약을 체결하기 이전, 서독에서는 동서독관계에 대하여 독일제국의 영토 위에 두 개의 새로운 국가적 실체가 형성됨으로써 독

---

21) H. Mahnke, Die besondere Beziegungen zwischen den beiden deutschen Staaten, in : Gottfried Zieger(Hg), Fünf Jahre Grundvertragsurteil des Bundesverfassungsgerichts, Köln, 1979, 주독대사관 역, 1993.7, 1면.

일제국이 소멸한 것으로 볼 수 있는지 여부를 중심으로 하여 지붕이론
(Dachtheorie)이 등장하였다. 이는 독일제국이 그대로 존속하며 독일제국
이라는 지붕(Reichsdach) 아래에 두 개의 국가조직 또는 부분질서가 존재
하며 이들 국가조직은 연방국가의 구성국가(Gliedstaaten)들에 비유될 수
있다는 것이다. 각 국가조직은 독일제국의 권한을 자신의 지배 영역 안
에서만 행사할 수 있고, 존속하는 독일제국은 여전히 권리능력을 보유하
고 있으나 그 고유한 국가기관이 없으므로 행위능력은 인정될 수 없다
고 한다.22) 이 이론에 따르면 두 개의 국가조직인 부분질서(staatliche
Teilordnungen)가 스스로의 고유한 기관을 조직하고 고권을 행사할 수 있
으며, 국제법상 주체성을 가지지만 전체 독일제국의 권리를 새롭게 창설
하거나 이를 포기할 수는 없다.

한편, 독일제국이 여전히 존속한다는 것을 전제로 하면서도 동독의
설립은 새로운 국가를 설립한 것이 아니라 단지 독일의 일부가 새로이
조직된 것으로서 기본적으로 독일제국과 동서독이 동일하다는 동일성이
론(Identitätstheorie)이 제기되었다. 동일성이론도 구체적인 내용에 따라
다음과 같이 구분된다. 첫째, 핵심국가이론(Kernstaatstheorie)으로 독일제
국은 그대로 존속하며 서독은 독일제국의 핵심국가로서 독일제국의 모
든 권한을 행사할 수 있고, 동독은 독일제국의 국가 영역에 속한다는 것
이다.23) 따라서 서독만이 독일국민을 대표할 권한을 가지므로 서독의 국
가권력은 독일제국의 국가권력과 동일한 것으로 간주되었으며, 서독기
본법 제23조의 적용을 받지 않는 동독 지역은 국가로 간주되지 못하였
다. 둘째, 국가수축이론(Schrumfstaatstheorie)으로 국가로서의 독일제국이
서독기본법의 현실적인 효력범위 안으로 수축된 형태로 존속한다는 것

---

22) A. Bleckmann, Grundgesetz und Völkerrecht, 1975. S. 79 ; R. Bernhardt, Die
    Rechtslage Deutschlands, JuS 1986, Heft 11, SS. 839~842.
23) E. Kaufmann, Die These von den zwei deutschen "Teilstaaten" oder "Teilvölkern", in
    : Bull. 1955, S. 17 ; W. Grewe, Die verfassungsrechtlichen Grundlagen der
    Bundesrepublik Deutschland, in DRZ 1949, SS. 313~314.

이다.24) 이에 따르면 서독은 독일제국과 동일성을 유지하나 동독은 독립한 국가 또는 독립국가의 일부가 되며, 현실적으로도 독일제국이 오랫동안 행위능력도 없이 존속하고 있다는 것도 국제법상 수용하기 어렵다는 것이다. 셋째, 내전이론(Brüderkriegstheorie)으로 동서독은 각각 자신이 독일제국을 대표하는 정통성을 가진 법적 정부이며, 상대방 정부는 내전상태의 정부와 마찬가지로 독일제국 영토의 일부를 침탈하여 새로운 국가조직을 설립하는 '지역적 사실상의 정부'에 해당한다는 이론이다.25)

서독정부는 동서독기본조약에 체결되기 이전까지는 기본적으로 서독만이 전체 독일제국과 일치하는 법주체로서 유일한 합법정부이지만 현실적인 국가권력은 전체 독일 영역에는 미치지 못한다고 보는 소위 '동일성 이론(Identitätstheorie)' 가운데 '핵심국가이론'에 기초하고 있었다. 이에 따라 독일에는 오직 하나의 독일 국민과 독일 국적만이 존재하며, 서독만이 전체 독일을 대표하여 국제사회에서 단독대표권을 가진다고 한다. 즉, 동독은 단지 국가와 유사한 형태의 사실상의 정치체제에 불과하므로 현실적으로 유효한 국가권력을 보유하고 있으나 고유한 국민과 고유한 영토를 갖고 있지는 못하므로 국가가 아니라는 것이다.26) 따라서 제3국이 동독과 외교관계를 맺는 것은 독일분열을 심화시키는 것으로 비우호적 행위이므로 해당 제3국과는 외교관계를 단절한다는 소위 '할슈타인 원칙'을 고수하였다. 서독 연방의회도 1954년 4월 7일 연방정부의 입장을 지지한다는 결의를 하였다. 서방연합국은 서독의 이러한 입장을 지지하여 1950년 9월 18일 서독의 단독대표권을 인정하였으며, 서독은 1955년 9월 소련과 외교관계를 수립하면서도 동독을 승인하는 것은

---

24) W. Kewenig, Auf der Such nach einer neuen Deutschland Theorie, in : DÖV 1973, SS. 797~801 ; A. Bleckmann, a.a.O. S. 96.

25) F. Freiherr, - Heydte, Deutschlands Rechtslage, in : Die Friedenswarte, Basel, 1977, SS. 332~333.

26) O. Kimminich, Deutschland als Rechtsbegriff und die Anerkennung der DDR, Deutsches Verwaltungsblatt 1970, S. 438. ; A. Bleckmann, a.a.O. S. 81. ; G. Ress, a.a.O. S. 217.

아니라는 점을 명백히 선언하였다.

한편, 동독은 처음에는 서독과 마찬가지로 독일국가가 1945년 멸망한 것이 아니고 국가권력만 점령군에게 이양되었다가 동독정부의 수립으로 동독이 전체 독일국가와 동일하다고 주장함으로써 '동일성이론'의 입장을 취하였다. 그러나 1953년 이후 '두 개의 국가론'을 주장하였는데, 전체 독일국가는 1945년 히틀러 정권의 타도로 몰락하였으며 동독과 서독의 정부수립으로 인하여 국제법 주체로서 두 개의 국가가 새로 성립하였다는 2국가이론(Zweistaatentheorie), 분열이론(Dismembrationstheorie), 소멸이론(Untergangslehre)의 입장을 취하였다. 즉, 독일제국은 1945년 패전으로 소멸하였고 그 영토 위에 두 개의 신생국가가 탄생하였으며, 이들이 독일제국의 부분적인 상속국(Nachfolgestaaten)이 되어 독일제국의 권리와 의무를 승계하였다는 것이다.[27] 동독은 더 나아가 동독 스스로가 독일제국의 후계국가는 아니라고 하였으며, 사회주의국가로 새로 태어난 동독은 독일제국과는 완전히 다른 새로운 사회구조를 가진 국가로서 독일제국과는 무관하다고 주장하였다.[28] 이러한 입장변화는 1968년 4월 6일 신헌법에도 반영되었다. 즉, 헌법 전문에서 헌법제정권자로 '독일민주공화국의 국민'이라고 규정하고, 제8조 2항에서 두 개의 독일국가와 이들의 법적인 평등성을 전제로 독일통일은 민주적이고 사회주의국가로의 통일이 되어야 한다는 것을 명백히 선언하였다. 이 주장은 해체분해에 따른 등가설(Dismembrations-Zweistaatentheorie)에 바탕을 둔 것으로 서독과 동독은 독립적인 국가로서 상호 외국이며 기본조약의 체결은 국제법에 근거하여야 한다는 것이었다. 즉, 동독에서는 1971년 5월 3일 등장한 호네커 정부가 종전의 '2개 국가론'에서 나아가 동독은 사회주의적 민족국가로서 서독과는 구별된다는 '2개 민족론(Zwei-Nationen Theorie)'을

---

27) H. Krüger, Die nationale Frage in Deutschland und die Aufgaben der deutschen Staatswissenschaft, in : Staat und Recht, 1953, S. 686.

28) J. Hacker, Der Rechtsstatus Deutschlands aus der Sicht der DDR, 1974, SS. 423∼429.

주장함으로써 동독을 신생국가로서 국제법상의 주체임을 강조하였던 것
이다. 동독은 단일민족을 바탕으로 한 국민개념을 부정하고 동독의 건국
은 민족자결권의 행사이며 동서독의 분단은 이미 돌이킬 수 없는 역사
적 사실로 굳어졌다고 주장하였다.

2) 동서독기본조약 체결 이후

서독은 1967년 1월 브란트 외상이 루마니아와 국교를 수립함으로써
할슈타인 원칙을 수정하였으며, 1969년 10월 21일 브란트가 수상으로 취
임한 이후 1972년 12월 21일 동서독기본조약을 체결하였다. 이는 전문과
10개 조문으로 구성되었는데, 그 서문에서 "국가의 지위문제를 포함한
양독의 기본문제에 대한 양국 간의 견해차에도 불구하고"라고 규정하여
동서독간에 있어서 국가의 지위문제에 대하여는 의견의 차이가 있음을
명백히 하였다. 동서독기본조약은 제1조에서 "양국이 동등권의 바탕 위
에서 상호 정상적인 선린관계를 증진한다"고 동서독의 관계를 규정하였
다. 제4조에서는 국제사회에서의 단독대표권을 포기함으로써 할슈타인
원칙의 근거를 폐기하고, 제6조에서 대내외 문제에 있어서 각각 두 나라
의 독립과 주권을 존중할 것을 선언하였다. 동서독기본조약의 법적 성격
에 대하여는 이를 잠정협정(modus vivendi)으로서 현상을 유지하고 전쟁
을 예방하기 위한 불가침협정의 성격으로 이해하고, 동서독기본조약을
체결하는 것이 서독정부가 동독을 국제법 주체로서 승인한 것은 아니라
는 입장을 취하였다. 그러나 동서독 관계를 국제관계가 아니라 독일 내
의 지방국가로서 승인한 것에 불과하다고 하더라도 사실상 동독의 국가
성과 그 실체를 인정한 것이라고 평가되었다.

동서독기본조약에 대하여는 바이에른주 정부가 서독기본법에 위반된
다는 이유로 헌법소송을 제기하였는데, 연방헌법재판소는 1993년 7월
31일 판결에서 "기본법은 독일국가가 1945년의 붕괴로 인하여 몰락하지

않았다는 입장에서 출발하고 있다. 이는 기본법 전문과 제16조, 제23조, 제116조, 그리고 제146조에 명시되고 있다. 독일국가는 계속 존재한다. 또한 종전과 같이 권리능력을 가지고 있으나 전체국가로서는 조직의 결여, 특히 제도화된 기구의 부존재로 말미암아 행위능력을 가지지 못한다. 서독은 독일국가의 법적 계승자(Rechtsnachfolger)가 아니라 국가로서는 독일국가와 동일하다. 그러나 그 영토적 외연에 있어서는 부분적으로 동일하다. 동독은 독일에 속하여 서독과의 관계에 있어서 외국으로 간주될 수 없다. 그러므로 양국 간의 교역(Interzonenhandel)은 독일 내적인 교역이며 결코 외국무역(Außenhandel)이 아닌 것이다. 동독은 국제법의 의미에서의 국가이며 그러한 것으로의 국제법의 주체이다. 이는 서독에 의한 동독의 국제법적 예상과는 무관한 것이다. 서독은 그러한 승인을 공식적으로 표명하지 아니하였을 뿐만 아니라 그와는 반대로 계속적으로, 그리고 명문으로 거부해왔던 것이다. 이 기본조약의 체결을 실질적인 승인(faktische Anerkennung)으로 평가한다고 하더라도 이는 특별한 성격의 사실적인 승인으로 이해되어져야만 할 것이다. 기본조약의 특성은 그것이 일반 국제법의 원칙이 적용되고 또 다른 국제법 조약과 같은 효력을 가진 두 국가 간의 이변조약이기도 하나, 단일한 국민과 영역을 가지고 조직화되지 않았기 때문에 행위능력을 가지지 않으나 아직도 계속 존립하고 있는 전체 독일국가의 부분인 두 국가 간의 조약이란 점이다. 이 점에서 이 조약은 이중적인 성격을 가지고 있다. 이는 그 본성에 보아 국제법적 조약이며 그 특수한 내용에서 보면 무엇보다도 국가 자체 내의 관계를 규율하는 조약이다. 연방국가에 있어서도 연방헌법의 규정이 없는 경우에는 구성지분국가 간의 관계는 국제법의 원칙에 따라 측정되어지는 것이다. 따라서 어떠한 두 국가유형(jedes 'Zwei-Staaten-Modell')도 기본법 질서와 일치되지 않는다는 견해는 정당하지 않다. 기본조약은 분할조약이 아니고 독일민족이 하나의 국가로의 재통일을 실현시키는 방향으로의 제 일보이다"라고 판시하였다.[29)]

서독연방헌법재판소의 결정에 대하여는 독일의 법적 지위와 동서독관계에 대한 해석이 명확하지는 않지만 독일의 법적 지위에 대하여는 전체 독일국가가 권리능력을 가지고 계속 존재한다는 '계속이론(Kontinuitätstheorie)'과 '부분동일설(Teilidentitätstheorie)'을 취한 것으로 평가할 수 있다. 동서독관계에 대하여는 전체국가 내에 부분질서로서의 두 개의 국가가 존재한다는 '지붕이론(Dachtheorie)'을 기초로 동독의 국가성을 인정하여 독일 내에 두 개의 국가가 존재한다고 하더라도 그 상호관계는 외국간 관계가 아니고 특수한 성격의 관계라는 것이다.[30] 이에 대하여는 '부분동일설'은 형식논리적으로 인정될 수 없는 '동일성과 비동일성의 중간단계'를 설정함으로써 일관성이 부족하여 국제법과 일치되지 않으며, 이는 상호 모순되는 이론을 동시에 누적적으로 결합한 것에 불과하다는 비판이 제기되었다. 또한, 동독을 외국이 아니라고 하면서도 동독과 전체 독일국가와의 관계를 명확하게 규명하지 못하고 있다는 문제점도 지적되었다.[31] 그러나 동독이 민주혁명을 거쳐 서독에 가입함으로써 통일을 달성한 것은 위와 같은 서독연방헌법재판소의 결정과 부합하며 그 논리에 따라서 독일제국과의 완전한 동일성을 성취한 것으로 평가할 수 있을 것이다.

동서독의 선린관계는 동서독기본조약 체결 이후 통일을 달성할 때까지 동서독 간 각종 법률관계를 규율하는 '법정책 및 독일문제 정책상의 기준(rechtspolitisches und deutschlandpolitisches Postulat)'을 제시한 것이라고 평가된다. 이는 독일제국이 제2차 세계대전의 종결과 함께 몰락한 것이

---

29) Entscheidungen des Bundesverfassungsgerichts, Bd. 32 BvF 1/73 ; D. Cramer, Deutschland nach dem Grundvertrag, SS. 145~166. NJW. Jg. 1973. S. 1542 ff.

30) A. Bleckmann, a.a.O. S. 81. ; R. Bernhardt, a.a.O. S. 92 ; 김철수, 독일통일의 정치와 헌법, 박영사, 2004. 165~167면 ; 김철수, 법과 정치, 교육과학사, 1995, 45면, 736~741면 ; BVerfGE 11, 150, 158.

31) H. Manke, Der Vertrag über die Grundlagen der Beziehungen zwischen der Bundesrepublik und der DDR. Anmerkungen zum Urteil des Bundesverfassungsgerichts, Deutschland Archiv 1973, 11, S. 1170 ; U. Scheuner, Die staatsrechtliche Stellung der Bundesrepublik, in : DÖV 1973, SS. 581~583.

아니라 전체 독일국가의 지붕으로서 국제법상 존재하고 있으며, 독일의 통일에 대한 책임과 권리가 연합국인 전승 4대국에게 유보되어 있으므로 독일국가 내에서의 동서독관계는 일반적 국제법적 관계가 아닌 민족적 내부관계라고 파악하는 것이 법적으로 가능하다는 것에 근거를 두고 있었다.

서독은 이러한 특수관계를 근거로 하여 동독을 사실상 국가로 인정하면서도 일정한 경우에 국제법 원칙의 예외를 인정하였다. 첫째, 서독은 동독을 국가로 승인하지 않고 동서독의 다양한 법률문제에 대하여 국제법적 한계를 벗어나지 않는 한도에서 동독에 대하여 기능적으로(jeweilig funktionell) '내국, 비외국, 외국'의 개념을 구분하여 적용하였다. 이에 따라 동서독 간에도 대사관이 아닌 상주대표부를 설치하였다. 둘째, 국적 문제에 대하여는 동독 주민들도 서독의 국적을 가진다는 입장을 일관되게 견지하였다. 서독기본법 제116조 제1항은 "이 기본법에서 말하는 독일인이란 법률에 달리 규정이 없는 한, 독일 국적을 가진 자이거나 1937년 12월 31일 현재 독일국 영역 내의 독일혈통을 가진 망명자, 피추방자 또는 그 배우자나 비속으로 받아들여진 자이다"고 규정하였으며 통일 이후에도 그 규정을 그대로 유지하고 있다. 또한, 동서독기본조약에 부속된 '국적문제에 관한 의정서에 대한 성명'에서도 국적 문제는 동서독기본조약에 의하여 규제되지 않는다는 것을 분명히 선언함으로써 동독 주민이 동독을 이탈하여 서독에 들어오는 경우에는 국적취득절차를 거치지 않고 곧바로 서독 국적자로 인정할 수가 있었다.[32]

3) 남북한특수관계와 비교

통일 전 동서독관계는 제2차 세계대전 이후의 국제적 이념갈등에 따라서 분단되어 냉전시대를 거치면서 갈등과 반목을 거듭하였다는 점에

---

32) 통일원, 동서독 조약·협정 자료집, 1993, 206면.

서 남북한의 경우와 공통점이 있다. 그러나 동서독은 분단 이전에 하나의 독일제국으로서 단일국가성을 가지고 실질적으로 국제사회에서 활동하여 왔으며, 분단의 과정에 있어서도 독일문제 전체가 전승국인 연합군의 권한이 인정되어 있어서 통일문제도 국제법적으로 유보되어 있었다. 서독기본법은 이를 반영하여 제23조에서 서독기본법의 효력범위에 대하여 동독 지역에 대하여는 서독 지역에 가입한 후에 서독기본법의 효력이 발생하는 것으로 규정하고, 제146조에서 서독기본법은 독일국민이 자유로운 결정으로 의결한 헌법이 효력을 발생하는 날에 그 효력을 상실한다고 규정하였다. 이로써 서독기본법은 통일국가로서의 완성헌법이 아니라 분단국가로서의 잠정헌법으로 효력범위를 스스로 제한하여 동독의 국가적 실체를 인정할 여지를 남겨두고 있었던 것이다.

또한, 서독연방헌법재판소도 동서독기본조약에 대하여도 동독을 국제법상 의미에서의 국가성을 바탕으로 국제법주체로 인정하면서 동서독기본조약이 서독기본법에 위반되지 않는다고 판시하였다.[33] 이에 따라 연방정부는 동서독기본조약을 형식적으로는 국제조약이지만 내용적으로는 국내문제를 규율하는 것으로 파악하여 국회의 동의절차를 경료하였던 것이다. 특히, 동서독은 분단 이후 동서독 간 전쟁을 겪지 않고 민간 분야에서는 물론 당국 간에도 인적·물적 교류를 계속함으로써 교류협력을 확대·강화시켜 왔으며, 마침내 동독 주민들의 민주혁명을 통하여 통일을 달성하였다. 이와 같이 동서독의 특수관계와 남북한특수관계는 법규범적 측면뿐만 아니라 역사적 경험과 현실의 측면에서 큰 차이점이 있다고 하겠다.

그러나 서독이 자유민주체제를 바탕으로 법치주의 원칙에 따라 동서독 간 교류협력을 지속적으로 추진하는 한편, 국제사회에 대하여도 평화주의에 바탕을 둔 통일의 필요성을 인식시키는 노력을 계속함으로써 평화통일을 달성하였다는 점에서는 우리에게 시사하는 바는 매우 크다고 하겠

---

33) BVerfGE 36, 1.

다. 이러한 의미에서 동서독의 특수관계는 남북한특수관계론을 구체화하여 이를 남북교류협력의 과정에서 법치주의 원칙을 실현하는 법이론으로 발전시키고, 이를 북한뿐만 아니라 국제사회에 주장하여 적용하기 위하여 참고할 수 있는 좋은 선례와 역사적 경험을 제공할 수 있을 것이다.

3. 중국·대만의 양안관계

1) 양안관계의 단계적 변화

1949년 12월 쟝제스(蔣介石)의 중화민국 정부가 마오저뚱(毛澤東)이 창당한 중국공산당과의 국공(國共) 내전에서 패배하여 대만으로 이주하면서 중화민국은 대만해협을 사이에 두고 중국대륙의 중화인민공화국과 대만의 중화민국으로 분단되었다. 분단 이후 중국과 대만은 서로 자신을 중국 유일의 합법적 정부라고 주장하였으나, 1971년 10월 25일 UN에서 중화인민공화국 정부가 중화민국 정부를 대신하여 중국을 대표하는 정부로 인정받아 정식 가입국이 됨에 따라 국제사회에서 중국정부가 절대우위의 외교적 지위를 확보하게 되었다. 1972년 2월 미국과 중국의 상해 공동성명에서 미국은 대만이 중국의 일부분임을 승인하였고, 이어 일본 등 서방국가들 대부분은 중국이 유일한 합법정부이며 대만은 중국영토의 일부분임을 승인하고 중국과 외교관계를 수립하였다. 2005년 3월 현재 대만을 국가로서 승인하고 국교관계를 수립하고 있는 나라는 사우디아라비아와 바티칸 등 27개 국가에 불과하다.

중국과 대만의 양안관계는 1978년 중국의 개혁개방정책과 1987년 대만의 중국에 대한 문호개방을 거치면서 꾸준히 개선되어 왔으며, 기본적으로 적대관계에서 화해관계로, 격리단절에서 교류협력으로, 봉쇄정책에서 개방정책으로 발전되어 왔다고 평가할 수 있다. 양안관계는 중국과 대만의 정책변화를 기준으로 3단계 또는 5단계로 구분할 수 있다. 즉, 3단계로는 1949년부터 1978년 덩샤오핑(鄧小平) 정부의 등장까지를 1단계(군사적 충돌단계), 1979년 1월부터 1987년 11월 대만의 대륙방문 허용조치까지를 제2단계(평화대치단계), 1987년 11월부터 현재까지를 제3단계(민간교류단계)로 구분한다.[34] 한편, 5단계로는 1949년부터 1955년 5월 주언라이가 평화적 방법에 의한 대만해방의 쟁취를 선언하기 전까지를 제1단계(무력대항시기), 1955년 5월부터 1966년 5월 중국에서 문화대혁명이 시작되기 전까지를 제2단계(군사대치시기), 1966년 5월부터 1978년 12월 덩샤오핑 정부의 등장까지를 제3단계(정치대치시기), 1979년 1월부터 1987년 11월 대만의 대륙방문 허용조치까지를 제4단계(평화대치시기), 1987년 11월부터 현재까지를 제5단계(유한개방단계)로 구분한다.[35] 여기에서는 3단계론에 따라 양안관계의 변화를 살펴보기로 한다.

제1단계에 있어서는 중국의 공산당 정부는 중국대륙만이 법률상으로나 사실상으로 독립국가이고 대만은 중국의 하나의 성(省)에 불과하다고 인식하였다. 따라서 대만은 중국의 통치권에 복종하여야 하고 국제관계에서 대표권을 가질 수 없다는 것을 외교정책의 기본노선으로 채택하여 왔다. 한편, 대만의 국민당 정부는 1912년 쑨원(孫文)이 건국한 중화민국의 정통성을 이어받은 주인공으로서 중국 유일한 합법적인 정권이라고 주장하였다. 따라서 중국공산당에 대하여는 주인을 몰아내고 나라를 강탈한 반란단체로서 시급히 타도하여야 할 대상이라고 인식하고, 중국을 통일하여 대륙으로 다시 복귀한다는 '대륙반공(大陸反攻)' 의식을 가지고 있었다. 이에 따라 중국은 '무력을 통한 대만해방'을, 대만은 '대륙반공'을 각각 주장하여 양안간에는 크고 작은 무력충돌과 군사적 대립이 계속되었다. 그러나 1972년 미국의 닉슨대통령이 중국을 방문한 것을 계기로 양안의 군사적 긴장이 완화되었으며, 1979년 중국이 미국과 수교한

---

34) 문준조, 중국과 대만의 인적교류법제, 한국법제연구원, 2004, 15~19면.
35) 법무부, 중국과 대만의 통일 및 교류협력법제, 1995, 13~18면.

이후에는 양안간 군사충돌은 발생하지 않고 있다.

　제2단계에서는 1978년 12월 등장한 중국의 덩샤오핑 정부가 개혁개방정책과 함께 평화적 수단에 의한 통일정책을 채택함으로써 양안관계에 큰 전기를 마련하였다. 1979년 전국인민대표대회 상무위원회에서 채택한 고대만동포서(告臺灣同胞書)를 통해서 평화통일의 원칙과 양안의 우편·항공·통상분야에서의 개방, 친척방문, 경제·문화·과학기술·체육분야에서의 교류를 의미하는 이른바 '3통 4류(3通 4流)'를 제의하였다. 1984년에는 대만·홍콩·마카오 문제를 해결하기 위한 통일방안으로서 평화통일과 함께 '일국양제(一國兩制)'를 채택함으로써 양안문제를 적대적 해방개념에서 평화적 수용개념으로 수정하였다. 한편, 대만은 정치민주화와 경제자유화를 가속화하는 동시에 중국의 평화공세를 통일전선전술로 인식하여 '3불정책(非接觸, 非談判, 非妥協)'을 선언하고 삼민주의(三民主義)를 통한 중국통일을 주장함으로써 여전히 공식적인 교류협력을 거부하였다. 대만의 3불정책에도 불구하고 홍콩을 통한 민간차원의 교류와 간접무역이 꾸준히 증가하자 1985년 대만정부는 대륙교역 3대 원칙으로 '직접통상금지, 직접상담금지, 간접무역불간섭'을 공식적으로 채택하여 홍콩 등 제3국을 통한 간접방식에 의한 민간차원의 교류를 공식적으로 허용하기 시작하였다. 특히, 1987년 7월 15일에는 필리핀, 한국 등 아시아의 민주화열풍에 따라 1949년 이래 계속되었던 계엄령을 해제하고, 홍콩·마카오 관광여행 금지조항을 철폐하여 실질적으로 중국교류 통로를 개방하였다.

　제3단계에서는 대만이 1987년 11월 2일부터 현역군인과 공무원을 제외하고 대륙에 친척을 둔 대만인의 중국방문을 공식적으로 허용함으로써 양안관계는 경제·사회·문화 등 각 방면에서 획기적인 전기를 맞게 되었다. 비록 대만정부는 공식적인 대륙정책으로서는 여전히 3불정책을 고수하고 있지만 양안의 민간교류를 위하여 국가기구를 설치하는 등 노력하였으며, 제3국을 통한 간접교역뿐만 아니라 민간기구를 통하여 직접적인 인적·물적 교류도 지원하고 있다. 즉, 대만정부는 1988년 7월 현단계대륙정책안(現段階大陸政策案)을 마련하고, 8월에는 행정원에 양안교류 활성화를 위한 정부기구로 대륙공작회보(大陸工作會報)를, 국민당 중앙상임위원회에 대륙공작지도소조(大陸工作指導小組)를 설치하였다. 1991년에는 행정원 산하의 대륙공작회보를 대륙위원회로 승격시켰으며, 2월에는 민간단체인 재단법인 해협교류기금회를 인가하였다. 이에 따라 양안관계에서는 민간차원의 교류협력은 급진적으로 확대, 발전되어 왔으나 정치적 측면에서는 여전히 교류가 단절된 채 반목과 갈등이 계속되고 있는 것으로 평가된다.

한편, 2000년 3월 본성인 출신으로 야당인 민주진보당의 첸수이벤(陳水扁)이 제10대 총통에 당선된 이후, 중국의 일국양제에 의한 통일방안을 거부하며 '대만의 분리독립론'을 주장하고 있다. 2005년 4월에는 대만의 국민당 주석 렌잔(連戰)이 중국 공산당을 방문하여 60년 만에 국공회담을 가지고 양안간의 평화유지와 교류증진을 주요 내용으로 하는 공동선언을 발표하는 등 새로운 국면을 맞이하고 있다. 중국은 2005년 3월 대만독립을 저지하는 내용의 반국가분열법을 제정하는 한편, 중국의 공산당과 대만의 국민당은 '하나의 중국(兩岸一中)'에 합의하여 대만의 분리독립을 반대한다는 것을 명백히 표명하였다.

2) 중국의 입장

중국은 대만에 대하여 무력에 의한 적화통일을 기본전략으로 삼았으나, 1971년 이후 양안간 교류확대와 대만에 대한 국제적 고립유도를 통한 흡수통일을 주장하였다. 그러나 1978년 개혁개방정책을 채택하면서 평화통일을 선언하고, 1984년 2월에는 일국양제를 공식적인 통일방안으로 제시함으로써 이를 대만은 물론 홍콩, 마카오 문제해결을 위한 기본원칙으로 채택하였다.

중국의 공식적 통일방안인 일국양제는 첫째, '하나의 중국'을 기본전제로 하여 '1국 2정부' 또는 '하나의 중국과 하나의 대만(一中一臺)'을 반대하며 대만독립을 야기하는 일체의 기도와 행동을 용납할 수 없다는 것으로, 이에 배치되는 행위에 대하여는 무력행사도 불사한다는 것이다. 둘째, '상이한 두 체제의 공존'을 수용하여 통일을 실현한 중국은 정치적으로는 하나의 중국이지만 중국의 사회주의체제와 대만의 자본주의체제의 공존을 통하여 대만의 번영과 안정을 보장한다는 것이다. 셋째, 통일 후 대만에 대하여 특별행정구로서 고도의 자치권을 인정하여 대만이 독자적인 행정관리권, 입법권, 사법권을 보유하고, 당·정·군·경·재정 등 사무를 직접 관리하며, 외국과의 통상·문화 협정 등 일정한 영역에서 독립된 외사권과 군대보유권을 보장한다는 것이다. 넷째, 양안은 상호존중하고 호혜 원칙에 따라서 3통(通郵, 通商, 通港) 등 경제협력과 각종 교류를 적극 추진하고 평화통일을 위한 협상을 진행하여야 한다는 것이다. 특히, 중국은 평화협상에 대하여 중국·대만문제는 독일이나 한국문제와는 그 성격이 본질적으로 다르다는 것을 강조하고 있다. 즉, 독일과 한국의 분단문제는 제2차 세계대전 이후 국제협의를 거쳐 형성되었으나 대만문제는 순전히 중국의 내정문제에 속하는 것이므로 반드시 양안의 협상을 통하여 해결되어야 할 것이라고 주장하고 있다. 이는 양안의 통일과정에서 국제적인 간섭의 여지를 사전에 봉쇄하기 위한 의도가 내포되어 있는 것으로 평가된다. 다섯째, 통일을 실현할 때까지 중국과 수교한 국가로 하여금 중국의 주권문제에 대하여 중화인민공화국이 중국을 대표하는 유일한 합법정부이며 대만은 중국의 하나의 성 또는 불가분할의 일부분이라는 것을 인정하도록 한다는 것이다.

중국은 1991년 12월 반관반민 성격인 '해협양안관계협회(海峽兩岸關係協會, 이하 '해협회'라고만 한다)'를 설립하여 1990년 11월 설립된 대만의 '해협교류기금회(海峽交流基金會, 이하 '해기회'라고만 한다)'와 함께 양안간 교류협력의 제도화를 추진하고 있다. 1993년에는 통일백서를 통하여 대만경제발전의 필요성과 대만동포들의 이익을 고려하여 대만의 외국과의 민간경제, 문화교류에 대하여 이의를 제기하지 않을 것을 선언하였다. 다만, 국제기구에서는 중화인민공화국만이 전체 중국을 대표하며 대만은 UN 산하 국제기구는 물론 정부 간 국제기구에도 원칙적으로 참가할 권리가 없다는 입장을 고수하고 있다. 이에 따라 외국의 민간항공사와 대만의 통항에 있어서는 반드시 중국정부의 동의를 얻도록 하고, 대만이 지역 간 경제기구인 아시아개발은행(ADB) 등과 민간성격의 국제기구에 가입하는 것도 중국정부와 협의 또는 양해를 근거로 하여 '중국대북(TAIPEI CHINA)' 또는 '중국대만(TAIWAN CHINA)'의 명칭으로만 참가하도록 하였다. 이와 같이 중국은 사회주의와 자본주의의 공존을 인정하지만 중국에 독립된 정치적 지위를 갖는 두 개의 정치실체를 인정하는 것은 아니며, 대만의 분리독립과 이에 대한 외세의 개입에 대하여는 무력을 행사할 수 있다는 입장을 취하고 있다. 중국헌법도 이를 반영하여 그 서문에서 "대만은 중화인민공화국의 신성한 영토의 일부분이다. 조국통일 완성이라는 대업은 대만동포를 포함한 전체 중국인민의 신성한 직책이다"라고 명백하게 규정하였다. 또한, 제52조의 중화인민공화국 인민의 의무에 관한 규정도 대만동포를 포함하는 것으로 해석되며, 제31조에 특별행정구 설치에 대한 규정을 신설하여 통일 이후에 대만을 특별행정구로 하는 법적 근거를 마련하였다.

중국의 일국양제는 통일전선전술에 입각한 단계적 통일방안으로 평가할 수 있다. 즉, 제1단계로 평화협상을 통해 제3차 국공합작을 이루어 대만을 중국의 특별행정구로 편입시킴으로써 대만에 대한 중국의 주권을 확보하여 대만문제를 중국의 내정문제화한다는 것이다. 제2단계로는 대만의 독자적인 자본주의체제를 유지시키면서 각 방면에서 대만의 중국에 대한 예속관계를 심화시켜 종국적으로 대만을 중화인민공화국의 체제로 흡수함으로써 통일을 완성한다는 것이다.

3) 대만의 입장

　대만은 1980년대 초반까지는 반공이념과 본토회복에 입각하여 체계적인 통일방안을 마련하지 않고 중국에 대하여 '3불정책' 등 방어적이고 피동적인 입장을 견지하였다. 대만의 통일정책과 관련하여서는 두 가지 입장차이로 인한 내적 갈등요인을 주목할 필요가 있다. 즉, 중국과의 통일을 전제로 대륙반공을 주장하는 것은 국민당 정부와 함께 대만으로 이주한 대륙출신 중국인들인 '외성인(外省人)'들이다. 대만에서 출생하고 자라서 대만을 생활근거지로 하는 중국인들인 '본성인(本省人)'들은 대륙으로의 복귀에 대한 요구가 없으며 중국과의 통일을 포기하고 대만의 분리독립운동을 지지하고 있다는 것이다.

　대만은 1987년 대만인의 대륙방문을 허용한 이후 보다 현실적이고 능동적인 대륙정책을 수립하였다. 국민당 정부는 1988년 7월 '대륙정책안'을 마련하여 비록 중국에는 하나의 국가가 존재하지만 두 개의 독립된 정부체제를 가지므로 당대 당 차원의 통일협상이 아닌 정부대 정부의 협상이 필요하다는 것을 내용으로 하는 '일국양부(一國兩部)'에 의한 통일방안을 제시하였다. 1990년 10월에는 이를 보다 구체화한 통일방안으로서 '일국양구(一國兩區)'를 제시하였다. 이는 제도와 정부를 의미하는 주권과 통치권과 같은 정치적 문제는 미루고 대륙지구와 대만지구의 정치적·경제적 실체를 인정하고 이를 바탕으로 모든 방면에서 교류를 증진시켜 여건이 성숙되면 '상호존중, 평화공존'의 원칙하에 통일을 달성하자는 것을 내용으로 한다.

　대만은 1991년 3월 중국의 대만에 대한 고립화정책을 적극 타개하고 국제사회에서 새로운 활동공간을 확보한다는 차원에서 할슈타인 원칙을 폐기하고 중국과 수교한 국가와도 외교관계를 수립하였다. 또한, 동구 사회주의체제의 몰락 등 대내외적 상황변화에 따라 양안관계를 새롭게 규정하기 위하여 '국가통일강령(國家統一綱領)'을 발표하였다. 이는 정치민주화·경제자유화·사회적 다원화를 통일의 기본목표로 설정하고 중국의 일국양제식 흡수통일방안에 반대하여 대만의 정치적 실체를 인정할 것을 전제로 교류협력을 통하여 점진적·단계적으로 통일을 실현하자는 것이다. 즉, 제1단계로 중국과 대만이 각각 중국대륙과 대만 지역을 통치하는 정치실체로서의 지위를 상호 인정함과 동시에 중국이 대만에 대한 무력행사 가능성을 완전히 포기함으로써 양안의 진정한 평화정착을 실현한다는 것이다. 제2단계로 민간차원의 교류를 정부차원의 대등한 교류관계로 확대·발전시켜 양안 간 직접 통우·통상·통항을 실현하고, 양안이 서로 협력하여 국제사회에 참여한다는 것이다. 마지막 제3단계로 양안이 통일협상기구를 설립하여 양안 주민의 전체 의사에 따라 통일국가를 달성한다는 것이다.

대만의 통일방안은 중국과 마찬가지로 '하나의 중국'을 전제로 교류협력을 통한 평화적 통일을 지향하고 있으나 통일과정에서의 구체적인 실천방안과 통일 이후의 체제에 대하여는 상이한 입장을 취하고 있다. 즉, 대륙의 사회주의와 대만의 자본주의가 주종 또는 중앙과 지방의 관계가 아니라 독자적인 통치 지역과 통치권이 공존하는 것이며, 양안간의 교류협력에 있어서 중국의 대만에 대한 무력사용의 포기를 전제조건으로 제시하고 있다. 대만의 중국정책도 대만헌법에 반영되어 있는데, 헌법 제4조에서 "중화민국의 영토는 그 고유의 영역으로 하며, 국민대회의 결의에 의하지 아니하고는 이를 변경할 수 없다"고 규정하여 중국대륙 전체가 대만의 영토에 포함된다는 것을 선언하였다. 또한, 국민의 대표기관인 국민대회의 조직에 관한 제26조의 규정은 대만지구뿐만 아니라 중국과 몽고·티벳 등의 대만지구에서까지 대표를 선출하도록 규정하였다. 그 후 1997년 7월 21일 헌법 제11조를 개정하여 "자유지구와 대륙지구간의 인민의 권리의무관계 및 사무의 처리는 법률로서 특별히 규정하여야 한다"고 규정함으로써 중국과의 교류협력에 대한 헌법적 근거를 마련하였다.

대만의 일국양구는 중국이 양안의 정치적 실체를 인정하고 대만에 대한 무력행사를 포기한다는 전제 하에 양안교류를 통하여 대만의 경험과 성과를 중국대륙에 전파함으로써 대만을 중국대륙에서 정치세력화하고, 이를 바탕으로 평화통일을 달성하자는 것으로 평가된다. 그러나 중국은 이에 대하여 '하나의 중국'이라는 명목 하에 '두 개의 중국' 또는 '하나의 중국과 하나의 대만'을 추구하는 반통일적인 것이라고 비판하였다.

대만은 2000년 민진당의 첸수이벤 총통이 집권한 이후 양안관계와 통일방안에 큰 변화를 보이고 있다. 국민당 정부가 대중화사상을 바탕으로 한 민족주의의 관점에서 벗어나 대만본토와 동일한 사회구성원의 입장에서 양안관계를 현실적으로 파악하여야 한다는 관점을 바탕으로 하고 있다. 즉, 중국공산당에 대하여 중국대륙을 실질적으로 통치하는 합법적 정부임을 공식적으로 인정함과 동시에 대만 역시 하나의 정치적 실체로 인정되어야 한다고 강조하고 있다. 이러한 인식을 바탕으로 대만도 하나의 주권국가로서 중화인민공화국의 일부가 아니며 중국대륙과는 안정적인 상호 협조체제를 통하여 경제와 무역 등 교류협력을 강화하여 평화적 방법으로 신뢰를 구축하여야 한다는 것이다. 또한, 통일의 문제에 대하여도 이는 정치적 신앙이 아니라 민주적 절차에 따른 국민의 합의에 따라 최종적으로 결정될 정치적 사안에 불과하다고 선언하고 있다.

4. 기타 사례(베트남, 예멘, 키프로스)

1) 베트남

베트남은 프랑스 식민지배에서 독립하는 과정에서 남북으로 분단되었다가 전쟁을 통하여 통일을 달성한 경우로서 민족주의를 바탕으로 서구 자본주의를 배경으로 하는 제국주의 침략으로부터의 독립운동의 성격이 강하였다. 북베트남은 남북 베트남의 전쟁도 역시 프랑스 및 미국으로부터의 독립투쟁으로 인식하였고, 남베트남은 이를 공산주의자들의 사회주의혁명을 통한 적화통일로 인식하여 남북 베트남은 상호 자신이 전체 베트남의 합법성과 정통성을 가진다고 주장하여 상호 간 교류협력의 여지가 없었다.

제2차 세계대전의 종결과 함께 베트남은 포츠담선언을 통해 위도 16도를 경계로 북부지방에는 중국군이, 남부지방에는 영국군이 주둔하기로 결정됨으로써 남북으로 분단될 운명에 처하게 되었다. 1945년 9월 2일 북부지방에서는 호치민이 베트남민주공화국을 수립하고 프랑스의 도움으로 중국군을 철수시켰으며, 남부지방에서는 바오 다이(Bao Dai) 황제를 앞세운 프랑스가 다시 지배하게 되었다. 그러자 민족해방전선을 형성하게 되는 베트민(Viet Minh)이 주축이 되어 프랑스를 상대로 제1차 인도차이나전쟁을 일으켰다. 1954년 5월 프랑스의 항복으로 체결된 제네바협정에서는 베트남을 북위 17도를 경계로 남북으로 잠정적으로 분단하였다가 2년 후인 1956년 통일을 위한 총선거를 실시하기로 결정하였다. 즉, 북부 지역은 호치민을 수반으로 하는 베트남민주공화국이 통치하고, 남부 지역은 바오 다이 황제가 통치하기로 하고 황제는 고 딘 디엠(Hgo Dinh Diem)을 수상으로 임명하였다. 그러나 미국의 지원을 받은 디엠 정부는 제네바협정을 인정하지 않고 남부 지역에서의 독립된 주권국가로서 베트남공화국을 수립하였다. 1954년 4년 동안의 망명생활에서 귀국한 고 딘 디엠은 국민투표를 실시하여 98%의 압도적 지지를 얻어 군주제를 폐지하고 베트남공화국을 출범시켰으며 자신이 초대 대통령이 되었다.

1960년경부터 베트민의 전통을 이어받아 조직된 남베트남민족해방전선은 북베트남 호치민 정부의 지원을 받아 본격적인 무장투쟁에 돌입하였으며, 남베트남에서는 디엠의 축출, 쿠데타 등 권력투쟁이 반복되다가 1965년 구엔 반 티우(Nguyyen Van Thieu) 대통령이 등장하였다. 미국은 남베트남 지원을 점차적으로 확대하다가 1964년 통킹만사건을 계기로 북베트남과 전면전에 돌입하였다. 미국의 대공세에도 불구하고 북베트남과 민족해방전선의 끈질긴 저항으로 1973년 미국은 베트남에서의 철수를 결정하였고, 남북 베트남은 파리평화협정을 체결하였다. 미국의 철수와 원조감소로 인하여 남베트남은 급격히 약화되었으며, 마침내 1975년 4월 30일 사이공이 함락됨으로써 남베트남정권은 붕괴되었고 구체제 해체와 사회주의화가 진행되었다. 1976년 4월 남북 베트남의 통일선거가 실시되어 통일국회를 구성하였으며, 같은 해 7월에는 베트남사회주의공화국(Socialist Republic of Vietnam)이 수립되었다.

요컨대, 베트남의 경우에는 프랑스의 식민지배와 제2차 세계대전 이후 연합군의 이해관계에 따라서 분단되었으나 남북 베트남이 국가로서 체계를 확립하기 이전에 2차례에 걸친 인도차이나전쟁 및 내란을 거듭하면서 전쟁상태에 돌입하였다. 그 후 남북 베트남은 전쟁을 통하여 독립과 통일을 달성하였으므로 상호 상대방을 전쟁의 당사자로 인식하고 있을 뿐 교류협력의 당사자로 인식하지 않았다. 따라서 남북 베트남은 남북한의 경우와 같이 제국주의 식민지로부터의 독립과 제2차 세계대전 이후의 이념과 냉전의 구조 하에서 전쟁을 치렀으며, 그 과정에서 1973년 파리평화협정을 체결함에 있어서 국제법상 주체로서 활동한 사례가 있다는 점에서 우리와 공통점이 있다. 그러나 남북 베트남은 통일과정에서 규범적으로 상대방을 정치적 실체로서 인정할 여지가 없었으므로 남북교류협력에 있어서 참고할 사례를 제공하기는 어렵다고 하겠다.

2) 예멘

예멘은 1538년 이후 오스만투르크의 지배를 받아 오다가 1839년 영국이 남예멘 지역의 아덴항을 점령하여 보호령으로 삼음으로써 예멘의 영토적 분단이 시작되었다. 북부 지역에서는 1962년 예멘아랍공화국

(Yemen Arab Republic)이 수립되고, 남부 지역에서는 1967년 영국으로부터 독립하여 남예멘인민공화국(People's Republic of South Yemen)이 수립됨으로써 분단이 고착화되었다. 그 후 남예멘은 1970년 헌법제정시 예멘인민공화국(People's Democratic Republic of Yemen)으로 개칭하였다. 남북 예멘은 반식민투쟁의 산물로 독립을 이루었고 아랍민족주의라는 공통점에도 불구하고 자본주의체제의 북예멘과 사회주의체제의 남예멘의 정치이념상 차이로 인하여 긴장관계가 계속되었다. 북예멘은 이슬람 원칙에 바탕을 둔 통일을 주장하였고 남예멘은 사회주의 통일을 주장함으로써 통일 원칙에 있어서 대립하였다. 그러나 남북 예멘은 이슬람교의 정신적, 문화적 공동유산과 강한 단일민족주의를 바탕으로 통합노력을 기울여 왔으며 1990년 소련 등 사회주의의 몰락과 동구국가들의 민주화에 따라 남예멘이 사회주의체제를 포기함으로써 합의에 의한 평화통일을 달성할 수 있었다.

남북 예멘은 분단된 지 얼마 되지 않아 정치이념과 일방의 힘에 의한 통일이 아닌 실질적이고 평화적인 통일방식에 합의하였다. 1972년 '카이로협정'과 '트리폴리협정'을 통하여 국호·국기·국교 등 통합 원칙에 합의한 이후, 통합실무위원회 협의와 각종 회담을 계속적으로 진행하였다. 1981년 12월 '남북 예멘 간 협력 및 조정에 관한 협정'을 체결하여 예멘최고평의회 등 통일추진기구 등에 관하여 합의하고 공동헌법위원회에서 통일헌법초안을 승인하였으며, 1988년 양국 간 통행협정과 공동 지역개발에 관한 합의를 체결함으로써 실질적인 통일작업에 착수하였다. 1990년 5월 남북 예멘은 군대를 통합하고 통일헌법안에 대한 양국 의회의 승인을 거쳐 통일의회를 구성하여 5월 22일 통일을 선포함으로써 통일국가인 예멘공화국(Republic of Yemen)이 탄생하였다. 통일헌법에 대하여는 1991년 5월 15~16일 국민투표를 실시하여 총유권자의 72.2% 참가와 투표자의 98.3%의 압도적인 찬성으로 가결되어 통일헌법으로 최종 확정되었으나 1990년 4월 22일 체결된 '예멘공화국 선포 및 과도기조직에 관한 합의서'에 따라서 통일선언 이후 30개월간인 1992년 11월 22일 까지를 과도기간으로 설정하였다.

예멘의 합의에 의한 평화통일은 통일국가 선포 이전에 통합을 위한 법률과 제도를 정비함으로써 통일국가의 기틀을 마련하였고 통일 이후 에도 정치, 경제, 사회, 문화 등 각 분야에서의 실질적인 통합을 위하여 과도기를 설정한 것은 매우 중요한 의미가 있다고 평가되었다. 그러나 통일예멘은 정치세력 간의 갈등, 경제적 위기, 남북 주민 간의 사회·문 화적 갈등, 불완전한 군사통합, 이슬람 보수주의자들과 남예멘 사회주의 자들의 대립, 민주주의 경험과 이해의 부족 등에 기인한 정치·경제·사 회적 불안정으로 인하여 실질적인 통합에 성공하지 못하였다. 1993년 4 월 27일 실시된 통일 후 최초의 총선거에서 남예멘의 기반인 예멘사회 당이 패배한 것이 계기가 되어 1994년 5월 4일 예멘사회당은 국민회의 와의 정치적 연대를 파기하고 남예멘의 수도 아덴으로 귀환하여 북예멘 과 군사적 충돌을 일으켰으며 5월 21일 일방적으로 통일예멘으로부터 분리독립을 선언함으로써 통일 4년 만에 다시 남북으로 갈라지고 말았 다. 결국 1994년 7월 7일 북예멘군이 남예멘군의 최후거점인 아덴을 함 락시킴으로써 2개월에 걸친 내전에서 승리하고 예멘을 재통합함으로써 통일국가 수립을 완성하였다.

예멘의 경우는 남북 예멘이 합의하여 평화적인 방법으로 통일을 달성 하고도 내전을 거쳐 강제적으로 통일된 사례로서 분단국가의 통일에 있 어서 매우 독특한 유형에 해당한다. 즉, 남북 예멘은 단일한 민족적 정서 를 바탕으로 이념과 체제의 벽을 허물고 남북 간 합의에 의하여 통일을 달성하였으나, 그 정치적·사회문화적 통합에 실패함으로써 남북이 다 시 분단되어 전쟁을 치르고 나서야 비로소 통일을 달성한 것이다. 남북 예멘은 남북 간의 장기간의 통일협상의 과정에서 정치적 이념을 앞세우 지 않고 체제·이념의 차이를 단일한 민족적·종교적 구심점으로 극복 하고 대화와 화해를 통하여 상대방의 정치적·법규범적 실체를 인정하였다. 또한, 사우디아라비아 등 주변 외국과의 관계개선을 통하여 국제적으로도 평화통일을 수용할 수 있는 노력을 계속하였다. 예멘의 통일과정은 이러한 현실을 바탕으로 통일을 위한 법제도적 장치를 마련하고 교류협력의 과정에서 법률충돌의 문제를 해결하면서 그에 따라 평화통일을 추진하였다는 점에서는 자유민주적 기본질서에 입각한 평화통일을 지향하는 우리에게 시사하는 바가 매우 크다고 할 것이다. 특히, 예멘의 사례는 국가권력이 중심이 되어 정치적 협상에 따라서 법제도적 통일을 달성하였음에도 불구하고 국민적 합의가 뒷받침되는 사회적 통합이 실질적으로 완성되지 않는 상태에서는 평화통일의 완성에는 한계가 있다는 교훈을 남겼다.

  예멘의 통일은 남북 예멘이 법치주의 원칙에 따른 법제도적 통일이 바탕을 이룬 것이 아니라 이슬람이라는 강력한 종교적·사회적 통합을 바탕으로 정치권력의 타협에 따라서 정치적 통일을 달성한 것이 특징이다. 남북 예멘은 단일한 민족적 구성과 종교적인 구심점으로 인하여 통일 이전에 상당 부분 사회통합이 이루어진 상태여서 주민들 사이의 이념적 갈등이 심각한 상태가 아니었다. 따라서 남북 예멘의 정치적 타협에 따라서 권력을 배분하였고, 그 과정에서 무력충돌이 발생한 것으로 강력한 중앙집권적 통치구조와 이슬람 법률인 샤리아의 최고규범성으로 인한 비민주성 등이 아직까지 법치주의 실현에 장애로 작용하고 있다. 이러한 점에 비추어 국민적 합의를 바탕으로 인적·물적 교류의 확대를 통하여 정치적·법제도적 통일과 함께 사회적 통합을 위하여 남북교류협력을 추진하는 우리에게 시사점을 제공하기에는 한계가 있다고 하겠다.

3) 키프로스

  동지중해에 위치한 섬나라인 키프로스는 남부의 그리스계 키프로스 공화국과 북부의 터키계 북키프로스 터키공화국으로 나뉘어진 분단국가이다. 독일·중국·베트남·예멘·한국이 냉전시대 이념적 대립으로 인하여 하나의 민족국가가 분단된 것과는 달리 민족문제와 종교문제, 그리고 이를 둘러싼 그리스와 터키의 특수한 역사적 관계에 의하여 분단되었다. 키프로스는 1960년 키프로스공화국(Republic of Cyprus)을 수립한 이후 그리스계 주민이 대부분인 남부 지역과 터키계 주민이 대부분인 북부 지역 간 갈등과 반목을 거듭하였다. 1974년 양측 간 무력충돌이 발생하자 터키 군대가 북부 지역을 점령하였고 1983년에는 북키프로스 터키공화국(Turkish Republic of Northen Cyprus)이 독립을 선포함으로써 북부 지역은 남부 지역과 완전히 다른 새로운 사실상의 정부에 의하여 통치되어 분단국가로 자리잡게 되었다. 남키프로스는 전체 키프로스의 64% 면적과 전체 인구의 약 85%를 차지하고 있으며, 주민의 대부분이 그리스계로 그리스어를 사용하고, 그리스정교를 종교로 삼고 있는 반면, 북키프로스는 전체 키프로스의 36% 면적과 전체 인구의 약 12%를 차지하고 있으며, 주민의 대부분이 터키계로 터키어를 사용하고 이슬람교를 종교로 삼고 있다.

분단 이후 현재까지 남키프로스는 키프로스 섬에서 유일한 합법정부임을 주장하면서 2006년 6월 현재 160여 개국과 외교관계를 수립하고 있으며, 2004년 5월 1일에는 유럽연합 회원국으로 가입하는 등 국제사회에서 독립된 국가로 승인을 받고 있다. 그러나 북키프로스는 오직 터키 1개국으로부터 독립된 국가로 승인을 받고 있을 뿐 국제사회에서 독립국가로 승인을 받지 못하고 있으며 남키프로스와 국제사회에 대하여 키프로스 섬에는 두 개의 독립된 주권국가가 존재하고 있으므로 이를 승인할 것을 요구하고 있다. 남북 키프로스는 분단 이후 통일을 위하여 근거리회담(Proximity Talks)과 직접회담(Direct Talks) 등을 통해 지속적으로 통일협상을 진행하여 왔다. 그러나 직접적 이해당사국인 그리스와 터키의 갈등과 반목, 상대방으로부터 심한 억압을 받았던 쓰라린 역사적 경험에서 비롯된 상호 불신으로 인하여 통일국가 형태, 영토와 재산권반환 등 핵심쟁점들에 대한 입장차이로 지금까지 큰 성과를 거두지 못하였다. 남북 키프로스의 통일에 대하여는 UN사무총장인 코피 아난(Kofi Annan)의 헌신적인 노력으로 2003년 2월 26일에는 통일헌법을 포함한 통일방안이 제출되었다. 2004년 4월 24일 위 통일방안에 대하여 남북 키프로스에서 각각 국민투표가 치러졌으나 부결되고 말았다.

'코피 아난 통일방안'은 연방제 통일국가를 전제로 하여 양 구성주의 동등한 지위 인정, 자유민주주의와 법치주의 원칙, 평화주의를 기본원칙으로 하고 있다. 이에 대하여 공식적으로는 남키프로스는 원칙적으로 위 통일방안을 지지하였으나, 북키프로스는 위 통일방안에 반대하여 남북 키프로스는 각각 독립한 주권국가임을 전제로 일정한 범위에서 국제적으로 단일대표성을 갖는 국가연합 형태의 키프로스 연맹을 창설하는 방안을 주장하였다. 남키프로스는 북부 지역에 비하여 인구수의 우세, 월등한 경제력, 국제사회의 폭넓은 지지, 유럽연합의 가입결정 등을 배경으로 연방제 통일을 통하여 결국 북부 지역을 하나의 키프로스로 흡수, 동화할 수 있다는 자신감에서 위 통일방안을 수용한 것으로 보인다. 한편, 북키프로스는 남부 지역에 비하여 모든 면에서 열등한 소수자임을 인식하고 최소한 현재의 주권국가로서의 법적 지위와 안전보장을 제도적으로 확보할 것을 전제조건으로 요구하고 있어 이러한 장치가 부족하다고 판단하여 위 통일방안을 반대하고 있는 것으로 분석되었다.

그러나 위 통일방안에 대한 투표결과는 예상과는 달리 북키프로스의 대부분 주민들은 찬성하였으나 남키프로스의 대부분 주민들은 반대하였다. 이는 북부 지역 주민들은 통일과 키프로스의 유럽연합 가입으로 인하여 누릴 수 있는 경제적 혜택에 대한 기대감을 표출한 것에 반하여, 남부 지역 주민들은 경제적 우위를 바탕으로 유럽연합 가입이 확정된 상태에서 남북의 동등한 지위를 인정하는 연방제 통일방안에 대하여 통일로 인한 경제적 손실을 우려하여 거부감을 표출한 것으로 평가된다. 한편, 2003년 4월 21일 북키프로스가 분단 29년 만에 전격적으로 분단선을 개방함으로써 2005년 6월 현재 월평균 약 50만 명 등 총 650만 명 이상의 주민들이 남북을 왕래한 것으로 알려지고 있다.

키프로스의 경우는 남북한과는 달리 정치적 이념과 체제의 차이를 이유로 분단된 것이 아니라 그리스와 터키의 역사적인 갈등을 배경으로 민족적·종교적 문제로 분단되어 무력충돌을 겪으면서 갈등과 반목을 거듭하고 있으며, 그 과정에서 UN을 비롯한 국제사회의 노력에도 불구하고 교류협력은 거의 이루어지지 않았다. 남키프로스는 분단 이후 북키프로스에 대하여 다만 통일을 위한 정치적 협상의 상대방으로만 인식할 뿐 규범적으로 정치적 실체로 인정하지 않고 있으며, 따라서 정부 차원이나 민간 차원의 교류협력사업도 전혀 이루어지지 않고 있다. 한편, 북키프로스는 1983년 독립국가를 선언한 이후 남키프로스와 국제사회에 대하여 북키프로스의 국가성을 인정할 것을 계속 요구하면서 국제법에 따른 교류협력을 주장하고 있다. 이러한 현상은 2004년 UN사무총장의 통일방안이 주민투표에서 부결된 이후에도 계속되고 있으나, 2003년 4월 남북 키프로스의 국경이 부분적으로 개방된 이후 남북 키프로스 주민들의 왕래로 인하여 인적·물적 교류가 확대될 것이 예상된다. 비록 현재까지는 상대방 지역을 방문하여 물건을 구입하는 정도의 상거래가 이루어지고 있을 뿐이나 향후 주민들의 왕래로 인하여 민사·형사사건을 비롯한 각종 법률문제가 발생할 가능성이 농후할 것으로 예상된다. 따라서 남북 키프로스의 법률의 모순과 충돌을 해결할 수 있는 법제도적인 장치가 마련되어야 할 것이며, 이러한 현실적 문제에 직면하여 남북 키프로스의 관계도 헌법규범적 차원에서 그에 관한 규범체계를 모색할 필요성이 대두될 것이다.

Ⅲ. 헌법적 근거

1. 헌법 제3조와 제4조의 규범조화적 해석

1) 헌법규정

남북한 관계의 법규범적 의미와 그 헌법적 근거는 대북·통일정책을 수립하고 추진하는 현실적인 전제임과 동시에 정당성의 기초이자 한계가 되므로 남북한특수관계론은 헌법제정권력자인 국민의 의사에 의하여 정립된 국가사회의 근본가치와 발전방향을 규정하고 있는 헌법에서 그 근거를 찾아야 할 것이다. 우리 헌법은 남북한 관계에 대하여 이를 직접적으로 규정하고 있는 것은 아니나 영토조항이나 통일관련 조항을 통하여 북한의 법적 지위에 대하여 그 규범적 의미를 밝히고 있다. 남북한특수관계란 곧 남한에 있어서 북한이 규범적으로 어떠한 지위를 갖는 것인지 하는 문제와 본질적으로 동일한 것이므로 위와 같은 헌법조항의 의미내용을 분석함으로써 북한의 법적 지위를 추론하고 이를 통하여 남북한특수관계론을 도출할 수 있을 것이다.

북한의 법적 지위를 비롯한 남북한 관계에 대한 기본적이고 제1차적인 헌법상 근거규정은 헌법 제3조와 제4조라고 할 것이며, 전문 등 기타 헌법조항에도 그 정신이 반영되어 있다. 따라서 남북한특수관계를 규명하기 위해서는 헌법 제3조와 제4조에 대한 심층적인 법이론적·규범적 분석이 반드시 필요하며, 이와 동시에 헌법에서 지향하는 정치적 이념과 가치체계와의 통일적이고 조화로운 규범체계를 정립할 것이 요구된다. 현행헌법 제4조 등에서 규정하는 '통일'의 의미에 대하여 이는 '사실상의 통일(de facto unification)'을 의미하며 '법률상의 통일(de jure unification)'

을 의미하는 것이 아니라고 해석하여 제3조와 제4조의 적용문제를 해결할 수 있다는 견해도 있다.36) 그러나 앞에서 검토한 바와 같이 우리 헌법상 통일은 하나의 헌법체계를 전제로 하는 법적인 개념이라고 이해하여야 한다. 이러한 의미에서 남북한특수관계론은 현재의 남북한 관계를 규범적으로 설정하는 것은 물론 남북교류협력, 남북합의서의 체결, 통일정책의 수립과 집행 등을 이끌어가는 규범적 기준이자 정당성의 기초로서 기능하여야 한다.

우리 법원과 헌법재판소는 남북한 관계의 규범적 의미에 대하여 직접적으로 이를 확인하고 있는 것은 아니지만, 국가보안법 등 구체적인 사안의 적용에 있어서 북한의 법적 지위에 대하여 규범적인 판단을 하고 있다. 법원의 판결과 헌법재판소의 결정은 헌법에 대한 최고의 유권적 해석·확인·선언으로서 북한의 법적 지위에 관한 규범적 해석을 통하여 남북한특수관계를 추론할 수 있다는 의미에서 가장 중요한 헌법적 근거의 하나가 된다고 하겠다. 그 외에도 남북합의서는 남북한 당국이 통일의 당사자로서 남북한 관계와 통일문제에 대한 기본원칙을 합의한 것으로서 그 내용이 남북한 관계와 통일에 대한 규범적 기준을 제시할 뿐만 아니라 남북한특수관계에 대한 직접 당사자의 의사를 확인할 수 있다는 점에서 남북한특수관계론에 대한 규범적 근거가 될 수 있다고 하겠다. 그러한 남북합의서로서 중요한 것은 7·4남북공동성명, 남북기본합의서, 그리고 6·15남북공동선언을 들 수 있다.

2) 학설의 소개

헌법 제3조와 제4조의 관계는 북한의 법적 지위와 관련하여 헌법 제3조의 영토조항이 현실적으로 규범력을 가지고 기능하고 있느냐 하는 문제가 핵심적인 쟁점사항이다. 즉, 헌법 제3조를 형식적·문리적으로 해

---

36) 김명기, 북방정책과 국제법, 국제문제연구소, 1989, 205면.

석할 경우 법논리적으로 북한 지역에 대한민국의 주권과 모순되거나 충돌하는 어떠한 정치적 실체도 인정할 수 없다. 그러나 현실적으로는 북한 지역에 조선민주주의인민공화국이라는 정치적 실체가 국가적 형태를 가지고 통치권을 행사하고 있다는 사실을 인정하지 않을 수가 없으므로 이러한 북한의 법적 지위와 남북한 관계에 대한 헌법현실을 헌법규범적으로 어떻게 설명할 것인지 하는 것에 대하여 다양한 학설들이 존재한다. 이러한 학설들은 우리 헌법이 완성헌법이며, 통일국가를 달성할 때까지 잠정적으로 그 규범력이 인정되는 것은 아니라는 것을 전제로 하고 있다.

헌법 제3조의 규범력에 대하여는 1992년 남북한이 동시에 UN에 가입하고, 남북기본합의서를 체결하는 등 남북한 관계가 근본적으로 변화하는 과정을 겪으면서 영토조항인 헌법 제3조와 평화통일조항인 헌법 제4조의 관계를 중심으로 그 규범력을 인정할 수 있는 다양한 근거를 모색하면서 법이론적 연구가 전개되어 왔다.

(1) 헌법 제3조의 규범력을 부인하는 입장

헌법 제3조의 규범력은 북한의 법적 지위와 관련하여 법규범적으로 북한의 국가성을 인정할 것인지에 따라서 달라진다. 즉, 북한이 국제사회에서는 물론 남북한 관계에 있어서도 엄연히 정치적 실체로서 활동하고 있는 현실을 인정하여야 하고, 이를 바탕으로 남북한 관계에 대한 규범체계를 정립하여야 한다는 입장에서는 헌법 제3조의 규범력을 부인하게 된다. 이러한 입장도 제3조 규정 자체가 국제법 또는 헌법현실과 부합되지 않으므로 규범력을 상실한 명목적인 규정이라는 견해에서부터 헌법에 규정된 이상 헌법조항 자체의 규범력을 부정할 수는 없으나 헌법 제4조와의 관계를 고려할 때 결과적으로 남북한 관계에 있어서는 현실적으로 규범력을 갖지 못한다는 견해까지 다양하다.

첫째, 헌법 제3조의 영토조항은 북한 지역에 대하여서는 비현실적이고 비논리적인 규정이므로 그 규범력을 이미 상실하였다는 견해이다.[37] 이는 국가주권의 지역적인 효력범위는 국가가 실효적으로 지배함으로써 통치권이 현실적으로 미치는 영토에 국한된다는 것을 전제로 하고 있다. 즉, 헌법 제3조는 건국헌법에서 북한 지역에 대한 실지회복의 의지를 선언한 것이지만 남북한이 분단된 이후 한반도에는 두 개의 국가적 실체가 독립적·자율적으로 존재하면서 대내외적으로 국가로서 기능을 정상적으로 수행하여 왔다는 현실을 인정해야 한다는 것에 바탕을 두고 있다. 특히, 1970년대 이후 국제사회에서 냉전체제가 종식됨에 따라 남북한간에도 정치적·군사적·이념적 대결을 지양하고 대화와 협력을 통한 평화통일을 민족적 사명이자 과제로 설정하였으며 이를 헌법에도 반영하여 평화통일에 대하여 구체적으로 명시하고 북한이라는 정치적 실체를 헌법규범적으로 수용하였다는 것이다. 이 견해는 제4조의 평화통일 조항은 북한을 평화통일을 위한 대화와 협력의 당사자로 인정하고 있는 것을 전제로 하고 있고, 남북교류협력에관한법률의 시행과 법률적 효력을 갖는 남북합의서의 체결 등에 따라 정치·경제·사회문화 등 각 분야에서 남북교류협력이 법제도적으로 보장되고 있는 상황을 고려해야 한다는 것이다. 따라서 헌법 제3조에 대하여 그 규범력을 인정하는 것은 우리 헌법현실과 모순·상충될 뿐만 아니라 평화통일을 위한 남북교류협력에도 장애가 된다고 한다.

이러한 견해에 대하여는, 헌법 제3조 및 제4조와 관련하여 헌법규범과 헌법현실과의 괴리에 주목하여 입법론적 해결방안을 제시하고 있어 형식논리적으로는 명확한 측면이 있으나 헌법해석에 관한 방법론에 있어서 문제가 있다는 비판이 있다.[38] 즉, 헌법해석은 헌법조문의 문법

---

37) 윤명선·김병묵, 헌법체계론, 법지사, 1998, 156면 ; 이장희, "남북합의서의 법제도적 실천과제", 남북합의서의 후속조치와 실천적 과제, 아시아사회과 학연구원 제1회 통일문제 학술세미나, 1992, 3면.
38) 이상훈, "헌법상 북한의 법적 지위에 관한 연구", 법제 563호, 법제처, 2004.11,

적·어학적 방법을 통하여 헌법조문의 의미를 밝히는 것도 중요하지만 헌법조문을 독립적·개별적으로 이해할 것이 아니라는 것이다. 헌법은 전체로서의 논리적 관련성하에서 헌법의 목적·가치 및 헌법제정권자의 의사 등을 종합적으로 고려하여 헌법규범 상호 간에 예상되는 충돌과 갈등을 해소하고 모든 헌법규범이 전체로서의 통일성을 유지하고 조화를 이룰 수 있도록 해석하는 것이 정당한 헌법해석의 방법이다. 이러한 대전제에 비추어 볼 때 위 견해는 헌법 제3조와 제4조에 대한 정확한 인식이 결여된 상태에서 행한 일면적이고 부당한 헌법해석이라는 것이다. 위와 같은 비판적 입장은 헌법 제3조의 규범적 의미에 대하여 대한제국·대한민국 임시정부·대한민국으로 이어지는 국가의 법통 또는 정통성을 전제로 하고, 대한민국의 영토도 그러한 역사적 기반 위에서 형성·존립되어 온 것을 규범적으로 선언한 조항이라고 한다. 즉, 헌법 제3조는 대한민국의 영토를 법률상으로 회복하여야 할 통일의 책무를 대한민국에 대하여 부과하고 있는 목적론적 규정이므로 이를 근거로 북한을 반국가단체 또는 불법단체로 인정하는 것은 본질적·가치적 측면에서 조망한 것이라고 한다. 헌법 제4조는 헌법 제3조에서 규정하는 통일의 책무를 이행하기 위한 기본적인 방식과 수단을 규정한 실천적이고 현실적인 규정이므로 이를 근거로 북한을 대화와 협력의 당사자로 인정하는 것은 수단적·실천적 측면에서 조망한 것으로 보아야 한다는 것이다. 따라서 헌법 제3조와 제4조는 서로 충돌하거나 모순되는 것이 아니며, 북한을 반국가단체 또는 불법단체로 인정하더라도 모든 교류와 협력을 부정하는 것이 아니며, 반대로 현실적으로 북한과 교류협력을 수행한다고 하더라도 이로써 북한의 본질적 속성인 반국가단체성이나 불법성이 해소되는 것도 아니라고 한다. 그 외에도 현실적인 문제로서 북한 지역에 대하여 제3조의 규범력을 인정하지 않을 경우에는 서독기본법과 달리 완성헌법의 성격을 갖는 우리 헌법상 북한 주민을 대한민국 국민으로 인정하거나 남북한 교역을 민족내부의 교역으로 인정할 수 있는 근거를 상실

───────────────

55~58면.

하게 될 수 있으므로 문제가 있다는 비판도 있다.[39] 즉, 북한 내부 급변사태 등이 발생한 경우에 국제법적 관점에서도 통일을 실현하기 위하여 통합대상 영토인 북한 지역을 편입할 수 있는 헌법적 근거를 상실하게 된다는 것이다. 이러한 결과를 방지하기 위한 필요성에서도 영토조항인 헌법 제3조의 규범적 타당성의 근거를 찾을 수 있다는 것이다.[40]

둘째, 헌법 제3조에 대한 헌법변천을 주장하는 견해가 있다. 헌법 제3조와 제4조가 서로 모순된다는 전제하에 이를 해결하기 위한 방안으로서 헌법을 개정하는 것은 그 절차의 곤란성·경직성 등의 이유로 현실적으로 기대하기 어려우므로 이를 헌법해석론을 통하여 해결하자는 것이다.[41] 즉, 헌법 제3조는 대한민국 헌법이 한반도 전역에서 시행된다는 것을 명백히 선언한 규정으로 한반도 내에서 대한민국만이 유일한 합법정부이고 북한은 불법적인 반국가단체라는 시각을 반영하고 있다. 그러므로 헌법 제3조에 의하여 북한의 실체를 인정하고 이와 교류·접촉하여 평화적으로 통일을 달성한다는 것은 논리적으로 불가능하다. 그러나 국내법적으로 1972년 제7차 개정헌법에서부터 평화통일에 관한 규정이 헌법에 반영되었고 남북한간 교류협력관계를 제도적으로 지원하기 위하여 남북교류협력에관한법률을 제정하여 시행하고 있다. 또한, 남북한 관계에서도 남북기본합의서를 비롯하여 각종 남북합의서를 체결하고 있으며, 국제법적으로도 국제적 차원의 긴장완화와 냉전체제의 해소에 따라 남북한이 동시에 UN에 가입하여 활동하고 있다. 따라서 북한은 더 이상 불법단체가 아니라 통일을 위한 대화와 협력의 상대방으로 전환되었다는 것이다. 이는 헌법 제3조가 제정될 당시에는 북한을 불법단체로 보았

---

39) 제성호, "헌법상 통일관련 조항을 둘러싼 주요 쟁점", 남북법제개선연구보고서, 법제처, 2004, 101면.

40) 최창동, "헌법상 영토조항과 통일조항의 올바른 헌법해석론", 정책연구, 국제문제조사연구소, 2005, 321~322면.

41) 장명봉, "남북한 기본관계 정립을 위한 법적 대응", 유엔가입과 통일의 공법문제, 한국공법학회, 1991, 45면 및 134면 ; 김승대, "남북한간 특수관계의 법적 성격에 관한 일고찰", 법조 통권 462호, 1995.3, 44~45면.

지만, 시대상황의 급격한 변화에 따라서 현재에는 교류와 협력의 일방 당사자로 보는 단계에 이르렀다는 것이다. 이러한 북한에 대한 인식변화 및 통일정책의 변화는 영토조항에 대한 본래의 규범적 내용을 실질적으로 변경시켰으므로 헌법 제3조의 규정은 개정 또는 삭제작업이 없이도 그 규범적인 의미는 이미 상실한 사문화된 규정이 되었고, 이는 헌법변천에 해당한다는 것이다.

이 견해에 대하여는, 헌법 제3조를 헌법변천으로 이해하는 것은 시기상조일 뿐만 아니라 부적절한 판단이라는 비판이 가능하다. 즉, 헌법변천이란 헌법현실과 헌법규범의 불일치라는 사실만으로 인정되는 것이 아니라 헌법규범의 내용적인 변화가 상당기간에 걸쳐 반복적으로 헌법적 관례로 형성되어야 하고 이에 대한 국민적·사회적 승인을 거쳐 실질적인 규범적 효력이 인정되는 것이다. 따라서 헌법변천을 인정하기 위해서는 그 요건, 절차와 한계 등이 엄격하게 검증되어야 할 뿐만 아니라 사회변화에 헌법이 적응하기 위하여 헌법의 의미를 보완하는 정도의 수준에서만 인정되어야 하는 것이다.[42] 비록 남한이 대북정책의 변경에 의하여 북한을 교류와 협력을 위한 일방 당사자로 보고 있는 사실은 인정할 수 있으나, 아직 헌법 제3조의 영토조항에서 규정하는 영토의 범위가 변경되었다는 객관적인 징표가 없다. 또한, 영토조항의 규범적 효력의 상실에 대하여 국민적 공감대가 형성되었다 할 수도 없으며, 국가의 규범통제기관인 헌법재판소나 대법원이 영토조항의 규범적 효력의 상실에 대하여 명시적으로 언급한 적이 없다. 오히려 국가보안법의 적용을 통해 북한의 반국가단체성을 적극적으로 인정하고 있다. 이러한 점들을 종합적으로 고려할 때, 우리 정부가 북한의 실체를 인정하는 것도 영토조항의 규범력이 변경된 것이 아니라 정부의 대북정책의 변화에 불과하다고 파악하는 것이 타당하다는 것이다.[43] 헌법변천과 관련하여 헌법규범이

---

42) 성낙인, 앞의 책, 55~58면.
43) 이상훈·금창섭, "헌법상 통일조항에 대한 법리적 고찰", 2004년도 남북법제개선연구보고서, 법제처, 2004, 297~298면.

시대의 변천 내지 역사의 발전에 따라 헌법제정 당시와는 다른 내용의 생활규범으로 기능하는 현상에 대하여 처음부터 그와 같은 현상이 발생하지 않도록 노력해야 할 뿐 아니라 일단 발생한 위헌적 사회현실은 이를 가급적 다시 헌법규범에 맞도록 조정하는 부단한 헌법정책적 노력이 필요하다는 것을 강조하고, 헌법규범에 명백히 어긋나는 사회현실을 정당화시키려는 의도에서 '헌법현실'이라는 개념이 사용되고 있는 사실을 경계할 필요가 있다고 지적하면서 그와 같은 시도는 일종의 헌법경시적인 잠재의식을 표현함에 지나지 않는다는 견해도 경청하여야 할 것이다.[44]

셋째, 헌법 제3조는 그 자체의 규범력은 인정되지만 제4조와의 관계에 있어서 제4조의 규범력에 비하여 그 규범력이 완화·약화되어 결과적으로 제3조의 규범력이 후퇴하여 규범력의 실효성을 상실하게 된다는 견해이다. 이 견해는 헌법 제3조의 규범력 자체를 인정하는 점에서는 앞의 두 가지 견해와 차이점이 있으나 헌법 제4조를 적용하게 됨으로써 결과적으로 헌법 제3조의 규범력이 상실된다는 점에서는 동일한 입장을 취하고 있다. 즉, 헌법 제3조는 헌법의 효력범위 또는 주권의 공간적 범위를 정한 헌법 원칙이라기보다는 대한민국의 정통성을 주장하는 당위적 명제를 천명한 정치적 선언으로서 대한민국의 영토가 대한제국의 영토를 승계한 것이며 타국에 대한 침략의사가 없음을 표시하는 선언적인 규정으로 보아야 한다는 것이다. 따라서 이는 재통일에 대한 당위적 명제를 선언한 역사적·선언적·명목적 규정 또는 미래지향적·미완성적·개방적·프로그램적 규정으로 보아야 한다는 것이다. 한편, 헌법 제4조의 평화통일조항은 이러한 재통일에 대한 추진방법과 그 수단을 규정한 현실적·구체적·규범적인 조항 또는 구체적·구속적·법적 규정으로 이해하는 것이 타당하다는 것이다.[45] 이 견해는 역사적인 측면에서

---

44) 허영, 한국헌법론, 박영사, 2003, 30면.

45) 최대권, 통일의 법적 문제, 법문사, 1990, 26~30면 ; 도회근, "헌법 제3조(영토조항)의 해석", 권영성 교수 정년기념논문집, 1999, 867~869면 ; 최경옥, "한국헌법 제3조와 북한과의 관계", 공법학연구, 영남공법학회, 1999, 202~203면.

도 건국헌법의 제정 당시 헌법제정권력자는 남한 주민에 한정되어 있었고, 우리의 주권이나 통치권도 북한 지역에 확장된 적이 없으므로 대한민국이 한반도의 유일한 합법정부라거나 대한민국의 주권이 북한에 미친다는 주장은 당초부터 인정하기 곤란하다고 보고 있다. 즉, 영토조항의 경우 북한 지역에 대한 우리의 주권이나 통치권이 전혀 미치지 못하고 있는 점, 최근 남북한 관계가 본질적으로 변화하여 북한의 객관적 실체를 인정하고 교류와 협력을 수행하고 있는 점, 영토조항의 법적 효력을 인정할 경우에는 북한은 불법단체에 불과하게 되므로 이러한 불법단체에 대하여 평화적 통일의 대상으로 규정하는 것도 논리적으로 모순이라는 점 등을 종합적으로 감안하여 볼 때 영토조항은 통일에 대한 대한민국의 시대적 열망을 규정한 명목적·선언적 의미밖에 없다고 보고 있는 것이다.

이 견해에 대하여는, 헌법규범이 가지는 구조적 특징과 헌법현실의 실체적 특징을 종합적으로 바라보면서 헌법 제3조와 제4조의 조화적 해석을 시도하고 있으나, 헌법의 규범력 확보를 통한 법치주의의 기본구조를 확립하는 데에 있어서는 매우 부정적인 결과를 초래할 가능성이 농후하다는 비판이 있다.46) 즉, 북한을 대화와 협력의 일방 당사자로서 인정하고 있는 우리의 통일정책에 헌법적 정당성을 부여한다는 점에서는 상당히 획기적이고 진일보한 측면이 있다. 그러나 헌법제정권력자의 정치적·규범적 결단으로서 헌법의 규범력은 그것이 개별규정으로 명시되어 있는 이상 직접적이든지 간접적이든지 그 법적 규범성을 인정하고 이를 강화하는 방향에서 헌법해석을 수행함으로써 국가의 최고규범인 헌법의 가치를 보장해야 한다. 또한, 입법·사법·행정 등 모든 국가작용에 법적·현실적 정당성을 확인하는 방향으로 헌법해석이 이루어져야 한다는 것이다. 비록 헌법의 개별규정이 추상적이고 미완성적인 성격을 띠고 있더라도 이러한 모습 속에서 당해 규정의 구체성과 구속적 측면을 확보하

---

46) 이상훈·금창섭, 앞의 논문, 302~304면.

고 이를 국가작용의 정당성에 대한 규범적 판단기준으로 인정하여 나갈 때에만 헌법의 수호나 헌법의 법적 구속력을 보장하는 것이 가능하다는 것이다. 그 외에도 역사적인 측면에서 대한민국이 한반도의 유일한 합법정부라거나 대한민국의 주권이 북한에 미친다는 주장은 당초부터 인정하기 곤란하다고 보는 견해에 대해서도 이는 비현실적이고 자가당착적인 모순이라는 비판이 있다.[47] 즉, 이는 북한을 대한민국과 별개의 국가적 단위로서 자율적·독립적으로 자기 기능을 수행하여 온 실체로 인식하여야 한다는 것에 바탕을 두고 있다. 따라서 우리 헌법이 자유민주적 기본질서에 입각한 평화통일의 추진의무를 규정하고 있는 이유를 설명할 수가 없고, 오히려 사회주의체제를 유지하고 있는 북한과의 통일을 추구하는 헌법 제4조는 국제평화주의를 지향하는 기본이념과 모순될 뿐만 아니라 다른 나라의 영토를 우리 영토로 간주하고 있는 헌법 제3조의 규정은 미래지향적이고 진보적인 규정이 아니라는 결론에 이른다. 만약 헌법 제3조가 이와 같은 이유로 명목적·선언적 규정에 불과하다면 헌법 제4조 역시 명목적·선언적 규정에 불과하다고 할 것이다. 즉, 우리 헌법 제4조의 성립에 있어서도 헌법제정권력자로서의 북한 주민이 참여한 적이 없고, 북한 주민과 북한 정권이 자유민주적 기본질서로의 통일에 대하여 동의한 적도 없을 뿐만 아니라 대한민국은 자유민주주의체제를, 북한은 사회주의체제를 각각 구축하여 별개의 독립된 존재로 활동하고 있는데, 어떠한 역사적·정치적 정당성에 입각하여 우리 체제로의 통일을 헌법에 규정할 수 있는지 잘 이해되지 않는다는 것이다.

넷째, 헌법 제3조는 규범력을 가지고 있으나 헌법 제4조와의 관계에 있어서 제4조의 규범력이 제3조에 비하여 우월한 효력을 가지므로 결과적으로 제3조의 규범력의 실효성을 상실한다는 견해이다. 이 견해는 제3조의 규범력 자체는 인정하고 있다는 점에서 첫 번째와 두 번째 견해와 구별되고, 그 규범력이 완화·약화되는 것이 아니라 헌법 제4조의 상대적

---

47) 이상훈·금창섭, 앞의 논문, 304~306면.

인 우월적 효력으로 인하여 그 범위에서 규범력을 가지지 못하게 된다는 점에서 세 번째 견해와 구별된다. 즉, 헌법 제4조의 평화통일조항이 헌법 이념상이나 헌법정책적인 측면에서 제3조에 비하여 고도의 헌법적 가치 또는 이익을 내포하고 있으므로 제3조의 영토조항에 비하여 우월한 효력을 가진다는 것이다.[48] 그러나 이 견해는 헌법 제4조가 제3조에 비하여 상대적으로 우월한 효력을 가진다는 입장을 취하고 있다는 점에서 기본적으로 세 번째 견해와 동일하다고 평가할 수 있다. 이는 헌법은 다양한 이해관계의 갈등과 대립을 바탕으로 하여 공존을 위한 긴장·타협의 결과로 성립하는 것이기 때문에 헌법에 내재할 수 있는 규범 상호 간 또는 헌법 원칙 상호 간의 긴장이나 부조화 등을 최대한 완화시켜 이를 조화적이고 통일적인 전체가 될 수 있도록 해석하여야 한다는 것을 전제로 하고 있다. 우리 헌법의 경우에는 헌법 전문에서 조국의 평화적 통일을 대한민국의 역사적 사명으로 선언하고 있고, 제4조에서 대한민국에 대하여 평화적 통일을 위한 법적 의무를 부과하고 있다. 이러한 평화통일은 한민족의 단결에 의한 자주적 통일국가의 건설이라는 우리 헌법이 지향하는 기본이념으로서의 성격을 지니고 있을 뿐만 아니라 국가정책적으로도 대한민국에 대하여 북한과의 각종 교류협력정책을 수립·시행할 것을 요구하고 있다. 따라서 헌법 제4조는 역사적·선언적 규정에 불과한 제3조에 비하여 우월한 법적 효력을 가진다는 것이다. 이 외에도 헌법 제3조는 일반규범이고 제4조는 특별규범으로서 지위를 가지므로 제4조가 제3조에 대하여 우월하다는 입장도 이러한 견해에 속한다.[49]

이 견해에 대하여는, 이념적·논리적으로는 헌법규범 상호 간의 우열을 인정할 수도 있겠으나 이는 추상적 가치규범의 논리적 구체화에 따른 것으로 헌법의 통일적·전체적 해석에 있어서는 유용할 것이지만 그것이 헌법의 어느 특정 규정이 다른 규정의 효력을 부인하거나 배제할

---

48) 장명봉, "헌법의 영토조항과 북한 주민의 법적 지위", 헌법학연구 제3집, 1997, 133면.
49) 계희열, 헌법학(상), 박영사, 2004, 172~173면.

수 있을 정도의 효력상의 차등을 의미하는 것이라고는 볼 수 없다는 비
판이 가능하다.[50] 또한, 헌법에서 동일한 대상에 대하여 서로 다른 규율
을 하고 있다면 모르겠으나 개별규정이 각각 독립적이고 자율적인 항목
으로 구성되어 있는 현행 헌법의 체계상 각 개별규정 간에 그 효력의 우
열정도를 인정한다면 이는 법령해석과 입법행위의 기본지침으로서 단일
한 법적 효력을 구비하여야 하는 헌법의 존재의의에도 반하는 결과를
초래하게 된다고 한다.[51] 설사 헌법의 개별규정에도 우열적 효력을 인정
한다고 하더라도 국가주권의 효력이 미치는 범위를 규정한 근본규정인
영토조항이 1972년 개정을 통해 추가된 통일조항보다 우선적 효력을 가
진다고 할 것이다. 따라서 제3조의 영토조항에 대하여 규범력을 부인하
는 것은 헌법제정권자의 의사를 존중하여 헌법규정에 실효성을 부여하
여야 한다는 실효성의 원칙과 헌법재판소와 대법원이 여전히 그 규범력
을 인정하고 있는 것에도 반한다고 하겠다. 헌법 제4조가 특별규범이므
로 제3조에 대하여 우월적인 효력을 가진다는 견해에 대하여도 헌법 제
4조가 제3조에 대하여 특별법으로서의 지위를 가진다고 볼 수 없다는
비판도 있다.[52] 즉, 일반적으로 일반법과 특별법의 구분은 해당법률이
적용되는 효력범위를 기준으로 하여 구분되는 개념으로서 특별법은 특
정한 규율대상에 대하여 일반법에 대한 특례를 규율하거나 동일한 규율
대상에 대하여 일반법과 다른 특수한 법적 효과를 부여하고자 하는 취
지에서 규정하는 것이다. 따라서 단일한 헌법체제에서 일반규범과 특별
규범을 구분하기 위해서는 명시적인 특례규정이나 단서규정에 의하여
이루어져야 한다. 그러나 헌법 제3조와 제4조는 그러한 구분에 입각한
것도 아니며, 내용적으로나 실체적으로 규율목적이나 내용이 서로 상이
하므로 헌법 제4조가 제3조에 대하여 특별법으로서의 지위를 가지는 것
은 아니라는 것이다.

---

50) 헌법재판소 1995.12.28. 95헌바3.
51) 이상훈·금창섭, 앞의 논문, 300~301면.
52) 이상훈·금창섭, 앞의 논문, 301~302면.

(2) 헌법 제3조의 규범력을 인정하는 입장

헌법 제3조의 영토조항은 건국헌법부터 현행헌법에 이르기까지 일관되게 유지되어 오고 있는 조항으로서 현실적이고 실제적인 법적 구속력을 가지고 있으며, 제4조의 통일조항과의 관계에 있어서도 양자는 서로 모순되는 것이 아니라 헌법체계상 서로 규범적으로 조화된다는 견해이다.[53] 이는 헌법학계의 다수설의 입장으로서 헌법 제3조의 규범적 의미를 이른바 '정당화이론'으로 이해하고 있다. 첫째, 대한민국의 영토는 역사적·지리적으로 구한말 대한제국 시대의 국가 영역에 기초하고 있는 것을 법적으로 확인하고 있다(구한말영토승계론). 둘째, 대한민국의 영토범위를 대내적·대외적으로 명백히 선언함으로써 다른 나라에 대한 침략의도가 없음을 의미하는 국제평화주의를 표명하는 것이다(국제평화주의론). 셋째, 대한민국의 영토인 한반도에서의 유일한 합법정부는 국내법상으로나 국제법상으로 오로지 대한민국밖에 없다는 것을 천명한 것이다(유일합법정부론). 넷째, 헌법 제3조는 대한제국, 대한민국 임시정부, 대한민국으로 이어지는 국가의 법통 또는 정통성의 전제 위에서 대한민국의 영토도 그러한 역사적인 기반 위에서 형성·존립되어 온 것을 규범적으로 선언하는 조항이다. 그러므로 이와 같은 법논리적인 귀결로서 북한 지역은 대한민국의 영토로서 대한민국이 회복하여야 할 미수복지역에 해당하고, 북한 지역을 불법적으로 점령하고 있는 북한정권은 헌법상 용인될 수 없는 반국가단체 또는 불법단체에 해당된다고 보는 것이다(미수복지역론).

---

53) 김철수, 헌법학개론, 박영사, 116~122면 ; 권영성, 헌법학원론, 법문사, 2004, 125~126면 ; 허영, 앞의 책, 181~183면 ; 구병삭, 신헌법원론, 박영사, 1998, 82면 ; 강경근, 헌법학, 법문사, 1997, 90면 ; 이성환, 앞의 논문, 272~277면 ; 허전, "남북기본합의서와 헌법", 법학연구 제5권, 충북대학교, 1993, 200~202면.

이 견해에 따르면 남북한의 분단은 법률상의 분단이 아니라 사실상의 분단이므로 대한민국의 주권 또는 헌법의 효력이 당연히 한반도 전체에 미치는 것이지만 남북분단의 현실적 상황에 의하여 북한 지역에 대한 효력이 사실상 제약당하고 있을 뿐이라는 것이다. 따라서 헌법 제3조는 대한민국의 영토를 법률상 회복하여야 할 통일의 책무를 부과하고 있는 규정이며, 제4조는 이러한 통일의 책무에 대한 기본적인 추진방식과 수단을 규정하고 있으므로 제3조와 제4조는 목적과 수단의 관계에 있는 것이다. 이와 같은 헌법해석은 북한의 이중적 지위를 바탕으로 남북한 관계의 특수성을 반영하고 있는 것이므로 북한의 법적 지위도 우리 헌법체제 내에서 통일적으로 조화를 이룬다고 한다.

이 견해에 대하여는, 건국헌법의 헌법제정권력자는 남한 주민에 한정되어 있었고, 대한민국이 북한 지역에 대하여 어떠한 실효성 있는 규범력을 행사한 적도 없으므로 헌법 제3조의 영토조항을 법규범적인 조항으로 해석하기는 곤란하다는 비판이 가능하다. 즉, 설사 건국헌법의 제정 당시에는 법적인 기속력을 인정할 수 있었다고 하더라도 50년 이상 진행되어 온 남북한 분단의 현실 속에서 이제는 더 이상 그 법적인 규범력을 인정하기가 힘들다는 것이다. 이러한 비판적 입장은 남북한 관계에 대하여 국제적으로는 북한이 국제사회에서 다수 국가로부터 국가승인을 받아 정당하게 활동하고 있으며, 1992년 이후 남북한이 동시에 UN에 가입하여 그 회원국으로서 적법하게 활동하고 있다는 것을 바탕으로 하고 있다. 국내적으로도 1972년 개정헌법 이래 현행헌법에 이르기까지 조국의 평화적 통일에 대한 사항이 헌법에 규정되어 왔으며, 남북정상회담이나 남북합의서의 체결 등 정부의 통일정책과 관련하여 북한의 체제를 인정하고 있다는 것을 근거로 하고 있다. 따라서 북한을 반국가단체 또는 불법단체로 볼 수밖에 없는 헌법 제3조의 규정은 더 이상 실효성 있는 규범으로 기능하기 곤란하다는 것이다.

헌법 제3조의 규범력과 관련하여 헌법 제3조에 대한 헌법개정을 통하여 헌법현실과 헌법 제4조의 모순·충돌을 해결하자는 논의가 있다. 헌법 제3조를 개정하여 영토조항을 우리 영토의 현실에 맞도록 군사분계선 이남으로 한정함으로써 북한 지역은 우리 영토에 속하지 않는다는 것을 명문으로 솔직히 인정하자는 견해가 있다.[54] 헌법 제3조를 "대한민국의 영토는 한반도와 그 부속도서로 한다. 다만 조국통일이 성립할 때까지 잠정적으로 대한민국의 영토적 관할권을 현재의 군사분계선 이남 지역으로 한정한다"고 개정하자는 것도 이와 동일한 입장이다.[55]

헌법개정에 관한 입법론으로서는 위와 같이 제3조의 단서에서 통일달성까지 한시적으로 영토적 관할권을 남한 지역으로 제한하는 방안 이외에도 북한에 대한 국가승인을 전제로 영토를 남한 지역에 한정하는 방안, 영토의 범위를 헌법에 직접 규정하지 않고 법률에 위임하는 방안, 제3조를 삭제하는 방안 등이 있으나, 후술하는 바와 같이 헌법 제3조의 규범적 의미에 비추어 이에 대한 헌법개정은 신중하게 결정해야 할 것이다.[56]

3) 판례의 입장

(1) 대법원 판결

대법원의 판결은 건국헌법부터 제4조의 평화통일 원칙을 규정한 현행헌법 이전과 현행헌법 이후를 나누어 검토할 필요가 있다. 현행헌법 제3조의 영토조항은 건국헌법부터 현재까지 내용의 변경없이 계속 유지되고 있으나 자유민주적 기본질서에 입각한 평화통일의 수립·추진의무를 부과한 헌법 제4조의 평화통일조항은 1987년 현행헌법에서 신설되었다. 따라서 헌법 제3조의 규범적 의미에 대하여 제4조가 신설되기 이전과

---

54) 홍성방, 헌법학, 현암사, 2002, 46면.

55) 배재식, "남북한의 유엔가입과 법적 문제", 한국통일정책연구논총 제2권, 한국통일정책연구회, 1993, 23면.

56) 제성호, 앞의 논문, 124～138면.

그 이후의 판결내용을 비교함으로써 제4조와의 관계를 보다 구체적으로 이해할 수 있기 때문이다.

현행헌법 이전의 대법원의 중요한 판결로는 "한반도 중 38선 이북인 괴뢰집단의 점령 지역도 헌법상 우리나라의 영토이고 헌법에 의거하여 제정·시행된 모든 법령의 효력이 당연히 미친다",[57] "북한 지역은 대한민국의 영토에 속하는 한반도의 일부를 이루는 것이므로 이 지역에는 대한민국 주권이 미칠 뿐 대한민국의 주권과 부딪히는 어떠한 주권의 정치도 법리상 인정될 수 없다",[58] "국가보안법은 헌법이 지향하는 조국의 평화적 통일과 자유민주적 기본질서를 부인하면서 공산계열인 북괴 등 불법집단이 우리나라를 적화변란하려는 활동을 봉쇄하고 국가의 안전과 국민의 자유를 확보하기 위하여 제정된 것이어서 헌법에 위반된다고 할 수 없다"[59]는 것을 들 수 있다.

이 시기의 대법원은 건국헌법에서 밝힌 헌법제정권력자의 의지에 바탕을 두고 이를 충실하게 반영하여 헌법 제3조의 법적 규범력을 철저하게 인정하였으며, 1972년 개정헌법에서 평화통일에 관한 규정을 신설한 이후에도 헌법 제3조의 법적 규범력을 그대로 인정한다는 전제 하에 북한의 법적 지위에 대하여 종전과 마찬가지로 반국가단체 또는 불법단체로 인정하였다. 나아가 국가의 안전을 위태롭게 하는 반국가활동을 규제함으로써 국가의 안전과 국민의 생존 및 자유를 확보함을 목적으로 하는 국가보안법에 대하여 합헌이라는 입장을 견지하고 있었다.

1987년 개정된 현행헌법에서 헌법 제4조의 평화통일조항을 신설한 이후의 중요한 대법원 판례로서는 헌법 제3조의 규범력 및 북한의 법적 지위와 관련하여 "북한은 6·25전쟁을 도발하여 남침을 감행하였고 휴전 이후에도 대한민국에 대하여 도발행위를 계속하고 있으며, 그 헌법과 형법에 적화통일의 의지를 드러내고 있을 뿐 아니라 막강한 군사력으로

---

57) 대법원 1954.9.28. 대판4286.
58) 대법원 1961.9.28. 대판4292행상48.
59) 대법원 1987.7.21. 87도1081.

대한민국과 대치하면서 대한민국의 자유민주적 기본체제를 전복할 것을
완전히 포기하였다는 명백한 징후를 보이지 않고 있어 우리의 자유민주
적 기본질서에 대한 위협이 되고 있음이 분명한 상황에서 대한민국의
헌법과 남북교류협력에관한법률이 평화통일 원칙을 선언하고 제한적인
남북교류를 규정하고 있다거나 우리 정부가 북한 당국자의 명칭을 쓰면
서 남북국회회담과 총리회담을 병행하고 정상회담을 도모하며 유엔 동
시가입을 추진하는 등을 한다고 하여 북한이 국가보안법상 반국가단체
가 아니라고 할 수 없다",60) "북한집단은 자유민주적 기본체제를 전복할
것을 완전히 포기하였다는 명백한 징후를 보이지 않고 있고 그들 내부
에서의 민주적 변화도 없는 상태에서 대한민국에 대한 무력도발과 각종
선전, 선동 및 이른바 통일전선전술에 의하여 대한민국의 자유민주체제
의 붕괴를 지속적으로 획책하고 있으므로 국가보안법의 보호법익인 국
가의 존립, 안전과 자유민주적 기본질서에 대한 최대의 현실적 위해집단
으로서 반국가단체이고 북한을 반국가단체로 본다고 하여 헌법상 평화
통일의 원칙에 배치된다고 할 수 없다",61) "우리 헌법이 영토조항을 두
고 있는 이상 대한민국의 헌법은 북한 지역을 포함한 한반도 전체에 그
효력이 미치고 따라서 북한 지역은 당연히 대한민국의 영토가 되므로
북한을 외국환관리법 소정의 '외국'으로, 북한의 주민 또는 법인 등을
'비거주자'로 바로 인정하기는 어렵지만, 개별 법률의 적용 내지 준용에
있어서는 남북한의 특수관계적 성격을 고려하여 북한 지역을 외국에 준
하는 지역으로, 북한 주민 등을 외국인에 준하는 지위에 있는 자로 규정
할 수 있다. 외국환거래의 일방 당사자가 북한의 주민일 경우 그는 이
사건 법률조항의 '거주자' 또는 '비거주자'가 아니라 남북교류협력에관
한법률의 '북한의 주민'에 해당하는 것이다. 그러므로 당해 사건에서 아
태위원회가 법 제15조 제3항에서 말하는 '거주자'나 '비거주자'에 해당

---

60) 대법원 1991.4.23. 91도212.
61) 대법원 1993.10.8. 93도1951.

하는지 또는 남북교류협력에관한법률상 '북한의 주민'에 해당하는지 여부는 위에서 본 바와 같은 법률해석의 문제에 불과한 것이고 헌법 제3조의 영토조항과는 관련이 없는 것이다"[62]는 것을 들 수 있다.

대법원은 헌법 제4조와 관련하여 그 법적 성격과 헌법 제3조와의 관계에 대하여 "우리 헌법이 전문과 제4조, 제5조에서 천명한 국제평화주의와 평화통일의 원칙은 자유민주적 기본질서라는 우리 헌법의 대전제를 해치지 않는 것을 전제로 하는 것이다",[63] "국가의 안전을 위태롭게 하는 반국가활동을 규제함으로써 국가의 안전과 국민의 생존 및 자유를 확보함을 목적으로 하는 국가보안법이 헌법에 위배되는 법률이라거나 사회정의에 반하는 악법이라고 할 수 없고, 이러한 원리는 우리 헌법이 전문과 제4조, 제5조에서 국제평화주의와 평화통일의 원칙을 천명하고 있고, 남북한이 UN에 동시가입함으로써 북한이 국제사회에서 하나의 주권국가로 승인을 받았으며 남한과 북한 사이의 상호교류와 협력을 촉진하기 위하여 남북교류협력에관한법률이 시행되고 있다고 할지라도 달라지지 않는다",[64] "비록 남북 사이에 정상회담이 개최되고 그 결과로서 공동선언이 발표되는 등 평화와 화해를 위한 획기적인 전기가 마련되고 있다 하더라도 그에 따라 남북관계가 더욱 진전되어 남북 사이에 화해와 평화적 공존의 구도가 정착됨으로써 앞으로 북한의 반국가단체성이 소멸되는 것은 별론으로 하고, 지금의 현실로는 북한이 여전히 우리나라와 대치하면서 우리나라의 자유민주주의체제를 전복하고자 하는 적화통일노선을 완전히 포기하였다는 명백한 징후를 보이지 않고 있는 이상 북한은 조국의 평화적 통일을 위한 대화와 협력의 동반자임과 동시에 적화통일노선을 고수하면서 우리의 자유민주주의체제를 전복하고자 획책하는 반국가단체라는 성격도 아울러 가지고 있다고 보아야 하고 남북정상회담의 성사 등으로 북한의 반국가단체성이 소멸하였다고 볼 수는

---

62) 대법원 2004.11.12. 2004도4044.
63) 대법원 1997.7.16. 97도985.
64) 대법원 1999.10.8. 99도2437.

없다"[65]고 각각 판시하였다.

이 시기의 대법원은 남북한의 UN 동시가입, 남북기본합의서의 체결, 남북교류협력에관한법률의 제정·시행, 6·15남북공동선언, 2002년 이후 이른바 '4개 경협합의서' 등을 비롯한 남북합의서의 체결과 발효 등을 통하여 남한이 북한을 평화통일을 위한 대화와 협력의 당사자로 인정하고 있는 통일정책을 수행하고 있음에도 불구하고 북한은 헌법상 불법단체로서의 지위를 갖는 것에는 아무런 변화가 없다는 입장을 유지하고 있다.[66]

(2) 헌법재판소 결정

헌법재판소는 현행헌법에 의하여 비로소 헌법기관으로 구성되어 설치되었으므로 현행헌법 제4조의 평화통일조항이 규정되기 이전에는 헌법 제3조와 평화통일에 대한 결정이 있을 수 없었다. 헌법재판제도로는 1948년 제헌헌법의 헌법위원회, 1960년 개정헌법의 헌법재판소, 1972년 개정헌법과 1980년 개정헌법의 헌법위원회가 헌법기구로 설치된 적이 있었으나 실제의 헌법재판은 활성화되지 못하였으며, 이들 헌법재판기관이 헌법 제3조의 영토조항 또는 평화통일에 대하여 헌법재판을 통하여 결정한 사례는 전무하였다.

헌법재판소는 북한의 법적 지위와 관련하여 남북교류협력에관한법률 및 국가보안법에 대한 위헌소원사건에서 "현 단계에 있어서의 북한은 조국의 평화적 통일을 위한 대화와 협력의 동반자임과 동시에 대남적화노선을 고수하면서 우리 자유민주체제의 전복을 획책하고 있는 반국가단체라는 성격도 함께 갖고 있음이 엄연한 현실인 점에 비추어 헌법 제4조가 천명하는 자유민주적 기본질서에 입각한 평화적 통일을 수립하고 이를 추진하는 한편, 국가의 안전을 위태롭게 하는 반국가활동을 규제하

---

65) 대법원 2003.5.13. 2003도604.

66) 대법원 1986.10.28. 86도1784 ; 1993.2.9. 92도1815 ; 1999.12.28. 99도4027 ;
   2003.5.13. 03도 604 ; 2004.8.30. 2004도3212.

기 위한 법적 장치로 전자를 위하여는 남북교류협력에관한법률 등의 시
행으로써 이에 대처하고 후자를 위하여는 국가보안법의 시행으로써 이
에 대처하고 있는 것이다. … 이와 같이 국가보안법과 남북교류협력에관
한법률은 상호 그 입법목적과 규제대상을 달리하고 있다”고 판시하여
북한을 평화통일을 위한 대화와 협력의 일방 당사자임과 동시에 반국가
단체로 인정하였다.[67] 또한, 국가보안법에 대한 위헌소원사건 등에서
“비록 남북한이 유엔에 동시에 가입하였다고 하더라도 이는 유엔헌장이
라는 다자조약에의 가입을 의미하는 것으로서 유엔헌장 제4조 제1항의
해석상 신규 가맹국이 유엔이라는 국제기구에 의하여 국가로 승인받는
효과가 발생하는 것은 별론으로 하고, 그것만으로 곧 다른 가맹국과의
관계에 있어서도 당연히 상호 간에 국가승인이 있었다고는 볼 수 없다
는 것이 현실 국제정치상의 관례이고 국제법상의 통설적인 입장이다. 소
위 남북합의서는 남북관계를 나라와 나라 사이의 관계가 아닌 통일을
지향하는 과정에서 잠정적으로 형성되는 특수관계임을 전제로 하여 이
루어진 합의문서인바, 이는 한민족공동체 내부의 특수관계를 바탕으로
한 당국 간의 합의로서 남북당국의 성의있는 이행을 상호 약속하는 일
종의 공동성명 또는 신사협정에 준하는 성격을 가짐에 불과하다. 따라서
남북합의서의 채택·발효 후에도 북한이 여전히 적화통일의 목표를 버
리지 않고 각종 도발을 자행하고 있으며 남북한의 정치·군사적 대결이
나 긴장관계가 조금도 해소되지 않고 있음이 엄연한 현실인 이상 북한
의 반국가단체성이나 국가보안법의 필요성에 관하여는 아무런 상황변화
가 있었다고 볼 수 없다. 그러므로 국가의 존립·안전과 국민의 생존 및
자유를 수호하기 위하여 국가보안법의 해석·적용상 북한을 반국가단체
로 보고 이에 동조하는 반국가활동을 규제하는 것 자체가 헌법이 규정
하는 국제평화주의나 평화통일의 원칙에 위반된다고 할 수 없다”,[68] “헌
법상 통일관련 규정들은 통일의 달성이 우리의 국민적·국가적 과제요

---

67) 헌법재판소 1993.7.29. 92헌바48.
68) 헌법재판소 1997.1.16. 92헌바6·26 및 93헌바34·35.

사명임을 천명하고 있는 것이다. 따라서 우리 헌법에서 지향하는 통일은 대한민국의 존립과 안전을 부정하는 것이 아니고, 또 자유민주적 기본질서에 위해를 주는 것이 아니라 그것에 바탕을 둔 통일인 것이다. … 남북교류협력에관한법률은 앞서 본 바와 같이 기본적으로 북한을 평화적 통일을 위한 대화와 협력의 동반자로 인정하면서 남북대결을 지양하고 자유왕래를 위한 문호개방의 단계로 나아가기 위하여 종전에 원칙적으로 금지되었던 대북한 접촉을 허용하며, 이를 법률적으로 지원하기 위하여 제정된 것으로서 그 입법목적은 평화적 통일을 지향하는 헌법의 제반규정에 부합하는 것이다. … 그 적용범위 내에서 국가보안법의 적용이 배제된다는 점에서 이 법은 평화적 통일을 지향하기 위한 기본법으로서의 성격을 갖고 있다고 할 수 있다",[69] "1998년 금강산관광을 통한 남북교류협력이 시작된 이후 2000년 베를린선언을 통한 남북 간 화해협력 분위기가 크게 조성되고 이에 따라 남북한 정상 간의 만남, 대북사업의 활성화 등이 이루어지고 있는 등 최근 남북한 관계가 기왕의 대결적 냉전구도를 허물고 화해협력의 기조로 대폭 개선되고 있는 점은 인정되나 이러한 사정만으로 곧 그 결정을 변경할 만한 특수한 사정변경이 있다고 단정하기는 어렵다"[70]고 각각 판시하였다. 그리고 북한의 반국가단체로서의 지위를 그대로 인정하면서 "우리 헌법이 영토조항을 두고 있는 이상 대한민국의 헌법은 북한 지역을 포함한 한반도 전체에 그 효력이 미치고, 따라서 북한 지역은 당연히 대한민국의 영토가 되므로 북한을 외국환관리법 소정의 '외국'으로, 북한의 주민 또는 법인 등을 '비거주자'로 바로 인정하기는 어렵지만, 개별 법률의 적용 내지 준용에 있어서는 남북한의 특수관계적 성격을 고려하여 북한 지역을 외국에 준하는 지역으로, 북한 주민 등을 외국인에 준하는 지위에 있는 자로 규정할 수 있다"고 판시한 대법원의 입장을 그대로 유지하고 있다.[71]

---

69) 헌법재판소 2000.7.20. 98헌바63.
70) 헌법재판소 2003.5.15. 2000헌마66.
71) 헌법재판소 2005.6.30. 2005헌바114.

(3) 분석과 평가

대법원은 헌법 제3조의 영토조항에 대하여는 건국헌법에서뿐만 아니라 평화통일조항이 신설된 현행헌법에 이르기까지 일관되게 이를 정치선언적인 규정이 아니라 헌법제정권력자의 의지가 규범화된 것으로서 법적인 효력을 지니는 규범적 규정으로 이해하고 있다. 제4조의 통일조항과의 규범조화적 관계에도 불구하고 북한의 지위에 대하여도 북한의 국가성을 부인하고 제3조의 규범력에 더하여 자유민주적 기본질서의 수호라는 헌법 원칙에 비추어 북한은 반국가단체 또는 불법단체에 불과하다는 것이다. 나아가 국가의 안전과 국민의 자유를 확보함을 목적으로 하는 국가보안법이 합헌이라는 입장을 일관되게 유지하고 있다. 특히, 헌법 제4조에 따라 남북교류협력에관한법률 등이 제정되고 6·15남북공동선언을 비롯한 각종 남북합의서가 체결됨으로써 남북교류협력이 활발하게 추진되고, 국제법적으로도 남북한이 동시에 UN에 가입하여 국제사회에서 함께 활동하는 등 남북한 관계에 변화와 개선이 이루어지고 있음에도 대법원은 종전과 동일한 입장을 유지하고 있다.

이는 제3조를 헌법본질적인 가치규범으로 인식하고 제4조의 평화통일의 원칙은 헌법의 본질적인 가치인 자유민주적 기본질서에 위배되지 아니하는 범위 내에서 수행되어야 할 뿐만 아니라 국가의 안전과 국민의 자유보장이라는 헌법적 가치를 준수하면서 이루어져야 한다는 규범적 한계를 가진다는 것을 확인한 것이다. 1990년대 이후 남북교류협력의 확대와 국제정세의 변화에 따라 북한의 지위와 남북한 관계가 변화되었다고 하더라도 이는 통일정책의 수행과정에서 발생하는 사실상의 문제에 불과하며 법규범적으로는 여전히 북한이 헌법상 불법단체로서의 지위를 갖는 것에는 아무런 변화가 없다는 입장을 유지하고 있는 것으로 해석된다. 이에 따라 대법원은 법논리적으로 헌법에 의하여 제정·시행된 모든 법령의 효력이 북한 지역에도 당연히 미치고 대한민국의 주권과 부딪히는 어떠한 정치체제도 법리상 인정될 수 없다는 입장을 유지하고 있는 것이다.

대법원은 북한의 법적 지위에 대하여 북한을 반국가단체 또는 불법단체로 보는 근거로 헌법 제3조만을 제시하는 것이 아니라 그 이외에도 '국가의 안전과 국민의 자유', '자유민주적 기본체제의 수호', '국가의 존립·안전과 자유민주적 기본질서의 수호' 등 헌법이념 또는 가치를 함께 제시하고 있는 것이 특징이다. 이에 대하여는 헌법 제3조의 규범력만으로는 북한의 법적 지위를 인정하기에 부족하다는 것을 의미하므로 그 규범력이 약화되는 쪽으로 변화하고 있다는 분석이 가능하다. 즉, 영토조항이 건국헌법에서 규정될 당시에는 그 규범력이 강력하였으나 1972년 개정헌법에서 조국의 평화통일에 관한 규정을 신설한 이후 남북한 관계의 진전과 국제정세의 급격한 변화에 따라 그 규범력이 약화된 것을 의미하는 것이라고 평가할 수 있다는 것이다.

이러한 평가에 대하여는 대법원이 헌법 제4조에 대한 해석에 있어서 법리적인 측면에서의 제한적·본질적 가치를 정확히 이해할 것을 강조하여 북한의 경우 법리적·본질적 측면에서 반국가단체 내지 불법단체로 인정될 수밖에 없으며, 대화와 협력의 일방 당사자에 대한 지위규정은 사실적·정책적인 측면에서 조망한 것에 불과하므로 법리적인 판단에는 아무런 영향을 미치지 않는다는 반론이 있다.[72] 즉, 대법원은 헌법을 구성하고 있는 다양한 헌법조문들이 상호 불가분의 밀접한 관련성을 가지고 전체로서의 통합적인 헌법을 이루고 있다는 전제하에 헌법상의 개별규정들이 가지는 규범성을 적극적으로 인정하고 이를 강화하는 방향으로 해석하려고 노력하고 있다는 것이다. 이러한 점에서 대법원은 국가의 최고규범으로서의 헌법의 본질적 가치를 보장할 수 있도록 하는 합리적이고 타당한 헌법해석의 방향을 제시하고 있다는 것이다.

---

72) 이상훈·금창섭, 앞의 논문, 314~316면.

또한, 대법원에 대하여 냉전주의적 이분법적 현실인식에 근거한 비역사적이고 보수적인 판결이라는 비판이 제기될 수 있다. 그러나 법리에 대한 엄격하고 정확한 인식을 기초로 한 현실인식만이 현실의 과제를 합리적이고 진보적인 방향으로 유도하여 나갈 수 있을 뿐만 아니라 국가의 존립이나 안전 및 국민의 자유와 권리를 실질적으로 보장하고 확보할 수 있다는 점에서 대법원의 일관된 태도는 원칙과 상식이 부당하게 평가받고 있는 현실에서 우리에게 시사하는 바가 크다는 반론도 동일한 취지라고 판단된다.[73]

이러한 대법원의 입장은 북한 지역에 대하여도 우리 헌법과 법률이 그대로 적용된다고 판시하고 있는 1990년 '출판금지처분무효확인사건'과 1996년 '강제퇴거명령처분무효확인사건'에서도 잘 나타나 있다. 대법원은 "저작권법의 효력은 대한민국 헌법 제3조에 의하여 여전히 대한민국의 주권범위 내에 있는 북한 지역에 미치는 것이므로",[74] "북한 지역 역시 대한민국의 영토에 속하는 한반도의 일부를 이루는 것이어서 대한민국의 주권이 미칠 뿐이고, 대한민국의 주권과 부딪치는 어떠한 국가단체나 주권을 법리상 인정할 수 없는 점에 비추어 볼 때, 북한 주민이 대한민국 국적을 취득하고 이를 유지함에 있어 아무런 영향을 끼칠 수 없다"고 판시하였다.[75]

대법원은 헌법 제3조의 영토조항의 법적 효력에 대하여 일관되게 그 법규성을 인정하고 있으며, 제3조와 헌법 제4조와의 관계에 대하여 이는 서로 모순되는 것이 아니라 상호 조화로운 해석을 통하여 양립할 수 있는 것이라는 입장을 유지하고 있다. 헌법 제4조에 대하여는 자유민주적 기본질서, 국가의 안전, 국민의 생존과 자유라는 헌법의 기본가치를 전제로 하고 있으므로 헌법 제3조가 평화통일정책을 추진하는 정당성의 근거이자 한계를 의미하는 것으로 해석하고 있다. 이와 함께 북한에 대하여는

---

73) 이상훈·금창섭, 앞의 논문, 316~318면.
74) 대법원 1990.9.28. 89누6396.
75) 대법원 1996.11.12. 96누1221.

반국가단체 또는 불법단체로서의 지위와 함께 평화통일을 위한 동반자로서의 지위를 인정하여 그 이중적 지위를 명확히 확인하고 있다.

대법원의 입장에 대하여는 헌법규정의 규범력을 실효적으로 강화하는 방향으로 해석하는 것에 대하여는 공감하지만 우리 헌법 원칙에 부합하는 규범체계로서 구체적인 사안에 적용할 수 있는 체계적인 법이론을 논리적으로 제시하지 못하고 있다는 비판이 가능하다. 즉, 헌법 제3조의 규범력과 관련하여 형식적이고 냉전주의적 사고의 틀을 벗어나 남북교류협력의 과정에서 발생하는 다양한 법률적 쟁점들을 해결할 수 있는 구체적인 규범적 기준을 제시하지 못하고 있다는 것이다. 다만, 최근 대법원이 남북교류협력의 범위에서 북한 주민의 법적 지위를 헌법 제3조로부터 직접 도출하는 것을 자제하고 있는 입장을 보인 것은 헌법 제3조를 북한의 반국가단체 또는 불법단체의 헌법적 근거로만 인식하는 냉전주의적 사고에서 벗어나는 모습을 보여주고 있는 것이라고 평가할 수 있다.

헌법재판소는 헌법 제3조에 대하여 기본적으로 그 규범력을 인정하여 북한을 반국가단체 또는 불법단체로서 인정하고 있으며, 평화통일정책의 수립·추진을 위해서는 자유민주적 기본질서를 저해하지 아니하는 범위 안에서 북한을 대화와 협력의 일방 당사자로 인정할 수밖에 없다는 인식을 바탕으로 북한을 평화통일을 위한 대화와 협력의 당사자로 인정하는 근거로 헌법 제4조를 제시하고 있다. 이는 남북한 관계의 독특한 이중적 지위를 법리적으로 반영한 것으로 남북교류협력에관한법률에 대한 합헌성의 근거를 제시하는 동시에 북한과의 교류협력정책에 대하여 헌법적 정당성을 부여하였다는 점에서 큰 의의가 있다. 즉, 종래에는 반국가단체인 북한과의 각종 교류협력정책을 대통령의 통치행위라는 비법치주의적 이론으로 설명하였으나 이제는 북한의 법적 지위를 헌법적 차원에서 적극적으로 해석하여 정부의 통일정책을 법치주의적 영역으로 수용함으로써 보다 안정적으로 통일정책을 수행할 수 있는 법제도적 기반을 마련하였다는 것이다.

그러나 북한을 반국가단체 또는 불법단체로 인정하는 법적 근거로서는 "국가의 안전과 국민의 자유보장, 자유민주적 기본질서의 유지라는 헌법적 가치를 위협하고 있는 객관적 실체라는 점"을 제시하고 있을 뿐, 헌법 제3조의 영토조항을 제시하지 않고 있는 것이 특징이다.

헌법재판소의 입장에 대하여는 헌법 제4조를 통하여 통일과 남북한 관계를 헌법적 차원에서 법치주의 영역으로 적극 수용함으로써 남북한의 특수한 현실을 적절히 반영하였다는 긍정적인 측면이 있으나 헌법 제3조와 제4조의 규범체계적 관계에 대하여는 법리적인 판단을 회피하였다는 비판이 가능하다. 헌법재판소의 결정에는 헌법 제3조에 대한 사회적·법리적 논란을 피해가기 위한 고도의 정책적·상황적 판단이 개입되었다고 평가하는 입장도 있다.[76] 헌법 제3조의 규범적 효력은 정부의 통일정책은 물론 남북한 관계와 관련된 법집행이나 법해석에 있어서 기본적인 기준과 지침을 제공하므로 이에 대한 분명한 입장을 밝혀야 할 것이다. 헌법에 대한 최종적인 판단권자인 헌법재판소는 헌법 제3조와 제4조의 규범적 의미를 명확하게 선언하여야 한다. 특히, 북한의 이중적 지위에 대하여도 반국가단체로서의 지위와 평화통일을 위한 교류협력의 당사자로서의 지위를 동등한 차원에서 인정하는 것인지 여부 등에 대한 논란이 계속되고 있다. 남북한 관계를 법치주의 원칙에 따라 규율하기 위해서도 남북교류협력에 관한 규범체계를 정립하는 기준을 제시하여야 할 것이다.

결론적으로, 대법원과 헌법재판소는 헌법 제3조와 제4조의 규범적 효력, 북한의 지위에 관하여 법리적 접근방식과 강조하는 부분을 다소 달리하고 있으나 기본적으로는 헌법 제3조의 규범력을 인정한다는 전제 하에 헌법 제4조와의 규범조화적 해석을 통해 북한의 이중적 지위를 인정하고 있다. 다만, 대법원과 헌법재판소는 북한의 반국가단체성 또는 불법단체로서의 지위를 인정하는 근거로서 공통적으로 "북한이 여전히 적화통일

---

76) 이상훈, 앞의 논문, 73~75면.

의 목표를 버리지 않고 자유민주주의체제를 전복할 것을 완전히 포기하였다는 명백한 징후를 보이지 않고 있는 엄연한 현실"을 제시하고 있다. 이는 남북한 관계의 진전에 따라 북한이 적화통일의 목표를 버리고 자유민주주의체제를 전복할 것을 완전히 포기하였다는 것이 명백하게 되었다면 더 이상 반국가단체 또는 불법단체가 아니라는 것을 의미한다.

대법원은 "남북관계가 더욱 진전되어 남북사이의 화해와 평화적 공존의 구도가 정착됨으로써 앞으로 북한의 반국가단체성이 소멸되는 것은 별론으로 하고"라고 판시하고 있고,[77] 하급심도 북한 당국에 대하여 저작권의 주체가 될 수 있다고 인정하면서 "비록 북한이 우리 헌법상 정당성이 인정되는 정치적 실체가 아니라 불법단체에 불과하다 하더라도 1992년 2월 19일 발효된 남북기본합의서 제23조에 의거한 부속합의서 제9조 제5항에서 "남과 북은 쌍방이 합의하여 정한 데 따라 상대측의 각종 저작물에 대한 권리를 보호하기 위한 조치를 취한다"고 규정한 기본정신과 부합한다"고 판시하여 이러한 해석을 뒷받침하고 있다.[78] 이는 헌법 제3조로부터 북한의 반국가단체성이 당연히 도출되는 것은 아니라는 것을 의미한다.

특히, 헌법재판소가 북한의 반국가단체성의 근거로 헌법 제3조를 제시하지 않고 있어 헌법 제3조의 현실적인 규범력의 정도는 제4조와의 관계에서 상대적인 것으로 확정적이고 고정적인 것이 아니라 남북한의 헌법가치의 근본적인 변화, 남북교류협력의 확대와 발전양상, 국제사회에서의 남북한 지위의 변화 등에 따라서 유동적이고 가변적인 것이 될 수 있다는 것을 인정하고 있는 것으로 평가할 수 있다.

---

77) 대법원 2003.5.13. 2003도604.
78) 서울고법 1999.10.12. 고지99라130.

4) 헌법 제3조의 규범적 의미

헌법 제3조와 제4조는 헌법규정의 모순·충돌에 해당한다고 할 수 있다. 헌법규범의 모순·충돌을 해결하는 방안으로서는 우선 헌법의 통일적·규범조화적 해석을 통하여 해결하고, 그 다음으로 헌법의 의미와 내용에 있어서의 실질적인 변화를 찾는 헌법변천의 방법을 동원하고, 마지막으로 헌법개정을 통하여 해결하는 것이 헌법의 규범력을 제고하는 바람직한 방향이라고 할 것이다. 따라서 헌법 제3조의 규범적 의미는 헌법규정을 통일적·규범조화적으로 해석함으로써 규명할 수 있다. 이때 헌법해석의 일반 원칙에 따라서 헌법은 다양한 이해관계의 갈등과 대립을 바탕으로 상호 공존을 위한 타협의 결과 성립된 것으로 완전무결한 것이 아니라는 것과 헌법의 특성으로서 개방성, 미완성성, 역사성, 이념성, 통일된 가치체계, 헌법규범 간 부조화현상과 상반구조적 입법기술 등에 대한 특별한 고려가 필요하다.

헌법 제3조와 제4조와의 관계를 분석하는 틀로서는 다음과 같은 헌법해석 원칙을 들 수 있다. 첫째, 헌법은 전문 및 각 개별조항 사이에 상호 관련성이 없는 단순한 결합에 지나지 않는 것이 아니고 상호 밀접한 관련성을 가지는 전체적·통일적인 가치체계로 이해하여야 한다. 둘째, 헌법의 각 조항은 고유한 의미와 효과를 갖도록 해석해야 한다는 '실효성의 원칙(principle of effectiveness)'에 따라 가급적 그 효력을 인정하는 방향으로 해석해야 한다. 셋째, 헌법현실에 우선적 효력을 부여하여 이를 근거로 하여 헌법의 규범성을 형해화하거나 약화시킬 수는 없다. 넷째, 해석방법에 있어서 일차적으로 문리해석과 그에 따른 논리적 해석에 충실해야 하되 헌법규범 사이에 모순이 있는 경우에는 이를 개별적이고 독자적인 것으로 해석할 것이 아니라 헌법해석을 통하여 규범조화적으로 해결할 수 있는 방법이 있으면 이에 따라 통일적이며 실천조화적으로 이해하여야 한다. 다섯째, 국가사회를 정치적 일원체로 조직화하기 위한 헌법의 기능과 사회안정적 요인을 고려해야 한다.

헌법 제3조의 규범적 의미를 규명하기 위해서는 헌법의 역사적·이념적 관점에서 제3조와 제4조의 제정과정을 검토하는 것이 중요한 의미를 가진다. 헌법은 사회공동체가 국민적 합의를 바탕으로 정치적 일원체로 조직되어야 할 역사적 상황 속에서 성립되는 것으로 그 역사성이란 결코 퇴영적인 역사성일 수가 없고 시대의 변천이나 역사의 발전을 포용할 수 있는 진보적이고 발전적인 역사성을 의미하기 때문이다. 따라서 헌법 제3조와 제4조가 제정된 구체적인 역사적 상황 속에서 그 규범의 현실을 파악하는 한편, 시간을 초월하여 '살아있는 역사'로서 국가질서와 가치질서를 통합적으로 형성하는 개방적이고 동태적인 법해석이 중요한 것이다.[79]

건국헌법의 영토조항은 헌법제정권력자가 우리 헌법의 북한 지역에 대한 현실적인 한계를 인식하지 못한 상태에서 규정된 것이 아니라 당시 한반도의 복잡하고 다양한 국내외적 시대상황을 정확히 반영하여 이를 규범화한 것이다. 즉, 우리의 영토범위를 법적으로 명확히 규정함으로써 국가의 독립성과 정체성을 확립하는 한편, 무력에 의한 영토확장의 사가 없음을 대외적으로 선언하여 국제평화주의를 천명한 것이다. 1987년 현행헌법에서 신설된 제4조의 통일조항은 그 당시 역사적 현실에서 통일문제를 합리적으로 해결하고 통일정책에 대한 법적 토대를 마련하기 위하여 국민의 주권적 합의에 따라서 헌법에 수용하게 된 것이다. 즉, 6·25전쟁을 거치면서 남북한 분단상황이 구조적으로 장기화·안정화됨에 따라 통일문제를 장기적·규범적 과제로 인식하게 되었으며, 이것이 헌법규정에 반영된 것이다.

헌법 제4조의 신설에 대하여는 통일문제가 헌법에 규정되게 된 역사적 배경과 시대적 현실은 통일문제의 헌법적 수용을 초래한 상황적 요

---

79) 허영, 앞의 책, 32면 ; 이상훈, 앞의 논문, 75~76면.

인에 불과하므로 이는 통일문제에 대한 헌법적 근거와는 구분되어야 한다는 입장이 있다.[80] 통일문제에 대한 헌법적 근거는 통일에 관한 조항이 헌법에 규정되기 이전이나 이후에도 대한민국의 주권이 전 한반도에 미치고 있다는 영토조항임에는 아무런 변동이 없다는 것이다. 그러나 헌법 제4조가 제3조의 규범력에 영향을 미치지 않는다는 의미로 해석할 수는 있으나 통일과 남북한 관계에 대한 헌법적 근거로 작용하는 것을 부인할 수는 없을 것이다.

헌법 제3조의 제정과정과 통일적·규범조화적 해석 원칙에 따를 경우 헌법 제3조는 역사적 측면에서나 규범적 측면에서 통일문제의 본질을 규정하고 있으며, 통일문제는 제3조와 불가분의 관계를 가진다고 하겠다. 헌법 제3조는 통일문제에 관한 핵심적 규정으로서 현실적으로 규범력을 가지며 대한민국의 영토를 법률상 회복하여야 할 책무를 부과하고 있는 목적적이고 가치적인 규정이며, 평화통일이 실현되었을 경우에 성립하는 통일국가의 최종적인 영토의 범위를 설정한 것으로 해석된다. 이 규정에 대하여 현실적 규범력을 인정함으로써 북한 주민에게 대한민국 국적을 당연히 인정할 수 있고, 그들의 인권을 보호하기 위하여 대한민국이 개입할 수 있는 근거를 확보할 수 있다. 남북한 물자교역도 민족내부거래로 인정하여 대북한 특혜조치를 가능하게 할 뿐만 아니라, 나아가 북한의 체제전환 또는 급변사태로 인한 통일과정에서 대한민국이 북한 지역에 대하여 주권과 통치권을 행사할 수 있는 헌법적 근거를 확보할 수 있는 현실적인 기능을 가지게 된다.[81] 이러한 의미에서 헌법 제3조는 통일에 장애가 되는 것이 아니라 오히려 통일을 국가적 책무로 규정하고, 평화통일의 정당성과 당위성을 부여하는 근거규정이 되는 것이다.[82]

헌법 제3조의 규범적 의미에 있어서 헌법 제3조에 의하여 북한이 법리적으로 당연히 반국가단체로 인정되는지에 대하여는 신중한 접근이

---

80) 이상훈, 앞의 논문, 79면.
81) 성낙인, 앞의 책, 196면.
82) 제성호, 앞의 논문, 138면.

필요하다. 즉, 헌법 제3조에 따르면 북한은 대한민국 영토의 일부분인 북한 지역에 대하여 현실적·실효적으로 통치권을 행사하고 있는 사실상의 정부로서 실체를 가진다는 것이 규범적으로 도출될 뿐 법리적으로 당연히 국가보안법이 규정하는 반국가단체라는 규범적 의미가 직접적으로 도출되는 것은 아니라고 하겠다.

북한이 대한민국 헌법에 위반하여 존재한다는 의미에서 반헌법적 또는 불법단체로서의 성격을 가진다는 점은 헌법 제3조로부터 직접 도출될 수 있을 것이다. 그러나 그에 대한 객관적이고 명확한 규범적 의미는 헌법 제4조와의 통일적·규범조화적 해석을 통하여 보다 명확하게 규명되어야 한다. 법체계상 최고법규로서 모든 법률의 제정과 해석의 근거이자 기준이 되는 헌법으로부터 헌법에 따라서 제정된 하위 법률인 국가보안법에서 규정하는 반국가단체성을 직접 도출하는 것은 헌법의 객관적·체계적 해석 원칙에도 부합하지 않는 것이다. 따라서 북한이 반국가단체라는 것은 국가보안법 제2조 제1항에 따라서 북한의 이념·체제·활동이 대한민국의 존립과 안전에 위해가 된다는 점 등 북한의 규범적 성격에 의하여 결정되는 것이라고 파악하는 것이 타당하다. 국가보안법 제2조 제1항은 "이 법에서 '반국가단체'라 함은 정부를 참칭하거나 국가를 변란할 것을 목적으로 하는 국내외의 결사 또는 집단으로서 지휘통솔체제를 갖춘 단체를 말한다"고 규정하고 있다. 이 규정을 문언대로 해석할 경우에는 정부를 참칭하는 것만으로도 반국가단체에 해당할 것이나 대법원과 헌법재판소는 북한의 대남적화통일노선 등 그 요건을 보다 엄격히 해석하여 반국가단체로 인정하고 있는 것이다.

이러한 의미에서 최근 대법원과 헌법재판소가 북한에 대하여 반국가단체로서의 지위를 인정하면서 그 근거에 대하여 헌법 제3조와의 직접적이고 필연적인 관련성을 인정하지 않으려는 입장은 북한의 지위에 대한 합리적인 이해와 헌법에 대한 통일적이고 규범조화적인 해석을 위한 노력으로 판단된다. 요컨대, 헌법 제3조에 의하더라도 북한의 실체를 사실상 인정할 수 없는 것은 아니지만 북한이 규범적인 의미에서 반국가단체라는 것은 헌법 제3조에서 직접적으로 도출할 수 있는 것이 아니라 국가보안법을 통하여 간접적으로 도출되는 것이다. 이에 따라 국가보안법에 대한 헌법적 근거도 헌법 제3조에서만 찾을 것이 아니라 기본권의 제한과 한계에 관한 규정인 헌법 제37조 제2항에서도 그 근거를 찾을 수가 있을 것이다.

한편, 헌법 제3조의 영토조항에 대한 해석론으로 '구한말 영토의 승계 논리', '미수복 지역 논리', '반국가단체 지배 지역 논리', '한반도 유일합법정부론' 등을 내세워 북한 지역을 현실적으로 한국의 영토로 간주하는 입장을 '냉전주의적 해석론'으로 보아 이를 비판하면서 오늘날 변화된 남북한 관계를 고려하여 '탈냉전주의적 해석론'에 바탕을 둔 통일지향적 해석론을 주장하는 견해가 있다.[83] 헌법 제3조의 가치는 북한의 법적 지위를 부정할 수 있는 헌법적 근거가 아니라 평화통일이 실현된 상태인 통일한국의 영토의 범위를 천명한 선언적인 의미를 가지는 것이며, 국가보안법의 헌법적 근거도 헌법 제37조 제2항에서 찾아야 한다는 것이다. 이러한 견해는 헌법규범의 해석 원칙에 따라 헌법 제3조의 규범적 의미를 합리적으로 정확하게 이해하고, 남북한 관계의 발전적 변화에 대응할 수 있는 규범적 기준을 제시하고 있다고 판단된다. 그러나 헌법 제3조가 사실상 북한의 실체를 인정하고 제4조와의 통일적 · 체계적 해석에 따라 북한과 평화통일을 위한 교류협력을 추진하는 것을 허용하고 있으나, 북한을 헌법규범적으로 인정하지 않는다는 의미에서 그 규범적 효력을 부인하기는 어렵다고 하겠다.

5) 헌법 제4조의 규범적 한계

헌법 제4조의 통일조항은 대한민국이 사실상 정부로서 실체를 가진 북한에 의하여 지리적으로 분단되어 있는 현실을 규범적으로 인정하고

---

83) 최창동, 앞의 논문, 294~323면.

있다. 이를 전제로 헌법 제3조가 규정하는 대한민국의 주권적 책임인 통일을 달성하고자 노력하며, 통일을 구체적으로 실현하는 기본원칙이자 통일의 방법·수단으로 자유민주적 기본질서에 입각한 평화적 통일을 지향한다는 것을 선언한 것이다. 따라서 이는 입법·행정·사법 등 모든 국가기관에 대하여 통일을 국가정책의 기본목표로 설정하여야 할 헌법적 의무를 부과하고 국가권력의 행사에 대한 정당성의 근거를 제공하는 한편, 통일정책수립과 추진에 있어서 헌법적인 한계를 설정하고 있는 것이라고 할 수 있다. 그러나 헌법 제4조는 위에서 검토한 바와 같이 헌법 제3조와의 통일적·체계적·규범조화적 해석을 통하여 비로소 그 구체적인 규범적 의미와 한계를 확정할 수 있을 것이다.

헌법 제4조의 규범적 의미를 제3조와 비교하여 분석하면, 헌법 제4조는 제3조에서 천명한 통일의 책무를 현실적으로 실천하기 위한 방법론적·수단적 성격을 가지고 있으며, 대한민국의 영토는 한반도 전체이지만 실질적인 통치력이 북한 지역에 미치지 못하고 있는 현실을 극복하고 통일을 달성하기 위하여 평화적인 방법을 추구하고 있음을 선언한 것이라고 할 수 있다. 즉, 북한이 반국가단체로서의 성격을 가진다고 하더라도 북한과 교류협력을 강화하는 것은 평화통일을 달성하기 위한 불가피한 선택으로서 북한에 대하여 헌법규범적으로 우리와 대등한 객관적인 실체로 인정하는 전제 위에서 행하는 것이 아니라 평화통일이라는 헌법적 과제를 실현하기 위한 수단으로서 성격을 갖는다고 하겠다.

헌법 제4조는 그 자체가 독립적이고 자율적인 가치를 지니는 측면도 있지만 제3조와 관련하여 규범적 한계를 가진다. 즉, 통일은 자유민주적 기본질서에 위배되지 아니하는 범위 내에서 수행되어야 하며, 국가의 안전이나 국민의 자유보장이라는 헌법적 가치를 준수하면서 수행되어야 하는 것이다. 헌법재판소도 "우리 헌법에서 지향하는 통일은 대한민국의 존립과 안전을 부정하는 것이 아니고, 자유민주적 기본질서에 위해를 주는 것이 아니라 그것에 바탕을 둔 통일인 것이다"고 결정하였다.[84] 이러한 의미에서 헌법 제3조는 헌법 제4조에 대하여 평화통일을 추진하는 헌법적 근거와 정당성을 제공함과 동시에 구체적인 통일정책의 수립과 집행의 헌법적 범위와 한계를 제시하고 있다고 하겠다. 북한 지역을 대한민국의 영토로 보려는 비현실적인 냉전시대의 사고에서 하루속히 탈피할 필요성을 강조하면서도 냉전적 사고 못지않게 무조건적인 통일지상주의도 배척하여야 한다는 주장도 이러한 한계를 인정하고 있는 것에 바탕을 두고 있다고 하겠다.[85]

이러한 의미에서 헌법 제4조와 제3조는 서로 모순·충돌되는 것이 아니라 통일적·체계적 해석을 통해 조화를 이룰 수 있으며, 어느 하나의 규정이 다른 규정의 규범력을 배제할 수 있는 정도의 우월한 효력을 가진 상위규범은 아니라 공통의 목적을 지향하는 상호 보완적 헌법규범으로 기능한다고 하겠다.

헌법 제4조는 제3조와 함께 남북한 관계의 규범 영역에 따라서 그 구체적인 규범력이 상이하게 적용함으로써 남북한특수관계론의 헌법적 근거규정이 된다. 따라서 헌법 제3조가 국가의 본질적 요소인 영토의 범위를 규정한 것으로 목적적·가치적인 규범력을 가지고 있는 반면, 제4조는 그러한 범위와 조화를 이루면서 그 범위 내에서 실천적·수단적 규범으로서 의미를 가지는 것이다. 이러한 의미에서 규범체계적·법논리적으로는 사실상 제3조가 제4조에 비하여 우월한 효력을 가진다고 할 수 있다. 헌법 제3조와 제4조를 위와 같이 해석하는 것이 헌법규범의 특징과 그 상반구조적 입법기술에 비추어 남북한의 특수한 현실적인 관계를 반영함과 동시에 이를 헌법규범적으로 조정·통합할 수 있는 합리적인 해석이라고 할 수 있다.

헌법 제4조의 구체적인 규범적 의미는 제3조와의 관계에 있어서 확정적이고 고정적인 것이 아니라 북한체제의 근본적인 변화, 남북교류협력

---

84) 헌법재판소 2000.7.20. 98헌바63.
85) 허영, 앞의 책, 182면.

의 진전 등에 따라서 유동적이고 가변적이라는 것을 유념하여야 한다. 즉, 북한이 사회주의혁명과 적화통일노선을 포기하고 자유민주체제에 따른 평화통일을 지도이념으로 지향하면서 남북한 관계와 국제사회에서 자유와 평화를 위한 진지한 노력을 기울인다면 헌법 제3조와의 관계에서 제4조의 현실적 규범력은 보다 강화될 것이며, 이에 따라 북한의 지위와 법적 성격에 대해서도 새로운 의미를 부여할 수 있을 것이다.

헌법 제4조의 규범적 한계와 관련하여 제3조를 근거로 하는 국가보안법과 제4조를 근거로 하는 남북교류협력에관한법률의 관계가 문제될 수 있다. 북한이 반국가단체로서 활동하면서도 교류협력을 추진하고 있는 현실에서 남북한 관계를 규율하는 법률적용에 대한 규범적 기준이 필요하므로 이들 법률의 적용범위와 효력을 명확하게 할 필요가 있다.

헌법재판소는 국가보안법과 남북교류협력에관한법률의 관계에 대하여 양 법률은 상호 그 입법목적과 규제대상을 달리 하는 것이라고 하였다.[86] 즉, 국가보안법은 국가의 안전을 위태롭게 하는 반국가활동을 규율하기 위한 법률이고, 남북교류협력에관한법률은 자유민주적 기본질서에 입각한 평화적 통일정책을 수립하고 이를 추진하기 위한 법률이므로 헌법의 규범조화적 해석을 통하여 서로 양립할 수 있다고 전제하고 있는 것이다.

이에 대하여는 남북교류협력에관한법률과 국가보안법을 일반법과 특별법의 관계로 파악하여야 한다는 반론이 있다.[87] 헌법재판소와 같이 국가보안법과 남북교류협력에관한법률을 상이한 법체계로 이해할 경우에는 남북교류협력은 언제든지 국가보안법으로 족쇄가 채워질 우려가 있고, 평화통일을 달성하기 위해서는 민간차원의 남북교류협력이 불가피하므로 법의 해석·적용에 있어서도 개방적 상황을 반영하여야 한다는 것이다. 헌법재판소 결정의 소수의견도 "남북교류협력에관한법률과 국가보안법은 법체계상 일반법과 특별법의 관계에 있다고 할 것으로, 만일

---

86) 헌법재판소 1993.7.29. 92헌바48.
87) 성낙인, 앞의 책, 199～200면.

남북교류협력에관한법률 제3조 중의 "정당하다고 인정하는 범위 안에서"의 부분이 위헌이 되어 위 규정의 구성요건이 단순화된다면 국가보안법의 구성요건과의 사이에 공통성이 생겨 결국 당해 사건에 있어서 범죄 후 법률의 변경이 있는 경우에 해당되어 형법 제1조 제2항에 의하여 법원은 피고인에게 보다 유리한 남북교류협력에관한법률의 적용을 고려하여야 할 것이고",[88] "남북교류협력에관한법률 제3조는 "남한과 북한과의 왕래·교역·협력사업 및 통신역무의 제공 등 남북교류와 협력을 목적으로 하는 행위에 관하여는 정당하다고 인정되는 범위 안에서 다른 법률에 우선하여 이 법을 적용한다"고 규정하고 있는바, 여기서의 다른 법률에는 국가보안법도 그에 해당됨은 입법취지나 법의 내용으로 보아 의문의 여지가 없으므로 위 법률의 규제대상과 국가보안법의 규제대상이 같다는 것을 전제로 하고 있는 것이다. 만약 다수의견처럼 국가보안법의 처벌규정에 해당되는 행위에는 남북교류협력에관한법률이 적용될 여지가 없다고 한다면 그 법률에 구태여 제3조와 같은 규정을 둘 필요가 없을 것이다"고 밝히고 있다.[89]

법령과 법령 상호 간에 발생하는 일반법과 특별법은 다음 두 가지 경우로 구분할 수 있다. 즉, 법령의 입법취지·입법체계 및 그 규율대상이 서로 유사하여 법령 전체가 서로 일반규범과 특별규범 간의 관계에 있는 경우와 법령의 입법취지·입법체계는 서로 상이하지만 일정한 규율대상에 대하여 서로 일반규범과 특별규범의 관계에 있는 경우이다. 남북교류협력에관한법률과 국가보안법은 그 입법취지·입법체계는 서로 상이한 경우이지만 이중적 지위를 갖는 북한과 관계를 가지는 일정한 사항에 대하여는 동일한 규율대상에 대하여 적용되는 것이다. 따라서 이러한 범위에서는 일반법과 특별법의 관계에 있다고 해석하는 것이 타당하다고 판단된다.

특히, 2005년 5월 31일 공포되어 같은 해 12월 1일 발효된 남북교류협

---

88) 헌법재판소 1993.7.29. 92헌바48. 재판관 이시윤, 김양균의 반대의견.
89) 헌법재판소 1993.7.29. 92헌바48. 재판관 변정수의 반대의견.

력에관한법률의 개정법률 제3조는 종전에 "남북교류와 협력을 목적으로 하는 행위에 관하여는 정당하다고 인정되는 범위 안에서 다른 법률에 우선하여 이 법을 적용한다"라고 규정한 부분을 개정하여 "남북교류와 협력을 목적으로 하는 행위에 관하여는 이 법의 목적범위 안에서 다른 법률에 우선하여 이 법을 적용한다"고 규정하였다. 이와 같이 남북교류 협력에관한법률의 적용범위를 확대하고 있는 것도 남북교류협력에 관한 기본법률이자 일반법률로서의 성격을 강조한 것이라고 평가할 수 있다. 2005년 12월 31일 공포되어 2006년 7월 1일부터 발효된 남북관계발전에 관한법률과 국가보안법의 관계도 남북교류협력에관한법률과 국가보안법의 관계와 마찬가지로 일반법과 특별법의 관계라고 해석하는 것이 타당하다.

2. 남북합의서

1) 7·4남북공동성명

7·4남북공동성명은 남북한의 정부 당국자가 분단 이후 처음으로 직접 만나 자주·평화통일·민족대단결의 3대 원칙에 합의하였다는 점에서 그 의의가 있다고 할 수 있다. 7·4남북공동성명은 1972년 7월 4일 오전 10시 서울과 평양에서 동시에 발표되었는데, 남한의 중앙정보부장 이후락과 북한의 조직지도부장 김영주가 "상부의 뜻을 받들어" 공동성명의 주체가 되어 이를 공동성명서에 명시하였다. 공동성명은 서문과 7개 항으로 구성되어 있는데, 그 목적은 남북 사이의 오해와 불신을 풀고 긴장의 고조를 완화시키며, 조국통일을 촉진시키는 것이라고 명시하였다.

남북한 관계와 관련하여 7·4남북공동선언은 남북한이 서로 상대방의 실체를 인정하는 것을 전제로 상대방을 교류협력과 통일의 상대방으로 받아들였다. 즉, 남북한은 통일의 원칙으로서 통일을 외세의 의존과 간섭을 배제하고 남북한이 직접 당사자가 되어 '자주'적으로 해결하고, 서로 상대방에 반대하는 무력행사에 의거하지 않고 '평화'적 방법으로 실현하며, 하나의 민족으로서 '민족대단결'에 바탕을 둔다고 선언하였다(제1항). 서로 상대방을 중상비방하지 않고 무장도발을 하지 않을 것을 밝힘으로써(제2항) 한반도에 남북한이 각각 정부를 수립하고 사실상 존재하고 있음을 인정한 것이다. 또한, 남북한은 민족적 연계를 회복하고 통일을 달성하기 위하여 남북 사이에 다방면적인 제반교류를 실시하며(제3항), 서울과 평양 간 직통전화를 설치하고(제5항) 인도적 차원의 남북적십자회담(제4항)과 함께 정치적 차원의 남북조절위원회회담(제6항)을 진행하기로 하였다.

7·4남북공동성명에 대하여는 공동선언이 발표된 이후 양측이 통일을 실현한다는 명목으로 정치권력을 강화하는 조치를 취함으로써 정치적으로 이용되었다는 비판이 있었다. 통일의 3대 원칙의 구체적인 내용도 남북한이 상이한 정치이념과 정책적 판단에 따라 서로 다르게 해석함으로써 그 실효성이 상실되어 규범적 의미를 기대하기 어렵다는 비판도 가능하다. 즉, 7·4남북공동성명은 정치적 선언에 불과하여 규범적 효력을 갖지 못할 뿐만 아니라 그 내용도 남북한이 상대방에 대하여 사실상의 실체와 존재를 인정할 뿐 법규범적으로 인정하지 않았다는 것이다. 그러나 남북한의 공동성명을 통하여 발표된 통일의 3대 원칙은 남북한이 상대방의 실체와 존재를 공식적으로 확인하고 사실상 남북한 관계와 통일방안을 기속한다는 점에서 일정 부분 규범적인 역할을 담당한다고 할 수 있다.

2) 남북기본합의서

남북분단 이후 남북한 당국이 남북한의 관계를 명문으로 정의하고 상대방의 체제를 적극적으로 인정한 것은 1992년 2월 19일 체결한 남북기본합의서라고 하겠다. 남북기본합의서는 서문에서 7·4남북공동성명에서 천명된 조국통일 3대 원칙을 재확인하고 남북한 관계에 대하여 "쌍방 사이의 관계가 나라와 나라 사이의 관계가 아닌 통일을 지향하는 과정에서 잠정적으로 형성되는 특수관계"라고 규정하고, '민족내부교류'로서의 물자교류, 합작투자 등 경제교류와 협력을 실시할 것을 규정하였다(제15조).

남북기본합의서는 제1조에서 "남과 북은 서로 상대방의 체제를 인정하고 존중한다", 제2조에서 "남과 북은 상대방의 내부문제에 간섭하지 아니한다"고 규정하고, 이를 전제로 상대방에 대한 비방·중상·파괴·전복금지(제3조, 제4조), 현재의 군사정전협정의 준수(제5조), 국제무대에서의 협력(제6조) 등을 내용으로 하는 남북화해와 군사분야에 있어서의 남북불가침, 남북한 주민들의 자유로운 왕래와 접촉(제17조), 경제·우편·철도·도로 등 여러 가지 분야에서의 남북교류협력을 실시할 것을 규정하였다. 제25조에서는 "이 합의서는 남과 북이 각기 발효에 필요한 절차를 거쳐 그 문본을 서로 교환한 날부터 효력을 발생한다"고 규정하고 대한민국 국무총리와 조선민주주의인민공화국 정무원 총리가 당사자로 서명함으로써 상대방에 대하여 국가로서의 실체를 인정하였다.

남북기본합의서 이행과 준수를 위하여 체결한 '남북기본합의서 제1장 남북화해의 이행과 준수를 위한 부속합의서'도 "제1장 체제(제도) 인정·존중" 제목으로 제1조에서 "남과 북은 상대방의 정치, 경제, 사회, 문화체제(제도)를 인정하고 존중한다", 제3조에서 "남과 북은 상대방 당국의 권한과 권능을 인정·존중한다", 제5조에서 "남과 북은 상대방의 법질서와 당국의 시책에 대하여 간섭하지 아니한다", 제17조에서 "남과 북은 자기 측 지역과 상대 측 지역 및 해외에서 상대방의 체제와 법질서에 대한 파괴·전복을 목적으로 하는 테러단체나 조직을 결성 또는 지원·비호하지 아니한다"고 각각 규정하고, 남북기본합의서에 저촉되는 법률적·제도적 장치의 개정 또는 폐기문제를 협의·해결하기 위하여 법률실무협의회를 구성하도록 하였다.

‘남북기본합의서 제3장 남북교류·협력의 이행과 준수를 위한 부속합의서’도 제1조 제7항에서 “남과 북 사이의 물자교류는 상호성과 유무상통의 원칙에서 실현한다”, 제8항에서 “남과 북 사이의 물자교류에 대한 대금결제는 청산결제방식을 원칙으로 하며”, 제10항에서 “남과 북은 물자교류에 대하여 관세를 부과하지 않으며, 남북 사이의 경제관계를 민족내부관계로 발전시키기 위한 조치를 협의·추진한다”, 제11항에서 “남과 북은 경제교류와 협력을 원활히 추진하기 위하여 공업규격을 비롯한 각종 자료를 서로 교환하며 교류·협력 당사자가 준수하여야 할 자기측의 해당 법규를 상대측에게 통보한다”고 각각 규정하였다. 제3조 제7항에서 “남과 북은 교통로 개설 및 운영과 관련한 해당 국제협약들을 존중한다”, 제4조 제4항에서 “남과 북은 우편 및 전기통신교류와 관련한 해당 국제협약들을 존중한다”, 제10조 제4항에서 “남과 북은 민족구성원들이 상대측의 법과 질서를 위반함이 없이 왕래하고 접촉하도록 하기 위한 조치를 취한다”고 각각 규정하였다. 이는 모두 남북한 상호 간 실질적으로 국가성을 인정하는 것을 전제로 경제·사회·문화분야의 교류·협력을 추진할 것을 규정한 것이다.

한편, ‘남북기본합의서 제1장 남북화해의 이행과 준수를 위한 부속합의서’의 부기사항으로 북측이 제기한 “남과 북은 국제기구들에 하나의 명칭, 하나의 의석으로 가입하기 위하여 노력한다”, “남과 북은 국제회의를 비롯한 정치행사들에 전 민족을 대표하여 유일 대표단으로 참가하기 위하여 노력한다”는 부분에 대하여는 합의에 이르지 못하였으므로 앞으로 계속 토의하기로 하였다. 이는 남북한특수관계를 남북한간 규범영역에서가 아니라 국제법적 규범 영역에서 적용함에 있어서 반영해야 할 특수한 관점을 고려할 필요성에서 비롯된 것으로 판단된다.

남북기본합의서에 대하여 헌법재판소와 대법원은 “이는 한민족공동체 내부의 특수관계를 바탕으로 한 당국간 합의로서 남북당국이 성의 있는 이행을 상호 약속하는 일종의 공동성명 또는 신사협정에 준하는 성격을 가짐에 불과하여 법률이 아님은 물론 국내법과 동일한 효력이 있는 조약이나 이에 준하는 것으로 볼 수 없다"고 하여 법적 구속력을 인정하지 않고 있지만,[90] 그 기본정신과 내용은 그 이후 남북한이 체결한 4개 경협합의서 등 법률적 효력을 갖는 남북합의서에 그대로 반영되고 있으며, 남북한 실질적인 책임자들이 인정한 것으로 향후 평화통일정책을 수립하고 추진하는 기본원칙으로서 중요한 의미를 가진다고 하겠다.

3) 6·15남북공동선언

2000년 6월 15일 발표된 6·15남북공동선언은 남북한이 평양에서 정상회담을 개최하고 그에 따른 결과로서 공동발표한 것으로 남북한이 상호 상대방의 체제를 인정하는 것을 바탕으로 한반도 통일문제를 당사자간의 대화를 통해 풀어나가기로 합의한 것이다. 특히, 이는 남한과 북한의 통일방안의 공통성을 인정하였다는 점에서 매우 큰 의미가 있다고 하겠다.

6·15남북공동선언은 모두 5개 항으로 구성되어 있는데, 제1항에서 "남과 북은 나라의 통일문제를 그 주인인 우리 민족끼리 서로 힘을 합쳐 자주적으로 해결해 나가기로 하였다", 제2항에서 "남과 북은 나라의 통일을 위한 남측의 연합제 안과 북측의 낮은 단계의 연방제 안이 서로 공통성이 있다고 인정하고 앞으로 이 방향에서 통일을 지향시켜 나가기로 하였다"고 규정함으로써 통일문제를 해결하기 위한 상호 동등하고 대등한 입장을 확인하였다. 6·15남북공동선언의 체결주체로서 '대한민국 김대중 대통령'과 '조선민주주의인민공화국 김정일 국방위원장'이라고 표기하여 남한과 북한의 국호와 헌법에서 규정하는 명칭을 사용함으로써 남북한이 각각 상대방에 대하여 그 실체를 인정하고 있음을 공식적으로 확인하였다. 한편, 2000년 4월 8일 남북정상회담을 개최하기 위하여 체결된 '남북정상회담 개최 합의서 및 의제'에서 "남과 북은 역사적인 7·4

---

90) 헌법재판소 2000.7.20. 98헌바63 ; 대법원 1999.7.23. 98두14525.

남북공동성명에서 천명된 조국통일 3대 원칙을 재확인하고"라고 규정하였다. 이에 대하여 남한은 이 합의서와 6·15남북공동선언에 7·4남북공동성명 이외에 남북기본합의서의 기본원칙을 존중한다는 내용을 포함시키고자 하였으나 북한의 반대로 그 내용을 포함시키지 못하였다고 한다. 그러나 6·15남북공동선언의 내용이 남북기본합의서의 기본내용과 일치하고 양자가 서로 모순되는 내용을 포함하지 않고 있으므로 6·15남북공동선언에 의하여 남북기본합의서의 기본정신과 내용이 달라진 것은 아니라고 하겠다.

6·15남북공동선언에 대하여는 남북한의 통일방안에 대하여 구체적이고 명확한 이해가 부족한 상태에서 막연히 그 공통성이 있다는 것을 인정하였으며, 실제로 남북한 관계가 그 이전에 비하여 보다 진전된 것도 없는 상황에서 기존의 남북교류협력에 대한 원칙적인 선언을 반복한 것에 불과하다는 비판이 가능하다. 즉, 6·15남북공동선언은 기존의 남북한의 입장에서 새로운 내용이 포함되지 않으며, 남북한 관계의 발전과 진전을 반영한 것도 아니고 향후 남북한 관계의 근본적인 변화를 초래하는 전기를 마련한 것도 아니라는 것이다. 그러나 남북한이 분단 이후 처음으로 정상회담을 개최하여 남북한 각각의 통일방안에 대하여 그 공통성을 인정하는 바탕에서 현실적이고 가능한 실현방안을 도출하기 위하여 노력한다는 것을 선언한 것으로서 7·4남북공동성명과 남북기본합의서의 기본원칙과 정신을 이어 받아 이를 재확인한 것이라는 점에서 남북통일과 남북교류협력에 있어서 매우 중요한 의미를 갖는다고 하겠다. 비록 6·15남북공동선언이 정치적 선언에 불과할 뿐 법률적 효력을 갖는 조약으로서 성격을 갖는다고 인정하기는 어려우나, 실질적인 의미에서는 향후 남북한 관계와 통일방안에 대한 기본원칙으로 기능할 수 있다는 점에서 규범적인 의미를 부여할 수 있을 것이다.

Ⅳ. 구체적 내용

1. 국내법적 규범 영역

1) 소극적 의미(비국제관계성)

헌법 제3조와 제4조는 규범적으로 대한민국의 정통성과 합법성을 전제로 평화통일을 달성하기 위하여 북한을 대화와 협력의 상대방으로 인정하고 있으므로 우리 헌법상 북한은 국가가 아니다. 따라서 남북한 관계는 국제법상 국가 간 관계가 아니며, 대한민국은 북한에 대하여 국가 또는 정부승인을 하지 않고 있다. 북한도 남북한 관계를 국가 간 관계로 파악하지 않고 있다. 이는 통일 전 서독은 국내법적으로 동독과의 관계에 대하여 국가 간 관계가 아니라고 주장하였으나 동독은 이른바 '2민족 2국가론'에 따라서 서독과의 관계를 국가 간의 관계라고 주장하였던 것과 차이가 있다. 최근 북한이 북한핵문제와 관련하여 체제보장을 위하여 미국에 대하여 주권국가로서 지위를 요구하고 있으나 이는 국제법적 영역에서 특정국가인 미국에 대한 관계에 국한되는 것으로 남북한 관계에 대한 근본적인 인식의 변화로 보이지는 않는다.

남북한특수관계론이 국내법적 규범 영역에 적용될 경우에 그 소극적인 의미는 남북한 관계가 국가 간의 관계가 아니라는 것을 말한다. 이는 남북한 관계에 대한 규범체계인 국내법률과 남북합의서에 반영되어 있으며, 대법원과 헌법재판소도 이를 확인하고 있다.

남북교류협력에관한법률 제12조 제2항은 "남한과 북한 간의 거래는 국가 간의 거래가 아닌 민족내부의 거래로 본다"고 규정하고 있다. 제26조에서는 남북한간 거래에 대하여 대외무역법·외국환거래법·수출보험법 등을 준용하도록 규정하고 있다. 그러나 이는 현실적으로 독립적 경제권역을 가지고 활동하는 북한의 실체를 인정하고 이를 규율하기 위한 목적에서 제한된 범위에서 외국에 대하여 적용되는 대외무역법 등을 준용하도록 한 것이다. 남북관계발전에관한법률 제3조는 제1항에서 "남한과 북한의 관계는 국가 간의 관계가 아닌 통일을 지향하는 과정에서 잠정적으로 형성되는 특수관계이다"고, 제2항에서 "남한과 북한 간의 거래는 국가 간의 거래가 아닌 민족 내부의 거래로 본다"고 각각 규정하고 있다. WTO체제 설립 이행법률인 세계무역기구협정의이행에관한특별법 제5조도 "남북한간의 거래는 민족내부의 거래로서 협정에 의한 국가 간의 거래로 보지 아니한다"고 규정하여 남북한 관계를 국가 간 관계로 인정하지 않고 있다.

남북한이 체결한 7·4남북공동성명, 남북기본합의서, 6·15남북공동선언에서도 남북한은 각각 상대방의 실체와 존재를 인정하면서도 법규범적 의미에서 한반도에 두 개의 국가가 존재한다는 것을 의미하는 것은 아니라는 것을 전제로 하고 있다. 남북기본합의서는 그 서문에서 남북한 관계에 대하여 "쌍방 사이의 관계가 나라와 나라 사이의 관계가 아닌 통일을 지향하는 과정에서 잠정적으로 형성되는 특수관계"라고 명시적으로 규정함으로써 이를 분명히 하였다.

이른바 '4개 경협합의서'인 '남북 사이의 투자보장에 관한 합의서', '남북 사이의 소득에 관한 이중과세방지 합의서', '남북 사이의 상사분쟁해결절차에 관한 합의서', '남북 사이의 청산결제에 관한 합의서'의 각 서문에서 "6·15공동선언에 따라 진행되는 경제교류와 협력이 나라와 나라 사이가 아닌 민족내부의 거래임을 확인하고"라고 규정하였다. '남북 사이에 거래되는 물품의 원산지 확인절차에 관한 합의서'도 서문에서 "남북 사이의 경제협력사업이 민족내부거래로서 경제협력사업을 증진·발전시키고"라고 규정하였다. '남북해운합의서'도 서문에서도 "6·15 공동선언에 따라 진행되는 경제교류와 협력이 나라와 나라 사이가 아닌 민족내부의 사업이라고 인정하면서"라고 규정하여 경제협력사업과 관련하여 남북한 관계를 국가 간 관계가 아님을 직접적으로 명시하였다. 그 밖의 남북합의서도 남북한 관계를 국가 간 관계가 아니라는 것을 전제로 하고 있는 것으로 판단된다.

대법원은 북한에 대하여 반국가단체임과 동시에 평화통일을 위한 대화와 협력의 상대방이라는 이중적 지위를 인정하면서도 헌법 제3조의 현실적 규범력을 바탕으로 남북한 관계를 국가 간 관계가 아니라고 파악하고 있다.[91] 헌법재판소가 북한의 위와 같은 이중적 지위를 인정하고 이를 규율하는 법률로서 국가보안법과 남북교류협력에관한법률을 제시하고 있는 것도 남북한 관계를 국가 간 관계가 아니라고 인식하고 있는 것이다. 헌법재판소는 남북한이 동시에 국제연합에 가입한 것에 대하여 남한이 북한에 대하여 국가승인을 한 것은 아니라고 분명히 밝히고 있다.[92]

남북한 관계가 국가 간의 관계가 아니라는 소극적 의미는 다음과 같이 규범적으로 평가될 수 있다. 첫째, 북한을 국가로 인정하여 남북한 관계를 국가와 국가의 관계로 파악하는 것은 헌법위반이 될 수 있다. 이는 현실적으로 한반도의 평화상태를 유지하는데 도움이 된다고 하더라도 남북 분단상황을 규범적으로 합법화하는 것을 의미하므로 평화통일을 지향하는 헌법규범에 정면으로 위반하는 것이다. 둘째, 북한의 국가성을 부인하는 것은 한민족공동체를 회복하는 재통일을 지향하는 헌법이념에도 부합하는 것이다. 이는 남북합의서 체결 등 북한과 교류협력을 추진하는 것과 모순되지 않으며 북한을 국제법 주체로 인정할 수 있으므로 국제법 원칙과도 충돌하는 것이 아니다. 셋째, 이러한 현실적인 가치 이외에도 민족사의 정통성 유지에 기초한 국가의 법통성을 유지한다는 이념적 가치를 수호하기 위해서도 북한을 국가로 인정할 수는 없다고 할 것이다.

---

91) 대법원 2003.5.13. 2003도604.
92) 헌법재판소 1997.1.16. 92헌바6·26 및 93헌바34·35.

한편, 남북한특수관계론이 국내법적 규범 영역에 적용될 경우에 그 소극적인 의미만으로는 남북교류협력에 대한 규범체계로서 한계가 있다. 즉, 이는 헌법이념적으로 남북한이 하나의 국가공동체로서 통일을 지향한다는 것과 현실적으로 국내법적 규범 영역에서의 남북한 관계에 대하여 국제법의 적용을 배제하고 국내법을 적용하여야 한다는 것을 설명할 수 있을 뿐이다. 남북한 관계가 적용되는 다양한 규범 영역에 어떠한 국내법을 어떠한 형식으로 적용하여야 할 것인지에 대한 문제는 여전히 남아 있다. 따라서 남북한 관계를 규율하는 법규범체계를 추출하기 위해서는 국내법적 영역에서 남북한 관계의 법규범적 의미를 적극적으로 규명하는 것이 필요하다.

2) 적극적 의미(이중적 관계)

남북한특수관계의 국내법적 의미는 대한민국헌법상 북한이 어떠한 법규범적 의미를 가지는지에 따라서 달라질 것이며, 이는 북한의 법적 지위를 어떻게 이해할 것인지 하는 문제와 직접적으로 관련된다. 북한의 법적 지위는 우선적으로 헌법 제3조와 제4조의 통일적·규범조화적 해석을 통하여 도출될 수 있다. 이는 남북교류협력에관한법률·남북관계발전에관한법률·국가보안법 등 남북한 관계에 대한 국내법령과 각종 남북합의서를 통하여 구체화된다. 마지막으로는 북한의 대남전략·전술과 헌법가치에 대한 실질적 위협 등 북한의 실체에 대한 규범적 평가를 고려하여 최종적으로 결정된다고 할 수 있다.

헌법 제3조와 제4조의 통일적·규범조화적 해석과 관련하여 위에서 검토한 바와 같이 북한은 여전히 적화통일노선에 따라 자유민주주의를 전복하고자 하는 입장을 그대로 유지하고 있는 현실에서는 반국가단체로서 성격을 가진다고 할 수 있다. 그러나 헌법 제4조가 규정하는 통일 정책 수립·추진의 방법과 수단을 준수하는 한도에서 북한을 남북교류협력의 동반자이자 평화통일을 위한 협력자로 인정하지 않을 수 없으므로 이러한 의미와 범위에서 평화통일을 위한 대화와 협력의 동반자로서의 지위도 함께 갖는다고 하겠다. 그러나 다양한 분야에서 이루어지는 남북한 관계의 실제에 있어서는 북한의 지위가 위와 같이 획일적으로 구분되기보다는 양자의 지위를 복합적으로 가지는 경우가 많다. 그러므로 그 지위가 차지하는 정도와 범위도 구체적인 사안에 따라서 다양하게 나타날 뿐만 아니라 북한의 통일전선전술의 본질상 그 실체를 위장하는 경우가 많기 때문에 북한의 지위를 명확하게 구분하여 이해하기 어려운 것이 현실이다.

요컨대, 북한의 이중적 지위는 그 헌법적 근거가 되는 헌법 제3조와 제4조와의 관계, 구체적 사안과 규범 영역에 따라서 그 법적 성격과 적용범위가 달리 나타나게 될 것이므로 남북한 관계에 있어서 구체적으로 적용되는 규범 영역을 확정하는 것이 중요하다. 남북한특수관계론은 북한의 법적 지위와 관련하여 남북한 관계가 형성되고 규율되는 규범 영역에 따라서 구체적으로 다음과 같이 상이한 규범적 의미와 내용을 가지게 된다.

첫째, 북한이 적화통일노선에 따라 남한의 자유민주주의체제를 전복하고자 하는 목적을 가지고 국가의 안전, 국민의 자유보장, 자유민주적 기본질서의 유지라는 헌법적 가치를 위협하는 반국가단체로 활동하는 규범 영역에서는 남북한 관계는 국가와 반국가단체와의 관계가 된다. 이때에는 헌법 제3조의 규범력이 실질적으로 작용하고, 제4조는 현실적으로 적용될 여지가 없다. 따라서 헌법 제4조를 이유로 제3조의 규범력과 국가보안법의 적용을 배제하는 등 북한의 반국가단체성을 부인할 수 없다. 그러나 이는 헌법 제4조의 규범력 자체가 배제되거나 평화통일의 헌법적 이념과 가치가 감소되는 것이 아니며, 제4조의 요건에 해당하지 않아 그 규범력이 사실상 적용되지 않을 뿐이라고 하겠다.

둘째, 북한이 평화통일을 위한 화해와 협력의 동반자로서 활동하는 규범 영역에서는 남북한은 교류협력을 추진하는 과정에서 상호 동등한 지위를 가지므로 남북한 관계는 사실상 국가로서의 실체를 가진 대등한 당사자의 관계가 된다. 이때에는 헌법 제3조와 제4조의 규범력이 현실적으로 적용된다. 따라서 헌법 제3조로부터 북한의 반국가단체성이 당연히 직접적으로 도출되는 것이 아니므로 제3조를 이유로 제4조의 규범력을 배제하거나 평화통일을 위한 대화와 협력의 동반자로서의 북한의 법적 지위를 부인할 수는 없다.

셋째, 북한이 반국가단체로서의 지위와 평화통일을 위한 화해와 협력의 동반자로서의 지위를 동시에 복합적으로 가지면서 활동하는 영역이 있을 수 있다. 이는 북한이 남북교류협력이라는 명목하에 사회문화분야에서 남한의 민간단체와 다양한 교류접촉활동을 진행하는 경우에 발생할 개연성이 높다. 그 대표적인 사례로 2001년 8월 평양에서 개최된 '8·15민족공동행사'에서 남한의 이적단체인 '조국통일범민족연합 남측본부'가 참석하여 행사기간 중에 북한의 '조국통일범민족연합 북측본부'와 회합하여 규약개정 등을 논의하였으며, 북한을 방문하여 회합에 참여한 구성원들이 국가보안법으로 처벌된 것을 들 수 있다. 이러한 규범 영역에서는 우선적으로는 그 특정 활동의 목적과 동기, 교류접촉의 주체, 성격 등을 고려하여 그 특정 활동과 가장 밀접하고 직접적인 연관성이 인정되는 관계를 중심으로 남북한 관계가 적용되는 규범 영역을 결정하여 그에 따라야 할 것이다. 그러나 실제로 북한이 활동하는 규범 영역을 결정함에 있어서 북한의 법적 지위와 남북한 관계의 성격이 분명하지 않거나 위와 같은 기준에 따라서 그 규범 영역을 구분할 수 없는 경우가 있을 것이다. 이러한 경우 국민의 기본권을 제한하는 범위를 최소화하고 국가적 과제로서 평화통일을 달성하기 위해서는 헌법 제4조의 규범력을 우선시하여 가급적 평화통일을 위한 화해와 협력의 동반자로의 지위를 존중하는 자세가 필요하다는 입장이 있을 수 있다. 그러나 헌법 제4조는 헌법 제3조의 규범력과 국가의 존립·안전, 자유민주적 기본질서 등 다른 헌법이념·가치가 보장되는 범위 내에서 그 현실적인 규범력을 가진다는 한계가 있으므로 북한이 반국가단체로서 활동한다는 것이 인정되는 이상 헌법 제3조의 규범력을 우선적으로 인정하여야 할 것이다.

남북한 관계의 실제에 있어서 북한이 어떠한 지위를 가지고 활동하는 것인지를 확정하는 것이나 그에 따라 적용되는 규범 영역을 구분하는 것은 어려운 일이다. 북한의 개혁개방정책과 남북교류협력에 따라서 상호 신뢰가 회복되고, 북한이 대남적화통일노선을 종국적으로 포기하고 더 이상 국가의 안전, 국민의 자유보장, 자유민주적 기본질서의 유지라는 헌법적 가치를 위협하지 않는다는 것이 확인될 경우에는 반국가단체로서의 지위를 갖지 않게 될 것이다. 이러한 경우에는 북한의 이중적 지위도 근본적인 변화를 갖게 될 것이며, 이에 따라 헌법 제4조는 새로운 규범적 의미를 가지게 될 것이다.

2. 국제법적 규범 영역

남북한특수관계론을 국제법적 규범 영역에 적용할 경우에는 국내법의 적용에 한계가 있으므로 남북한 관계에 대하여 국가 간 관계가 아니며 이중적 지위를 갖는다는 것을 주장할 수 없다. 따라서 국제법이 적용되는 국제사회에서 인정되는 남북한의 지위와 남북한 관계를 분석할 필요가 있다. 이는 남북한이 국제사회에서 국제법적 주체로 활동하는 것에 대하여 그 국제법적 의미를 규명하는 것이다. WTO체제에서의 남북한 거래의 특수성 반영, 북한이탈주민에 대한 외교적 보호권의 행사와 제한, 남북합의서의 법적 성격과 효력 등과 직접적으로 관련된 것으로서 남북한특수관계를 국제사회에 반영시킬 수 있는 대응방안을 마련하기 위해서도 현실적으로 필요하다.

남북한특수관계론을 국제법적 규범 영역에 적용할 경우에 북한의 법적 지위를 명확히 하기 위해서는 북한이 국제법적 주체가 될 수 있는지 여부와 북한에 대한 국가승인의 문제가 검토되어야 한다. 전통적으로 국제법의 주체는 주권국가만을 의미하였으나 제1차 세계대전을 거치면서 주권국가뿐만 아니라 국제기구, 반란단체, 민족해방기구 등 조직된 민족, 그리고 개인도 국제법적 법인격을 부여받고 국제법의 주체로 인정되고 있다. 따라서 북한이 국제법의 주체로서 활동하는 것은 국제법 원칙과 모순되는 것이 아니고, 이는 북한의 국가성 인정과는 구별되는 개념이라고 하겠다.93) 현실적으로도 남북한은 각각 국제사회에서 국제법의 주체로서 활동하고 있고, 2006년 6월 현재 남한은 185개국과, 북한은 154개국과 각각 국교를 수립하고 있으며, 그 중 150개국은 남북한과 동시에 국교를 수립하고 있다.

국제법상 주권국가는 해당 국가의 국내법상 국가의 실체를 가지고 성립한다고 하더라도 국제사회의 기존 국가로부터 국가승인을 받음으로써 비로소 국제법상 국가로서 인정되는 것이 일반적이다. 국제법상 국가승인의 효력에 대하여는 '창설적 효과설(constitutive theory)'을 취하느냐 '선언적 효과설(declaratory or evidentiary theory)'을 취하느냐에 따라서 그 효력발생의 의미와 범위가 달라질 것이나, 국제사회에 있어서 국가승인은 상대적 효력을 가지므로 승인한 국가와 승인을 받은 국가와의 관계에서만 발생한다.94) 따라서 남북한 관계에 있어서도 남한 또는 북한이 국가승인을 하거나 남북한 일방 또는 쌍방에 대하여 국가승인을 한 다른 나라와의 관계에 따라서 국제법적 지위가 다르게 나타난다. 이러한 범위에서 남한과 북한은 국제법적으로 독립된 주권국가로서의 지위를 가지며 남북한 관계는 국제관계로 인식될 여지가 있다.

남북한은 분단 이후 상호 간 국가승인을 한 사실이 없을 뿐만 아니라 오히려 남북한의 통일방안 등을 통하여 표명된 정치적 선언이나 통일에 관한 헌법규정·법률, 그리고 각종 남북합의서를 통하여 사실적으로나

---

93) 김대순, 국제법론, 삼영사, 2004, 196면.
94) 김대순, 앞의 책, 362면.

규범적으로 국가승인을 하지 않고 있다는 것을 적극적으로 밝히고 있으므로 남북한 상호 간에는 국가승인의 문제는 발생할 여지가 없다. 그러나 남북한 관계가 국제법적 규범 영역에서 적용될 경우에 남북한이 동시에 UN에 가입하고 법률적 효력을 갖는 조약으로서 남북합의서를 체결하는 것이 남북한이 국제법상 국가승인을 한 것으로 인정되는지 여부가 문제될 수 있다. 남북한이 동시에 UN에 가입하고 각종 남북합의서를 체결하는 것은 북한의 정치적 실체를 인정한 것이므로 명시적 또는 묵시적으로 북한을 국가 또는 정부로 승인하는 국제법적 효과가 발생하며, 이는 헌법 제3조와 제4조에 위반될 수 있다는 것이다.

국가·정부승인은 기본적으로 해당 국가의 의사(意思)의 문제이므로 남북한이 동시에 UN에 가입하고 각종 남북합의서를 체결하더라도 이것이 국가·정부승인을 의미하지 않는다는 유보의사를 표시할 경우에는 명시적 또는 묵시적 국가·정부승인의 효과를 발생시키지 않는다.[95] 따라서 국가·정부승인의 문제는 남북한의 의사를 확인하는 것이 중요하다.

첫째, UN헌장 제4조 제1항에 따르면 주권국가만이 UN에 가입할 수 있으므로 남북한이 동시에 UN에 가입한 것은 UN에 대한 관계에서는 국가승인의 효과가 발생한다. 그러나 이는 UN이라는 국제법 주체에 대한 관계에 국한되며 남북한 상호 간의 관계에서는 국가·정부승인의 효과가 발생하지는 않는다. 남북한이 다변조약인 UN헌장의 공동당사자가 되는 것이 당연히 당사자 간 묵시적 국가승인으로 인정되는 것이 아니다. 헌법재판소도 남북한의 UN 가입에 대하여 "비록 남북한이 UN에 동시 가입하였다고 하더라도 이는 유엔헌장이라는 다변조약에의 가입을 의미하는 것으로 유엔헌장 제4조 제1항의 해석상 신규 가맹국이 UN이라는 국제기구에 의하여 국가로 승인받는 효과가 발생하는 것은 별론으로 하고, 그것만으로 곧 다른 가맹국과의 관계에 있어서도 당연히 상호

---

95) 제성호, 앞의 책, 231면 ; 이한기, 국제법강의, 박영사, 2004, 194~230면 ; 김대순, 앞의 책, 262면.

간에 국가승인이 있었다고는 볼 수 없다는 것이 현실 국제정치상의 관례이고 국제법상 통설적인 입장이다"고 판시하였다.[96] 이는 통일 전 서독이 1972년 동독과 동서독기본조약을 체결하고 UN에 동독과 동시에 가입하였으나, 그 당시에 동독에 대한 국가승인을 유보함으로써 국가승인의 효력을 배제한 것과 동일하다.

둘째, 남북한이 남북기본합의서를 비롯한 각종 남북합의서를 체결하는 것도 국가승인이 아님을 명시적으로 밝히고 있기 때문에 국가·정부 승인의 효과는 발생하지 않는다. 남북기본합의서 제1조는 "남과 북은 서로 상대방의 체제를 인정하고 존중한다"고 규정하였으나 이는 북한을 정치적 실체 및 국제법적 주체로서 '지방적 사실상의 정부'라는 점을 인정하고 그 제도와 법질서를 인정한다는 의미일 뿐 북한에 대한 국가승인을 의미하는 것은 아니다. 남북기본합의서와 4개 경협합의서 등 다수의 남북합의서도 그 서문에서 나라와 나라 사이의 관계가 아니라고 분명히 규정하고 있을 뿐만 아니라 남북교류협력에관한법률, 남북관계발전에관한법률 등 국내법률에서도 동일한 내용을 규정하고 있다. 한편, 우리 헌법재판소와 대법원이 북한에 관하여 헌법 제3조를 바탕으로 창설적 효과설에 기초하고 있는 것으로 해석하고, 창설적 효과설은 국제법상 실효성의 원칙과 주권평등의 원칙과 모순되므로 남북한 관계에 대하여는 선언적 효과설에 따라 북한의 실체를 인정하여야 한다는 주장도 있다.[97] 그러나 북한에 대하여 국제법상 국가승인의 효력을 인정하는 것은 헌법 제3조와 제4조에 위반될 뿐만 아니라 국제사회에서 남북분단이 고착화될 가능성이 있으므로 규범적으로나 사실적으로 이를 수용할 수 없다고 하겠다.

---

96) 헌법재판소 1997.1.16. 92헌바6·26 ; 93헌바 34·35·36.
97) 김대순, 앞의 책, 288면.

3. 규범 영역에 따른 법규범의 적용

남북한특수관계론이 법규범적으로 의미를 갖는 것은 남북한 관계를 규율하는 규범체계를 정립하는 것이므로 남북한간 다양하게 발생하는 법적 관계에서 구체적으로 어떠한 법규범이 적용될 것인지를 확정하는 기준을 제시할 것이 요구된다. 남북한 관계에 있어서 적용되는 법규범은 남북한 관계의 법적 성격에 따라서 결정되는데, 남북한 관계는 북한의 법적 지위와 성격에 의하여 확정된다. 이는 앞에서 분석한 바와 같이 규범 영역에 따라서 상이한 규범적 의미를 가지므로 결국 남북한 관계가 적용되는 규범 영역을 기준으로 다양한 법규범이 남북한 관계에 적용된다고 하겠다.

첫째, 남북한 관계가 국내법적 규범 영역에서 적용될 경우 그 소극적인 의미는 남북한 관계가 나라와 나라 사이의 관계가 아니라는 것이므로 남북한 관계에 대하여는 국제법 원칙을 적용할 수 없다. 그러나 이는 정치적으로는 남북한은 하나의 민족국가를 달성하기 위하여 노력한다는 것을 대내외적으로 선언한 것이고, 규범적으로는 남북한 관계가 국가 간 관계가 아니므로 국가승인을 한 것이 아니라는 것을 의미할 뿐 남북한 관계를 직접 규율하는 기준을 제시하는 것은 아니다. 만약 남북한 관계가 국가 간 관계가 아니라는 것을 근거로 하여 남북한간에 국제법 원칙의 적용 가능성을 원천적으로 봉쇄할 경우에는 남북한 관계에 대하여는 남한 또는 북한 어느 일방의 법률을 적용하거나 법률적 효력을 갖는 남북합의서를 제정하여 이를 적용하는 방법 이외에는 달리 남북한 관계에 적용할 법규범을 발견하기가 어렵다. 그러나 남북한이 상이한 이념·체제를 바탕으로 상이한 법률체계를 가지고 있는 현실에서 남한 또는 북한 어느 일방의 법률을 적용할 것을 기대하기는 어려우며, 남북한 관계에서 발생하는 모든 법률관계를 규율하는 남북합의서를 체결하는 것도 불가능하므로 결국 남북한 관계를 규율하는 법규범체계를 정립할 수가 없다. 이러한 결과는 평화통일을 지향하는 과정에서 남북한 교류협력을 위하여 북한의 실체를 인정하는 것을 전제로 하는 헌법 제3조와 제4조의 평화통일 원칙에도 부합하지 않는 것이라고 하겠다. 남북한간에 남북합의서를 체결하여 이를 남북한 관계에 적용하는 것도 남북합의서의 성격과 효력에 비추어 국제법 원칙을 적용하는 것이므로 남북한 관계를 국가 간 관계로 보지 않는다고 하더라도 국제법 원칙을 적용하는 것을 방해하는 것은 아니라고 하겠다.

둘째, 남북한 관계가 국내법적 규범 영역에서 적용될 경우 그 적극적인 의미는 북한의 이중적 지위가 반영되는데, 북한이 반국가단체로서 활동하는 규범 영역에서는 헌법 제3조와 국가보안법 등 국내법이 적용되고 그러한 범위에서는 국제법 원칙이 적용되지 않으며, 헌법 제4조와 이를 근거로 하여 제정된 남북교류협력에관한법률 등 국내법률과 각종 남북합의서도 적용될 여지가 없다고 하겠다. 한편, 북한이 남한의 평화통일을 위한 노력에 대응하여 남북교류협력 등 그에 부합되는 활동을 하면서 평화통일을 위한 대화와 협력의 동반자로서 활동하는 규범 영역에서는 북한의 실체를 규범적으로도 인정하고 있으므로 원칙적으로 국제법 원칙이 적용되어야 할 것이다. 그러나 남북한 관계에 있어서 국제법 원칙을 그대로 적용할 경우에는 남북한 관계가 국가 간 관계가 아니라는 대원칙의 취지에 반하게 된다. 그러므로 국제법 원칙을 유추적용하거나 남북한 관계를 법치주의 원칙에 따라서 규율하기 위한 법제도적 장치를 마련한다는 의미에서 국제법 원칙을 적용할 수 있는 법적 근거를 법률에 명시하는 것이 바람직하다고 하겠다. 이러한 규범 영역에서는 국제법 원칙 이외에도 헌법 제3조, 제4조와 이를 근거로 하여 제정된 남북교류협력에관한법률 등 국내법률과 각종 남북합의서도 북한을 평화통일을 위한 대화와 협력의 동반자로 인정하고 제정된 것으로서 남북한 관계에 그대로 적용된다고 하겠다.

셋째, 남북한 관계가 국제법적 규범 영역에서 적용될 경우에는 국제사회에서 남북한이 각각 국제법의 주체로서 활동하고 있는 현실과 국내법을 이유로 국제법의 적용을 배제할 수 없다는 국제법 원칙을 고려하여 남북한 일방 또는 쌍방이 각각 특정한 제3국 또는 국제기구와 법률관계를 형성할 경우에는 국제법 원칙이 적용된다고 하겠다. 한편, 남북한 관계가 국내법적 규범 영역에 머무르지 않고 특정한 제3국 또는 국제기구와 관련성을 갖는 경우에는 그러한 범위 내에서 원칙적으로는 국제법 원칙이 적용될 것이다. 그러나 헌법 제3조와 제4조에서 천명하는 평화통일을 달성하기 위한 통일정책을 수립하고 추진한다는 기본목표에 부합하도록 남북한 관계의 특수성을 최대한 반영하여 국제법 원칙을 변용 또는 탄력적으로 적용하는 방안을 마련할 필요가 있다.

V. 규범체계상 특성

1. 국내법적 규범체계

남북한특수관계론은 남북한 관계를 조망하는 관점과 규범 영역에 따라서 각각 상이한 규범체계를 가지나 본질적으로는 남북한 관계적 관점에서 남북한 관계의 특수성을 조망하고, 이를 국내법적 규범체계에서 평가하는 것이라고 하겠다. 즉, 남북한 관계를 조망하는 국내법적 관점과 국제법적 관점은 모두 남북한 관계적 관점의 일부 또는 외연이라고 할 수 있다. 남북한 관계가 적용되는 국제법적 규범 영역도 국제법 원칙의 적용을 기본으로 하면서 그와 조화를 이루면서 남북한 관계의 특수성을 고려하여 이를 예외적으로 변용하여 적용하는 것이라고 할 수 있다. 따라서 남북한 관계에 발생하는 법률문제의 대부분은 국내법의 적용에 있어서 발생하는 법률의 모순과 충돌로 인하여 발생하는 법이론적 공백을 메우기 위하여 도출된 개념이다.

남한은 국가보안법, 남북교류협력에관한법률 등을 통하여, 북한은 사회주의형법, 개성공업지구법, 북남경제협력법 등을 통하여 각각 남북한 관계를 법제도적으로 규율하고 있으므로 남북한특수관계론은 이들 법률의 모순과 충돌을 국내법적으로 해결하는 것에 현실적인 의미가 있다. 그러므로 규범으로서 남북한특수관계론은 남한과 북한의 규범체계를 초월하는 상위개념으로서 존재하는 것이 아니라 대한민국의 규범체계의 틀 속에서 남북한 관계가 관련되는 규범 영역에 한하여 적용되는 것이다. 이러한 의미에서 남북한특수관계론은 헌법 전문, 제3조와 제4조를 규범적 근거로 하여 도출되는 법규범이며, 국가보안법·남북교류협력에관한법률 등 국내법률의 제정·해석의 기준이 되고, 대북 및 통일정책의 수립·추진의 정당성을 제공하고 그 기준과 한계를 제시하는 것이므로 남한의 입장에서 남북한 관계를 규율하는 국내법적 규범체계에 포섭되는 개념이라고 하겠다.

현대사회에 있어서 국제법과 국내법은 그 주체 및 규율대상의 측면에서 구별이 모호해지고 있는 것은 사실이지만 그 형성과정, 현실적 규범영역, 법적 성격과 효과에 있어서는 상호 별개의 법체계이며 일방의 존재와 유효성이 타방에게 의존하는 것이 아니라는 의미에서 서로 독립적이므로 양자를 구별할 실익이 있다. 특히, 남북한 관계의 특수성에 비추어 그 규범 영역에 따라 적용되는 법원칙을 달리한다는 점에서 이를 구별하는 것은 규범적으로도 중요한 의미가 있다고 하겠다.

2. 헌법적 규범

남북한특수관계에 대하여는 남북기본합의서가 직접 명시하고 있지만, 앞에서 검토한 바와 같이 대법원과 헌법재판소가 남북기본합의서에 대하여 법적 구속력을 부인하고 있으므로 이를 법적 근거로 할 수는 없다.[98] 남북한특수관계론은 남북한 관계를 규율하는 법규범으로서 남북한 관계의 규범적 원칙과 기준을 제시하는 것이므로 국민적 합의를 바탕으로 하는 헌법에서 그 근거를 찾아야 할 것이다. 따라서 남북한특수관계론은 헌법 제3조와 제4조를 헌법적 근거로 하여 그 해석을 통하여 도출되는 개념으로서 헌법적 규범이라고 하겠다.

남북한특수관계론이 남북한 관계를 규율하는 법규범으로서 적실성 있게 기능하기 위해서는 남북한 관계를 일정한 법적 가치와 이념에 따라 조정·통합하는 규범적 역할을 제고하는 한편, 남북한 관계의 역사적 현실을 적절하게 반영할 수 있는 규범체계를 정립하는 것이 필요하다.

---

98) 헌법재판소 2000.7.20. 98헌바63 ; 대법원 1999.7.23. 98두14525.

즉, 평화통일이라는 헌법이념과 자유민주주의·법치주의·기본권 존중 등 다른 헌법적 가치에 따라 남북한 관계를 통일적이고 조화롭게 조정·통합할 수 있는 규범체제를 갖추어야 한다. 이러한 규범체계는 남북한 분단과 그 이후 교류협력과정에서 나타난 역사적 현실을 정확히 인식하고 이를 포섭할 수 있어야 한다. 이는 남북한 관계에 대한 법현실을 정확하게 반영함으로써 헌법 제3조와 제4조를 비롯한 남북한 관계에 대한 국내법률의 실효성을 높일 수 있을 뿐만 아니라 법치주의에 바탕을 두고 남북한 관계를 통일지향적인 평화공존관계로 정착시키는 데에도 기여할 것이다.

헌법규범으로서 남북한특수관계론은 다음과 같은 규범적 의미를 갖는다. 첫째, 통일정책을 수립·추진하는 정당성과 한계를 제공하며, 남북한 관계를 규율하고 남북한교류협력을 이끌어가는 규범적 기준이 된다. 둘째, 남북한 주민들에게 인간의 존엄과 가치를 보장하고 국민으로서 자유와 기본권을 보장하는 근본규범이다. 셋째, 국가권력기관으로 하여금 통일과 남북한 관계에 관한 국가권력을 행사함에 있어서 정당성의 근거이자 통제수단이 된다. 넷째, 통일과 남북한 관계에 관한 국내법령을 제정하고, 남북합의서를 체결하는 기준과 지침을 제공한다. 따라서 남북교류협력에관한법률·남북관계발전에관한법률·북한이탈주민의보호및정착지원에관한법률·남북협력기금법 등 남북한 관계에 관한 국내법령과 남북합의서는 물론 개성공업지구법·금강산관광지구법·북남경제협력법 등 북한의 관련법령도 남북한특수관계론을 기초로 하여 해석·적용되어야 한다. 2005년 12월 29일 공포된 남북관계발전에관한법률은 제3조 제1항에서 "남한과 북한의 관계는 국가 간의 관계가 아닌 통일을 지향하는 과정에서 잠정적으로 형성되는 특수관계이다", 제2항에서 "남한과 북한의 거래는 국가 간의 거래가 아닌 민족내부의 거래로 본다"고 각각 규정하고 있다.

그러나 남북한특수관계론이 위 규정으로부터 도출되는 것이 아니라 남북한특수관계론을 기초로 하여 위 규정이 마련된 것으로 해석하여야 한다. 이러한 의미에서 남북한특수관계를 직접적으로 규정하고 있는 남북기본합의서와 남북관계발전에관한법률의 규정은 남북한특수관계론의 법적 근거가 아니라 이미 헌법규정의 해석을 통하여 정립되는 헌법적 규범을 선언적으로 확인한 것이라고 하겠다.

3. 민족자결성(한민족의 자율의사 존중)

남북한특수관계론은 역사적으로 한반도에서 한민족(韓民族)이 단일국가를 유지하였으나 현재 남한과 북한이라는 각각 국가로서의 실체를 가진 통치질서가 병존하고 있다는 것을 전제로 하고 있다. 평화통일이란 한민족의 자율적인 의사에 의하여 남한과 북한을 하나의 헌법체제로 통합하여 하나의 국가공동체로 재통일을 달성하는 것을 의미한다. 따라서 남북한특수관계론은 남북한 분단 이전에 존속하고 있던 '하나의 전체국가'의 구성원인 한민족의 자율적 의사를 기초로 하고 있으므로 남북한 관계의 특수성과 그 구체적인 내용도 민족자결에 의하여 결정된다. 남북한특수관계론에 따라 남북한 관계를 국가 간 관계로 보지 않고, 남북한 거래를 민족내부거래로 인정하는 것도 국제법 주체로서 '한민족 전체국가'를 전제로 하고 있으며, 이는 남한과 북한의 상위개념으로서 통일의 법적 근거가 된다.[99] 통일과 남북한 관계를 규율하는 남북한특수관계론이 한민족의 자율적인 의사에 의하여 바탕을 두고 있다는 것은 남북한의 헌법 등 관련법령에 반영되어 있으나 구체적으로는 남북합의서에 잘 나타나 있다.

7·4남북공동성명은 통일 원칙으로서 통일을 자주적으로 해결하며, 사상과 이념·제도를 초월하여 우선 하나의 민족으로서 민족적 대단결을

---

99) 나인균, "한국헌법과 통일의 법적 문제", 헌법논총 제6집, 1995, 451~459면.

도모할 것을 선언하고 있다. 남북기본합의서도 그 서문에서 7·4남북공동선언에서 천명된 조국통일 3대 원칙을 재확인하고 민족적 화해를 이룩하고 민족 공동의 이익과 번영을 도모하기 위하여 노력을 경주할 것을 다짐하고 있다. 그밖에도 남북한은 국제무대에서 대결과 경쟁을 중지하고 서로 협력하며 민족의 존엄과 이익을 위하여 공동으로 노력하고(제6조), 경제와 문화 등 여러 분야에서 서로 협력하며(제21조), 민족경제의 통일적이고 균형있는 발전과 민족 전체의 복리향상을 도모하며 민족내부교류로서의 물자교류, 합작투자 등을 실시할 것(제15조)을 선언하였다. 6·15남북공동선언도 제1항에서 남북한은 '나라'의 통일문제를 그 주인인 '우리 민족끼리' 서로 힘을 합쳐 자주적으로 해결해 나가기로 하였음을 선언함으로써 민족자결성을 다시 한번 확인하고 있다.

국제법상 민족자결의 원칙은 하나의 민족이 독립적인 주권국가를 건설하는 것을 포함하는 정치적 지위에 대한 자유로운 결정을 포함하며, 법적 구속력을 지닌 강행규범이자 일반 원칙으로 인정되고 있다. 따라서 한민족이 자율적 의사에 따라 통일국가를 달성하고 이를 위한 교류협력을 추진하는 것은 국제법적으로 제3국에 대해서도 자신의 자결을 주장할 수 있는 대세적인 권리를 가지며, 제3국은 이를 존중하여야 할 국제법적 의무가 있다.[100]

이와 같이 남북한특수관계론은 남북한 당사자의 의사뿐만 아니라 국제법상 민족자결 원칙에도 부합하므로 통일방안과 정책의 수립은 물론 남북교류협력의 구체적인 내용·방식·절차에 대하여도 남북한이 합의하여 자율적으로 결정할 수 있을 것이다. 이러한 의미에서 민족자결의 원칙은 남북한 관계가 국제법적 영역에서 규율될 경우에 국제법 원칙을 적용함에 있어서 남북한의 특수성을 반영할 수 있는 근거가 된다. 다만, 민족자결의 원칙은 당사자인 남한과 북한이 자유로운 의사에 따라 결정한 내용을 존중한다는 것이므로 남북한의 의사가 일치하지 않을 경우에는 남북한간 국내법적 규범 영역에서는 물론 국제법적 규범 영역에서도

---

100) 김대순, 앞의 책, 252면.

적용되지 않을 것이다. 남북한 관계에 대하여 남북한의 의사가 일치하는 경우라도 그 내용이 제3국의 권리의무에 영향을 미치거나 국제법 원칙에 반하는 경우에는 민족자결의 원칙은 국제법적 규범 영역에서 적용되지 않는 한계가 있다.

4. 상호주의(대등성·동등성)

남북한특수관계론은 남북한이 각각 상대방에 대하여 국가성을 부인하고 있어 법규범적으로는 서로 양립할 수 없는 관계지만 한반도의 일부 지역에 대하여 지역적·대인적 주권을 행사하고 있으므로 국가로서의 실체를 인정하고 있다. 남북한이 상호 실체를 인정하는 이상 남북한 관계는 원칙적으로 서로 동등·대등·평등한 상호주의에 따라 규율될 수밖에 없다. 이러한 의미에서 남북한 관계에 있어서 상호주의는 남북교류협력을 추진하는 출발점이자 이를 규율하는 규범체계의 내용과 형식을 현실적으로 제한하는 한계로 작용한다. 다만, 남북한 관계에서 적용되는 상호주의는 법적 지위 또는 자격에 있어서 상호 동등하다는 것을 의미할 뿐, 남북한 관계에 발생하는 모든 내용이 동등하고 대등하여야 한다는 것을 의미하는 것은 아니라는 것을 유의하여야 한다. 즉, 남북한이 상호주의에 따라서 당사자로서 쌍무적인 관계를 가지고 합의를 한 경우에는 그 내용이 동등하고 대등하지 않다고 하더라도 상호주의에 위반되는 것은 아니다.

우리 헌법에서 규정하는 평화통일 원칙도 북한의 실체와 존재를 인정하고 있고, 남북한 관계를 규율하는 관련법령도 기본적으로 상호주의를 바탕으로 하고 있다고 해석된다. 우리의 통일방안인 '한민족공동체 건설을 위한 3단계 통일방안'도 남북한이 화해협력, 남북연합, 통일국가완성 등 단계별로 통일국가를 실현하는 과정에서 상대방의 대표성을 인정하고 '1대 1의 동등성 원칙'에 따를 것을 예정하고 있다. 특히, 남북회담의 진행과 남북합의서 체결에 있어서는 상호주의가 더욱 엄격히 적용된다.

남북한특수관계에 있어서 적용되는 상호주의는 남북한 관계가 적용되는 규범 영역에 따라서 구체적인 내용과 적용범위에 차이가 있다. 즉, 국내법적 규범 영역에서는 남북한이 서로 국가 간 관계가 아니라는 것에 대하여 동일한 입장을 취하고 있으므로 그 관계에도 상호주의가 적용되고 북한이 평화통일을 위한 화해와 협력의 동반자로 활동하는 경우에는 상호주의가 엄격하게 적용된다고 하겠다. 그러나 북한이 반국가단체로서 활동하는 경우에는 상호주의가 적용될 여지가 없을 것이다. 상호주의는 남북한이 각각 상대방의 정치적 실체와 존재를 인정하는 것을 전제로 하고 있으므로 북한이 적화통일노선에 따라 사회주의혁명을 완성함으로써 통일을 달성한다는 입장을 취하고 있는 이상 상호주의를 적용하는 전제조건이 상실하게 되는 것이다.

한편, 국제법적 규범 영역에서는 남북한 일방 또는 쌍방이 특정한 제3국 또는 국제기구와 형성하는 법률관계는 국제법 원칙에 따라 상대적 규범력을 가지므로 남북한 상호주의를 해당 제3국 또는 국제기구에 대하여 주장할 수 없을 것이다. 남북한 관계가 국내법적 규범 영역에 머무르지 않고 제3국 또는 국제기구와 관련성을 갖는 경우에는 남북한간에는 원칙적으로 상호주의가 적용된다고 하겠다. 다만, 남북한간 적용되는 상호주의가 국제법 원칙에 부합되지 않은 경우에는 이러한 남북한 관계의 특수성을 국제사회에 주장할 수 있는 방안이 필요할 것이다.

5. 통일지향의 잠정성(임시성·한시성)

남북한특수관계론은 평화통일을 달성하기 위하여 그 과정에서 발생하는 남북한 관계를 규율하는 법규범이므로 남북한 관계를 최종적·항구적으로 확정하는 것이 아니라 임시적·잠정적·한시적인 성격을 갖는 다고 하겠다. 따라서 남북한이 통일국가를 달성한 경우에는 남북한특수 관계론은 원칙적으로 그 의미를 상실하게 된다. 그러나 정치적 통일을 달성한 경우에도 법제도적인 통합이 실질적으로 완성할 때까지는 국내 법적으로는 물론 국제법적으로도 법률관계가 불명확하거나 확정되지 않은 경우가 있으므로 그러한 범위에서 일정한 시점까지는 남북한특수관 계론이 그대로 적용된다고 하겠다. 남북한특수관계론이 남북한 관계를 최종적·항구적으로 확정하는 것으로 이해할 경우에는 남북한의 분단을 사실적으로나 법규범적으로 고착화하는 것을 의미하므로 이는 헌법의 평화통일의 원칙에 위반되는 것이라고 하겠다.

남북기본합의서의 서문과 남북관계발전에관한법률 제3조 제1항은 남북한 관계를 "통일을 지향하는 과정에서 잠정적으로 형성되는 특수관계"라고 규정하여 그 잠정성을 명확하게 선언하고 있다. 이때 '통일을 지향하는 과정'이란 평화통일을 의미하므로 그 잠정성도 이념적으로 가치중립적인 것이 아니라 평화통일을 지향하는 범위에서만 인정되는 것으로 해석될 수 있다. 이에 따르면 통일에 역행하거나 비평화적인 통일을 지향하는 경우는 물론 북한이 반국가단체 또는 불법단체로서 활동하는 국내법적 규범 영역에서도 남북한특수관계론은 적용될 여지가 없게된다. 그러나 남북한특수관계론은 그 자체가 북한의 이중적 지위를 내포하고 있는 것이므로 이러한 잠정성은 반드시 평화통일을 위한 대화와 협력의 당사자로 활동하는 규범 영역에서만 적용되는 성격이라고 할 수는 없다. 이러한 의미에서 '통일을 지향하는 과정에서 형성되는 잠정성'이란 남북한이 평화적 통일을 지향한다는 헌법이념과 가치를 강조하여 평화통일을 달성할 때까지의 남북한 관계의 특성을 표현한 것으로 이해할 수 있다.

우리 헌법은 완성헌법을 전제로 평화적 통일에 대하여 규정하고 있으므로 평화통일을 달성한 경우에는 통일에 관한 규정은 그 규범적 의미를 상실하게 될 것이다. 이러한 경우에는 통일헌법의 제정이나 헌법개정의 방법을 통하여 통일국가의 헌법현실을 헌법규정에 반영할 수 있을 것이다. 이는 통일전 서독기본법이 통일을 지향하면서도 그 시기적·지역적 효력의 한계를 설정함으로써 통일완수시까지의 잠정적 성격을 가진다는 것을 명확히 한 것과 차이가 있다. 독일은 통일을 달성한 이후에 서독기본법을 개정하여 그 전문에서 "독일인은 자유로운 의사결정에 의하여 통일과 자유를 완수하였다. 따라서 기본법은 전체 독일민족을 위하여 효력을 가진다"고 선언함으로써 그 잠정적 성격을 벗어났음을 확인하였다. 따라서 남북한특수관계론은 평화통일을 달성할 때까지 한시적으로 남북한 관계를 규율하는 헌법규범적 기능을 담당하는 것이라고 하겠다. 남북한특수관계론의 잠정성은 북한체제의 변화, 남북한 관계의 발전, 국제정세의 변화 등 통일여건에 따라서 남북한특수관계론의 구체적인 규범적 내용이 달라질 수 있다는 것을 예정하고 있다. 이는 남북한특수관계론의 가변성·동태적 발전성과 직접적으로 연관성을 가진다.

6. 동태적 발전성(가변성·개방성)

남북통일은 남북한이 서로 적대적인 관계에서 출발하였으나, 상호 교류협력을 통하여 상호 신뢰를 회복하고, 평화적인 방법으로 통일국가로 완성하여 나가는 일련의 과정이라고 할 수 있다. 따라서 남북한 관계도 특정한 시점에서 확정적이고 고정적인 것이 아니라 통일정책과 국내외 여건에 따라서 다양한 모습으로 변화하여 왔으며, 앞으로도 북한체제의 변화, 남북교류협력의 발전, 국제사회에서의 남북한 지위의 변화 등에 따라서 유동적이고 가변적인 모습을 예정하고 있다. 남북한 관계를 규율하는 남북한특수관계론은 남북한 관계를 규율하고 있으므로 그 기본원칙은 그대로 유지되지만, 그 구체적인 내용은 특정한 시점과 사안에 있어서 가변적인 남북한 관계에 따라서 다양한 모습으로 나타날 수 있다. 이러한 의미에서 남북한특수관계론은 동태적 발전성을 가지며 구체적인 내용은 개방성을 갖는다고 하겠다.

대법원과 헌법재판소가 북한의 법적 지위와 관련하여 헌법 제3조와 제4조의 규범력을 확정적이고 고정적인 것이 아니라 북한의 평화통일을 위한 노력과 태도의 변화에 따라서 유동적이고 가변적인 것으로 인정하고 있는 것도 남북한 관계의 동태적 발전성과 개방성을 고려한 것이라고 평가할 수 있다.[101]

---

101) 헌법재판소 2003.5.15. 2000헌바66 ; 대법원 2003.5.13. 2003도604.

제4장 남북한특수관계론의 국내법적 적용

Ⅰ. 북한 주민의 법적 지위

1. 북한 주민의 국내법적 지위

1) 헌법 등 관련법률 규정

전통적인 국가 3요소론에 의하면 국민은 영토, 주권과 함께 국가를 구성하는 필수적인 요소이다. 국민이란 국가의 항구적 소속원으로서 국가의 영토 내에서는 어디에서든지 국가의 통치권이 미치는 인적 범위를 의미한다.[1] 헌법 제2조 제1항은 "대한민국의 국민이 되는 요건은 법률로 정한다"고 규정하고, 제2항은 "국가는 법률이 정하는 바에 의하여 재외국민을 보호할 의무를 진다"고 규정하고 있다. 개개의 국민은 국적을 통하여 국가구성원의 자격을 법률적으로 확인받고 보장받으므로 동일한 국적을 가지고 있는 사람들의 총체를 국민이라고 할 수 있다. 따라서 대한민국 국민이란 대한민국의 국적을 가진 모든 개인을 말한다. 이와 같이 국적은 개인과 소속 국가를 연결하는 법률적 유대인 동시에 개인과

---

1) 성낙인, 헌법학, 법문사, 2005, 86면.

외교적 보호관계를 설정하게 하는 국제법적 유대가 되기 때문에 국민의 권리의무를 형성하고 그 범위를 확정함에 있어서 매우 중요한 의미를 가진다.

대한민국 국민에 대하여는 헌법 제2조 제1항이 규정하는 국적법정주의에 따라서 국적법이 제정되어 국민의 요건과 자격을 규정하고 있다. 국적법은 북한 주민의 국적에 대하여는 특별한 규정을 두지 않고 있으며, 제2조 제1항에서 "출생한 당시에 부 또는 모가 대한민국 국민인 때"로 규정하고 있을 뿐이다. 이와 같이 국적법은 그 법률이 제정되기 이전에 이미 '대한민국의 국민'이 존재함을 전제로 하여 국민의 요건과 범위를 확정하고 있는 입법형식을 취하고 있다. 또한, 일본의 지배, 해방과 남북한 분단을 거치는 과정에서 국적을 부여하게 되는 연원으로서 의미를 가지는 '최초의 대한민국 국민'과 대한민국 정부수립 이전에 국외로 이주한 자들에 대한 국적 인정을 위한 경과규정을 두지 않고 있다. 이로 인하여 북한 주민의 국적은 물론 중국 등 해외에 거주하는 동포들에 대한 국적문제에 대하여 현실적으로 논란이 되고 있다.

북한을 사실상의 국가로 인정하는 것을 전제로 그 주권적 통치지배를 받는 국민의 자격을 가진 자에 대하여는 '북한 주민', '북한 국적자', '북한 적자', '북한 공민', '북한 공민증 소지자' 등 다양한 용어가 사용되나 일반적인 용례에 따라 북한 국적법에 의하여 국민의 자격이 인정되는 자를 총칭하여 '북한 주민'이라고 한다. 북한 주민에 대한 법적 지위는 북한 주민이 국적법상 '대한민국의 국민'에 포함되는지 여부에 따라서 결정된다. 이는 북한의 법적 지위와 직접적으로 관련성을 가진다.

헌법상 재외국민이란 외국에 있는 모든 국민을 의미한다. 재외동포의 출입국과법적지위에관한법률(이하 '재외동포법'이라고만 한다) 제2조는 재외동포를 "대한민국의 국민으로서 외국의 영주권을 취득한 자 또는 영주할 목적으로 외국에 거주하고 있는 자(재외국민)"와 "대한민국의 국적을 보유하였던 자 또는 그 직계비속으로서 외국 국적을 취득한 자 중

대통령령이 정하는 자(외국 국적 동포)”라고 규정하고 있다. 따라서 북한 주민이 북한 지역에 거주하고 있는 경우에는 ‘외국’에 거주하고 있는 재외국민 또는 ‘외국 국적’을 취득한 자에 해당하지 않으므로 이들에는 해당되지 않는다고 해석된다.

1997년 1월 13일 제정된 북한이탈주민의보호및정착지원에관한법률(이하 ‘북한이탈주민법’이라고만 한다)은 대한민국의 보호를 받고자 하는 북한 주민에 대하여 특별한 보호 및 지원에 관한 사항을 규정하고 있다. 제2조 제1호에서 “북한이탈주민이라 함은 북한에 주소·직계가족·배우자·직장 등을 두고 있는 자로서 북한을 벗어난 후 외국의 국적을 취득하지 아니한 자”로 규정하고, 제3조에서 동법의 적용범위를 “대한민국의 보호를 받고자 하는 의사를 표시한 북한이탈주민에 대하여” 적용하도록 규정하고 있다. 제19조 등에서 북한이탈주민에 대하여 보호결정을 할 경우에는 취업보호, 직업훈련, 정착금의 지급, 주거지원, 거주지보호 등 보호처분과 함께 호적을 취득할 수 있는 특례규정을 통하여 대한민국의 국민으로서 권리의무를 행사할 수 있도록 국적을 부여하고 있다. 이러한 규정을 통해서 북한이탈주민은 본인이 희망하는 경우에는 외국인과 같이 귀화 등의 절차를 거치지 않고 서울가정법원의 허가결정과 호적지 행정관청의 호적편제를 통하여 대한민국 국민으로서 권리의무를 행사하도록 하고 있다. 만약 북한이탈주민이라고 하더라도 보호결정을 받지 못한 경우에는 외국인으로서 귀화 등 절차를 거치는 것이 아니라 국적법 제20조가 정한 절차에 따라 국적판정제도를 통하여 대한민국 국적을 취득하도록 하고 있다. 이러한 특례와 국적회복의 절차는 모두 북한 주민은 대한민국 국민이라는 것을 전제로 하고 있는 것으로 해석된다.

북한의 경우에는 헌법 제1조에서 “조선민주주의인민공화국은 전체 조선인민의 이익을 대표하는 자주적인 사회주의국가이다”, 제62조에서 “조선민주주의인민공화국 공민이 되는 조건은 국적에 관한 법으로 규정한다. 공민은 주거지에 관계없이 조선민주주의인민공화국의 보호를 받는다”고 각각 규정하고 있다. 북한의 국적법은 조선민주주의인민공화국 공민의 자격에 대하여 “공화국 창건 이전에 조선의 국적을 소유하였던 조선사람과 그 자녀로서 본법 공포일까지 그 국적을 포기하지 않은 자”로 규정하고 있다. 북한에 있어서 ‘공민’은 구소련의 사회주의 법체제의 영향으로 국가와 정치적·법적 소속관계를 의미하는 것으로 ‘북한 국적을 가진 자’를 의미하며, ‘공민권’과 ‘국적’은 동일한 의미를 가진다고 할 수 있다.[2] 따라서 북한도 북한 주민은 물론 남한 주민도 모두 조선인민민주주의공화국 공민에 포함되는 것으로 인정하고 있는 것으로 판단된다.

국민의 요건과 자격에 관하여 헌법과 국적법의 규정내용을 해석함에 있어서 법률체계 및 입법형식과 관련하여 법논리적으로 유의해야 할 사항이 있다. 현행헌법이 국적법정주의를 규정하고 있는 것을 형식적으로 이해할 경우에는 헌법의 위임에 따라 하위법률인 국적법이 국민의 국적에 대하여 임의로 규정함으로써 국민의 요건과 자격을 확정할 수 있는 것으로 해석할 수 있다. 그러나 헌법을 정점으로 한 입법체계와 법논리에 따르면 국민과 국적은 국가를 전제로 하고 있는 것이므로 그 요건과 범위를 확정하는 것은 국가공동체의 기본이 되는 내용으로서 헌법적 규범사항이며 법률이 국적을 임의로 확정할 수 있는 것이 아니라는 것이다. 즉, 국민의 요건과 자격을 의미하는 국적을 국적법에 규정하는 것은 헌법규범 자체에 의하여 확정되는 기본적 내용을 법률로써 구체화하는 것이며, 이러한 입법행위는 입법형성의 자유가 축소되는 경우라고 할 수 있다.

헌법재판소도 국적법에 대하여 “국적은 국가와 그의 구성원 간의 법적 유대이고 보호와 복종관계를 뜻하므로 이를 분리하여 생각할 수 없다. 즉, 국적은 국가의 생성과 더불어 발생하고 국가의 소멸은 바로 국적의 상실사유이며, 국적은 성문의 법령을 통해서가 아니라 국가의 생성과 더불어 존재하는 것이므로 헌법의 위임에 따라 국적법이 제정되나 그

---

2) 사회과학원 법학연구소 법학사전, 사회과학출판사, 1971년, 81면 ; 사회과학원 법학연구소 민사법사전, 사회안전부출판사, 1997, 51면.

내용은 국가의 구성요소인 국민의 범위를 구체화, 현실화하는 헌법사항을 규율하고 있는 것이다"고 판시하였다.[3] 이는 헌법 제2조가 규정한 국적법정주의의 규범적 내용과 효력을 명확히 한 것으로서 국적에 관한 요건사실은 기본적으로 헌법적 사항이지 법률의 규정에 의하여 창설되는 것이 아니라는 점을 밝힌 것이라고 판단된다.

요컨대, 우리 헌법은 북한 주민의 법적 지위에 대하여 직접적으로 규정하지 않고 있으므로 헌법상 '대한민국의 국민'의 요건과 범위, 북한의 국내법적 지위 등을 종합적으로 고려하여 결정하여야 한다. 현행 국적법·재외동포법·북한이탈주민법 등은 북한 주민도 당연히 대한민국 국민이라는 것을 전제로 하고 있는 것으로 평가된다.

2) 북한의 법적 지위와 관계

북한 주민의 법적 지위는 북한 주민을 대한민국 국민으로 인정할 수 있는 것인지 여부, 즉 국적문제를 중심으로 논의되어 왔다. 이는 대한민국 법률의 인적 관할권의 범위와 외교적 보호권의 행사를 위한 전제조건으로서 기능하기 때문에 남북한 법률적용의 문제, 이산가족의 혼인과 상속문제, 북한 주민의 지적재산권의 귀속과 행사, 제3국에 대한 외교적 보호권의 인정여부 등을 결정하는 요건사실이 된다. 개인의 국적문제는 그가 소속된 국가를 전제로 하여 결정되는 법률문제로서 법논리적으로 북한의 법적 지위와 직접적 관련성을 갖게 되는 것이다. 따라서 헌법 제3조와 제4조의 해석을 바탕으로 하여 도출되는 북한의 법적 지위에 의하여 그 규범적 의미내용이 결정된다.

북한의 법적 지위와 관련하여 헌법 제3조의 규범력을 부인하는 입장에서는 헌법 제4조에 따라서 북한의 국가성을 현실적으로나 법규범적으로나 모두 인정하여야 한다는 것을 전제로 남한의 법률이 북한 지역에 효

---

3) 헌법재판소 2000.8.31. 97헌가12.

력을 미치지 못하고 있으므로 북한 주민은 대한민국 국민에 포함되지 않는다는 견해를 취하게 된다. 헌법 제3조에 대하여 규범력을 부인하는 근거에 대하여는 앞에서 검토한 바와 같이 다양한 견해가 있으나 어느 입장에 따르더라도 북한 주민은 대한민국 국민에 포함되지 않는다는 결론에 이르게 된다. 특히, 북한이 UN에 가입하여 국제법상 주체로 활동하고 있는 현실에서 중국 등 제3국과 외교적인 문제를 고려할 때 북한 주민을 당연히 대한민국 국민으로 인정하는 것은 비현실적이므로 북한 주민은 대한민국 국민이 아닌 외국인이며, 대한민국 국적을 취득하기 위해서는 망명 또는 귀화 등 별도의 절차에 의하여야 한다고 주장한다.4) 이에 반하여, 헌법 제3조의 규범력을 인정하는 입장에서는 비록 법현실과는 상당한 괴리감이 있으나 법률적으로는 북한 주민도 대한민국 국민에 포함된다는 견해를 취하게 된다. 남북한의 분단은 법률상의 분단이 아니라 사실상의 분단이므로 대한민국의 주권 또는 헌법의 효력이 당연히 한반도 전체에 미치는 것이지만 남북분단의 현실적인 상황에 의하여 북한 지역에 대한 효력이 사실상 제약당하고 있을 뿐이라는 것이다.

한편, 북한 주민의 법적 지위에 대하여는 북한의 법적 지위를 바탕으로 하면서도 북한 지역과 북한 주민에 대하여는 대한민국의 통치질서가 적용되지 않고 있다는 현실과 국제사회에서 북한이탈주민을 특별하게 취급한다는 점을 고려하여 북한 주민에게 특수한 지위를 부여할 것을 주장하는 견해가 있다. 이는 법률적으로는 북한 주민을 대한민국 국민으로 인정하면서도 형식논리적인 주장만으로는 현실적인 문제를 해결할 수 없다는 기능론적 입장을 취하고 있다. 북한 주민도 대한민국 국민에 포함되지만 현실적으로 대한민국의 주민으로서의 권리의무를 행사하지 못하고 있는 현실을 감안하여 사실상 '비국민'이라는 것이다. 대한민국 국민에는 남한 주민, 북한 주민, 재외 국민의 세 가지 유형이 있다고 전제하고 대한민국 단일 국적을 유지하되 그 하위개념으로 '남한적(南韓

---

4) 도회근, "북한주민의 헌법상의 지위에 관한 연구", 헌법학연구 제4집 제2호, 1998.10, 353면.

籍)'과 '북한적(北韓籍)'을 상정할 필요가 있다고 한다. 이에 따르면, 제1단계로 북한에 거주하는 북한 주민은 잠재적으로 대한민국 국적을 가지나 그 효력이 사실상 정지되어 있는 '북한적' 보유자이다. 제2단계로 북한으로부터의 탈출의사를 가지고 북한 지역을 이탈한 경우에는 '남한적'의 재외 국민임과 동시에 '북한적'을 보유하는 이중적 지위를 가진다. 마지막으로 제3단계로 북한 주민이 최종적으로 남한에 도착하는 경우에는 '북한적'을 상실하고 대한민국 국적을 전면적으로 회복한다.[5]

이러한 견해는 북한 주민의 국제법적 지위에 있어서 특수성을 강조한 것으로 북한이 UN가입국으로서 국제법적 주체로서 지위를 가지고 있으므로 국제법적 규범 영역에서 북한 주민을 대한민국 국민으로 취급하는 것은 국제법상 문제가 있다는 판단에 따른 것이다. 즉, 남한이 북한 국적을 국제적으로도 부인하는 것은 다른 UN회원국인 북한에 대한 비우호적인 행위를 하는 것일 뿐만 아니라 UN회원국이 다른 UN회원국에 대한 국내적인 영토 및 속인적 관할권을 존중하고 국내문제에 대하여 불간섭하여야 한다는 UN헌장상의 의무를 위반하는 것이 된다. 특히, 북한 주민이 제3국에 체류하고 있는 경우에는 제3국이 비록 남북한 관계의 특수성을 인정한다고 하더라도 그 나라에 대하여 남한의 헌법 등 국내법을 존중할 것을 요구할 수 없으므로 북한 주민을 대한민국 국민으로 주장하는 것은 현실적인 설득력을 갖기가 어렵다. 제3국이 북한에 대하여 국가승인을 한 이상 그 범위 내에서 북한 주민은 북한의 국민이나 제3국의 태도에 따라서 남한 국적도 인정될 개연성이 있어 이중국적자로 간주될 가능성이 있다고 한다.[6]

따라서 북한 주민이 제3국에 있는 경우에도 남한이 그들에 대하여 법률적으로는 외교적 보호권을 행사할 수가 있으나 사실상으로는 국제법적 관계에 따라서 이를 행사할 수가 없을 것이다. 그러나 북한 주민이

---

5) 제성호, "해외탈북자의 법적 지위와 처리방안", 법조 통권 556호, 2003.1, 59
  ~66면.
6) 제성호, 남북한특수관계론, 한울아카데미, 1995, 144~149면.

남한으로 들어온 경우에는 북한 주민도 당연히 대한민국 국민에 포함되므로 별도의 국적취득절차가 필요없이 북한 주민이라는 사실이 입증됨으로써 당연히 대한민국 국민으로서 자격을 취득하게 된다고 한다. 이 견해는 북한 주민을 잠재적으로는 대한민국 국적을 보유하면서 현실적으로는 북한적을 가지고 이를 향유하는 비국민의 지위에 있는 자라고 한다. 그러나 북한 당국이 북한 주민에 부여한 공법적 행위로서의 국적부여 행위에 대해서는 이는 하나의 사실문제에 불과한 것이고 국내법상 북한의 그와 같은 행위의 법적 효력을 인정할 수 없으므로 공식적으로는 이를 계속 부인하여야 한다고 한다. 이러한 의미에서 '사실상의 북한적'이라는 용어를 사용하고 있으며, 북한 주민에 대하여 일정한 한도 내에서 비국민의 지위를 인정한다고 하더라도 남북한특수관계의 정신에 비추어 이들을 일반 외국인과 동일시할 수는 없다고 한다.

이 밖에도 헌법 제3조를 근거로 북한 주민을 당연히 대한민국 국민으로 인정하는 것은 단순한 법형식논리에 불과하므로 남북기본합의서 등에서 선언한 남북한특수관계를 고려하여 북한 주민에 대해서는 특수한 지위를 부여하여야 한다는 견해가 있다.[7] 북한 주민은 남한법률상으로는 남한 주민이면서도 국제법상으로나 사실상으로는 북한 국적을 갖는 이중적 지위를 부여하여야 한다는 것이다. 북한 주민이 제3국으로 탈출할 경우에는 난민으로서 국제법적 보호를 받을 수 있도록 해야 하고, 남한으로 귀순할 경우에는 일정한 국적취득절차를 거쳐야 대한민국 국민이 될 수 있다고 한다.

이와 같이 단일의 '잠재적 국적'의 개념을 도입하여 그 하위개념으로 '남한적'과 '북한적'을 상정하고 북한 주민에 대하여는 단계별로 법적 지위를 달리 인정하자는 견해는 국내법과 국제법의 이원적 적용과 모순을 이론적으로 설명하는데 유용한 개념이다. 북한 지역에 거주하는 북한 주민에 대하여는 대한민국의 관할권이 적용되지 않는다는 현실적 상황

---

7) 장명봉, "대법원 판결과 북한 주민의 법적 지위 문제", 김철수교수 정년기념 논문집, 1998, 168면.

과 북한을 이탈하여 중국 등 제3국에 체류하고 있는 북한 주민에 대하여 대한민국의 외교적 보호권을 행사할 수 없다는 현실적 한계를 인정한 것이다. 그러나 현행 법체계에서 '잠재적 국적'을 법적 개념으로 도입하는 것은 신중히 결정하여야 한다. 헌법규범적 차원에서 확정되어야 할 국민의 요건과 자격이 법집행의 현실적인 실효성 또는 북한을 이탈하여 남한으로 들어 온 북한 주민에 대한 법적 보호와 지원의 필요성에 따라서 달리 평가되어서는 안 된다. 또한, 북한 주민의 특수한 법적 지위는 남북한특수관계론에 따른 법해석을 통하여 설명할 수 있다고 하겠다.

3) 판례의 입장

대법원은 헌법 제3조를 근거로 하여 북한 주민도 대한민국의 국민에 포함된다는 입장을 일관되게 유지하고 있다. 대법원은 "조선인을 부친으로 하여 출생한 자는 남조선과도정부법률 제11호 국적에관한임시조례의 규정에 따라 조선 국적을 취득하였다가 1948년 7월 17일 제헌헌법의 공포와 동시에 대한민국 국적을 취득하였다 할 것이고, 설사 그가 북한법의 규정에 따라 북한 국적을 취득하여 중국 주재 북한대사관으로부터 북한의 해외공민증을 발급받은 자라 하더라도 북한 지역 역시 대한민국의 영토에 속하는 한반도의 일부를 이루는 것이어서 대한민국의 주권이 미칠 뿐이고, 대한민국의 주권과 부딪치는 어떠한 국가단체나 주권을 법리상 인정할 수 없는 점에 비추어 볼 때 그러한 사정은 그가 대한민국 국적을 취득하고 이를 유지함에 있어 아무런 영향을 끼칠 수 없다"고 판시하였다.[8]

대법원의 이 판결은 북한 주민의 법적 지위를 명확하게 밝히고 있으나 다음과 같은 특징이 있다. 첫째, 북한 주민이 대한민국 국민에 포함되는 근거로서 헌법 제4조를 들고 있지 않다. 즉, 헌법 제3조에 기초하여

---

8) 대법원 1996.11.12. 96누1221.

북한 지역도 대한민국의 영토의 일부이며 대한민국의 주권과 법률이 적용된다는 것을 전제로 하는 기존의 입장을 그대로 유지하면서도 북한의 이중적 지위로서 평화통일을 위한 대화와 화해의 동반자로서의 지위에 대한 헌법적 근거조항인 헌법 제4조를 전혀 언급하지 않고 있다. 따라서 대법원은 북한 주민의 국적문제에 대하여는 헌법 제3조가 제4조에 비하여 우월적 효력을 갖는다는 것을 간접적으로 선언하고 있는 것으로 판단된다.

둘째, 건국헌법 제3조가 "대한민국의 국민되는 요건은 법률로써 정한다"고 규정하여 국적에 관하여 법률에 위임하였고, 그 법률인 국적법은 1948년 12월 20일 제정되었음에도 불구하고 대한민국 국적취득의 근거로서 건국헌법을 제시하고 있다. 이는 헌법재판소가 국적법에 대하여 헌법의 위임에 따라 국적법이 제정되나 그 내용은 국가의 구성요소인 국민의 범위를 구체화, 현실화하는 헌법사항을 규율하고 있는 것이라고 결정한 바와 같이 국적법정주의의 규범적 내용과 효력에 대하여 국적에 관한 사항은 헌법적 규범사항으로서 법률의 규정에 의하여 창설되는 것은 아니라는 것에도 부합하는 것으로 평가된다.

셋째, "조선 국적을 취득하였다가 1948년 7월 17일 건국헌법의 공포와 동시에 대한민국 국적을 취득하였다"고 표현하여 '조선 국적'과 '대한민국 국적'을 구별하고 있다. 따라서 이에 대하여 마치 1910년 한일합방조약에 의하여 한국이 소멸하였으며, 1948년 건국헌법의 공포로 대한민국이라는 신생국으로 탄생한 것이라는 오해를 불러일으킬 수 있다는 비판이 있다.9) 즉, 1948년 7월 17일 이전에 출생한 자는 조선 국적, 즉 한국 국적을 취득하였으나 1948년 건국헌법의 공포와 함께 이를 상실하고 그 대신 대한민국 국적을 새롭게 취득한 것을 의미하는 것이므로 결과적으로 대한민국의 역사적 법통성을 부정하게 된다는 것이다. 그러나 이 부분을 1948년 건국헌법의 제정으로 '대한민국'이라는 국호를 가진 국가가

---

9) 김명기, 북방정책과 국제법, 국제문제연구소, 1989, 203~204면.

과거의 대한제국의 법통성을 승계하여 성립한 것이고, 그 이전에 조선 국적을 취득한 자는 대한민국 국민의 자격을 승계하여 취득한 것으로 이해하는 한 국가의 법통성을 부정한 것은 아니라고 해석된다. 대법원의 판결문에도 '조선인', '조선의 국적'이라고 표현함으로써 대한민국 정부 수립 이전의 국호에 대하여 이를 '조선'이라는 것을 전제로 하고 있다. 이는 대한민국은 대한제국의 국호와 함께 주권적 권력자와 정치질서의 변혁을 겪었음에도 여전히 대한제국의 법통을 승계한 것이고, 대한제국 은 조선을 승계한 것이라는 것을 간접적으로 나타내고 있다고 하겠다. 따라서 대법원은 관련법령들을 조화적으로 해석하여 1910년 합일합방조 약은 원인무효로서 그 이후에도 대한제국은 국가로서 소멸한 것이 아니 라 그대로 존속하고 있었으며, 대한민국이 대한제국의 법통성을 승계하 고 있으므로 1910년 이후 1948년 이전에 출생한 자도 그 당시 부가 한국 국민인 이상 대한민국 국민으로서 인정된다는 입장을 취하고 있는 것으 로 분석된다.

넷째, 북한 주민이 대한민국 국민이라는 근거로서 건국헌법뿐만 아니 라 미군정 당시의 '국적에관한임시조례'를 들고 있다. 이는 최초의 대한 민국 국민에 관한 정의규정의 부재라는 원초적인 결함 문제를 극복하기 위하여 국적법 제정 이전에 출생한 자는 위 임시조례에 따라 조선의 국 적을 취득하고 이어서 건국헌법의 공포와 동시에 대한민국 국적을 취득 한다는 독창적인 법리구성을 시도한 것으로 평가된다.[10] 이는 대법원이 장래의 입법을 기다리지 않고 기존 법령의 조화적·연결적 해석을 통한 해결방안을 제시하였다는 점에서 매우 중요한 의미를 갖는다고 한다.

이 외에도 대법원과 하급심은 북한 주민의 국적과 저작권법의 효력범위 에 대한 판결에서도 헌법 제3조의 규범력을 근거로 하여 북한 주민은 당연 히 대한민국 국민으로서 지위를 가지며, 대한민국의 저작권법은 당연히 대 한민국의 주권범위 내에 있는 북한 지역에도 미친다고 판시하였다.[11]

---

10) 석동현, 국적법연구, 동강, 2004, 253~281면.

한편, 서울가정법원은 북한이탈주민으로서 남한에서 취적한 자가 북한 지역에 있는 배우자를 상대로 제기한 이혼 및 친권자지정에 관한 소송에서 원고와 피고의 혼인이 유효하다는 것을 전제로 원고의 이혼청구를 인용하였다.[12] 그 법적 근거로서는 헌법 제3조와 혼인과 가족생활을 보장하는 제36조 제1항, 그리고 북한이탈주민법 제1조, 제4조 제1항, 제12조, 제19조 등을 들었다. 그러나 북한 주민이 북한법률인 가족법에 따라서 혼인등록한 혼인관계를 법적으로 유효한 것으로 인정한 것인지 북한이탈주민법에 따른 취적특례조항에 따라 혼인관계를 법적으로 유효한 것으로 인정한 것인지 여부는 명확하게 밝히지 않고 있다. 판결이유에서는 혼인관계가 유효하다는 법적 근거로 남한의 헌법 제3조에 따라 북한 주민은 대한민국 국민이라는 점과 헌법 제36조 제1항, 그리고 남한법률인 북한이탈주민법을 직접적인 근거로 제시하고 있다. 그러나 북한의 가족법 등 그에 관한 북한법률에 대해서는 이를 전혀 언급하지 않고 있다. 따라서 남한의 헌법과 법률에 따라 혼인관계를 유효한 것으로 인정하고, 이를 전제로 이혼심판청구를 인용한 것으로 해석된다. 결국, 서울가정법원도 북한 주민의 법적 지위에 대하여는 대법원의 입장을 그대로 따르고 있는 것으로 판단된다.

2006년 6월 현재 남한에 들어와 북한이탈주민법에 따라 보호결정을 받고 정착한 북한이탈주민이 북한에 있는 배우자를 상대로 제기한 이혼소송사건이 100건 이상에 이르고 있다. 그러나 법원은 이혼사유, 송달요건 등에 관한 입법사항이 불명확하여 재판을 진행시키지 않고 있다. 한편, 2005년 9월 14일 국회의원 이화영 등 37명이 '북한이탈주민의보호및정착지원에관한법률개정안'을 국회에 제출하여 심사 중이다. 위 개정안은 제19조의 2(이혼의 특례)를 신설하여 동법에 따라 취적을 한 지 3년이 경과되도록 북한 지역의 배우자의 소재를 알 수 없는 경우에는 이혼청

---

11) 대법원 1990.9.28. 89누6396 ; 서울민사지법 1989.7.26. 89카13692 ; 서울고법 1999.10.12. 99라130 ; 서울지법 2003.6.27. 2002나60862.
12) 서울가정법원 2004.2.6. 2003드단58877.

구를 할 수 있도록 이혼사유로 인정하고, 이혼청구자의 배우자에 대하여 송달을 하고자 하는 경우에는 민사소송법 제195조 및 제196조의 공시송달에 의할 수 있도록 규정하고 있다.

헌법재판소는 북한 주민에 대하여 대한민국 국민에 포함된다는 것을 직접적으로 선언한 것은 없다. 다만, 북한 주민인 모의자가 헌법 및 국적법상 대한민국 국민임을 주장하면서 강제퇴거명령의 무효확인을 구하는 소송을 본안소송으로 하는 국적법 제2조 제1항 제1호에 대한 위헌제청 사건에서 부칙조항의 재판의 전제성을 인정하고, 위 대법원의 판결 취지를 그대로 인용하고 있다.13) 또한, 북한 주민에 대하여 "외국환거래의 일방 당사자가 북한의 주민일 경우 그는 이 사건 법률조항의 '거주자' 또는 '비거주자'가 아니라 남북교류협력에관한법률의 '북한의 주민'에 해당하는 것이다. 그러므로 당해 사건에서 아태위원회가 법 제15조 제3항에서 말하는 '거주자'나 '비거주자'에 해당하는지 또는 남북교류협력에관한법률상 '북한의 주민'에 해당하는지 여부는 법률해석의 문제에 불과한 것이고, 헌법 제3조의 영토조항과는 관련이 없는 것이다"고 판시하였다.14)

이에 대하여는, 헌법재판소가 헌법 제3조로부터 북한 주민의 지위를 도출하는 것에 소극적인 입장을 표명한 것으로 해석할 수도 있다. 그러나 "외국환거래법상의 '거주자 또는 비거주자'를 구분하는 거주성의 개념은 국적과는 논리필연적인 관계에 있는 것은 아니다"고 밝히고 있고, 남북교류협력에관한법률도 제1조에서 '북한'에 대하여만 군사분계선 이북 지역이라고 정의하고 있을 뿐, '북한 주민'에 대하여는 정의규정을 두지 않고 있다. 따라서 이 사건에서는 헌법 제3조의 영토조항과 북한 주민의 국적에 대한 판단이 불필요하다는 판단에서 기인한 것으로 해석하는 것이 타당하다. 헌법재판소는 헌법 제3조의 영토조항으로부터 북한을 '외국'으로, 북한 주민을 '비거주자'로 바로 인정할 수 없고 남북한의

---

13) 헌법재판소 2000.8.31. 97헌가12.
14) 헌법재판소 2005.6.30. 2003헌바114.

특수관계적 성격을 고려하여 북한 지역을 외국에 준하는 지역으로, 북한 주민 등을 외국인에 준하는 지위에 있는 자로 규정할 수 있다고 판시한 대법원의 판결을 인용하고 있어 기본적으로 대법원의 입장과 동일하다고 판단된다.

요컨대, 대법원과 헌법재판소는 헌법 제3조를 근거로 하여 원칙적으로 북한 주민을 대한민국 국민으로 인정하고 있다는 점에서 규범체계적인 해석 원칙에 따르고 있다고 평가된다. 그러나 헌법 제3조와 제4조와의 관계와 양 조항의 통일적·규범조화적 해석을 통하여 기본적으로 북한 주민을 대한민국 국민에 포함시키면서도 일정한 규범 영역에서 북한 주민의 특수한 법적 지위를 인정하고 그 특수한 법적 지위의 내용을 구체화하여야 함에도 불구하고 북한의 법적 지위에 대한 판례에 있어서와 마찬가지로 남북한특수관계의 규범체계를 법논리적으로 제시하지 못하였다는 비판이 가능하다.

2. 남북한특수관계론의 적용

1) 규범 영역에 따른 구별

북한 주민의 법적 지위는 북한의 법적 지위와 직접적으로 관련되고 현실적으로 남북한 관계에 대한 법적용의 문제이므로 남북한특수관계론에 따라서 북한 주민의 법적 지위가 구체적으로 적용되는 규범 영역을 기준으로 국내법적 규범 영역과 국제법적 규범 영역으로 구분하여 검토하는 것이 타당하다.

남북한특수관계를 북한 주민의 법적 지위에 대하여 적용할 경우에는 소극적인 의미에서 남북한은 나라와 나라 사이의 관계가 아니라는 것을 의미하므로 북한 주민을 외국인으로 인정할 수는 없다는 것을 기본전제로 출발하고 있다.

첫째, 북한이 반국가단체로서 활동하는 국내법적 규범 영역에서는 북한 주민에 대하여 반국가단체를 구성하는 적극적인 주체로 인정하든지 반국가단체에 의하여 사실상 지배당하고 있는 대상으로 인식하든지 모두 법규범적으로는 대한민국 국민이다. 국가가 아닌 반국가단체인 북한이 실질적으로 북한 지역을 지배하고 북한 주민에 대하여 통치력을 행사하고 있다고 하더라도 법규범적인 의미에서는 북한 주민에 대하여 대한민국 국민이 아니라고 할 수는 없다.

둘째, 북한이 평화통일을 위한 화해와 협력의 동반자로서 활동하는 국내적 규범 영역에서는 북한 주민은 법규범적으로도 그 실체를 인정하는 북한을 구성하는 주민으로 인정되므로 그러한 범위 내에서는 남한과 동등한 지위를 갖는 실체로서 분단체의 일부분을 구성하는 북한의 주민인 특수한 지위를 가진다. 즉, 북한 주민은 외국인은 아니지만 현실적으로 남한 주민으로서의 법적 지위를 현실적으로 누리고 있지도 않은 특수한 지위로서 '북한적'을 가진 주민이므로 원칙적으로 국제법 원칙을 유추 적용하거나 북한 주민에 대하여 외국인에 준하는 지위를 인정하여야 한다.15) 이는 북한법률의 효력 및 그에 따른 법률관계의 규범적 효력과 직접적으로 관련되는 것으로 북한의 정치적 실체를 인정하는 이상 북한에서 생활하면서 북한법률에 따라 형성, 유지되어 온 북한 주민의 권리의무관계를 그대로 인정하는 것이 북한 주민의 인권과 행복추구권을 보장하고 인류적·인도적 정신에도 부합하는 것이다.

셋째, 남북한 관계가 국제법적 규범 영역에서 적용될 경우에는 남북한 일방 또는 쌍방이 각각 특정한 제3국 또는 국제기구와 법률관계를 형성할 경우에는 '북한적'을 인정하여 국제법 원칙을 유추적용하거나 외국인에 준하는 지위를 인정하여야 한다. 남북한 관계가 국제법적으로 관련성을 가지는 경우에는 북한 주민의 특수한 지위를 반영할 수 있도록

---

15) 대법원 2004.11.12. 2004도4044 ; 헌법재판소 2005.6.30. 2003헌바114.

외교적 노력을 기울일 필요가 있다. 특히, 북한 주민의 법적 지위가 국제법적 규범 영역에서 적용될 경우에는 남북한의 정치적 이해관계뿐만 아니라 국가 간 외교문제와도 직접적으로 관련되는 경우가 많기 때문에 그 사안과 관련되는 제3국 또는 국제기구의 성격에 따라서 북한 주민의 법적 지위가 상대적으로 결정된다.

북한 주민의 법적 지위에 있어서도 남북한특수관계의 특성이 반영된다. 남북한이 자율적으로 북한 주민에 대하여 특수한 지위를 부여하기로 합의하는 경우에는 민족자결의 원칙에 따라서 국내법적 규범 영역에는 물론 국제법적 규범 영역에서도 그 특수한 지위를 인정하여야 한다. 남북교류협력의 과정에서 남북한간 상호주의 원칙에 따라서 남한 주민과 북한 주민은 법률관계를 형성·유지함에 있어서 대등성과 동등성을 가진다. 북한 주민의 특수한 지위는 평화통일의 과정에서 잠정적으로 형성되는 임시적·한시적인 것일 뿐만 아니라 남북한 관계의 발전과 국제정세의 변화에 따라서 동태적 발전성을 가진다. 따라서 상호 외국인에 준하는 지위에서 점차 동일한 법적 권리의무를 향유하는 공동체의 구성원으로 발전할 것을 예정하고 있다.

2) 헌법 제3조의 우월적 효력

남북한 관계에 있어서 북한 주민의 법적 지위가 현실적으로 문제가 되는 것은 위에서 살펴본 바와 같이 국내법적으로는 북한이 평화통일을 위한 화해와 협력의 동반자로서의 지위를 가지고 활동하는 규범 영역에서와 국제법적 규범 영역에서 주로 발생할 것으로 예상된다. 이러한 규범 영역에 있어서는 북한 주민도 헌법규범적으로는 대한민국 국민에 포함되지만 현실적으로 그 규범의 실효성이 제한되는 특수한 지위를 가진 것으로 파악하여야 할 것이므로 그 구체적인 내용을 어느 범위에서 인정할 것인지가 중요하다.

북한 주민의 법적 지위는 북한의 법적 지위에 따라서 그 규범적 의미가 결정된다. 북한 주민은 헌법 제3조에 따라 원칙적·법규범적으로 대한민국 국민으로 인정되고 헌법 제4조에 따라서 그 특수한 지위가 인정되는 것이므로 헌법 제4조의 현실적인 규범력의 정도와 범위에 따라서 그 규범적 의미가 구체적으로 결정된다. 헌법 제3조는 목적적·가치적 규범력을 가지고 제4조에 대하여 평화통일을 추진하는 헌법적 근거와 정당성을 제공함과 동시에 구체적인 통일정책의 수립과 집행의 헌법적 범위와 한계를 제시한다. 한편, 헌법 제4조는 제3조의 규범력의 범위 내에서 실천적·수단적 규범력을 가지고 있으므로 제3조와 관계에서 유동적이고 가변적이라고 할 것이다.

이러한 점을 고려할 때, 정치적 통일체로서 국가공동체를 구성하는 국민의 국적귀속의 문제는 국가를 구성하는 기본요소로서 고도의 안정성이 요구되어 규범 영역에 따라 달라질 수는 없다. 그러므로 북한 주민에 대하여 일정한 규범 영역에서 특수한 법적 지위를 인정한다는 것도 대한민국 국민으로서의 법적 지위를 기본적인 바탕으로 하고, 구체적 사안에 있어서 남북한 관계의 특수성을 반영하여 법률의 근거에 따라서 특별한 취급을 할 수 있다는 의미에 국한된다. 이러한 의미에서 북한 주민의 법적 지위에 관하여는 헌법 제3조의 규범적 효력이 제4조에 비하여 우월적으로 적용된다고 판단된다.

북한 주민의 법적 지위에 관하여는 국내법상 북한의 이중적 지위와의 관계에 있어 북한을 불법단체로서 인정하는 규범 영역에서는 물론이고 북한을 평화통일을 위한 대화와 협력의 동반자로서 인정하여야 할 규범 영역에서도 당사자가 희망하는 경우에는 대한민국의 국민으로서 지위를 인정하여야 한다. 다만, 북한을 평화통일을 위한 대화와 협력의 동반자로서 인정하여야 할 규범 영역에서는 남북회담을 위하여 또는 남북 간 합의에 따라 남한을 방문한 북한 주민이나 우연한 사고로 남한에 입경한 북한 주민, 남북교류협력의 과정에서 발생하는 각종 사건사고와 관련된 북한 주민에 대하여 당사자가 대한민국 국민으로서 인정받기를 거부하는 의사를 표시한 경우에는 그 의사에 반하여 대한민국의 국민임을 강제할 수는 없다. 그러한 의미에서 북한 주민에 대하여는 특별한 법적 지위를 부여할 수 있다.

이러한 관점에서 최근 UN인권위원회에서 북한 주민의 인권상황 개선을 촉구하면서 채택한 북한인권결의안에 대하여 남한정부가 소극적인 태도를 보인 것은 남북한 관계를 고려한다는 정책적 차원의 고려에도 불구하고 인권문제에 관한 한 자국민보호의 권리의무를 외면한 것이라는 비판이 가능하다.

북한 주민의 법적 지위에 대하여 통일 전 서독이 동독 주민 또는 동독 탈출자 처리를 위한 법제도를 정비한 것은 우리에게 시사점을 제공하고 있다. 1949년 서독과 동독으로 분단된 이후 서독은 기본법 제정 당시부터 동독탈출자뿐만 아니라 제2차 세계대전의 결과로 유럽전역에 흩어지게 된 독일민족 내지 독일계 혈통자들을 서독의 법체제 내부에 포섭하는 방안을 강구하였다. 서독기본법 제116조 제1항은 "이 기본법에서 말하는 독일인이란 법률에 달리 규정이 없는 한 독일 국적을 가진 자이거나 1937년 12월 31일 현재 독일국 영역 내의 독일혈통을 가진 난민, 피추방자 또는 그 배우자나 비속으로 받아들여진 자이다"라고 규정하여 서독과 동독의 분리된 국적을 인정하지 않고 독일제국의 국적 하나만이 존재함을 선언하였다.

서독은 1972년 기본조약을 체결한 이후에도 동독 주민들이 동독 시민권 외에 서독의 국적이기도 한 공통의 국적, 즉 독일 국적을 가진다는 것을 기본원칙으로 하였다. 따라서 동독 주민이 스스로 원하여 요청하는 경우에만 공통의 독일 국적이 주어지며 관련 하위법령이 정한 바에 따라 동독에서 탈출해 온 동독 주민들에게 대하여 동독 당국이 발행한 신분증명서를 제출하고 신청을 하면 이를 서독의 여권과 신분증을 바꾸어 줌으로써 입국 및 내국인으로서의 편입절차를 종료하였던 것이다. 이를 위한 하위법령으로는 1950년 8월 22일 제정된 긴급수용법(Notaufnahmegesetz)과 1965년 7월 24일 제정된 피난민지원법(Flüchtlingshilfegesetz)을 들 수 있다. 이러한 법령을 통하여 동독탈출자들의 유입을 통제·관리하고 각 주의 경제적·사회적 여건을 고려하여 각 주별로 그 피난민을 배분하여 정착을 지원하였다.[16] 이러한 기본원칙은 서독의 연방헌법재판소의 판결에 의하여 이른바 '문호개방이론(Prinzip der offenen Tür)'으로 정립되었다. 이는 동독 주민도 독일인으로서 독일 국적을 가지나 동독 영역에 머무는 한 독일 국적은 그 효력이 정지된 상태에 있게 되고 동독 영역을 벗어나는 경우에는 본인의 내심의 의사에 따라 자동적으로 독일 국적을 회복한다는 것이다.[17]

요컨대, 서독은 헌법규범인 기본법을 통하여 동독 주민도 독일국민에 해당함을 분명히 선언하고 서독으로 이주 및 편입하려는 동독 주민에 대하여는 국적법에 따른 국적취득절차가 아닌 하위법령에서 규정하는 혈통과 신분에 대한 심사를 통하여 신속하게 내국인으로의 신분등록 및 정착을 지원하였다. 이러한 법제도를 통한 동독 주민의 포섭은 그 적용대상으로서 동독 주민을 광범위하게 포함할 뿐만 아니라 신속하고 효율적으로 인적 통합을 실현하였다는 점에서 중요한 의미가 있다고 판단된다.

3. 북한이탈주민의 특별한 지위

1) 해외체류 북한 주민에 대한 외교적 보호권

북한 주민의 법적 지위가 국제법적 규범 영역에서 적용될 경우에는 북한 주민 당사자의 의사, 남북한과 북한 주민 체류국가의 외교적 관계

---

16) 허영 편저, 독일통일의 법적 조명, 박영사, 1994, 65~66면.
17) BVerfGE 36, 1(30) ; BVerfGE 40, 141(163, 175) ; BVerfGE 77, 137(149f) ; BVerfGE 77(137).

에 따라서 그 규범적 의미가 상대적으로 다양하게 결정될 것이다. 기본적으로 국제법적 관점에서 북한 주민은 북한에 대한 국가승인 여부에 따라서 상이한 법적 지위가 부여되므로 북한을 국가로 승인한 국가나 국제연합과의 관계에서는 북한 주민은 북한의 국적을 가진 국민으로 인정될 것이다. 국가승인의 효과에 대하여는 창설적 효과설과 선언적 효과설이 대립되고 있으나, 승인한 국가와 그 대상인 국가와의 사이에서만 효력이 발생하는 상대적 효력을 갖는다는 것에는 의견이 일치하고 있다.

국제법적 관점에서 북한 주민의 법적 지위가 실질적으로 문제되는 것은 해외에 체류하는 북한 주민과 북한을 탈출하여 제3국에 체류하는 북한 주민에 대하여 외교적 보호권을 행사하는 경우라고 할 수 있다. 이 외에도 1949년 중국 정부수립 이후 중국 내 소수민족 편입과정에서 조선족으로 분류되어 중국 국적을 부여받지 못하고 북한 국적자로 분류된 이른바 '조교(朝僑)'와 그 후손들도 있다. 이들 역시 북한을 탈출한 것이 아니므로 해외에 체류하고 있는 북한 주민으로 분류할 수 있다. 해외공관이나 공무상 파견, 업무상 해외지점에서의 근무, 해외여행 등 북한 주민이 주관적·객관적으로 북한과 실질적 관련성을 가지고 해외에 체류하는 경우에는 해당 북한 주민의 의사를 존중하여 그에 따라 규범 영역에 적용되는 법률관계가 결정될 것이다. 북한 주민이 주관적으로 북한지역을 탈출하여 북한과의 객관적인 관련성을 배제한 채 해외에 체류하거나 남한으로 입국할 목적으로 일시적으로 해외에 체류하는 경우와는 구별되기 때문이다. 따라서 해외에 체류하는 북한 주민에 대하여는 국제법 원칙에 따라 북한이 외교적 보호권을 행사할 수 있으며, 그들의 위법행위에 대해서도 북한이 국제법상 책임을 져야한다고 하겠다. 북한 주민이 체류하는 국가가 남한만을 국가로 승인하고 북한에 대하여 국가승인을 하지 않은 경우에도 남한의 입장에서는 국내법적으로 북한 주민을 대한민국 국민으로 인정한다고 하더라도 남한이 이들에 대하여 외교적 보호권을 행사할 수 없는 한계가 있을 것이다.

남한이 북한 주민에 대하여 대한민국의 국민임을 인정하면서도 외교적 보호권을 행사하지 않는 것은 헌법 제2조 제2항에서 규정하고 있는 재외국민의 보호의무를 위반하는 것이라는 비판이 가능하다. 그러나 국제법 원칙상 교전단체도 그 주민에 대한 외교적 보호권을 행사할 수 있다는 점, 해외에 체류하는 북한 주민의 의사를 존중하여야 한다는 점 등에 비추어 이들에 대해서는 특별한 법적 지위를 인정하여야 하므로 남한의 외교적 보호권 행사에 일정한 제한이 있다고 할 수 있다. 재외국민의 보호를 규정하는 재외동포법도 해외에 체류하는 북한 주민에 대하여는 그 법률이 보호대상으로 하고 있는 재외동포에서 제외하고 있다. 북한 주민에 대한 외교적 보호권의 행사와 관련하여 '법률상의 국민(de jure national)'과 '사실상의 국민(de facto national)'으로 구분하고 남한 주민은 법률상의 국민이자 사실상의 국민이지만, 북한 주민은 법률상의 국민이나 사실상의 국민은 아니라고 하는 입장도 북한 주민의 국제법상 특수한 지위를 고려한 것이라고 판단된다.[18]

2) 해외체류 북한이탈주민의 보호

북한 주민의 법적 지위는 최근 북한을 이탈하여 제3국에서 체류하거나 남한으로 들어와 남한 주민으로 정착하는 사례가 증가함에 따라서 이들에 대한 안정적인 법적 지위를 보장하기 위한 현실적인 필요성에서 본격적으로 논의되었다. 북한이탈주민은 1990년 초반 러시아 벌목공의 탈출을 시작으로 본격적으로 대두되었다. 1990년 중반 이후 북한의 식량난으로 인한 주민들의 대량이주가 남한으로의 대량입국으로 연결되었다. 2000년 220여 명이 입국한 이후 중국 등 제3국을 통하여 남한으로 입국한 북한 주민은 매년 급격히 증가되고 있다. 2002년에는 1,000명을

---

18) 김명기, 앞의 책, 199면 ; 석동현, "통일전 북한 주민의 국내법적 지위 및 관련입법의 방향 논고", 법조 통권 522호, 2000.3, 66면.

초과하였고, 2003년 1,281명, 2004년 1,894명에 이어 2005년 12월 현재 총 1,387명이 남한으로 들어와 하나원에서 교육을 받고 남한사회에 정착하였다. 현재 중국은 북한이탈주민에 대하여 공식적으로는 북한과 체결한 '변경 지역에서의 국가안정과 사회질서 유지를 위한 상호 협력의정서'에 따라서 자국의 출입국관리법규를 위반한 불법입국자로 취급하여 북한으로 강제송환하고 있다. 우리 정부는 이에 대하여 외교적 관계를 고려하여 이른바 '조용한 외교'의 원칙에 따라서 대처하고 있다. 이러한 강제북송에 대하여는 국제법상 불법이라는 주장이 제기되고 있으나, 이는 북한이탈주민을 난민으로 인정할 수 있을 것인지 여부와 직접적으로 관련된 문제이다.

북한 주민이 주관적으로 북한 지역을 탈출하여 북한과의 객관적인 관련성을 배제한 채 해외에 체류하거나 남한으로 입국할 목적으로 일시적으로 해외에 체류하면서 대한민국의 국민으로서 대한민국의 보호를 희망하는 경우에는 남한의 입장에서 이들에 대한 외교적 보호권의 행사를 주장할 수 있을 것이다. 그러나 현실적으로는 이들에 대하여 사실상의 '북한적'을 갖는 지위를 인정하여 체류국인 제3국의 주권적 판단과 '실제 상황(factual situation)과 부합하는 국적' 또는 '진정하고 실효적인(real and effective) 국적'의 원칙을 존중하여야 하는 한계를 인정하여야 할 경우가 있을 것이다.

북한을 이탈하여 해외에 체류하는 북한 주민에 대하여는 그 국제법적 지위와 관련하여 북한 주민의 인권보장 차원에서 국제법상 난민의 지위를 인정할 것인지 여부를 중심으로 논의되고 있다. 이 문제는 기본적으로 일반 국제법 원칙과 국제적 외교관계에 따라서 처리되고 있다. 특히, 2004년 10월 4일에 제정된 미국의 '북한인권법(North Korean Human Rights Act of 2004)'에서 북한 주민의 지위에 대하여 규정하고 있는 것에 대하여 현행헌법과 국적법 등 법률체계와 모순·충돌된다는 논란이 있다. 북한인권법은 북한 인권 보호, 북한 주민 지원, 탈북 난민 보호 등 총 3개장 18개 조문으로 구성되어 있다. 북한인권 보호에 대하여는 북한인권의 신장을 위하여 활동하는 민간단체에 2005년부터 3년간 매년 200만 달러를 지원하고, 매일 12시간 대북 라디오를 방송하고 이를 위한 라디오를 보급한다. 북한 주민에 대한 지원에 대하여는 탈북자 지원단체 등에 2005년부터 매년 2,000만 달러를 지원하고, 북한에 대한 인도적 지원의 배분투명성을 감시하는 활동을 강화하는 규정을 두고 있다. 북한이탈주민의 보호에 대하여는 북한 주민에게 대한민국헌법에 의하여 보장받는 대한민국 국민으로서의 권리를 인정하면서도 제302조(난민 또는 망명 고려를 위한 자격)에서 "(b) 북한 주민의 처우―이민·국적법 제207조(8 U.S.C. 1157)의 난민지위를 위한 자격 또는 이민·국적법 제208조(8 U.S.C. 1158)의 망명을 위한 자격을 위한 목적을 위하여 조선민주주의인민공화국 주민은 대한민국 국민으로 인정되지 않는다"고 규정하고 있다. 이는 북한 주민도 대한민국 국민이라는 기본원칙에 위배된다는 것이다. 그러나 북한인권법 제302조는 "(a) 목적―이 조의 목적은 북한 주민은 대한민국헌법에 의해 시민권자에게 부여되는 법적 권리로 인하여 미국에서의 난민 또는 망명지위 자격으로부터 배제되지 않는다. 이는 대한민국헌법에 의하여 북한 주민이 향유할 수 있거나 이 전에 북한 주민이었던 자가 이미 취득한 어떠한 시민권적 권리도 훼손하기 위함이 아니다"고 규정하고 있다.

이는 원칙적으로 북한 주민에 대하여 대한민국헌법에 의하여 대한민국 국민으로서 법적 지위를 인정하고 있다고 해석된다. 또한, 예외적으로 망명·난민신청과 관련하여 대한민국 국민으로서의 지위를 인정하지 않는 것도 미국의 이민·국적법상 동맹국의 국민에 대하여는 난민·망명의 지위를 부여하지 않고 있는 것을 고려하여 북한이탈주민으로 하여금 이를 배제하고 망명·난민신청을 허용하도록 하기 위하여 제한된 범위에서 적용된다는 점에 비추어 현행헌법 등 우리 법률체계와 모순된다고 할 수는 없을 것이다.

이에 대하여는 '난민의 지위에 관한 협약(난민협약, 1951)' 또는 '난민의 지위에 관한 의정서(난민의정서, 1967)'에 따르면 미국이 난민·망명신청을 인정함에 있어서 반드시 대한민국 국민임을 배제할 것이 요구되는 것이 아니다. 따라서 북한이탈주민에 대하여 대한민국 국민으로 인정하더라도 난민인정 또는 망명허용에 있어서 아무런 법적 장애가 없다는 입장도 있을 수 있다. 그러나 미국의 북한인권법이 우리 헌법과 모순되는 내용을 포함하고 있다고 하더라도 국제법상 미국의 자국 내 입법행위를 통한 법률은 우리 국내법상 규범력을 갖는 법규가 아니라 '사실관계'에 불과하므로 외교정책상 문제가 될 수 있을 뿐 법률상 모순이나 충돌로 볼 수는 없다고 하겠다.

3) 북한이탈주민에 대한 보호와 정착지원

북한 주민으로서 대한민국의 보호를 받고자 하는 자에 대하여 대한민국 국민으로서 법적인 권리를 보장하고 정치·경제·사회·문화 등 모든 생활 영역에서 신속하게 적응·정착할 수 있도록 보호하고 지원하기 위하여 북한이탈주민법을 제정하여 시행하고 있다. 이는 1997년 1월 13일 종전에 시행되어 오던 '귀순북한동포보호법'을 폐지하고 새로 제정된 법률로서 제19조는 위 법률에 의하여 대한민국 정부의 보호 및 지원을 받기로 결정된 북한이탈주민에 대하여 취적의 특례를 인정하고 있다. 즉, 남한 지역에 본적을 가지지 아니한 자에 대하여는 본인의 의사에 따라 본적지를 정하고 그에 따라 통일부장관이 서울가정법원에 취적허가신청서를 제출하며, 서울가정법원은 그 신청에 대하여 지체 없이 허가여부를 결정하여야 하고, 그 신청을 허가한 때에는 당해 취적지의 호적관서의 장에게 취적허가서 등본을 송부하며, 호적관서의 장은 지체 없이 호적을 편제하여야 하도록 규정하고 있다.

이러한 규정은 북한이탈주민에 대하여는 정부의 보호결정이 있으면 국적법에 따라 대한민국 국적을 취득하는 별도의 절차를 거치지 않고 용이하게 취적할 수 있도록 특례를 인정한 것이다. 이는 북한 주민은 외국인이 아니라 대한민국의 국민에 해당한다는 것을 전제로 하고 있는 것으로 해석된다. 이러한 입법태도는 남북한의 국내법적 규범 영역에서뿐만 아니라 국제법적 규범 영역에서도 헌법 제3조의 우월한 규범력을 근거로 북한 주민도 대한민국 국민이라는 기본원칙에 따른 것이다. 북한의 법적 지위와 관련하여 평화통일을 위한 화해와 협력의 동반자로서 활동하는 것과 무관하게 대한민국의 보호를 받고자 원하는 의사를 표시한 북한이탈주민에 대하여 일괄적으로 적용하고 있다.

북한이탈주민법에 대하여는 대한민국의 보호를 받고자 하는 모든 북한 주민을 광범위하게 그 대상으로 하고 있는 것이 아니라 최근에 북한 지역을 이탈한 사람들 중에서 관련법률 소정의 심의를 거쳐 보호대상자로 결정된 사람을 대상으로 하고 있을 뿐만 아니라 위와 같이 보호대상에서 제외하고 있는 예외규정을 두고 있어 그 적용의 대상과 범위가 지나치게 협소하다는 문제점을 가지고 있다는 지적이 있다.[19] 즉, 북한이탈주민법 제9조(보호결정의 기준)는 "항공기납치·마약거래·테러·집단살해 등 국제형사범죄자, 살인 등 중대한 비정치적 범죄자, 위장탈출 혐의자, 체류국에서 상당한 기간 동안 생활근거지를 두고 있는 자, 기타 보호대상자로 정하는 것이 부적당하다고 대통령령이 정하는 자"를 보호대상자로 결정하지 않을 수 있다. 동법시행령 제16조(대통령령이 정하는 자의 범위)는 "보호결정 시 정치·외교적으로 대한민국에 중대한 어려움을 야기할 것으로 예상되는 자"를 보호대상자로 정하는 것이 부적당하다고 규정하고 있다. 이 규정에 의하여 오래 전에 북한 지역을 이탈하여 중국 기타 제3국에서 장기간 거주하여 온 북한 주민의 경우에는 보호결정에서 제외된다. 1980년대 후반과 1990년대 초반 여행증명서 또는 중국여권을 이용하여 국내에 입국한 북한적 조선족 동포 중에서 국내에

---

19) 석동현, 앞의 책, 246~249면.

친인척 기타 연고인이 없는 경우에는 그 특례의 적용을 받지 못하게 된다. 이들에게 취적을 가능하게 하는 절차법적 근거도 부재하여 결국 무호적상태로 지낼 수밖에 없는 실정이다.

또한, 보호대상자에서 제외할 수 있는 사유를 추상적이고 포괄적으로 규정하고 있어 헌법규범적 사항인 국적의 취득에 대하여 광범위한 재량을 통하여 국민으로서의 법적 권리를 침해할 우려가 있다는 것이다. 따라서 보호결정대상에서 제외되는 북한 주민은 국적법 제20조에서 규정하는 국적판정제도를 이용하여 북한 주민에 해당하는지 여부에 대한 심사와 판정을 통해 취적 및 주민등록, 여권발급 등 대한민국 국민으로 처우와 보호를 받을 수 있다. 그러나 국적판정제도는 1948년 대한민국 정부수립 이전에 중국 또는 구소련 지역 국가 등지로 이주하여 국적의 귀속관계가 불분명한 동포들의 국적문제에 대처하기 위하여 도입된 것으로서 북한 주민의 국내법적 포섭을 염두에 둔 것이 아니다. 또한, 북한이탈주민 개인이 북한에서의 신분관계 등 북한적의 소유 또는 북한 주민인 사실, 제3국의 국적을 취득하지 아니한 사실 등을 입증하여 국적판정을 통해 국적을 취득하는 것은 매우 어려운 것이 현실이다. 현행 북한이탈주민법은 보호대상자로 결정된 자에 대해서만 취적특례와 지원조항을 적용함으로써 보호대상자에게 제외된 자들의 보호 및 관리를 방치하고 있어 북한이탈주민 개인뿐만 아니라 사회적인 문제가 될 수도 있다.

이는 북한이탈주민법의 체계와 목적이 정합성을 가지지 못한 것에서 비롯된 것으로 보인다. 위 법률은 크게 나누어 첫째, 대한민국 국민으로 보호를 받고자 하는 자에게 국민으로서의 법적 지위를 부여하는 절차와 둘째, 이들이 남한사회에 신속하게 적응하여 정착할 수 있도록 정착금·교육·주거 등을 지원하는 내용과 절차를 규정하고 있다.

그러나 우리 헌법 및 국적법의 체계와 입법취지에 비추어 북한이탈주민에 대하여 법적 지위를 부여하는 보호절차와 정착금 등에 대한 지원절차를 분리하여 각각 상이한 기준을 적용하는 것이 타당하다. 즉, 보호

신청자에 대하여는 제1차적으로 헌법과 국적법에 따라서 대한민국 국민으로서 법적 지위를 부여할 것인지 여부를 판단하여 보호결정을 하고, 이 경우에는 보호결정의 제외대상자를 매우 엄격히 제한하여 폭넓게 인정하여야 한다. 국가는 자국국민을 보호할 의무가 있으며, 일정한 범죄를 저지른 경우에도 형사처벌을 하는 것은 별론으로 하고 이를 이유로 그 국적을 박탈할 수는 없는 것이다. 이때에는 엄격한 법률적용이 필요하고 국가정책적 고려를 통한 재량의 여지가 없고 헌법규범적 사항으로서 대한민국 국민임이 확인되면 국민으로서 법적 권리를 보장하여야 할 국가의 자국민보호 의무에 따라서 보호대상자를 폭넓게 인정하여야 한다. 국가는 제1차적으로는 위와 같은 국적 부여를 위한 보호결정 여부에 대하여 결정하여야 한다. 그 다음 제2차적으로 보호결정을 받은 보호대상자를 상대로 국가의 재정상태, 보호대상자의 보호신청 경위와 그 간의 생활양식 등을 고려하여 보호대상자에게 개별적으로 어떤 내용의 정착지원을 할 것인지를 결정하여야 한다. 이때에는 사회급부행정으로서 부조의 내용과 절차에 있어서 국가재정과 정책적 고려 등을 통하여 정착금 지급여부 등에 있어서 재량의 여지가 보다 넓게 허용될 것이다.

현행 북한이탈주민법은 위와 같이 상이한 기준을 적용하여 단계적으로 보호결정 여부와 정착지원 내용을 결정하여야 함에도 불구하고 '보호'와 '정착지원'을 일괄하여 보호결정 단계에서 보호대상자 인정과 정착금 지원 등 지원내용을 연계하고 있어서 위와 같은 문제점이 발생하게 된 것이다. 따라서 이러한 문제점은 종국적으로 북한이탈주민법을 개정함으로써 해결할 수 있을 것이다. 그러나 현행법률하에서도 보호신청자에 대하여 국적법과 북한이탈주민법의 취지를 고려하여 보호대상자 제외사유를 제한적으로 해석하여 보다 폭넓게 보호대상자를 인정하고, 그들에 대한 정착지원의 내용을 결정함에 있어서는 국가재정 등 구체적인 사항을 고려함으로써 탄력적으로 운용할 필요가 있다.

Ⅱ. 북한법률의 국내법적 효력

1. 남북교류협력과 법률의 충돌

남북교류협력의 진전으로 남북한 상호 인적·물적 교류가 확대됨에 따라 남북한 주민은 상이한 법률체계를 가진 상대방 지역 또는 주민과 다양한 법률관계를 형성할 것으로 예상된다. 그 과정에서 남북한의 상이한 법률체계로 인하여 법률의 충돌과 모순이 발생하게 될 것이다. 이러한 현상은 기본적으로 남북한이 각각 한반도에서의 정통성과 합법성을 주장하면서 규범적으로 상대방의 실체를 인정하지 않고 있음에도 불구하고 현실적으로는 상대방 지역과 주민에 대하여 주권과 통치력을 행사하지 못하고 있는 모순된 분단체제에서 비롯되는 문제라고 할 수 있다.

남북한간 법률충돌의 문제는 북한법률에 대한 법규범적 평가에 관한 것이므로 이 문제를 해결하기 위해서는 우선적으로 북한법률이 국내법적으로 어떠한 효력을 가지는 것인지를 법리적으로 검토할 것이 요구된다. 특히, 개성공업지구에는 2006년 5월 현재 1단계 100만평에 대한 부지조성공사가 약 99% 진행되고 있는 가운데 시범단지 2만 8천 평에서 15개 시범업체 중 11개 기업(남한 주민 약 600여 명)이 북한 주민 약 7,000여 명을 종업원으로 고용하여 공장을 가동하고 있다. 2005년 9월 1차로 24개 기업을 분양업체로 선정하였고, 1단계 개발이 완료되는 2007년에는 250개 이상 기업이 북한 주민 약 7만 명 이상을 종업원으로 고용할 것으로 전망되고 있다. 또한, 1998년 시작된 금강산관광사업의 경우에도 관광객이 100만 명을 초과하고 있는 가운데 매일 남한 주민 약 2,400명이 북한 주민 약 1,500명과 함께 생활하고 있다.

이와 같이 개성공단사업과 금강산관광사업은 다수의 남한 주민이 북한 지역에 상시 출입하고 그곳에서 장기간 체류·거주하면서 북한 주민과 더불어 근무하고 생활할 것을 예정하고 있는데, 이는 그 동안 남북교류협력과정에서 일정한 규모의 남한 주민이, 단기간 동안, 특정 목적으로, 엄격히 제한된 북한 지역을 방문하여 체류하였던 것과 비교할 때 매우 다른 양상이다. 따라서 개성과 금강산 지역에서는 남북한 주민 사이에 다양한 형태의 각종 민사·형사상의 사건사고와 그에 따른 법률문제·분쟁이 발생할 개연성이 매우 높다고 하겠다. 그러나 이러한 경우에 대하여 어떠한 법률이 적용될 것인지, 남한법률과 북한법률이 적용될 수 있는 법리적 근거와 범위 등에 대하여 통일적이고 체계적인 법이론이 정립되지 않고 있는 실정이다. 개성공단과 금강산관광사업은 법제도분야의 통일인프라 구축이라는 측면에서 남북한특수관계론을 적용할 수 있는 시험장이자 향후 남북교류협력은 물론 평화통일과 남북법률통합에 있어서 선례와 기준을 제시할 수 있다는 점에서 매우 중요한 의미를 가진다.

2. 남북합의서와 관련법률 규정

1) 남북기본합의서

북한법률의 국내법적 효력은 남북한 당국이 체결한 합의서를 통하여 남북한 당사자의 의사를 확인할 필요가 있다. 남북한 당국간 체결된 합의서는 남한과 북한의 의사가 직접적 또는 간접적으로 표현되어 있을 뿐만 아니라 남한과 북한에 대하여 일정한 범위에서 구속력을 가지며, 특히 법률적 효력을 갖는 남북합의서는 헌법 제6조 제1항에 따라 남한법률과 동일한 효력을 가지므로 북한법률의 효력을 추론함에 있어 매우 중요한 의미를 갖는다.

남북분단 이후 남북한 당국이 남북한 관계를 명문으로 정의하고 상대방의 실체를 인정한 것은 남북기본합의서를 체결한 것이라고 할 수 있는데, 헌법재판소와 대법원은 앞에서 검토한 바와 같이 이에 대하여 법적 구속력을 인정하지 않고 있다. 그러나 그 기본정신과 내용은 그 이후 남북한이 체결한 4개 경협합의서 등 법률적 효력을 갖는 남북합의서에 그대로 반영되고 있으며, 남북한 실질적인 책임자들이 인정한 것으로 향후 평화통일정책을 수립하고 추진하는 기본원칙으로서 중요한 의미를 가진다고 하겠다.

남북기본합의서는 제1조에서 "남과 북은 서로 상대방의 체제를 인정하고 존중한다", 제2조에서 "남과 북은 상대방의 내부문제에 간섭하지 아니한다"고 각각 규정하고, 이를 전제로 남북화해, 남북불가침, 남북교류협력을 실시할 것을 규정하였다. '남북기본합의서 제1장 남북화해의 이행과 준수를 위한 부속합의서'도 제1조에서 "남과 북은 상대방의 정치, 경제, 사회, 문화체제(제도)를 인정하고 존중한다", 제3조에서 "남과 북은 상대방 당국의 권한과 권능을 인정·존중한다", 제5조에서 "남과 북은 상대방의 법질서와 당국의 시책에 대하여 간섭하지 아니한다", 제17조에서 "남과 북은 자기 측 지역과 상대 측 지역 및 해외에서 상대방의 체제와 법질서에 대한 파괴·전복을 목적으로 하는 테러단체나 조직을 결성 또는 지원·비호하지 아니한다"고 각각 규정하였다. 또한, '남북기본합의서 제3장 남북교류·협력의 이행과 준수를 위한 부속합의서'도 제1조 제11항에서 "남과 북은 경제교류와 협력을 원활히 추진하기 위하여 공업규격을 비롯한 각종 자료를 서로 교환하며 교류·협력 당사자가 준수하여야 할 자기 측의 해당 법규를 상대측에게 통보한다"고 규정하는 등 남북한 상호 간 국가성을 인정하는 것을 전제로 경제·사회·문화분야의 교류·협력을 추진할 것을 규정하였다.

요컨대, 남북기본합의서는 남북분단 상황을 현실적으로 인정하는 바탕 위에 원칙적으로 남한 지역에서는 남한의 법률이, 북한 지역에서는 북한의 법률이 적용된다는 것을 직접적 또는 간접적으로 확인하고 있는 것으로 판단된다. 따라서 남북기본합의서는 남북화해와 교류협력의 규범 영역에서는 남북한이 원칙적으로 주권평등의 원칙, 상호불간섭의 원칙 등 국제법 원칙에 따라 규율되므로 북한법률은 국내법상으로 국제법 원칙에 따라 외국법률과 같은 효력을 갖는다는 것을 인정하고 있는 것으로 해석된다.

2) 법률적 효력을 갖는 남북합의서

남북한이 체결한 합의서로서 법률적 효력이 있는 합의서는 남북한이 각각 발효에 필요한 절차를 경료하여 문본을 교환함으로써 발효 중인 '남북 사이의 투자보장에 관한 합의서(이하 '투자보장합의서'라고만 한다)', '남북 사이의 소득에 대한 이중과세방지 합의서(이하 '이중과세방지합의서'라고만 한다)', '남북 사이의 상사분쟁해결절차에 관한 합의서(이하 '상사분쟁해결절차합의서'라고만 한다)', '남북 사이의 청산결제에 관한 합의서(이하 '청산결제합의서'라고만 한다)' 등 4개 경협합의서와 그 후속조치로 체결된 '개성공업지구와 금강산관광지구의 출입 및 체류에 관한 합의서(이하에서는 '개성·금강산지구 출입·체류합의서'라고만 한다)' 등 9개 합의서가 있다.

4개 경협합의서의 경우, 서문에서 "남북 간 경제교류협력이 나라와 나라 사이가 아닌 민족내부의 거래임을 확인"하고 "상대방의 법령에 따라", "일방의 법령에 저촉되지 않는 한"(투자보장합의서 제1조), "각자의 법령에 따라", "남과 북은 자기 지역 안에서 법령에 따라", "남과 북은 법령에 정한 바에 따라"(투자보장합의서 제2조), "합법적 절차에 따라"(투자보장합의서 제4조), "일방의 법령이나 남과 북이 당사자로 되는 국제협정"(투자보장합의서 제8조), "일방의 세금관계법령이 규정한 대로"(이중과세방지합의서 제1조), "상대방 당사자는 관할 지역의 재판기관에 그 집행을 신청할 수 있다”, “해당 지역 재판기관의 확정판결과 동일하게 집행하도록 한다”(상사분쟁해결절차합의서 제16조) 등에서 직접적으로 남북한은 각각 자신의 지역에서 각각의 법률이 적용된다는 것을 확인하고 있다. 또한, ‘남북상사중재위원회 구성 및 운영에 관한 합의서’도 “남과 북의 재판기관에 의한 소송으로부터의 면제”를 규정하고 있고, 남북 차량·철도·해운합의서들도 남북 당국이 부여한 운전면허 등 각종 증명서를 상호 인정하고, 상대방이 제정한 관련규정을 준수할 것을 규정하는 등 남북한이 각각 현실적으로 관할권을 가지는 지역에서는 남북한 각각의 법률이 적용되는 것을 인정하고 있다고 해석된다. 따라서 북한법률은 남한 지역에는 그 효력을 미치지 못하고 남북한간 적용되는 국제법 원칙에 따라 일정한 의미를 가지는 것으로 판단된다.

요컨대, 법률적 효력을 가지는 남북합의서도 남북기본합의서와 마찬가지로 남북합의서가 적용되는 규범 영역에 있어서는 북한 당국의 관할권이 미치는 북한 지역에 대하여 원칙적으로 북한법률이 적용되는 것을 전제로 하고 있다. 따라서 북한법률은 남한 지역 또는 남한 주민에 있어서는 법적 효력을 가지지 않으며, 다만 기본적으로 남북한 사이에 적용되는 국제법 원칙에 따라서 외국법률로서 효력을 갖는 것으로 판단하고 있다고 해석된다.

3) 개성공단에 관한 남북합의서

개성공단에 대한 법률적용에 관하여 규정하고 있는 남북합의서는 ‘개성·금강산지구 출입·체류합의서’, ‘개성공업지구 통신에 관한 합의서(이하에서는 ‘통신합의서’라고만 한다)’, ‘개성공업지구 통관에 관한 합의서(이하에서는 ‘통관합의서’라고만 한다)’, ‘개성공업지구 검역에 관한 합의서(이하에서는 ‘검역합의서’라고만 한다)’가 있다. 통신합의서는 제5조에서 “쌍방은 우편 및 전기통신과 관련한 상대측의 법률제도를 존중하며 국제협력 및 국제관례를 존중한다"고, 제6조에서 "쌍방은 통신과 관련하여 제정 또는 수정, 보충되는 법규를 통보하며"로 각각 규정하여 개성공단에서 '우편 및 전기통신과 관련한 영역'에 대해서는 북한의 법률이 적용된다는 것을 명시적으로 규정하였다. 통관합의서와 검역합의서는 법률적용에 대하여 직접적인 규정을 두고 있지는 않으나, 북한이 개성공업지구에 세관과 검역소를 설치하여 통관절차와 검역절차를 담당하도록 규정하고 있으며, 남북한은 통관 및 검역과 관련하여 제정 또는 수정, 보충되는 법규를 제공하도록 규정하여 개성공단에서 '통관 및 검역과 관련한 영역'에 대해서는 북한의 법률이 적용된다는 것을 전제로 하고 있는 것으로 해석된다.

　개성 · 금강산지구 출입 · 체류합의서는 지구관리기관의 출입 · 체류증명서 발급을 인정하고, 인원 및 차량의 출입심사와 체류등록에 있어서 북한 당국의 행정권을 인정하고 있다. 그러나 남한 주민들에게 적용되는 법률에 대하여 제2조는 "인원은 지구에 적용되는 법질서를 존중하고 준수한다"고 규정하고, 형사법의 적용에 대하여 제10조는 "인원이 지구에서 적용되는 법질서를 위반하고" 등으로만 규정하여 '지구에 적용되는 법질서'가 구체적으로 무엇인지는 명확하게 규정하지 않고 있다. 이는 개성공단 지역에 있어서 적용되는 법률에 대하여는 남북한이 별도로 정할 수 있는 여지를 남겨둠으로써 남한 주민에 대하여 당연히 북한법률이 적용되는 것은 아니라는 것을 선언하고 있는 의미가 있다. 이때 '법질서'란 남한 주민이 법질서 위반행위를 하였을 경우, 북한이 이를 중지시킨 후 조사하는 점, 위반정도에 따라 경고 또는 범칙금을 부과하거나 남한 지역으로 추방하도록 규정하고 있는 점, 남한 주민이 조사를 받는 동안 기본적인 권리를 보장하도록 하고 있는 점 등에 비추어 모든 법률을 의미하는 것이 아니라 '형법 등 형사법률'을 의미한다고 해석된다. 한편, '법질서'를 형사법률뿐만 아니라 모든 법률을 의미한다고 해석할 수도 있으나 북한법률에 있어서 형사특별법에서 별도로 처벌규정을 두지 않고 모두 형법에서 규정하는 처벌규정을 따르도록 하고 있어 법률적용에 있어서는 실제상 차이가 발생하지 않을 것이다.

특히, 남한 주민의 형사범죄와 신변안전보장에 대하여 제10조는 원칙적으로 강제추방을 규정함으로써 이른바 속지주의의 예외로서 속인주의를 채택하고 있는데, 남한 주민에 대하여 적용되는 형사법률이 무엇이냐 하는 문제와 별개로 국제법상 집행관할권의 제한문제가 발생한다. 즉, 남한 주민에 대하여 남한법률이 적용된다고 하더라도 현실적으로 집행관할권 행사가 제한되므로 이러한 경우에 북한이 범죄를 저지른 남한 주민을 남한으로 강제추방함으로써 남한의 집행관할권을 행사하도록 하는 것으로 해석할 수 있다. 만약 남한 주민에 대하여 북한형법 등 북한 법률이 적용된다고 하더라도 남한 주민은 북한의 집행관할권인 형사소송법의 발동이나 재판권의 행사로부터 면제된다는 것을 의미하게 된다. 따라서 개성·금강산지구 출입·체류합의서 제10조에서 규정하는 신변안전보장은 남한 주민에게 남한법률을 적용할 것인지, 북한법률을 적용할 것인지를 직접적으로 규정하고 있는 것이 아니라 그 적용법률이 무엇이냐 하는 문제와 상관없이 지구에서 적용되는 법질서를 위반한 경우에는 현실적으로 북한의 집행관할권을 배제한다는 것을 규정하고 있는 것이라고 해석된다. 한편, 제11조에서 지구와 지구 밖 북한 지역 사이의 출입에 대해서는 북한이 별도로 정한 절차에 따르도록 인정하고 있어 적어도 개성·금강산지구 이외의 지역의 출입절차에 대해서는 남한 주민에게도 북한법률이 적용되는 것을 인정하는 것으로 해석된다.

요컨대, 개성공단에 적용되는 남북합의서는 개성공단에 적용되는 법률에 대하여 일률적이고 명확한 규정을 두고 있지 않으며, 각각의 합의서가 규율하는 통신·통관·검역·출입 및 체류에 대하여 각 영역별로 그 범위 내에 한하여 북한법률이 적용되는 것으로 규정하고 있는 것으로 해석된다. 이때 통신합의서 등 개성공단에 적용되는 남북합의서가 규정하고 있지 아니한 영역에 대하여는 어떻게 해석할 것인지가 문제된다.

이는 개성공단에 적용되는 남북합의서와 남북한 당국 간 체결된 남북기본합의서 및 법률적 효력을 가지는 남북합의서의 관계에 따라 달리 해석될 여지가 있다.

그러나 법이론적으로는 개성공단에 적용되는 남북합의서는 개성공단이라는 일정한 지역적 범위에서 통신 등 일정한 사항에 대하여 적용하는 특별법적 성격을 가지고, 남북기본합의서 등 남북합의서는 개성공단을 포함한 북한 지역 일반에 대한 적용법률을 규정하고 있어 개성공단에 적용되는 남북합의서에 대하여 일반법적 성격을 가진다고 할 수 있다. 따라서 개성공단에 적용되는 남북합의서가 별도로 특별한 규정을 두지 않는 한 북한법률이 적용된다고 해석하는 것이 타당하다고 생각한다. 그러나 개성공단의 특수성을 고려하여 개성공단에 적용되는 남북합의서를 통하여 일정한 지역적·사항적 범위에서 특별히 적용되는 법률에 대하여 규정하는 것은 가능하다고 하겠다. 이때 여타의 남북합의서와의 모순·충돌은 일반법과 특별법의 일반원리에 따라 해결할 수 있을 것이다.

4) 개성공업지구법령 · 금강산관광지구법령 · 북남경제협력법

북한은 영토고권을 이유로 개성공단에서는 북한법률이 적용되는 것을 전제로 하여 2002년 11월 13일 최고인민회의 상임위원회 정령으로 '조선민주주의인민공화국 개성공업지구를 내옴에 대하여'를 제정하였다. 이 정령은 제4조에서 "개성공업지구에는 조선민주주의인민공화국 주권이 행사된다", 제6조에서 "법인과 개인 기타 경제조직들의 자유로운 투자를 허용하며 그 재산을 법적으로 허용한다", 제8조에서 "내각과 해당 기관들은 이 정령을 집행하기 위한 실무적 대책을 세울 것이다"라고 각각 규정하고 있다.

이에 따라 같은 달 20일 '조선민주주의인민공화국 개성공업지구법'을 제정하였는데, 제1조에서 "개성공업지구는 공화국의 법에 따라 관리·운영하는 국제적인 공업, 무역, 상업, 금융, 관광 지역이다"고 규정하고, 제8조에서 "법에 근거하지 않고는 남측 및 해외동포, 외국인을 구속, 체포하거나 몸, 살림집을 수색하지 않는다"고 규정하는 한편, 제22조에서 중앙공업지구지도기관의 임무로 '공업지구 법규의 시행세칙 작성'을 포함시키고 있으며 부칙 제3조에서 "이 법의 해석은 최고인민회의 상임위원회가 한다"고 규정함으로써 개성공단에서는 당연히 북한법률이 적용되며, 북한 주민은 물론 남한 주민에 대해서도 북한법률이 그대로 적용된다는 것을 선언하고 있다.

한편, 경제활동에 관한 영역에 대하여는 북한법률의 적용을 배제하고 있는데, 제9조에서는 "공업지구에서 경제활동은 이 법과 그 시행을 위한 규정에 따라 한다. 법규로 정하지 않은 사항은 중앙공업지구지도기관과 공업지구관리기관이 협의하여 처리한다"고 규정하고 있다. 여기에서 '개성공업지구에서의 경제활동'의 범위에 관하여 해석상 논란이 있을 수 있으나 이 영역에 대하여는 북한의 일반적 법률적용을 배제하고 있어 개성공업지구법과 그 시행을 위한 하위규정, 그리고 중앙공업지구지도기관이 제정한 시행세칙이 적용될 것이다.

이외에도 개성공업지구관리기관이 제정하는 사업준칙이 있는데, 개성공업지구법 제25조과 개성공업지구관리기관 설립·운영규정 제13조는 개성공업지구관리기관의 임무로 '이 밖에 중앙공업지구지도기관이 위임하는 사업'을 포함시키고 있다. 북한헌법 제119조 제2항에서 내각의 임무와 권한의 하나로 "헌법과 부문법에 기초하여 국가관리와 관련한 규범을 제정 또는 수정·보충한다"고 규정하고 있고, 중앙공업지구지도기관이 내각에 해당하는 중앙행정기관기관인 점을 고려할 때 관리위원회의 사업준칙도 일정한 범위에서 개성공단에 적용되는 법규범으로 기능할 수 있다고 하겠다. 그러나 법규로 정하지 않은 사항에 대하여는 중앙공업지구지도기관과 공업지구관리기관이 협의하여 처리하도록 하고 부칙 제

3조에서 이 법에 최종적인 해석권은 최고인민회의 상임위원회에 속하도록 하고 있어 남한법률의 적용은 사실상 기대하기 어려울 것으로 보인다.

이와 같이 개성공단에서의 경제활동에 대하여는 이를 직접적 또는 간접적으로 규율하는 방대한 입법행위가 요구되는데, 현재 개성공업지구법 하위규정은 2003년 4월부터 2006년 5월 현재까지 모두 14개가 제정된 것에 불과하다. 그 하위규정은 '개발규정', '기업창설·운영규정', '세금규정', '노동규정', '관리기관설립·운영규정', '출입·체류·거주규정', '세관규정', '외화관리규정', '광고규정', '부동산규정', '보험규정', '회계규정', '기업재정규정', '회계검증규정'이다. 그러나 위 하위규정은 개성공업지구법 제9조에서 규정하는 '경제활동'의 범위에 대한 해석과 관련하여 중요한 의미를 가지는데, 공업지구에서 경제활동의 범위에 대하여 '기업창설·운영규정', '광고규정', '보험규정', '부동산규정' 등 경제활동이나 경제활동과 직접적으로 관련된 내용뿐만 아니라 '노동규정', '개발규정', '관리기관설립·운영규정', '출입·체류·거주규정' 등 경제활동과 간접적으로만 관련된 내용도 폭넓게 포함하고 있다. 이들 하위규정은 북한법률인 공민등록법, 무역법, 민법, 보험법, 사회주의노동법, 세관법, 외국인기업법 등에 대하여 특별법적 성격을 가지고 개성공단에 적용되므로 그 범위에서는 위 북한법률의 적용은 배제되는 것으로 해석된다.

북한은 2002년 10월 23일 최고인민회의 상임위원회 정령으로 '조선민주주의인민공화국 금강산관광지구를 내옴에 대하여'를 제정하였는데, 개성공업지구에 대한 것과 마찬가지로 제3조에서 "금강산관광지구에는 조선민주주의인민공화국 주권이 행사된다"고 규정하고 있다. 이에 따라 같은 해 11월 13일 '조선민주주의인민공화국 금강산관광지구법'을 제정하였는데, 제1조에서 "금강산관광지구는 공화국의 법에 따라 관리 운용하는 국제적인 관광 지역이다"고 규정하는 한편, 제4조에서 "관광지구에서 관광과 관광업 그 밖의 경제활동은 이 법과 그 실행을 위한 규정에 따라 한다. 법규로 정하지 않은 사항은 중앙관광지구지도기관과 관광지구관리기관이 협의하여 처리한다"고 규정하고, 제6조에서는 중앙관광지구지도기관의 임무로 '관광지구 법규의 시행세칙 작성'을 포함시키고 있다. 또한 부칙 제2조에서 "금강산관광지구와 관련하여 북남 사이에 맺은 합의서의 내용은 이 법과 같은 효력을 가진다"고 규정하고, 제3조에서는 "이 법의 해석은 최고인민회의 상임위원회가 한다"고 규정하였다.

한편, 북한은 금강산관광지구의 시행을 위하여 2003년 5월부터 2006년 5월 현재까지 모두 9개의 하위규정을 제정하였다. 그 하위규정은 '개발규정', '기업창설·운영규정', '관리기관 설립·운영규정', '세관규정', '출입·체류·거주규정', '광고규정', '노동규정', '외화관리규정', '부동산규정'이다. 금강산관광지구법이나 그 하위규정 모두 개성공업지구법과 그 하위규정과 마찬가지로 금강산관광지구와 개성공업지구에는 북한 법률이 적용된다는 것을 전제로 하고 있는 것으로 해석된다. 한편, 북한은 2003년 4월 24일 최고인민회의 상임위원회에서 정령 3715호로 개성공업지구법과 금강산관광지구법을 일부 개정하였는데, 개성공업지구 및 금강산광광지구 관리기관의 기능을 보다 강화함으로써 조직과 예산의 측면에서 자율성을 부여하기 위한 것으로 평가된다.

북한은 2005년 7월 6일 최고인민회의 상임위원회 정령 제1182호로 '조선민주주의인민공화국 북남경제협력법'을 제정하였는데, 이는 남북한 교류협력의 증대에 따라 남북한 경제협력을 총괄하여 규율하는 기본법으로 평가할 수 있다. 위 법률 제1조(사명)에서 "남측과의 경제협력에서 제도와 질서를 엄격히 세워 민족경제를 발전시키는데 이바지한다"고 규정하고, 제2조(정의)에서 "북남경제협력에는 북과 남 사이에 진행되는 건설, 관광, 기업경영, 임가공, 기술교류와 은행, 보험, 통신, 수송, 봉사업무, 물자교류 같은 것이 속한다"고 규정하고 있으며, 제4조(북남경제협력 원칙)에서는 "북남경제협력은 전 민족의 이익을 앞세우고, 민족경제의 균형적 발전을 보장하며, 호상존중과 신뢰, 유무상통의 원칙에서 진행된다"고 규정하고 있다. 위 법률의 효력과 적용범위에 대하여는 제3

조(적용대상)에서 "이 법은 남측과 경제협력을 하는 기관, 기업소, 단체에 적용한다. 북측과 경제협력을 하는 남측의 법인, 개인에게도 이 법을 적용한다", 제9조(협력장소)에서 "북남경제협력은 북측 또는 남측 지역에서 한다. 합의에 따라 제3국에서도 북남경제협력을 할 수 있다", 제26조(제재)에서 "이 법을 어겼을 경우에는 정상에 따라 사업중지, 벌금부과 같은 행정적 책임을 지운다. 정상이 엄중할 경우에는 형사책임을 지울 수도 있다", 제27조(분쟁해결)에서 "북남경제협력사업과 관련한 의견 상이는 협의의 방법으로 해결한다. 협의의 방법으로 해결할 수 없을 경우에는 북남사이에 합의한 상사분쟁해결절차로 해결할 수도 있다"고 각각 규정하였다. 또한, 북남경제협력에 대한 통일적인 지도를 중앙민족경제협력지도기관으로 하여금 담당하게 하면서(제5조), 북남경제협력계획안의 작성, 북남경제협력의 승인, 남측 당사자의 출입보장, 원산지증명서의 발급 등 임무를 부여하고(제6조, 제10조), 남측 당사자와 해당 수송수단의 검사·검역, 체류·거주, 노력채용, 반출입승인, 감독통제 등의 권한을 부여하고 있다(제14조, 제15조, 제17조, 제18조, 제25조 등).

이와 같이 북남경제협력법은 제2조에서 규정하는 북남경제협력에 해당하는 이상 장소적 효력범위에 대하여는 북한 지역에서뿐만 아니라 남측 지역과 제3국에서도 그 효력이 미치는 것으로 규정하고 있으며, 인적 효력범위에 대해서도 북한의 기관 등은 물론 남한의 법인과 개인에게도 적용된다는 것을 명시적으로 규정하고 있다. 또한, 북남경제협력에 관한 분쟁해결수단으로 협의의 방법을 원칙으로 하되, 협의의 방법으로 해결할 수 없을 경우에는 남북상사분쟁해결을 위하여 설치되는 남북상사중재위원회를 이용할 수 있는 근거를 마련하고 있다.

이와 관련하여 북남경제협력법이 개성공업지구와 금강산관광지구에 적용될 것인지 여부 등 개성공업지구법 및 금강산관광지구법과의 관계가 문제될 수 있다. 개성공업지구법과 금강산관광지구법이 '경제활동' 및 '관광과 관광업 그 밖의 경제활동'에 대하여는 위에서 살펴본 바와 같이 각 해당법과 하위규정을 적용하고, 법규로 정하지 않은 사항은 각각의 중앙공업지구지도기관과 관리기관이 협의하여 처리하도록 규정하고 있는 점, 개성공업지구와 금강산관광지구의 개발·관리·감독을 위해서는 각각 중앙공업지구지도기관과 관리기관을 설치·운영하고 있어 북남경제협력법이 적용된다고 해석할 경우에는 이들 기관간의 권한의 충돌과 규범의 모순이 발생하게 되는 점, 북남경제협력법이 분쟁해결절차에 대하여 개성공업지구법·금강산관광지구법과 달리 규정하고 있는 점, 북남경제협력법은 남북경제협력에 관한 일반법의 성격을 가지나 개성공업지구법과 금강산관광지구법은 특구적 성격을 지는 특정 지역에서 적용되는 특별법적 성격을 가지는 점, 북남경제협력법 제15조가 남측당사자의 체류·거주에 대하여 "공업지구와 관광지구에서의 체류·거주는 해당 법규에 따른다"고 규정하고 있는 점 등에 비추어 북남경제협력법은 개성공업지구와 금강산관광지구에는 적용되지 않는다고 해석하는 것이 타당하다. 그러나 북한의 법률해석과 법적용의 우선순위에 있어서 상위법우선의 원칙, 특별법우선의 원칙, 신법우선의 원칙 등 법률해석의 원칙이 그대로 적용되는지가 명확하지 아니하므로 개성공업지구와 금강산관광지구에서도 북남경제협력법이 적용될 가능성을 배제할 수는 없을 것이다.

요컨대, 북한은 북한 지역인 개성공단과 금강산광광지구에서는 북한의 주권과 법률이 적용되는 것이 당연하다는 전제하에 개성공업지구법 및 금강산관광지구법과 각 하위규정들을 개성공단 및 금강산관광지구에서 진행되는 경제활동과 관련된 규범 영역을 규율하는 법규범으로 인정하고 있는 것으로 해석된다. 그러나 개성공업지구법 및 금강산관광지구법과 현재까지 제정된 각 하위규정은 그 내용이 개괄적이고 불명확할 뿐만 아니라 규율하는 규범 영역도 매우 제한되어 있어서 양적으로나 질적으로나 이것만으로는 북한의 계획경제와 상이한 주식회사제도 등 시장경제질서를 바탕으로 하는 개성공단 등에서의 경제활동을 규율하는 법규범으로 기능할 것을 기대할 수가 없다. 여기에 개성공단과 금강산관광지구에 적용될, 특히 경제활동에 적용될 법률에 대한 체계적인 분석작업이 절실히 필요한 현실적인 이유가 있다.

3. 남북한특수관계론의 적용

북한이 제정한 각종 법령이 남한 헌법체계에서 어떠한 규범적 의미를 갖는지는 북한의 법적 지위와 직접 관련되는 것이므로 남북한특수관계론에 따라서 검토되어야 한다. 북한의 법적 지위와 관련하여 기본적으로는 헌법 제3조의 규범력을 부인하는 경우에는 북한의 국가성이 인정되므로 북한의 법률은 외국법률과 동일한 효력이 인정될 것이나 헌법 제3조의 규범력을 인정할 경우에는 원칙적으로 남북한 관계가 국가 간 관계가 아니므로 북한의 법률은 외국법률이 아니라고 할 것이다. 그러나 헌법 제4조와의 규범조화적인 해석에 의하여 그 구체적인 규범적 의미는 남북한 관계가 적용되는 규범 영역에 따라서 다르게 평가된다고 할 수 있다. 특히, 북한법률의 효력은 남한 국내법이 적용되는 영역에서 남한법률과의 관계에서만 규범적 의미를 가질 수 있는데, 이는 국제법 원칙이 적용되는 국제사회에서는 남한 또는 북한의 법률은 모두 국제법주체가 제정한 법규범으로서 국제법적상으로는 '사실'로서 인정될 뿐이기 때문이다. 다만, 본질적으로는 남북한 관계가 국내법적 규범 영역에서 발생하는 것이지만 이것이 국제법적 규범 영역과 관련성을 가지는 경우에는 남북한 관계의 특수성에 따라서 국제법 원칙을 변용하여 적용할 수 있을 것이다.

남북한특수관계론에서 분석한 바와 같이 남북한 관계가 국내법적 규범 영역에 적용될 경우에는 소극적 의미에서는 남북한 관계가 나라와 나라 사이의 관계가 아니라는 것을 의미하여 이것만으로는 북한법률의 규범적 의미를 제시할 수 없다. 남북한 관계를 적극적으로 규명할 경우에는 북한의 이중적 지위에 따라서 그 규범적 의미가 달라지는데, 첫째, 원칙적으로 북한은 헌법 제3조에 의하여 대한민국의 영토를 불법적으로 점유하고 있는 불법단체이므로 북한이 제정한 법률은 남한헌법상 그 효력이 인정되지 않는다고 할 것이다. 이러한 규범 영역에서는 북한법률이 현실적으로 북한 지역 또는 북한 주민에게 적용되는 것도 우리 헌법체계에 의하면 이는 '사실'의 문제에 불과하며 법규범적으로는 여전히 당연무효(null and void)인 것이라고 해석할 수 있다. 따라서 이러한 규범 영역에서는 북한법률은 법적으로 아무런 효력을 가지지 못하며 법규범적 의미에서는 '무(無)'이므로 남한법률과의 관계에서도 그 내용과 형식과 무관하게 남한법률의 효력에 아무런 영향을 미치지 않는다. 둘째, 북한이 헌법 제4조에 따라 평화통일을 위한 화해와 협력의 동반자로서 활동하는 경우에는 북한의 실체를 인정하지 않을 수 없으므로 북한이 제정한 법률에 대하여도 그 자체의 효력을 존중하고 이를 인정하여야 할 것이다. 남북교류협력의 과정에서 발생하는 다양한 법률관계는 주로 북한이 평화통일을 위한 화해와 협력의 동반자로서 활동하는 규범 영역에서 발생하는 것이므로 남북합의서가 직접적으로 적용되며, 그에 따라 북한법률에 대해서도 일정한 규범적 효력을 인정하여야 할 것이다.

4. 규범적 성격

1) 외국법률로 인정

북한이 제정한 법률을 인정하고 그 법률적 효력을 존중한다는 문제는 남한법률과의 관계에서 북한법률의 규범력이 어떠한 의미를 갖는가 하는 문제와는 별개의 것으로 양자는 서로 구별되어야 한다. 이는 "사실상 지방적 정부인 북한이 제정한 법률이 북한 지역과 북한 주민에게 규범력을 가지고 존재한다"는 사실을 인정하고 존중한다는 취지이지 북한법률이 곧 국내법체계에 포섭되어 개개의 북한법률이 그대로 국내법적으로 일정한 법률적 효력을 가지는 것을 의미하는 것은 아니다.

대한민국헌법은 법규범의 체계와 형식에 대하여 최고법규범인 헌법을 정점으로 하여 법률, 긴급명령·위임명령·집행명령·직권명령·행정규칙 등 행정입법, 자치입법, 그리고 헌법에 의하여 체결·공포된 조약과 일반적으로 승인된 국제법규로 구별하고 있다.[20] 이는 법규범에 대한 창설적인 효력을 갖는 것으로서 제한적이고 열거적인 규정이며, 북한이 제정한 법률은 헌법 제3조 규정에 비추어 볼 때 남한헌법이 예정하는 법규범의 체계와 형식에 포함되지 않는 것이 명백하다. 물론 남북합의서가 조약으로서 성격을 가지고 있거나 북한법률이 규정하는 내용이 일반적으로 승인된 국제법규를 포함하고 있는 경우가 있을 수 있다. 그러나 이러한 것들은 북한이 국제법상 주체로서 체결한 조약 자체의 효력 또는 북한법률에 규정되어 있는 내용인 '일반적으로 승인된 국제법규' 그 자체의 효력으로서 인정되는 결과일 뿐 북한법률 자체가 국내법에 포섭되어 국내법과 동일한 효력을 갖는 것은 아니라고 하겠다.

헌법 제4조에 따라 북한이 평화통일을 위한 화해와 협력의 동반자로서 활동하는 규범 영역의 경우에는 북한을 사실상 국가성을 가진 실체로서 인정하여 남북한 관계를 상호주의와 대등성 원칙에 따라 규율할 것을 전제로 하고 있다. 그러므로 남북한 관계에 대하여는 원칙적으로는 국제법 원칙이 유추적용되고, 그 범위 내에서 북한법률은 외국의 법률과 동일한 법규범적 의미와 효력을 갖는다고 하겠다. 따라서 남북한 관계가 적용되는 이러한 규범 영역에서는 국제법의 일반 원칙인 주권평등의 원칙, 상호불간섭의 원칙, 신의성실의 원칙, 분쟁의 평화적 해결 원칙, 인권존중의 원칙, 국제협력의 원칙 등이 유추적용된다고 할 것이다. 이러한 범위에서 남북한 관계를 규율하는 규범 영역에서 북한법률이 북한

---

20) 헌법 제6조 제1항 제40·53·75·76·95·108·117조.

지역 또는 북한 주민에 대하여 그 규범력을 가지고 직접 적용되며, 이로 인하여 남한법률은 북한 지역 또는 북한 주민에 대하여 적용되지 못하는 결과가 발생할 수 있다. 그러나 이는 남북한특수관계론에 따라 남한법률이 그 적용에 있어서 제한을 받는 것이며, 남북한특수관계론이 가지는 헌법과 국제법상 한계에 해당하는 것으로 해석하여야 한다.

2) 국내법률과 관계

북한법률의 법적 성격과 관련하여 남한법률의 북한 지역에서의 효력과 적용이 문제될 수가 있는데, 헌법 제3조에 따라서 원칙적으로 북한 지역과 북한 주민에 대하여 대한민국의 국가관할권이 인정되나 헌법 제4조에 따라서 일정한 규범 영역에 있어서 국제법 원칙을 적용할 경우에는 남한의 국가관할권이 제한될 것이다. 이와 같이 남한의 국가관할권이 제한됨으로써 남한법률이 북한 지역 또는 북한 주민에게 적용되지 않는다는 것은 북한에 대하여 국가성의 실체를 인정한다는 전제하에 국가관할권에 관한 국제법 원칙에 따라서 국가의 법규범을 선언하는 입법관할권(power to prescribe rules)은 그대로 북한 지역 또는 북한 주민에게도 미치나 현실적인 집행관할권(power to enforce rules)이 북한 지역 또는 북한 주민에게 제한되는 것이라고 해석할 수 있을 것이다. 즉, 일반적으로 남한법률은 북한 지역 또는 북한 주민에 대하여도 남한의 민법, 형법 등 실체법이 적용되나 북한 지역 또는 북한 주민은 남한의 민사소송법·형사소송법의 발동 내지 재판권의 행사로부터 면제되는 것이며, 이러한 집행관할권의 한계는 남북한의 사법공조 또는 범죄인인도 등에 대한 국제법 원칙에 의하여 보완되어야 할 것이다.

남북한특수관계론이 실질적인 법규범으로서 역할을 가지고 기능하기 위해서는 남북한간 국제법 원칙을 인정하는 이상 국제법 원칙을 최대한 존중하여 적용하되, 남북한 관계의 특수성을 반영할 필요가 있는 불가결한 범위 내에서 이를 변용하는 것이 바람직하다. 국제법 원칙에 따르면 남한은 북한 지역의 남한 주민에 대하여 입법관할권은 가지나 집행관할권의 행사에 제한을 받으며, 북한은 특별법규정이나 법률적 효력을 갖는 남북합의서에서 달리 규정하지 아니하는 한 이에 대하여 입법관할권과 집행관할권을 모두 갖는 것으로 해석된다. 따라서 남북한의 입법관할권의 경합과 충돌문제는 남한이 집행관할권의 제한을 인정함으로써 해결될 수 있을 것이다. 이로 인하여 남한 주민의 재판청구권 등 헌법상 기본권이 제한되는 결과가 초래되나 이는 평화통일을 위한 부득이한 조치로써 기본권 제한의 한계를 규정한 헌법 제37조 제2항에서 규정하는 "국가의 안전보장·질서유지 또는 공공복리를 위하여 필요한 경우"에 해당한다고 할 수 있을 것이다. 이러한 기본권 제한이 "자유와 권리의 본질적인 내용을 침해한 것"이라고 할 수는 없을 것이며, 남북한특수관계가 반영되어 있는 남북교류협력에관한법률 등 법률, 법률적 효력을 갖는 남북합의서, 일반적으로 승인된 국제법규 등에 의한 제한으로 '법률로써' 제한하는 것이므로 헌법에 합치된 기본권의 제한이라고 하겠다.

그러나 남한법률이 완전히 그 적용에서 배제되는 것이 아니라 다만 북한의 집행관할권과 충돌하는 경우에 한하여 남북교류협력과 개인의 인권보장을 위하여 그 적용을 자제하는 것일 뿐이다. 그러므로 북한이 그 사건에 대하여 집행관할권을 행사하지 않는 등 북한의 집행관할권과 실제로 충돌하지 않을 경우에는 남한이 남한 주민에 대하여 실질적인 법규범력이 미치는 남한 지역에서 그 집행관할권을 행사할 수 있을 것이며, 북한과의 사법공조 등 남북 간 합의나 협조절차를 통하여도 그 집행관할권을 행사할 수 있을 것이다. 이와 같이 남한 주민의 기본권 제한을 필요한 경우에 최소화하는 것이 헌법 제37조 제2항이 기본권 제한의 요건과 한계로서 제시하는 '보충성의 원칙' 또는 '비례의 원칙'에도 부합하는 것이다. 이와 반대로 남한 지역에서 활동하는 북한 주민에 대하여도 국제법 원칙과 남북한 상호주의와 대등성의 원칙에 따라서 북한은 남한 지역의 북한 주민에 대하여 입법관할권은 가지나 집행관할권의 행사에 제한을 받으며, 남한은 법률상 달리 규정이 없는 한 이에 대하여 입법관할권과 집행관할권을 모두 갖는다고 할 것이다. 따라서 남한이 북한 주민에 대하여 집행관할권을 행사하지 않을 경우에는 북한이 북한 주민에 대하여 북한 지역에서는 그 집행관할권을 갖는다고 해석하여야 한다.

5. 적용상 한계

1) 국제법원칙에 따른 적용범위의 제한

남북한특수관계론에 따라 북한법률의 효력은 남북한 관계에 있어서 북한이 헌법 제4조에 따라 평화통일을 위한 화해와 협력의 동반자로서 활동하는 규범 영역에 한하여 인정되며, 그러한 경우에도 국내법과 동일한 효력이 인정되는 것이 아니라 기본적으로 국가성의 실체를 가진 국제법상 주체가 제정한 법률로서 국제법 원칙이 적용되는 범위에서 국제법 원칙에 따라서 그 효력이 인정된다는 것을 살펴보았다. 따라서 북한법률의 효력이 인정되는 경우라고 하더라도 그 적용범위는 국제법 원칙에 따라 당연히 지역적 또는 인적 적용범위의 한계를 가진다. 즉, 북한법률은 지역적으로 북한 지역에 한하여, 북한 주민에 대해서만 적용되며 남한 지역이나 남한 주민에 대하여는 그 효력이 미치지 못하며, 설사 북한법률이 남한 지역이나 남한 주민에 대하여 효력을 미치는 내용을 규정하고 있다고 하더라도 그 부분은 남한과의 관계에 있어서는 국내법적으로는 그 효력이 인정되지 않는다고 하겠다.

이에 대하여 남한의 헌법 원칙에 따라 북한법률의 적용범위를 제한하는 것을 인정하면서 북한의 헌법 원칙에 따라 남한법률의 적용범위를 제한하는 것을 인정하지 않는 것은 남북한 상호주의와 대등성의 원칙에 위반된다는 지적이 가능하다. 그러나 특정한 역사적 정치이념을 바탕으로 하는 헌법의 특성과 자유민주적 기본질서를 고려할 때 남한의 헌법체계와 북한의 헌법체계는 그 형식적 기준에 따라서 동일하게 평가할 수는 없을 것이다. 한편, 남북한특수관계론은 민족자결주의에 따라 상이한 법이념과 법률체제를 평화통일의 과정에서 잠정적으로 인정할 수 있으므로 일정한 범위에서는 국제법 원칙이 변용되어 탄력적으로 적용되어야 할 여지가 있다고 하겠다. 특히, 북한 주민의 국적과 관련된 규범 영역과 남북한 경제협력과정에서 발생하는 내부거래와 관련된 규범 영역에 있어서 단일국적주의 또는 민족자결주의를 적용함으로써 국제법 원칙을 배제 또는 약화시키는 경우가 이에 해당하는 대표적인 사례라고 할 수 있다.

2) 남북한 관계의 특수성에 따른 한계

남북한 관계에 적용되는 구체적인 규범 영역에서 북한법률은 법률이념과 법률체계의 차이로 인하여 남한법률과 경합·모순·충돌하는 경우가 많이 발생할 것으로 예상된다. 이와 관련하여 북한법률의 효력이 인정되는 경우에도 위와 같은 국제법 원칙상 인정되는 적용범위의 제한 이외에도 남북교류와 협력의 과정에서 남한 지역 또는 북한 지역에서 북한 주민 또는 남한 주민에 대하여 구체적으로 북한법률을 적용함에 있어서는 헌법과 남북한특수관계론에 따른 일정한 한계를 가지게 된다.
개성공업지구 또는 금강산관광지구에서 활동하는 남한 주민에 대하여 북한법률의 효력을 인정할 경우에는 국제법 원칙에 따라 동일한 사안에 대하여 남한법률과 북한법률이 경합적으로 적용되는 결과가 발생되므로 헌법 제3조와 제4조의 규범조화적 조정이 필요하다. 현실적으로 개성공단에서 활동하는 남한 주민인 공장건축 사업자는 남한의 산업안전보건법의 적용을 받는 동시에 북한의 형법 또는 건설법 등 관련법률의 적용을 받게 된다. 그러나 남한과 북한의 법률이념과 체제가 상이하므로 사업주가 지켜야 할 의무내용도 차이가 있을 수 있고 이에 따라 사업주는 남한법률과 북한법률을 모두 준수하여야 하거나 서로 양립할 수 없는 모순되는 의무를 부담하게 될 경우가 발생할 수도 있을 것이다. 국가관할권의 경합에 관한 국제법 원칙에 따르면 국내법상 '이중위험(double jeopardy)의 금지' 또는 '일사부재리(ne bis in idem)' 원칙이란 동일 범죄에 대해 한 국가의 형사관할권이 두 번 발동되어서는 안 된다는 의미를 가질 뿐 개인은 하나의 범죄로 인하여 국가관할권을 가지는 두 국가에서 처벌할 수 없다는 것을 의미하는 것은 아니다. 그러나 이러한 결과는 개인의 인권보장은 물론 헌법상 평화통일의 요청이나 남북한특수관계론의 정신에 비추어 수용하기 어려운 것이다.

이 문제는 남북한이 합의서를 통하여 확정하는 것이 바람직하겠으나 현실적으로 남북교류협력의 규범 영역에 있어서는 북한법률이 남한법률에 우선하여 적용되며, 남한법률과 북한법률이 모순·충돌하는 경우에는 북한법률이 적용되어야 할 것이다. 다만, 이러한 결론은 북한 지역에서는 북한법률이 남한법률에 우선하여 적용된다는 것이 우리 헌법에 의하여 수용될 수 있다는 것을 의미할 뿐, 현행헌법의 해석에 의하여 별도의 입법적 조치가 없이도 당연히 북한법률의 효력을 그대로 인정한다는 것과는 구별할 필요가 있다. 즉, 북한에 대하여 국가적 실체를 인정하여 남북한 관계에 있어서 외국에 준하는 지위를 인정하고, 북한법률에 대하여 외국법률에 준하는 효력을 인정할 수 있다고 하더라도 이는 헌법해석에 의하여 그와 같은 결론을 도출할 수 있는 헌법적 근거를 제시한 것이고, 북한법률의 효력을 인정하는 법률을 제정하더라도 이는 헌법위반이 되지 않는다는 것을 의미하는 것이다.

따라서 이는 독립된 주권국가로서 특정 외국의 관할권이 미치는 해당 지역에서 그 외국법률의 효력이 미치는 것을 당연히 인정하는 것과는 달리 남북한 관계에 있어서는 북한의 이중적 지위에서 비롯되는 그 특수성을 반영하여 남북교류협력의 법제도적인 규범체계를 정립하고 남북한 관계를 법치주의 원칙에 따라서 안정적으로 발전시키기 위해서는 북한법률의 효력을 인정하는 법률적 근거를 마련하는 것이 필요할 것이다. 북한법률의 효력을 인정하는 법률적 근거를 마련하는 방안으로서는 국내법의 제·개정을 통하여 입법적으로 규정하는 방안, 남북한이 법률적 효력을 갖는 남북합의서에 이를 규정하는 방안을 고려할 수 있을 것이나, 남북한 관계의 동태적 발전성을 참고하고 남북교류협력의 진전 정도와 내용에 따라서 상호주의 입장을 견지하면서 남북한 관계의 발전에 실질적으로 기여할 수 있는 정책적 입장을 고려하여 결정하여야 할 것이다.

개성공업지구와 금강산관광지구에서는 '경제활동' 및 '관광과 관광업 그 밖의 경제활동'에 대하여는 개성공업지구법·금강산관광지구법과 그 시행을 위한 규정에 따르고, 법규로 정하지 않은 사항은 중앙공업지구지도기관과 관리기관이 협의하여 처리하도록 규정함으로써 북한법률의 적용을 배제하고 있으므로 남한의 법률적용을 배제할 경우에는 위 지역에서의 경제활동 등에 대하여 입법의 공백상태가 발생하게 되는 결과를 초래하게 된다. 따라서 이러한 경우에는 남한법률이 적용되는 것이 타당하며, 이러한 의미에서 북한 지역에서의 남한법률의 집행관할권은 북한법률이 현실적으로 적용되는 경우에 한하여 북한법률의 집행관할권의 행사에 의하여 제한받는다는 것으로 해석하여야 한다. 특히, 법률위반자에 대하여 형사처벌이 가능한 경우에는 '개성·금강산 출입·체류합의서'에 따라서 북한의 집행관할권이 배제되므로 이러한 범위에서 남한의 법률이 적용되며, '개성·금강산지구 출입·체류합의서' 제10조 제2항에서 규정하는 '지구에 적용되는 법질서'의 의미에 대하여 남북한 당국간 후속합의서의 체결을 통하여 명확히 조정하여야 한다.

Ⅲ. 남북한 이산가족 재결합에 따른 가족법률관계

1. 이산가족의 법률관계

1) 이산가족의 특수성

남북한에는 해방 이후 분단과 6·25전쟁을 겪으면서 수많은 이산가족이 발생하여 서로 생사여부도 모른 채 고통 속에서 살아가고 있다. 남북한 분단상황이 60년을 경과함에 따라 이산가족들이 고령화되면서 인도주의적 차원에서 이산가족의 생사·주소확인과 상봉·서신교환 등 최소한의 이산가족 교류가 요청된다. 남북한은 인도주의 차원에서 이산가족 교류협력을 다른 분야에 비하여 상대적으로 활발하게 추진하고 있다. 2000년 6·15남북공동선언이 발표된 이후인 2000년 8월 15일 서울과 평양에서 이산가족 1,170명이 상봉한 것을 시작으로 2005년 12월 말 현재까지 총 12차에 걸쳐 총 2,396가족 11,788명의 이산가족이 상봉하였으며 26,298명의 생사를 확인하였다. 특히, 2005년 6월 개최된 제15차 남북장관급회담에 따라서 2005년 8월부터 3차례에 걸쳐 총 199가족 1,323명의 이산가족이 상봉하였으며 2,338명의 생사를 확인하였다. 한편, 최근 북한을 이탈하여 남한에 들어오는 북한 주민이 증가하고 있고 향후 남북교류협력의 진전에 따라 남북한 주민 간의 인적 교류가 확대됨에 따라서 이산가족이 재결합하게 되는 사례가 증가할 것으로 예상된다.

이산가족에 대한 법률문제는 당사자들이 남북한 분단에 의하여 지역적으로 분리된 채 장기간 격리되어 상호 왕래는 물론 생사도 확인할 수 없는 상태에서 생활하면서 각각 결혼·사망 등으로 인하여 가족·상속법 등 상이한 법률체제에 따라 새로운 법률관계를 형성하고 이를 유지하여 왔다는 점에서 특수성이 있다. 즉, 일방의 이산가족은 그 동안 배우자 등 타방의 이산가족이 법적으로 사망한 것을 전제로 새로운 법률관계를 형성하였으나 해당 이산가족의 생존이 확인됨으로써 실체관계에 부합하는 법률관계를 소급하여 회복하여야 한다는 정의의 관념과 실체관계에 부합하는 법률관계를 소급할 경우에는 이산가족의 사망을 전제로 하고 새롭게 형성한 법률관계의 효력을 부인하게 되어 그 법적 안정성을 해치게 된다는 법이념이 서로 충돌하게 되는 문제가 발생한다. 한편, 이산가족의 대부분이 고령일 뿐만 아니라 이산가족의 재결합이 단시일 내에 포괄적으로 이루어지지 않을 것이므로 사회적으로나 법적으로 큰 문제가 되지 않을 것이라는 입장도 있을 수 있다. 그러나 이산으로 인하여 발생한 가족관계와 신분관계는 이산가족 당사자에 국한되는 것이 아니라 그 후손이나 그 밖의 친족에게까지도 확대될 뿐만 아니라 재산관계에도 직접 영향을 미치는 것이므로 남북교류협력은 물론 통일과정과 통일 이후에도 해결하여야 할 매우 중요한 법적 문제라고 하겠다.

이산가족의 재결합으로 인한 법적 문제를 검토하기 위해서는 먼저 '이산가족'과 '재결합'의 범위를 확정할 필요가 있다. 현재 이산가족의 재결합과 관련하여 그 정의나 범위를 규정하는 국내법률이 없으므로 이를 이론적으로 확정하여야 한다. 이는 이산가족의 재결합에 대하여 법률적으로 특별한 취급이 요구되는 필요성과 법적 안정성·명확성을 함께 고려하여야 하므로 이산 또는 재결합을 원인으로 하여 직접적으로 법률관계에 영향을 받는 가족으로서 사회통념과 법감정상 특례를 인정하는 것이 수용되는 범위로 제한하는 것이 상당하다. 이에 따라 '이산가족'이라 함은 1945년 유엔군 총사령관 일반명령 제1호가 포고됨으로써 남북한이 사실상 분단된 1945년 9월 2일을 기준으로 하여 북한 지역에서 해방 이후 월남하거나 휴전 이후 귀순 또는 북한을 이탈하여 남한으로 이주하여 거주하고 있는 월남자와 북한에 잔류하고 있는 가족, 그리고 남한 지역에서 월북하거나 강제납치에 의하여 북한에 거주하고 있는 월북자와 남한에 거주하고 있는 가족을 의미한다.

이때 가족의 범위에 대하여 남한은 민법 제779조에 따라서 "호주의 배우자, 혈족과 그 배우자, 그리고 기타 민법의 규정에 의하여 그 가에 입적한 자를 가족"으로 규정하고 있으나 북한은 가족법 제37조의 규정에서 "부양의무를 지는 친척의 범위를 부부, 부모와 자녀, 조부모와 손자녀, 형제자매"로 규정하고 있어 이산가족의 범위에 혼란이 발생할 것이 예상된다. 따라서 이 문제는 종국적으로는 남북한간 합의에 의하거나 특별입법을 통하여 이산가족의 범위를 조정함으로써 이산가족의 재결합과 관련한 가족·신분관계와 재산상속 등에 있어서 법적 분쟁을 예방할 필요가 있을 것이나 남북한특수관계론을 국내법적으로 적용하는 범위에서는 남한에서의 이산가족의 재결합을 전제로 하므로 남한민법에 따라서 가족의 범위를 확정하는 것이 현실적이다. 한편, '재결합'이란 이산가족의 상봉 및 재회를 통하여 자유의사에 따라서 가족·상속법상의 가족으로서 신분관계를 회복 또는 형성하게 되는 법률효과를 발생시키는 것으로 국한하여 이해하여야 한다.[21]

2) 이산가족 재결합 시 법적 쟁점

이산가족은 남북한의 민법이나 이산가족에 대한 특별법에 따라서 가족관계를 법률적으로 정리한 상태에서 생활하고 있는데, 남북한의 관련 법률이 상이하여 그 법률상 가족·신분관계도 상이한 기준과 범위에 따라서 정리하였다. 즉, 남한의 경우에는 북한의 이산가족에 대하여 민법에 의한 실종선고, 부재선고등에관한특별조치법에 의한 부재 또는 실종선고를 통하여 사망한 것으로 간주하고 있다.[22] 구체적으로 그 유형으로

---

21) 신영호, "이산가족의 재결합에 따른 법적 분쟁과 그 해결방안-중혼·상속 문제를 중심으로-", 남북교류와 관련한 법적 문제점(1), 법원행정처, 2002, 78~84면.

는 실종 또는 부재선고로 인한 호주 및 재산상속의 개시, 실종 또는 부재선고 이후 남한 이산가족의 혼인·출생·입양 등으로 인한 새로운 가족관계의 형성, 실종 또는 부재선고 이후 남한 이산가족의 재산상 법률행위로 인한 새로운 재산관계의 발생 등을 들 수 있다. 그러나 이산가족이 미수복 지역에서 그 이남 지역으로 이주한 경우에는 새로운 취적을 할 당시에 여러 가지 이유로 미수복지구에 거주하고 있는 자의 신고를 누락하여 호적상 미수복지구에 가족이 없는 자로 되어 있어 가호적이 부진정한 경우도 있다. 한편, 북한은 북한민법 제22조에서 규정하는 사망자인정을 통하여 남한의 이산가족이 사망한 것으로 간주하고 재산상속, 새로운 가족관계의 형성, 새로운 재산관계의 발생 등 새로운 법률관계를 형성하였다.

이러한 법률관계는 이산가족의 재결합으로 인하여 새로운 법률요건이 발생하고 이로 인한 법률효과로서 새로운 가족·신분관계와 상속관계를 형성하게 된다. 남한민법에 의하면 이산가족의 재결합은 실종선고의 취소사유인 "실종자의 생존사실 또는 실종인정 일시와 상이한 일시에 사망한 사실의 증명"에 해당되므로 본인, 이해관계인 또는 검사의 청구에 따라 법원이 실종선고를 취소하게 되며, 그 효과로서 실종선고로 인하여 발생하였던 법률관계는 소급적으로 무효가 되므로 이산가족의 친족 및 재산관계는 선고 전의 상태로 회복된다. 다만, 실종선고 후 그 취소 전에 선의로 한 행위의 효력에는 영향을 미치지 않으므로 법률행위의 당사자가 실종선고가 사실에 반함을 알지 못한 경우에는 그대로 유효하고 이와 양립할 수 없는 과거의 법률관계는 회복되지 않는다(민법 제29조 제1항).[23] 또한, 실종선고를 직접 원인으로 하여 재산을 취득한 자인 재산상속인·수유자·생명보험수익자 등이 선의인 경우에는 그 받

---

22) 남한민법 제27조, 제28조, 부재선고등에관한특별조치법 제1조, 제2조 제2·3항, 제4조, 제11조.
23) 곽윤직, 민법총칙, 박영사, 2003, 111~116면.

은 이익이 현존하는 한도에서 반환할 의무가 있고, 악의인 경우에는 그 받은 이익에 이자를 붙여서 반환하고 손해가 있으면 이를 배상하여야 한다(민법 제29조 제2항). 부재선고등에관한특별조치법 제5조는 부재선고가 취소된 경우에는 부재선고 후 그 취소 전에 선의로 한 행위의 효력에 영향을 미치지 아니하며, 민법 제29조 제2항을 준용하도록 규정하였다.

한편, 북한민법 제23조는 소재불명자 또는 사망자인정의 취소에 대하여 "소재불명자 또는 사망자로 인정된 공민이 나타났거나 소식을 보내어 거처를 알려온 경우, 공증기관은 본인이나 이해관계자의 신청에 따라 해당한 인증을 취소한다. 이 경우 변경된 재산관계는 취소할 수 있으나 새로 성립된 결혼관계는 취소시킬 수 없다"고 규정하고 있다. 이에 따를 경우에는 새로 성립된 결혼관계는 유효한 것으로 명확하게 규정하고 있으므로 일부일처제를 유지하는 한, 과거의 혼인관계는 회복하지 않는 것으로 판단된다. 그리고 재산관계에 대하여는 취소할 수 있다고만 규정하고 있어 일응 과거의 재산관계가 모두 회복하는 것으로 볼 수도 있으나 구체적인 반환범위 등은 명확하지 않다.

이산가족의 재결합에 따른 법률관계는 기본적으로는 남북한 민사사건에 관한 법률충돌로 인하여 발생하는 문제로서 북한과 북한 주민의 법적 지위, 북한법률의 국내법적 효력 등과 직접적으로 관련되므로 남북한특수관계론에 따라서 해결방안을 도출하여야 한다. 다만, 이산가족의 재결합은 그 자체가 평화통일을 위한 교류협력사업으로서의 성격을 가지므로 북한의 이중적 지위, 특히 북한이 반국가단체로서의 지위에서 활동하는 규범 영역을 따로 구별하여 해결방안의 적용을 배제할 필요성은 거의 없을 것으로 판단된다. 따라서 남북한 관계가 적용되는 규범 영역을 불문하고 북한의 실체와 북한법률의 효력을 인정하는 것을 전제로 그 법률에 따라 형성된 법률관계에 대하여 법적 구속력을 부여하고, 기본적으로 남북한의 민사재판관할권과 저촉법 및 준거법에 대한 남북한 법률의 모순·충돌을 해결하는 기준에 따라야 할 것이다. 그러나 이산가족의 재결합에 따른 법적 문제는 남북한의 법률체계의 충돌과 모순의 해결만으로는 해소될 수 없으므로 이산가족의 특수성을 반영하여 남북한특수관계론을 변용하거나 그 특칙을 인정함으로서 법치주의에 바탕을 둔 법이념과 인도주의적인 입장을 고려하여 조화롭고 합리적인 해결방안을 도출할 필요가 있을 것이다.

2. 외국의 사례

1) 동서독의 경우

통일 전 동서독의 경우에 있어서 서독은 이산가족과 관련된 법적 문제를 해결하기 위하여 특별법을 제정하지 않고 민법, 민법시행법, 혼인법, 실종선고법 등을 통하여 이산가족의 신분 및 재산관계를 규율하였다.

첫째, 혼인관계에 있어서는 혼인법 제5조와 제14조에 따라서 일부일처제와 법률혼주의를 기본으로 하였다. 이에 따라 일방 배우자의 실종선고 이후 다른 일방 배우자가 제3자와 재혼한 후 이산가족의 재결합으로 인하여 그 실종선고가 취소된 경우에는 재혼한 당사자 모두 선의이거나 그 중 일방이 선의인 경우에는 후혼이 유효하고 원혼은 후혼의 성립으로 인하여 해소되므로 원혼은 회복되지 않는다. 다만 재혼한 이산배우자가 선의인 경우에 이산가족인 배우자가 재혼을 하지 않고 있는 등 법률적으로 재혼한 이산가족과 혼인체결이 가능한 경우에는 후혼을 취소할 수 있다. 이러한 경우에는 반드시 이산배우자와 결혼을 하여야 할 의무를 부담한다. 한편, 재혼한 당사자 모두가 악의인 경우에는 원혼이 그대로 유효하고 후혼은 중혼에 해당하여 혼인법 제5조에 따라서 무효가 된다. 일방 배우자의 실종선고 이후에 다른 일방의 배우자가 재혼을 하지 않고 있는 경우에는 원혼은 그대로 유효하고, 실종선고를 받은 일방 배우자가 재혼하였을 경우에는 원혼은 민법 제1565조에 따라 이혼사유를 가지게 되고, 후혼은 중혼으로서 혼인무효사유가 된다(민법 제1565조).

둘째, 재산상속관계에 있어서는 실종선고된 일방 배우자가 생존한 경우에는 상속재산반환청구권을 행사할 수 있으나 선의로 상속재산을 취득한 제3자는 보호된다. 이때 상속관계의 준거법은 피상속인의 주된 거주지를 관할하는 법률에 의하도록 하였다(민법 제2031조, 제2370조, 민법시행법 제24조).

동독도 이산가족과 관련한 특별법을 제정하지 않고 민법, 가족법, 법적용법, 이산가족 재결합을 위한 명령 등을 통하여 이산가족의 신분 및 재산관계를 규율하였다.

첫째, 혼인관계에 있어서는 서독과 마찬가지로 일부일처제와 법률혼주의를 바탕으로 하고 있으며, 이산배우자의 실종선고에 의하여 원칙적으로 원혼관계는 종료된다. 다만 이산배우자 일방이 제3자와 재혼한 후에 실종선고를 받은 다른 일방의 이산배우자가 생존한 경우에는 이산배우자는 공동소송으로 후혼에 대하여 이혼소송을 제기할 수 있고 이혼판결의 확정으로 원혼은 새로운 혼인으로 성립하게 되며, 이산배우자 일방이 소송을 취하한 경우에는 다른 배우자에게도 그 효력이 미친다. 이때 소송제기 기간은 실종선고를 받은 배우자가 상대방 일방 배우자의 재혼사실을 안 때로부터 1년, 또는 재혼한 일방 배우자가 실종선고를 받은 배우자의 생존사실을 안 날로부터 1년으로 제한된다(가족법 제6조, 제8조 제1호).

둘째, 재산상속관계에 있어서는 실종선고를 받은 자가 생존한 경우에는 실종선고 후의 법률관계는 소급적으로 무효가 되며, 상속관계의 준거법은 피상속인의 사망 당시 소속국가의 법률에 따르도록 하였다(민법 제461조 제3항, 법적용법 제25조). 동독은 동서독 간 상속재산의 반입 및 반출에 대하여 관세법시행령을 통하여 일정한 경우에 이를 제한하고 있는 것이 특징이다. 즉, 동서독 간 반입 및 반출할 수 있는 상속재산을 제한하여 피상속인이 사망하였을 당시 법정상속인의 지위에 의하거나 피상속인의 유언에 따라 취득한 재산으로서 제3자와 소유관계에 있어서 문제가 없는 동산에 한정하였으며, 반입 및 반출기간도 제한하여 상속인의 지위를 취득한 후 1년, 또는 상속재산에 관한 쟁송이 종료된 후 1년 이내에만 가능하도록 제한하였다.[24)

한편, 동서독이 통일된 이후에는 동독이 서독에 편입되는 방식을 채택한 결과 기본적으로 서독법이 적용되지만 이산가족의 재결합에 관하여는 일정한 특례를 인정하였다. 즉, 가족법관계에 대하여는 서독법률을 확장 적용하여 이에 따라서 이산가족의 법적 문제를 해결하였으나, 상속법관계에 대하여는 상속개시일을 기준으로 구별하여 처리하였다. 이에 따라 상속개시일이 통일 이전인 경우에는 기존질서를 존중하여 동서독 각각의 민법을 적용하였으나(민법시행법률 제234조 제1항), 상속개시일이 통일 이후인 경우에는 연방민법을 적용하여 새로운 통일질서를 확립하였다(민법시행법률 제4조).

2) 중국 · 대만의 경우

중국과 대만은 이산가족과 관련된 특별법을 제정하지 않고 원칙적으로 민법, 혼인법, 상속법 등 일반법률에 따라 처리하였다. 다만, 장기간 상호 단절된 특수상황을 고려하여 중국은 민사사건지침을, 대만은 '대만지구와 대륙지구주민 관계조례(이하에서는 '양안관계조례'라고만 한다)'를 각각 제정하여 필요한 경우에는 외국과의 관계에 준하여 사건을 처리하고 있다.

중국은 첫째, 혼인관계에 대하여는 혼인법 제2조와 제7조에 따라서 일부일처제와 법률혼주의(등기혼제도)를 채택하고 있는데, 양안관계에 대하여는 1988년 8월 9일 최고인민법원 부원장이 공표한 '대만관련 민

---

24) 제22차 및 제27차 관세법시행령, 제27차 관세법시행령개정령.

사사건처리지침'을 적용하여 규율하고 있다. 이에 따르면, 이산배우자가 이혼절차를 완료하지 않고 있는 경우에는 원혼은 그 효력을 유지하여 회복되나, 부부 일방이 재혼을 한 경우에는 원칙적으로 원혼은 소멸된 것으로 간주되고 후혼인 현재의 혼인관계가 유효하게 인정된다. 다만 이러한 경우에는 후혼의 당사자가 이혼을 청구할 수는 있다. 한편, 인민법원으로부터 이혼판결을 받은 경우에라도 쌍방 모두 재혼을 하지 아니한 경우에는 쌍방의 의사에 따라 원혼을 회복할 수도 있고, 법률에 따라 재혼배우자와 이혼절차를 경료한 후에 원혼관계를 회복할 수도 있다.[25]

이산배우자가 이혼을 하지 않은 상태에서 중국과 대만에서 분리, 거주하면서 새로운 배우자와 혼인하거나 사실혼의 관계에 있는 경우에는 중혼에 해당한다. 이때에는 원칙적으로 원래의 혼인관계는 이미 해소된 것으로 보아 후혼을 인정하지만 반드시 원혼에 대하여 이혼판결을 받아야 재혼의 효력이 인정된다. 대만 주민이 중국으로 돌아와 정착한 후 중국의 이산배우자와 혼인관계를 회복하기 위해서는 후혼의 대만배우자와 이혼을 청구하여야 하고, 인민법원은 반드시 이를 수리해야 하며 혼인법의 규정에 의하여 이혼여부를 판결한다. 또한, 이혼판결을 받지 않은 상태에서 대만거주 주민에 대하여 행방불명을 이유로 인민법원이 법에 따라 사망을 선고하였으나 당사자의 생존이 확인된 경우에는 이에 대한 법률규정을 두지 않고 있다. 그러나 최고인민법원은 사법해석을 통하여 당사자가 생존해 있더라도 사망선고가 내려진 일자부터 혼인관계가 해소된 것으로 보았다. 사망선고된 대만 주민이 인민법원의 사망선고에 대하여 취소판결을 받은 후 일방 또는 쌍방이 원혼관계의 확인을 요구한 때에는 쌍방이 모두 재혼하지 않은 경우에는 부부관계는 사망선고 취소일부터 자동적으로 회복되지만, 일방 또는 쌍방이 재혼한 후에 이혼하였거나 또는 재혼한 배우자가 사망한 경우에는 원혼은 자동적으로 회복되는 것이 아니므로 다시 혼인등기를 하여야 한다는 입장을 밝혔다.[26]

---

25) 문준조, 중국과 대만의 인적교류법제, 한국법제연구원, 2004, 50~51면.
26) 문준조, 앞의 책, 48면.

둘째, 재산상속관계에 있어서는 중국은 중국상속법을 적용하여 대만 주민에 대하여도 중국 주민과 동등한 상속권을 인정하고 있다. 다만 중국상속법상 대만 주민도 법정상속인에 포함되지만 양안의 분단으로 정상적인 가정생활을 영위할 수 없는 상태에서 배우자의 일방이 재혼한 경우에는 일부일처제 원칙에 따라서 대만 주민에 대하여는 배우자의 신분으로서 상속권은 인정하지 않는다. 인민법원은 대만 주민인 상속인에 대해서도 유산상속분을 유보하도록 하여 피상속인이 중국에서 사망한 후 중국의 상속인이 대만거주 상속인의 유산상속분을 유보해 두지 않은 경우에는 그 상속권을 침해한 것이므로 중국의 상속인에 대하여 유산을 반환하거나 손실을 배상하도록 판결할 수 있다. 인민법원은 상속사건을 심리하는 과정에서 대만 주민이 합법적인 상속인이라는 사실을 알게 된 경우에는 적당한 방법을 통하여 소송참가를 통지하고, 통지할 방법이 없거나 통지하였으나 대만상속인이 소송에 참가하지 아니한 경우에도 유산의 분배과정에서 적당한 유산상속분을 유보하도록 하였다. 이때 그 상속분은 다른 합법적인 상속인 또는 상속재산 소재지의 인민위원회 등 기층조직을 지정하여 이를 대리하여 관리하도록 한다.

대만 주민이 상속개시통지를 받은 경우에는 직접 또는 관리인을 통하여 상속을 받을 수 있고 상속받은 재산을 타인에게 위탁관리할 수도 있으며, 동산의 경우에는 이를 대만 등 중국 밖으로 반출하는 것도 가능하다. 대만 주민과 관련된 상속사건의 소송은 피상속인 사망당시의 주소지 또는 주요 상속재산 소재지의 인민법원의 전속관할에 속하므로 대만법원도 그 사건을 관할할 수도 있다(민사소송법 제34조 제3호).

대만은 1992년 양안관계조례를 제정하여 이산가족의 재결합에 관련되는 혼인관계와 상속관계를 규율하였다. 첫째, 혼인관계에 대하여는 민법 제982조, 제985조, 제988조에 따라서 일부일처제와 법률혼주의를 채택하고 있는데, 중혼문제에 있어서는 1987년 11월 2일 대륙친척방문이 허용되기 이전 양안 주민이 재회가 불확실한 상황에서 이루어진 중혼에 대해서는 이를 보호하되 양안교류 개방 이후에 이루어진 중혼에 대해서는 당연히 무효로 본다. 중국과 대만의 이산배우자의 일방이 재혼한 경우에는 후혼을 유효한 것으로 간주하고, 배우자 쌍방이 재혼한 경우에도 후혼이 유효하며 원혼은 쌍방 모두가 재혼한 날부터 소멸한 것으로 본다(양안관계조례 제64조).

둘째, 재산상속관계에 대하여는 이산가족의 상속문제에 대한 준거법으로서 피상속인의 주소지법주의를 원칙으로 하되, 예외적으로 대만에 있는 상속재산에 대하여는 상속재산의 소재지법주의를 채택하고 있다(양안관계조례 제60조). 대만정부는 피상속인이 대만 주민이고 상속인이 중국 주민인 경우에 상속인이 유산상속을 신청하기 위해서는 본인이 직접 대만에 들어와 신청하여야 하며 중국에서 또는 대리인을 통하여 유산상속을 신청한 경우에는 그 접수를 거부하는 방침을 고수하였다. 그러나 대만법원은 위 방침에 대하여 대만민법상의 상속규정에 위배된다는 이유로 대리신청의 경우에도 유산상속 및 상속금지급을 명하는 판결을 하였다.[27]

대만은 중국 주민이 대만 주민의 유산을 상속할 경우에 상속권 행사를 일정한 범위에서 제한하고 있는 것이 특징이다. 즉, 상속인은 상속이 개시되는 날부터 3년 이내에 서면으로 피상속인 주소지 법원에 상속의사를 표시하여야 하며, 기한이 초과되는 경우에는 상속권을 포기한 것으로 본다. 위 조례가 시행되기 전에 상속된 경우에는 위 조례가 시행되는 날부터 기산하도록 규정하였다(양안관계조례 제66조). 또한, 중국 주민이 상속을 받을 경우에도 상속재산의 대상과 총액을 제한하였다. 중국 주민이 상속받을 수 있는 재산총액은 1인당 200만 대만달러(新臺幣)를 초과할 수 없도록 하고, 초과부분은 대만의 동순위 상속인에게 귀속하도록 하였다. 만약 대만에 동순위 상속인이 없는 경우에는 대만의 후순위 상속인에게 귀속되고 대만에 상속인이 없는 경우에는 국고에 귀속되도록 하였다. 유언자가 대만지구에 있는 재산을 중국의 주민, 법인, 단체

---

27) 문준조, 앞의 책, 116면.

또는 그밖에 기구에 증여하는 경우에는 그 총액도 200만 대만달러를 초과할 수 없다. 상속재산에 대만 상속인이 거주를 하기 위한 부동산이 포함되어 있을 경우에는 중국 상속인은 이를 상속할 수 없고 그 가액은 유산총액에 산입되지 않는다. 그 이외의 부동산에 대하여는 해당권리를 가액으로 환산하여 유산총액에 산입하였다(양안관계조례 제67조).

한편, 중국은 대만의 이러한 상속권의 제한조치에 대하여 상속권 행사의 시효기간을 3년으로 한 것, 공산당원 등에 대한 입경제한을 통하여 실질적으로 상속권을 제한하고 있는 것, 상속재산의 액수와 대상을 제한하고 있는 것은 혼인과 혈연 등 신분관계에 따라 상속이 결정되어야 함에도 정치적인 요소를 고려하여 상속권을 인위적으로 불공평하게 제한하고 있어 불합리한 것이라고 비판하고 있다.

3. 남북한특수관계론의 적용

1) 이산가족 재결합의 특수성 반영

이산가족의 법적 문제는 기본적으로는 남북한 민사문제에 관한 법률충돌을 해결하는 기준에 따라야 할 것이다. 그러나 이산가족의 특수성을 고려하지 않고 형식적으로 그와 같은 기준을 적용할 경우에는 이산가족의 재결합으로 인하여 원칙적으로는 이산 이후에 형성된 새로운 가족관계와 재산관계가 소급적으로 무효가 되고 이산 이전의 상태로 복귀됨에 따라서 가족 및 상속관계에 큰 혼란이 야기될 것이 우려된다. 그러므로 이산가족의 법적 문제에 대하여는 위와 같은 특수성을 고려하여 다음과 같은 기본원칙에 따를 것이 요청된다.

첫째, 이산 이후의 형성된 가족관계에 대하여 법적으로 보호할 가치가 있는 부분에 대하여는 가급적 이를 존중하고 그 유효성을 인정함으로써 법적 안정성을 보장하여야 할 것이다. 이는 북한 가족법에 근거하여 형성 또는 해소된 가족관계에 대하여 법적 효력을 부여하여 그 유효성을 인정하는 것을 전제로 하고 있다. 남북한특수관계론에 따라 북한의 실체를 인정하는 이상 일정한 범위에서 북한법률의 효력을 인정하여야 하고, 특히 장기간에 걸쳐 북한 지역에서 형성한 가족과 신분관계를 남한법률을 기준으로 일방적으로 결정하여 그 효력을 인정하지 않는 것은 남북한특수관계론에도 배치되며 이산가족의 특수성을 무시한 것으로서 현실적으로 문제해결을 위한 기준을 제시할 수도 없는 결과가 된다. 따라서 북한 가족법과 상속법에 근거하여 북한이 통치권을 행사하여 행한 행정작용과 사법작용의 결과에 대하여도 그 법적 효력을 인정하여야 한다. 이를 바탕으로 북한에서 당사자의 결혼, 사망 등 법률적 요건사실과 이를 기초로 하여 행한 신분등록 등 행정작용과 이혼판결 등 사법작용 등을 통하여 형성 또는 해소된 가족·신분·상속관계를 입증하는 것은 남북 간 민사사법공조를 통하여 해결하여야 할 것이다.

둘째, 이산가족의 법률상 재결합과 관련된 당사자의 의사를 최대한 존중하여야 한다는 것이다. 이산 이전에 형성되었던 가족·신분관계와 이산 이후에 발생한 가족·신분관계를 어떻게 할 것인지에 대하여는 이산과 재결합에 직접 관련된 당사자들의 의사가 다양할 것이다. 이는 당사자의 고유한 인격권과 직접 관련된 것으로서 당사자의 의사에 반하는 결과를 법률로 강제하는 것은 이산가족의 특수성을 고려하여 구체적으로 타당성이 있는 합리적인 해결을 도출한다는 목적에도 부합하지 않는 것이다. 즉, 실종선고나 부재선고의 취소의 효과만에 의하여 법률상의 재결합을 원하지 않는 당사자의 의사를 무시하고 재결합을 강제하거나 이산 이후에 형성된 가족·신분관계의 법적 안정성을 우선시하여 이산 이전의 가족·신분관계의 회복이나 재결합을 원하는 당사자의 의사를 무시하는 것은 이산가족의 문제를 해결하는 것이 아니라 새로운 분쟁을 야기시키는 원인을 제공하는 결과를 초래할 것이다. 그러나 이산가족의 문제는 이산 및 재결합과 관련하여 직접적으로 법률적 효력이 미치는 당사자가 한 명이 아니라 쌍방 또는 여러 명이 있으므로 어느 일방의 의사만을 존중할 것이 아니라 당사자 모두의 의사가 존중될 수 있도록 조화로운 방안을 도출할 필요가 있으나, 제1차적으로는 이산 또는 재결합하는 당사자의 의사를 우선적으로 존중하여야 할 것이다.

셋째, 인도주의 원칙을 고려하여 이산으로 인한 고통을 최소화할 수 있도록 배려해야 할 것이다. 이산 이후에 형성된 가족관계를 보호하고 당사자의 의사를 존중하더라도 이산 또는 재결합으로 인하여 새로운 고통을 받게 되는 배우자 또는 가족들의 입장을 고려하여 이들의 인권도 인도주의적 차원에서 반영할 수 있도록 보완하여야 할 것이다. 이산가족의 법적 문제에 대하여는 이와 같은 특수성과 이를 고려한 기본원칙을 적용함으로 인하여 일정한 경우에는 중혼관계의 인정 등 남북한의 가족법이 인정하지 아니하는 결과가 발생할 수도 있을 것이나 일시적·제한적·예외적으로 수용하여야 할 것이다.

이와 같이 이산가족의 특수성을 반영할 경우에는 그 필요성만으로는 남북한특수관계론에 따른 원칙적 처리기준 또는 남북한의 관련 법률규정과 충돌·모순되는 법적 효력을 부여할 수는 없을 것이므로 이에 대하여는 법적 근거가 필요하게 된다. 구체적으로는 이산가족의 문제를 포함한 일반법규인 민법에 이산가족의 법적 문제에 관한 특별한 규정을 두는 방안, 부칙에 특별규정을 추가로 삽입하는 방안과 이산가족의 재결합과 관련된 가족·신분관계와 재산관계를 법률적으로 조정하고 정리할 수 있는 한시적 특별법을 제정하는 방안이 고려될 수 있을 것이다. 그러나 이산가족의 재결합에 관한 법률적 문제는 남북한특수관계의 특별한 고려가 필요한 점, 이와 관련된 인적·재산적 관련성이 일정한 범위로 제한되는 점, 이산가족의 재결합을 둘러싼 법률관계를 조기에 확정함으로써 법적 안정성을 기할 필요가 있다는 점 등을 고려할 때 일정한 시기적 제한을 전제로 하는 한시적 특별법을 제정하는 것이 타당하다고 판단된다.

2) 이산가족의 재혼과 중혼

이산가족의 재결합으로 인하여 발생하는 법적 문제로서는 우선 중혼의 발생과 이에 대한 해결방안을 들 수 있다. 이산 이전의 쌍방 배우자가 이산 이후에도 배우자를 가지지 않고 있을 경우에는 당사자의 재결합의사 여부에 따라서 법률상 혼인관계를 회복할 것인지 여부를 결정하더라도 별다른 문제가 발생하지 아니할 것이다. 그러나 당사자 일방 또는 쌍방이 재혼을 하였거나 사실혼관계를 유지하고 있을 경우에는 중혼문제와 사실혼의 보호여부 등에 대한 법률적 문제가 발생하게 된다.

이산가족의 예상되는 혼인관계는 부부의 일방 또는 쌍방이 재혼한 경우, 재혼하지 않은 경우, 재혼한 이후 그 배우자와 이혼하였거나 사별하여 독신인 경우, 사실혼을 유지하고 있는 경우로 유형화할 수 있다. 이들 각 유형은 남한법률에 따라 북한배우자의 실종 또는 부재선고를 취소한 경우, 혹은 북한법률에 따라 소재불명자 또는 사망자인정을 취소한 경우에 따라 다양한 혼인관계를 형성하게 된다. 여기에서는 남한법률에 따라 북한배우자의 실종 또는 부재선고를 취소할 경우를 전제로 하기로 한다.

첫째, 남한배우자의 신분관계는 그가 재혼을 하지 않고 독신으로 있는 경우에는 원혼이 그대로 유효하고, 재혼한 경우이거나 재혼하였다가 이혼 또는 사별하여 현재 독신으로 있는 경우에는 재혼한 당사자 쌍방이 모두 선의인 경우에는 후혼만 유효하고 원혼은 회복되지 않는다. 그가 사실혼을 유지하고 있는 경우에는 사실혼인 후혼은 보호를 받지 못하고 원혼은 이혼사유를 가지게 된다. 둘째, 북한배우자의 신분관계는 그가 재혼을 하지 않고 독신으로 있는 경우에는 원혼이 그대로 유효하고, 재혼한 경우이거나 재혼하였다가 이혼 또는 사별하여 현재 독신으로 있는 경우에는 원혼은 이혼사유를 가지게 되고 후혼은 중혼이 되어 혼인의 취소사유를 가지게 된다. 그가 사실혼을 유지하고 있는 경우에는 사실혼인 후혼은 보호를 받지 못하고 원혼은 이혼사유를 가지게 된다.

이산가족의 재혼과 관련하여 구체적으로 쟁점이 되는 사항과 그에 대한 해결방안으로서는 이산부부의 재혼의 경우에 기본적으로 원혼을 우선적으로 보호하여야 한다는 입장과 후혼을 인정하여야 한다는 입장으로 구별될 수 있다. 후자는 다시 일정한 경우에 중혼을 인정하여야 한다는 입장과 중혼을 인정할 수 없으므로 후혼과 충돌되는 원혼은 인정하지 않아야 한다는 입장으로 구별될 수 있다.

원혼을 우선하여야 한다는 입장은 중혼을 인정하지 않는 남북한 법률의 이념에 부합한다는 원칙에 기초하고 있으며, 이는 재혼을 하지 않고 독신으로 지내온 이산부부를 보호할 수 있다는 장점이 있다. 그러나 분단 이후 장기간 형성되어 온 부부관계를 법적으로 부인함으로 인하여 법적 안정성을 해칠 뿐만 아니라 후혼 당사자의 법감정을 해치는 결과를 초래하게 된다. 또한, 이산부부의 재결합으로 인하여 이산부부와 재혼한 당사자에게 일방적인 피해를 강요하고 또 다른 이산의 고통을 부여한다는 비판이 가능하다. 따라서 분단의 장기화와 남북 간 왕래가 사실상 불가능하였던 상황을 고려하여 기본적으로 분단 이후 장기간 형성된 부부관계를 존중하여 법적 안정성을 보장하는 것이 타당하다고 하겠다. 또한, 후혼을 인정하는 입장에서도 이산부부 또는 이산부부와 재혼한 당사자 등의 의사를 존중하여 이산 이전과 이후에 형성되어 유지되어 온 혼인관계를 모두 인정하는 것이 타인의 인격과 권리를 침해하는 것이 아닌 경우에는 제한적으로 중혼이 초래되는 상황을 불가피하게 수용하여야 할 경우도 있을 것이다.

이산가족의 재혼과 관련하여 후혼이 사실혼인 경우에 이를 보호할 것인지 여부 등에 대한 문제도 쟁점사항이 될 수 있다. 이를 해결하는 방안으로서는 사실혼인 후혼을 법률혼과 동일하게 인정하는 것은 일부일처제와 법률혼주의의 원칙에 위반되므로 이를 보호할 필요가 없다는 입장과 남북한의 분단상황의 특수성을 고려하여 사실혼도 법률혼과 동일하게 보호하여야 한다는 입장으로 구별될 수 있을 것이다.

사실혼을 보호하지 않는다는 입장은 법률혼주의를 채택하고 있는 법적 이념에 부합하고 이산부부의 재결합에 있어서 법적 장애를 제거한다는 점에서는 장점이 있다. 그러나 이산부부의 경우에는 분단 이후 이혼 등 부재자선고 등을 통해 북한에 잔류한 배우자가 사망한 것으로 간주할 수 있었을 뿐 이혼소송 등의 방법으로 혼인관계를 법적으로 해소할 수 있는 현실적인 방법이 없었다. 뿐만 아니라 가호적의 부진정기재 등과 같이 남북한의 이념적 갈등으로 인하여 신분관계가 명확하지 않은 사례에서 보는 것과 같이 배우자가 있는 상태에서 법률혼을 해소하기 어려운 법감정이 현실적으로 강하게 존재하고 있는 점 등을 고려할 때 일률적으로 사실혼이라는 이유만으로 이를 법적 보호의 대상에서 제외하는 것은 타당하지 않다고 판단된다.

따라서 이산부부의 일방이 분단 이후 사실혼관계를 유지한 경우라도 타방 배우자의 재혼여부, 사실혼 당사자의 의사와 사실혼의 기간 등을 고려하여 보호할 가치가 있고 보호의 필요성이 인정되는 사실혼에 대하여는 법률혼과 동일한 법적 보호를 하여야 할 것이다. 물론 이러한 경우에도 당사자의 의사와 직접적 이해당사자의 인도주의적 배려가 고려되어야 할 것이다.

요컨대, 이산가족의 재혼으로 인하여 발생하는 혼인관계는 당사자의 의사와 인도주의적 고려를 우선시하여야 한다는 점에 그 특수성이 있다고 하겠다. 따라서 원칙적으로 이산 이후 형성되고 유지되어 온 후혼을 보호한다는 전제하에 이산과 재결합의 직접적인 이해당사자의 의사를 존중하여 일정한 경우에는 중혼을 인정할 필요가 있을 것이다. 다만, 후혼을 인정하고, 특히 중혼을 허용하는 것은 남북분단 이후 장기간의 단절상태로 재회가 불확실한 상황에서 이루어진 혼인관계를 보호하는 것을 목적으로 하는 것이므로 향후 남북한 관계의 진전에 따라 인적 교류가 활성화된 이후에 이루어진 중혼문제는 법적으로 보호할 가치가 없으므로 달리 취급하여야 할 것이다.

3) 상속재산의 회복

이산가족의 재결합으로 인하여 발생할 것으로 예상되는 재산상속에 관한 법적 문제는 이산가족의 실종 또는 부재선고로 인하여 상속이 개시되었는데, 이산가족의 재결합으로 인하여 피상속인 또는 상속인의 생존이 확인되거나, 피상속인 또는 상속인이 실종 또는 부재선고에 의한 사망시기와 다른 시기에 사망한 것이 확인된 경우에 그 법적 효과를 어떻게 할 것인지가 쟁점이 된다. 즉, 남한법률에 따라 북한배우자의 실종 또는 부재선고를 취소한 경우, 혹은 북한법률에 따라 소재불명자 또는 사망자인정을 취소한 경우에는 이산가족 간의 상속회복과 재분배로 인한 혼란이 예상되므로 상속재산의 회복을 통한 법적 정의의 실현과 남북분단이라는 특수한 상황에서 비롯되는 법적 안정성의 이념이 충돌되므로 이를 합리적으로 조정할 필요가 있다.

이산가족의 재결합에 따른 재산상속의 법률관계를 남한법률에 따라 유형별로 구분하여 검토하면, 첫째, 피상속인의 생존을 이유로 실종 또는 는 부재선고를 취소한 경우 원칙적으로 상속이 소급적으로 무효가 되어 피상속인은 피상속인의 실종 또는 부재선고에 따라 상속받은 상속인에 대하여 부당이득반환청구권을 행사할 수 있다. 이때 반환의무자가 선의인 경우에는 현존이익의 한도에서 반환의무가 있고, 악의인 경우에는 그 받은 이익에 이자를 붙여서 반환하고 손해가 있으면 이를 배상하여야 한다. 다만, 상속재산 반환의무자가 상속재산을 제3자에게 처분한 경우에는 그 행위자 쌍방이 선의인 경우에는 그 법률행위가 유효하므로 제3자는 반환의무가 없고, 상속재산을 취득한 자가 시효취득 등 유효한 권리취득의 원인이 있을 경우에는 그 권리취득에 영향이 없다.

둘째, 상속인의 생존을 이유로 실종 또는 부재선고를 취소한 경우에는 그 상속인은 선순위 상속인의 실종 또는 부재선고로 인하여 상속재산을 상속받은 후순위 상속인 또는 그 상속인의 상속배제로 상속재산을 초과하여 상속한 공동상속인에 대하여 상속회복청구권을 행사할 수 있다. 이러한 경우에 상속재산 반환의무자가 선의인 경우에는 현존이익의 한도에서 반환하고, 악의인 경우에는 취득한 재산의 전부 및 과실과 사용이득에 대하여 반환의무를 부담한다. 다만, 피상속인의 생존의 경우와 같이 상속재산 반환의무자가 상속재산을 제3자에게 처분한 경우에는 그 행위자 쌍방이 선의인 경우에는 그 법률행위가 유효하므로 제3자는 반환의무가 없고, 상속재산을 취득한 자가 시효취득 등 유효한 권리취득의 원인이 있을 경우에는 그 권리취득에 영향이 없다. 이때 상속회복청구권은 그 침해를 안 날로부터 3년, 상속권의 침해행위가 있는 날로부터 10년의 제척기간이 경과하면 소멸하고, 유류분반환청구권은 상속의 개시와 반환하여야 할 증여 또는 유증을 한 사실을 안 때부터 1년이 지나거나 상속이 개시한 때로부터 10년의 제척기간이 경과하면 소멸한다.

셋째, 피상속인 및 상속인이 실종 또는 부재선고에 의한 사망시기와 다른 시기에 사망하였음을 이유로 실종 또는 부재선고가 취소된 경우에는 그 사망시기를 기준으로 하여 다시 사망에 기한 상속관계를 확정하여야 한다.

이산가족의 재결합 또는 생존 등으로 인하여 발생하는 법적 쟁점과 그 해결방안으로서는 이를 다음과 같이 쟁점별로 검토할 수 있다.

첫째, 북한에 거주하는 상속인에게 상속권을 인정할 것인지 여부가 문제될 수 있다. 이에 대하여는 북한거주 상속인에게 상속권이 제한 없이 인정되고 그에 기한 상속권의 회복이 인정된다면 분단 이후 처리되었던 모든 상속관계가 번복되어 상속질서가 전면적으로 무너지게 되므로 커다란 혼란이 초래될 수 있다는 이유로 이를 부정하는 입장도 있다.[28] 그러나 북한 주민의 법적 지위에서 검토한 바와 같이 북한 주민도

---

28) 최달곤, "남북이산가족 재결합에 따르는 법적 문제점", 북한학연구 창간호, 고려대학교 북한연구소, 2000, 316~317면.

대한민국 국민으로서 그 특별한 지위를 고려하더라도 그 상속권을 가진다고 인정하여야 할 것이다. 다만, 그들의 상속상의 지위와 권리는 원칙적으로 남한거주 상속인과 동등한 지위와 내용을 가지나 북한 및 북한 주민의 법적 지위에 대한 검토에서 지적한 바와 같이 장기간 지속된 남북한의 이념적 대립과 이로 인한 상호 왕래가 불가능한 상태로 지속된 분단상황, 분단 이후 이산가족의 상속 등 법률관계를 형성하여 온 당사자들의 법감정과 법적 안정성 등을 고려할 필요가 있을 것이다. 즉, '북한적'을 가진 북한 주민의 특수한 지위를 고려하여 분단 이후 유지되어 오면서 보호할 가치가 있는 상속질서의 혼란방지, 남한부동산 등 상속재산이 북한 주민에게 현실적으로 이전되는 경우에 발생하는 법적·정책적 문제점 등을 방지하기 위하여 일정한 경우에는 그 상속권 행사와 상속재산의 취득 등에 제한을 가할 수도 있을 것이다.[29]

이에 대하여는 남북교류협력의 확대에 따른 인적 교류의 활성화로 이산가족의 재결합과 이로 인한 상속재산에 대한 법률관계에 있어서 변화를 고려하여 결정하여야 할 것이다. 즉, 북한은 사유재산제를 원칙적으로 부인하고 있으므로 이산가족의 상속 및 상속회복의 경우에는 북한의 체제가 개혁되기 이전에는 남한의 재산이 일방적으로 북한으로 반출되는 결과를 초래할 수 있고, 이는 남북한특수관계론의 상호주의에도 부합하지 않게 된다. 그러므로 남북한 관계의 진전과 북한체제의 변화에 따라서 일정한 경우에는 외국환관리법·관세법 등에 의한 특별입법을 통하여 남한 주민의 상속재산을 북한 지역으로 반출하는 것을 규제하거나 상호주의에 따라서 북한 주민의 부동산 소유 및 상속한도의 제한을 고려하여 남북한간 상속범위를 조정하는 것도 필요할 것이다.

둘째, 이산가족의 재결합 또는 생존에 따라서 인정되는 진정상속인에

---

29) 제성호, "남북이산가족의 재결합에 따른 법적 문제점과 해결방안", 통일원 91 연구논문, 1991, 25면 ; 소재선, "이산가족의 재결합에 따른 가족법상의 제문제", 가족법연구 제10호, 한국가족법학회, 1966, 514면 ; 신영호, 앞의 논문, 97면.

대하여 상속재산의 회복을 인정할 것인지 여부가 문제된다. 상속재산회복을 인정하자는 입장은 개인의 재산권을 보장하고 이미 상속을 받은 자와의 형평성을 회복한다는 법치주의 국가원리에 부합하고, 분단으로 인한 불이익을 최소화하는 동시에 인도주의적 차원에서 북한에 잔류하고 있는 이산가족의 경제적 권리를 보호하는 것이 필요하다는 것이다. 그러나 이에 대하여는 장기간의 남북분단 상황에서 형성된 법률관계의 변동으로 이미 형성된 상속관계와 제3자의 법적 상태의 혼란으로 법적 안정성을 위태롭게 하며 현실적으로 분단의 장기화로 인하여 상속재산의 특정과 현존이익 확정 등 입증이 어려운 상황에서 이산가족 간의 상속재산에 대한 법적 분쟁으로 인하여 이산가족 간의 새로운 갈등을 초래할 수 있다는 비판이 가능하다.

한편, 상속재산회복을 인정하지 않아야 한다는 입장은 남북분단이라는 특수한 상황에서 형성된 법률관계를 그대로 유지하는 것이 법적 안정성에 기여한다는 것을 근거로 하고 있으나, 이에 대하여는 개인의 사유재산권을 침해할 뿐만 아니라 이미 상속을 받은 자와 분단으로 인하여 상속에서 배제된 자 사이에 형평성을 해친다는 비판이 가능하다. 따라서 국민의 기본권 보장과 법치주의 이념에 따라서 상속재산의 회복을 인정하여야 한다는 것을 기본원칙으로 하되, 남북분단 상황이라는 특수성과 법적 안정성을 고려하여 법률관계의 조속한 안정을 위한 단기 제척기간의 도입, 공동상속인 등 상속재산의 이해관계자의 신뢰보호를 위한 상속재산회복의 범위 제한과 예외사유의 인정 등을 통하여 상속재산 관련 분쟁을 신속하게 해결할 수 있도록 보완할 필요가 있을 것이다.

대법원도 "북한에 거주하는 상속인이 호적상 잔류자로 기재되어 있는 이상 상속권은 인정되므로 이산가족의 재결합 이전에도 남한거주 상속인은 잔류자에 대한 부재자재산관리인을 선임하고 상속관계를 처리해야 하며, 이러한 절차 없이 남한거주 상속인들만의 상속재산을 분할하는 것은 무효가 된다. 따라서 재결합 이후 북한거주 상속인은 상속재산의 재분할 또는 민법 제1014조에 기한 상속분 가액지급을 청구할 수 있으며 이는 모두 상속회복청구권에 해당한다"고 판시하였다.[30]

셋째, 이산가족의 재결합으로 인하여 상속재산회복을 인정하는 경우에도 분단의 장기화로 인하여 상속회복청구권 또는 유류분반환청구권의 제척기간이 도과된 경우가 예상된다. 이에 대하여는 남한법률의 규정에 따라 법적 안정성을 기하기 위하여 상속회복청구권 등을 행사하지 못한다는 입장과 남북분단이라는 특수한 상황은 당사자에게 책임을 물을 수 없는 사유이므로 이를 이유로 상속권을 침해하는 것은 법이념에 위반되므로 상속회복청구권 등을 인정하여야 한다는 입장으로 구별될 수 있다.

이 문제에 대하여는 남북한 관계의 특수성을 고려할 필요성이 강하게 요청되는데, 상속회복청구권자가 남북분단을 직접적인 이유로 하여 상속회복청구권을 행사하지 못하고 있는 상황에서 제척기간을 도과시킨 경우에는 상속회복청구권을 인정하여야 할 것이다. 법이론적으로 제척기간에는 시효의 중단이나 정지가 인정되지 않을 것이지만 제척기간을 두는 입법취지는 최소한 진정한 권리자가 재판상 권리를 행사할 수 있는 상황을 전제로 하고 있다. 그러므로 남북분단과 같이 역사적 사실에 의하여 권리자가 재판상 권리를 행사하는 것이 원천적으로 봉쇄되어 있고 권리자에게 그 권리행사를 기대할 수 없는 상황에서는 제척기간에 관한 규정을 그대로 적용할 수는 없을 것이다.

따라서 이산가족의 재결합에 있어서는 그 상속회복청구권 등은 보호할 가치가 있으므로 이를 인정하여야 할 것이다. 다만, 이산가족의 재결합을 통하여 제척기간의 산정기준인 '그 침해를 안 날' 또는 '상속권의 침해행위가 있은 날'이 이산가족의 재결합 이후에 발생하는 등 진정상속인이 상속회복청구권을 실질적으로 행사할 수 있었던 경우에는 민법의 규정에 따라 그 제척기간의 경과로 인하여 상속회복청구권을 행사할 수 없다고 할 것이다.

---

30) 대법원 1982.12.28. 81다452·453.

넷째, 상속재산이 제3자에게 시효취득되었거나 민법 제1058조에 따라 상속인의 부존재 등으로 상속재산이 국고에 귀속된 경우에도 상속재산의 회복을 인정할 것인지 여부가 문제된다. 상속재산회복을 인정하자는 입장은 천재지변 기타 사변의 경우에 시효정지를 인정하는 민법정신을 반영하고, 자기 의사에 반하여 장기간 격리된 이산가족에게 권리 위에 잠자는 자로서 책임을 지우는 것이나 분단에 책임이 없는 이산가족에게 분단으로 인한 불이익을 부담시키는 것은 부당하다는 것에 기초하고 있다.

한편, 상속재산회복을 인정하지 않아야 한다는 입장은 시효취득된 상속재산을 취득한 제3자를 보호하여야 하는 법적 안정성의 요청이나 국고에 귀속된 상속재산을 회복하는 것은 공공의 이익에 반하는 경우가 발생할 수 있으므로 이러한 제3자의 권리보호, 법적 안정성, 공공의 이익을 상속에서 배제된 이산가족의 상속권에 우선하여야 한다는 것에 기초하고 있다. 이에 대하여는 원칙적으로 분단 이후 형성된 법률관계의 유지를 통한 법적 안정성 이외에 남북분단과 이산을 고려한다고 하더라도 이를 이유로 하여 이와 무관한 제3자의 법률상 권리 또는 공공의 이익을 침해하는 것은 형평성의 원칙에도 위배되므로 원칙적으로는 이들에 대한 상속재산의 회복은 인정하지 않아야 할 것이다. 그러나 예외적으로 진정상속인의 권리보호가 특별히 요구되고 제3자의 권리 또는 공공의 이익과 비교형량하여 특별히 상속재산의 회복을 인정하여야 할 필요성이 있을 경우에 제한적으로 이를 허용하는 것은 가능할 것이다.

제5장 남북한특수관계론의 남북한간 적용

Ⅰ. 남북합의서의 법적 성격과 효력

1. 남북합의서 체결 현황

1) 합의문건 체결 현황

한반도에서 남북한이 분단된 이후 1972년 7월 4일 처음으로 남북한은 '7·4남북공동성명'과 '남북 직통전화 가설 및 운용에 관한 합의서'를 체결하였다. 1992년 2월 19일에는 '남북기본합의서'가 체결되었으며, 2000년 6월 15일 남북정상회담이 개최되었고 '6·15남북공동선언'이 발표되었다. 그 이후 남북한은 적극적으로 남북회담을 진행하여 많은 남북 간 합의문건들을 체결하였는데, 특히 북한은 2002년 7월 1일 경제관리개선조치 이후 개성공단사업 등 경제개방을 적극적으로 추진하고 있어 경제분야에 있어 각종 합의문건을 채택할 수 있었다. 2000년 12월 16일 제4차 남북장관급회담에서 정식 서명된 남북 간 투자보장·이중과세방지·청산결제·상사분쟁해결절차 등에 대한 '4개 경협합의서'는 2003년 6월

30일 남북 간 합의문건으로서는 최초로 대한민국 국회에서 그 체결동의안이 정식으로 통과되었으며, 그 합의서의 내용에 따라 남북한 당국이 같은 해 8월 20일 남북한간 발효통지문을 교환함으로써 효력이 발생하였다. 2002년 12월부터 2004년 1월까지 4개 경협합의서를 이행하기 위한 후속합의서를 체결하였는데, '개성·금강산지구 출입·체류합의서', '상사중재위원회 구성·운영합의서', '차량운행합의서', '통관합의서', '검역합의서'는 2004년 9월 23일, '해운합의서', '해운부속합의서', '철도운행합의서', '통신합의서'는 2004년 12월 9일 각각 국회동의절차를 거쳤으며, 이들은 모두 2005년 8월 5일 남북한의 문건을 교환함으로써 발효되었다.

남북한간 합의문건은 남북한 당국 간에 체결된 것이 대부분이나 일부는 양측의 적십자 또는 체육단체 등 당국에 준하는 민간단체가 체결한 것도 있고, 경제협력분야에서 남한의 현대아산과 북한의 조선아시아태평양평화위원회 등 민간의 사업주체들이 체결한 것도 있다. 합의문건의 명칭도 '합의서', '합의문', '공동보도문', '공동발표문', '공동선언' 등 다양하다. 남북한간 합의문건은 2005년 12월까지 총 160건이 채택되었는데, 남북한 당국 간 체결된 것이 약 86.8%인 139건, '합의서(기본합의서, 잠정합의서, 부속합의서, 보충합의서, 부록 등 포함)'의 명칭을 가진 것이 약 64.3%인 103건, 6·15남북공동선언 이후의 것이 약 76.8%인 123건이다.

최근 남북합의서 체결 현황을 살펴보면, 2000년 17건, 2001년 4건, 2002년 23건, 2003년 41건, 2004년 19건, 2005년 21건을 체결하여 2002년 북한의 경제관리개선조치 이후 합의서 체결이 급격히 증가하고 있음을 보여주고 있다. 2004년에 남북합의서 체결이 감소한 것은 2005년 5월 이후 북한이 김일성 조문, 탈북자의 집단입국 등을 이유로 일방적으로 남북회담을 중단한 것에서 비롯된 것으로 분석된다. 남북대화가 개최된 이후 다수의 남북한간 합의서가 체결되었으나 이는 통치행위의 결과로 나타나는 남북한간 정치적 선언 또는 선언적 성격의 정치적 합의에 불과하였으며 법적 구속력을 가지고 남북한 관계를 규율하는 규범으로서 기능하지 못하였다. 7·4남북공동성명도 "쌍방은 … 이 합의사항을 성실히 이행할 것을 온 민족 앞에 엄숙히 약속한다"고 규정하였고, 각종 합의문건에서 그 효력에 대하여 규정하였음에도 실제로 그 합의사항은 제대로 지켜지지 아니하였으며, 합의사항에 대한 강제수단이나 위반내용에 대한 법적 제재수단이 전혀 없었다. 1992년 남북기본합의서가 체결되면서 그에 대한 법적 성격과 효력에 대하여 이론적인 검토와 논의가 있었으나 기본합의서의 내용이 제대로 지켜지지 않음에 따라 헌법재판소와 대법원은 기본합의서에 대하여 그 법적 효력을 인정하지 않고 단지 '정치적 공동성명' 내지 '신사협정'에 불과하다고 하였다.[1]

남북한간에는 북한 핵문제 등 대내외적인 여러 가지 변수들이 있지만 남한의 대북 평화번영정책의 유지와 북한의 경제개방·개혁정책의 추진으로 인하여 개성공단 추진사업을 중심으로 각종 합의서가 채택되고 있다. 종전에는 주로 정치적 내용에 대한 포괄적인 합의서가 체결되었으나, 점차 경제분야에 대한 구체적인 합의서가 체결되면서 기본적인 내용의 합의사항에 대한 후속조치를 위하여 국민의 권리와 의무에 직접적으로 영향을 미치는 내용이 합의서 내용에 포함되는 경우가 점차적으로 증가하고 있는 실정이다. 이에 따라 향후 남북한간 체결되는 각종 합의서 중에서 국회의 동의를 받아야 하는 합의서가 증가할 것이며, 남북교류협력의 확대 및 진전에 따라 남북한간 각종 합의서의 법적 효력에 관한 법적 판단이 요구되는 구체적인 사건이 발생할 것으로 예상된다.

이와 같은 현실에서 남북한 관계를 법적·제도적 규범 영역의 틀 안에서 체계적으로 규율하기 위해서는 우선적으로 남북한 당국 간 체결되는 합의서의 법적 성격과 효력에 대한 이론적인 검토가 필요하다. 구체적으로 남북합의서의 법적 성격과 효력에 대한 이론적인 검토는 첫째, 남북한간 체결된 각종 합의서가 발효된 경우에 그것이 남북한 당국 및 주민들

---

1) 헌법재판소 2000.7.20. 98헌바63 ; 대법원 1999.7.23. 98두14525.

에게 어떠한 법률적 의미가 있으며, 그에 따른 법적 권리·의무의 내용이 무엇인지, 그리고 어떠한 후속조치를 취해야 할 것인지에 대한 기준과 지침을 제시할 것이다. 둘째, 향후 남북한간, 일방의 당국과 일방의 주민 간, 남북한 주민 간에 합의서의 적용과 이행을 둘러싸고 다양한 법률적 분쟁이 발생한 경우에 이를 어떻게 처리할 것인지, 일방이 합의사항을 위반하였을 경우에 그 법적 효력은 어떠하며 이를 강제할 법적 수단이 가능한지 등에 대한 기준을 제공할 것이다. 셋째, 그 동안 다양한 형태와 유형으로 체결되어 온 각종 합의서를 그 법적 효력에 따라서 규범적으로 분류하여 향후 남북합의서 체결 시에 고려해야 할 내용과 형식에 대하여 규범적인 기준을 제시할 수 있을 것이다. 넷째, 향후 남북한 관계의 변화에 대한 예측가능성을 부여하고, 남북한 관계의 안정적인 발전을 가능하게 함으로써 남북한 관계의 변화에 따른 통일정책을 수립하고, 나아가 통일방안을 구체적으로 완성하는데 도움을 줄 것으로 기대된다.

2) 남북합의서의 유형

남북합의서는 체결 당사자, 대상 분야, 명칭, 효력 등에 따라서 유형화할 수 있다. 먼저 체결 당사자를 기준으로 분류하면, 남북한 당국간 합의서와 당국에 준하는 민간단체 간 합의서로 나눌 수 있다. 남북한 당국 간 합의서는 정상회담, 장관급회담, 특사회담, 경제협력추진위원회 회담, 실무협의회 또는 실무접촉 회담 등의 결과로 체결한 합의서로 구별되고, 민간단체 간 합의서는 적십자 단체 간 적십자회담의 합의서와 아시아경기조직위원회 등 체육회담의 합의서가 포함된다. 6·15남북공동선언 이후 총 123건의 합의서 중 당국 간 합의서가 109건이고, 민간단체 간 합의서는 14건에 불과하다. 그러나 민간단체 간 합의서도 실질적으로는 남북한 당국이 깊이 관여하여 합의서 작성을 주도하였고, 당사자들의 의사내용도 당국 간 합의서 작성과 차이를 인정하고 있지 않고 있으므로 그 법적 성격이나 효력은 당국 간 합의서에 준하여 인정된다고 하겠다. 한편, 남북합의서를 대상 분야별로 구분하면, 6·15남북공동선언 이후 총 123건의 합의서 중 경제분야가 76건으로 가장 많고, 정치·군사분야가 28건, 사회문화·인도분야가 19건이다.

남북합의서를 그 명칭을 기준으로 분류하면, '합의서', '합의문', '공동보도문', '공동발표문', '공동선언' 등으로 구별되는데, 6·15남북공동선언 이후에는 모두 '합의서', '합의문', '공동보도문'의 형식을 취하고 있다. 6·15남북공동선언 이후 총 123건의 합의서 중 '합의서' 형식이 총 71건, '합의문' 형식이 총 10건, '공동보도문' 형식이 총 42건이다. 그 중 '합의문'은 총 11차에 걸쳐 진행된 남북경제협력추진위원회 회의결과 체결한 것으로 제4차와 제11차 회의에서만 '공동보도문' 형식을 취하였다. 그 동안 총 19차에 걸쳐 진행 중인 남북장관급회담은 모두 '공동보도문' 형식을 취하였으며, 다만 제6차와 제19차 장관급회담에서는 아무런 합의서를 체결하지 않았다.

합의서의 내용과 형식을 분석하면 '합의서', '합의문', '공동보도문'의 명칭에 따라서 실질적인 차이는 없다고 판단된다. 후술하는 바와 같이 법적 구속력을 갖는 합의서는 모두 '합의서' 형식을 취하고 있지만, '합의서' 형식을 취하고 있는 합의서라도 법적 구속력이 없는 것이 다수이며, '합의문'과 '공동보도문'에는 법적 구속력을 인정할 만한 합의서는 발견되지 않는다. 엄격한 의미에서 공동보도문(Joint press release)이란 각종 남북회담의 진행상황 또는 회담결과를 언론에 공개, 보도함으로써 남북한 주민들에게 널리 알리는 문서로서 남북 간 합의서라고 할 수 없을 것이다. 그러나 실제로 공동보도문에는 남북한 당국 간 의사의 일치를 본 사항들을 적시하고 있고 그 합의사항들을 별도의 문서로 작성하지 않고 있으므로 합의서의 성격도 함께 갖는다고 하겠다.

남북합의서 체결과정에 있어서 실제로는 남북한간 공동보도문에 해당하는 것이지만 단순한 회의결과의 발표만이 아니라 남북한 당국 간 상호 합의내용을 적극적으로 이행하고자 하는 의지를 보다 강조하는 경우에는 '합의서' 또는 '합의문'의 형식을 취하고 있는 것으로 보인다. 이는 공동보도문에는 합의서 체결 당사자의 서명이 없는데 반하여 '합의서'와 '합의문'에는 당사자의 서명이 포함되어 있는 것에서도 추론할 수 있다.

앞에서 검토한 바와 같이 체결 당사자, 대상 분야, 명칭에 따라서 남북합의서를 유형화하는 것은 법적 의미에서 남북합의서의 법적 성격과 효력을 분석하고 규명하는 데에는 별다른 기준을 제시하지 못하며, 향후 남북합의서를 체결함에 있어서 그 형식과 내용에 대한 지침을 제공하지 못한다. 따라서 남북합의서는 법적 의미에서 위와 같은 기준과 지침을 제공하기 위해서는 각 합의서의 내용을 중심으로 하고, 그 형식에 나타난 당사자의 의사를 추론하여 그 법적 성격과 효력을 규명하고 이를 기준으로 유형화하는 것이 바람직하다고 하겠다. 이것은 결국 남북합의서의 법적 성격과 효력은 남북합의서의 유형에 따라 달라지는 것이 아니라, 오히려 그 법적 성격과 효력에 따라 남북합의서를 유형화하는 결과가 된다. 물론 남북합의서의 명칭에 따른 분류는 후술하는 바와 같이 그 법적 성격과 효력에 대한 일응의 기준을 제시하고 있기는 하지만, 합의서의 대부분을 차지하고 있는 '합의서'에는 모든 분류 가능한 법적 성격과 효력이 혼재하고 있어서 일반적인 기준으로서 기능을 하지 못하고 있다.

2. 남북기본합의서의 법적 성격

1) 4개 경협합의서 등 기타 남북합의서와 비교

1992년 체결된 남북기본합의서에 대하여 앞에서 본 바와 같이 헌법재판소와 대법원은 남북기본합의서에 대하여 일종의 공동성명 또는 신사협정에 준하는 성격을 가짐에 불과하며, 국내법과 동일한 효력이 있는 조약이나 이에 준하는 것으로 볼 수 없다고 하여 법적 구속력을 인정하지 않았다. 남북기본합의서는 서문과 4장 25개조로 구성되어 있으며, 합의내용도 남북한 관계와 통일에 대한 기본원칙은 물론 한반도의 평화정착과 교류·협력을 위한 구체적인 합의사항을 포함하고 있다. 특히 합의서의 효력에 대하여도 "남과 북이 각기 발효에 필요한 절차를 거쳐 그 문본을 교환한 날부터 효력을 발생한다"고 규정하고 있을 뿐만 아니라 합의내용을 이행하기 위한 구체적인 부속합의서들도 체결하였으며, 남북한 당국 간 고위급인 국무총리와 정무원총리가 정식으로 서명하여 일응 조약으로서의 성격을 가진다고 볼 여지도 있다.

남북한 당국은 남북기본합의서를 체결할 당시에 국제법적 효과를 창출하기 위한 의사가 있었는지 여부에 대하여는 합의서의 내용, 합의서 체결의 형식·절차는 물론 합의서 체결 이후의 상황을 종합적으로 고려하여 판단하여야 할 것이다. 우리 정부는 남북기본합의서를 체결함에 있어서 조약체결 절차를 따르지 않고 대통령의 비준 없이 대통령의 결재만으로 발효시켰으며, 북한도 당시 1972년 사회주의헌법상 조약의 비준·폐기권자인 국가주석이 비준한 것이 아니라 중앙인민위원회와 최고인민회의 상설회의 연합회의에서 승인하였다. 국회의 동의절차는 남북합의서의 조약성을 인정한다는 전제하에서 검토될 수 있는 것인데, 만약 남북합의서의 법적 효력이 있는 조약성이 인정된다면 이는 국민의 생명과 재산, 국가의 안전보장에 중대한 영향을 미치고, 장래에 국민에게 재정적 부담을 부과하는 파급효과를 가질 뿐만 아니라 국내법령의 정비를 위한 입법사항을 포함하고 있어 헌법 제60조 제1항에 따라서 국회의 동의절차를 거쳐야 할 것이다. 그럼에도 불구하고 국회의 동의절차를 거치지 않았다는 것은 남북합의서에 대하여 법적 효력을 부여할 의사가 없었다는 것을 뒷받침하는 것이다.

남북합의서가 체결된 직후 정부는 국무총리가 양당대표를 초청하여 보고하는 절차를 거쳤으며, 서명직후인 1991년 12월 16일 국무총리가 국회 본회의에 출석하여 직접 보고하였고, 주무장관인 통일원장관이 외무통일위원회와 통일정책특별위원회 합동회의에서 남북기본합의서에 관한 세부사항을 보고하였다. 여야는 남북기본합의서에 대한 지지결의안을 채택하기로 합의하였으나 그 이후 입장차이로 인하여 지지결의가 이루어지지 않았다. 한편, 북한은 발효를 위한 내부절차로 1991년 12월 24일 중앙인민위원회 전원회의에서 정무원 총리가 보고하고 12월 26일 중앙인민위원회와 최고인민회의 상설회의 연합회의에서 심의 및 승인절차를 거친 것으로 알려졌다.

우리 정부는 남북기본합의서를 채택한 후 법률에 따라 공포하지 않고 대통령령으로 관보에 게재하였다. 그러나 법령등공포에관한법률 제6조(조약)는 "조약공포문의 전문에는 국회의 동의 또는 국무회의의 심의를 거친 뜻을 기재하고, 대통령이 서명한 후 대통령인을 압날하고, 그 일자를 명기하여 국무총리와 관계 국무위원이 부서한다"고 규정하고, 제11조(공포·공고절차)는 "헌법개정·법률·조약·대통령령·총리령 및 부령의 공포와 헌법개정안·예산 및 예산외 국고부담계약의 공고는 관보에 게재하여 이를 한다"고 규정하고 있다. 즉, 남북기본합의서를 조약으로 인정하여 공포절차를 취하지 않았으며, 공고대상이 아님에도 불구하고 관보에 공고한 것이다. 특히, 남북기본합의서 및 그 부속합의서의 체결 이후에 실제로 그 합의사항을 제대로 지키지 않았으며, 그럼에도 불구하고 이에 대한 어떠한 법적 제재 등 수단을 행사하지 아니하였다.

따라서 남북기본합의서의 체결절차·형식과 체결 이후의 현실적 상황 등을 종합적으로 고려할 때 조약으로서의 성격을 인정하기는 어렵다고 하겠다. 그러나 남북기본합의서는 남북한의 책임 있는 당국자가 합의하고 서명한 것으로서 우리 헌법에 근거한 남북한특수관계론을 구체화하여 남북한간 합의서의 형태로 명문화하고 있다. 그 합의사항과 내용도 평화통일을 달성하기 위한 과정에서 남북한 관계를 규율하는 기본원칙을 제시하고 그 이후의 모든 남북합의서를 체결하고, 실천하는 기준을 제시하고 있는 것으로 평가할 수 있다. 따라서 이러한 범위 내에서는 남북한 당국이 평화통일을 지향하는 과정에서 성실하게 이행하고 준수하여야 할 규범으로 성격을 가진다고 하겠다.

투자보장합의서 등 4개 경협합의서에 대하여는 일부 이론이 있으나 일반적으로는 위에서 살핀 조약의 성립요건과 합의서들의 내용, 형식, 용어, 서명 등을 종합할 때 조약체결 방식을 통하여 위 합의서들을 체결한 것으로 보고 그 국내법적 효력을 인정하고 있는 것으로 볼 수 있다.[2] 즉, 위 합의서들은 남북한 당국이 법적 구속력을 갖는다는 의사에 따라 체결하였음을 인정할 수 있는 점, 남북한 당국이 조약체결 방식으로 합의서를 체결하고 그 후속조치를 취한 점, 남북한이 각각 국회의 동의와 최고인민회의 상임위원회의 결정 등 최고입법기관의 동의 또는 승인을 받는 등 합의서의 효력발생 규정에 따라 발효에 필요한 절차를 거친 점, 법률적 효력이 있다는 것을 전제로 법률제정 절차에 관한 법률에 따라 공포되고 관보에 게재된 점 등에 비추어 법적 구속력이 있는 조약으로서의 성격을 가진다고 하겠다.

이들 4개 경협합의서는 2003년 8월 23일 '남북합의서 제1호' 내지 '남북합의서 제4호'로 공포됨으로써 국내법적 효력부여 조치를 완성하였다. 4개 경협합의서에 대하여 조약번호를 부여하지 않고 새로운 형식의 '남북합의서 제1호' 등을 부여한 것은 남북기본합의서의 법적 성격과 관련한 논란에서 비롯된 것으로 판단된다. 그러나 법령등공포에관한법률 제11조에서 공포의 대상으로 '헌법개정·법률·조약·대통령령·총리령 및 부령'으로 제한하고 있어 위 합의서들의 조약성을 인정한 것으로 평가된다. 그 후 4개 경협합의서의 이행을 위하여 체결된 9개의 후속합의서도 이와 동일한 절차를 거쳐 발효되었다.

---

2) 제성호, "남북합의서에 대한 국내법적 효력부여문제―국제법상 조약의 개념과 우리 헌법과의 관련성을 고려하여―", 법조 통권 571호, 2004.4, 61~88면.

2) 독일의 동서독기본조약과 비교

　동서독의 경우에는 남북기본합의서를 체결하기 약 20년 전인 1972년 12월 21일 동서독기본조약을 체결하였는데, 이는 전문과 10개조로 구성되었으며 특히 제10조에서 "이 조약은 양독의회의 비준을 요하며 비준 후 비준서의 교환과 함께 효력이 발생한다"고 규정하였다. 동서독기본조약에 대하여는 동독의 법적 지위와 동서독의 특수관계에 대하여 논란이 있었지만 연방의회는 1973년 5월 11일, 연방참사원은 같은 해 5월 25일 양독기본조약비준법률을 통과시켰고, 동독 인민회의도 같은 해 6월 13일 동서독기본조약을 비준동의하였으며, 같은 해 6월 30일 동서독이 비준서를 교환함으로써 동서독기본조약은 효력을 발생하였다. 서독연방 헌법재판소는 1973년 6월 18일과 7월 31일 바이에른주 정부가 동서독기본조약에 대하여 서독기본법에 위반된다고 주장하면서 제기한 가처분신청과 본안신청에 대한 판결에서 현실적으로 동독의 정치적 실체를 인정하면서도 국제법적 국가승인을 배제함으로써 양독 간의 특수관계를 명백히 하려고 하였다.[3]

　남북기본합의서와 동서독기본조약을 비교하여 그 공통점을 살펴보면, 첫째, 양자 모두 분단국가의 평화통일을 위한 기본원칙을 제시하고 있으며 그 이후의 남북 간 또는 동서독 간 기본합의서 또는 기본조약을 체결함에 있어서 기준과 준거틀로서의 의미를 가진다. 둘째, 분단국가의 법적 지위와 관련하여 대내적인 특수관계를 적극적으로 인정하여 이를 남북기본합의서와 동서독기본조약에 반영하였다. 셋째, 서문과 조문 형식의 본문으로 구성되어 있고 당국의 책임 있는 대표들이 서명하였는데, 남북기본합의서의 경우에는 남한 국무총리 정원식·북한 정무원 총리 연형묵이 서명하였고, 동서독기본조약의 경우에는 서독 수상청 차관 에

---

3) 김철수, 독일통일의 정치와 헌법, 박영사, 2004, 151~167면 이하.

곤 바르와 동독 내각청 차관 미카엘 콜이 서명하였다. 넷째, 남북기본합의서 또는 동서독기본조약의 효력발생에 대하여 그 절차를 구체적으로 규정하였다.

한편, 남북기본합의서와 동서독기본조약의 차이점을 살펴보면, 첫째, 남북기본합의서가 "쌍방 사이의 관계가 나라와 나라 사이의 관계가 아닌 통일을 지향하는 과정에서 잠정적으로 형성되는 특수관계"라고 규정하여 남북한 특수관계의 내용을 직접적으로 명시하고 있는데 반하여 동서독기본조약은 동서독의 특수관계를 '정상적인 선린관계'라고만 규정하였을 뿐이며, 서독정부의 성명서, 연방헌법재판소의 판결 등을 통하여 동서독 특수관계를 간접적으로 확인하고 있다. 다만, 동서독기본조약은 제1조에서 "쌍방은 동등자격의 원칙에 입각하여 상호 정상적 선린관계를 발전시킨다", 제6조에서 "쌍방은 양국의 대내외 문제에 있어서 상호 그 독립성과 자주성을 존중한다"고 규정하여 동서독관계를 적극적으로 인정한 측면도 있다.

둘째, 남북기본합의서가 동서독기본조약에 비하여 평화통일을 위한 기본원칙과 이를 구체적으로 조문화한 내용을 훨씬 많이 담고 있어 보다 강화된 법규범 형식을 취하고 있다. 남북기본합의서는 총 25개조에 걸쳐 남북화해·남북불가침·남북교류협력 등에 걸쳐서 구체적인 내용을 포함하고 있으나, 동서독기본조약은 총 10개조로 구성되어 동서독관계에 대한 기본원칙만을 선언하였다.

셋째, 합의문건의 효력 발생에 대하여 남북기본합의서는 "남과 북이 각기 발효에 필요한 절차를 거쳐 그 문본을 교환한 날부터 효력을 발생한다"고 규정하여 구체적인 의미내용이 불명확하고 '합의서'라는 명칭을 사용하고 있으나, 동서독기본조약은 "이 조약은 양독의회의 비준을 요하며, 비준 후 비준서의 교환과 함께 효력을 발생한다"고 규정하여 이를 명확하게 규정하고 '조약'이라는 명칭을 사용하여 그 법적 성격을 분명히 하였다. 또한, 남북기본합의서는 합의서 체결의 주체에 대하여 국가로서의 실체를 가진 국제법주체의 공식적인 대표성을 인정하지 않고 있으나, 동서독조약은 '독일연방공화국(die Bundesrepublik Deutschland)'과 '독일민주공화국(die Deutsche Demokratische Republik)'이라는 정식국호를 사용하여 국가로서의 실체를 가진 국제법주체의 공식적인 대표성을 인정하였다. 남북기본합의서는 그 체결주체로서 '남한고위급회담 남측 대표단 수석대표 대한민국 국무총리 정원식'과 '북남고위급회담 북측 대표단 단장 조선민주주의인민공화국 정무원총리 연형묵'이라고 기재하여 공식 국호인 '대한민국'과 '조선민주주의인민공화국'이라는 용어를 포함하고 있으나, 남북기본합의서 체결주체로서의 자격은 남북한이 각각 '남한고위급회담 남측 대표단 수석대표'와 '북남고위급회담 북측 대표단 단장'이며, 공식 국호는 '정원식'과 '연형묵'의 직책을 표현한 것에 불과한 것으로 해석할 수 있다.

넷째, 우리 헌법재판소와 대법원은 남북기본합의서에 대하여 조약성을 부인하였지만, 서독연방헌법재판소는 동서독기본조약에 대하여 동독과 서독의 내부관계를 규율하는 국제법상 조약으로서의 성격을 인정하여 법적 구속력을 부여하였다. 이와 같이 남북기본합의서가 동서독기본조약에 비하여 남북한 특수관계를 명확히 규정하고 규범적 내용을 보다 구체화하고 있음에도 불구하고 법적 효과를 부여하려는 노력을 기울이지 않음으로써 결과적으로 남북한 관계를 법치주의의 규범 영역으로 이끌지 못한 것은 매우 안타까운 일이라고 하겠다.

3. 남북합의서의 법적 성격

1) 조약성 인정 여부

남북한특수관계론에 의하면 남북한 당국이 남북합의서를 체결하는 것은 기본적으로 국내법적 규범 영역에 해당하는 것으로서 남북합의서를 체결하는 당사자로서의 북한은 조국의 평화적 통일을 위한 대화와 협력의 동반자의 지위에서 남북합의서를 체결하는 것을 전제로 하고 있다. 따라서 북한과 체결한 남북합의서에 대하여 어떠한 법적 성격과 효력을 인정할 것인지를 검토할 필요가 있다. 우리 헌법은 국내법의 체계에 대하여 최고 상위규범으로서 헌법을 정점으로 법률, 명령, 규칙, 조례 등 자치법규를 피라미드식 단계구조로 설정하고 있으며, 국내법이 아닌 규범형식으로는 제6조 제1항에서 "헌법에 의하여 체결·공포된 조약과 일반적으로 승인된 국제법규는 국내법과 같은 효력을 가진다"고 규정함으로써 조약과 일반적으로 승인된 국제법규만을 인정하고 있을 뿐이다.

남북합의서는 그 자체만으로는 국내법에 해당하지 않으며, 일반적으로 승인된 국제법규에도 해당하지 않으므로 그것이 조약에 해당하는가 여부에 따라서 그 법적 성격과 효력이 결정된다. 물론 남북합의서에 대하여 국내법적 효력을 부여하기 위하여 이행법률을 제정할 경우에는 남북합의서가 아니라 그 이행법률이 국내법 체계에 편입하게 될 것이다. 그러나 이는 남북합의서 자체의 법적 성격과는 구별되며, 조약체결 방식으로 법적 효력을 부여한 4개 경협합의서의 경우와도 구별된다.

국제법주체 간 체결되는 합의는 다양한 합의의 명칭과 관계없이 실질적인 내용과 법적 효력에 따라서 '조약'과 넓은 의미의 '신사협정'으로 구별되는데, 남북합의서의 유형도 법적 효력에 따라서 조약 또는 신사협정으로 구별될 수 있다. 일반적으로 조약은 법적 효력을 가지므로 법적인 권리·의무의 효과를 발생시키고, 당사국을 법적으로 구속하는 구속력과 이를 국내적으로 집행하는 집행력을 가지나, 신사협정은 단순히 정치적 의사표명이나 협력의지를 표명하는 합의로서 당사국의 신의에 기반한 자발적인 이행에 의존하여 금반언의 효과를 가질 뿐 법적 구속력을 가지지 않는다.

조약이란 국가 또는 기타의 국제법 주체 상호 간에 법적 구속력이 있는 권리·의무의 발생, 변경, 소멸을 내용으로 하여 그 효과의 귀속을 목

적으로 이루어진 국제적 합의를 의미하며, 합의서(agreed minute), 협정
(agreement), 선언(declaration), 잠정협정(modus vivendi) 등 그 명칭을 불문하
고 실질적인 기준에 의하여 조약인가 여부를 결정하여야 한다. 따라서
조약이 되기 위해서는 첫째, 복수의 국제법 주체의 존재, 둘째, 당사자
간의 의사의 합치, 셋째, 복수의 법주체에 귀속되는 의사의 합치, 넷째,
법적 효과를 창출하고자 하는 의도, 다섯째, 국제법상 법적 효과의 발생
등 5가지의 요소가 필요하다고 한다.4) 이때 북한이 조약을 체결하는 국
제법상 주체로 인정될 수 있는지 여부가 문제되나 '교전단체에 준하는
지방적 사실상의 정권(local de facto government)'은 물론 분단국의 구성체
도 '국가유사단체(state like government)'로서 조약체결능력을 가진다는 것
은 일반적으로 확립된 국제법 원칙이다. 이와 같은 사례는 1953년 체결
된 한국정전협정 시 북한이 조약의 일방당사자로 참여한 것을 비롯하여
1973년 베트남 평화협정, 1992년 캄보디아 평화협정, 1993년 이스라엘과
팔레스타인해방기구(PLO)의 평화협정, 1995년 KEDO와 북한의 경수로공
급협정 등을 들 수 있으며, 1972년 동서독기본조약도 서독연방헌법재판
소에 의하여 그 조약성이 인정되었다.

남북합의서는 위와 같은 조약의 요소에 비추어 볼 때, 복수의 국제법
주체들이 당사자들의 의사에 합치에 따라 체결하는 것임은 명백하다. 따
라서 그 명칭 여하에 불구하고 남북한 당국이 당사자로서 국제법상 법
적 효과를 창출하고자 하는 의도가 있었는지 여부에 따라 그 조약성 인
정 여부가 결정될 것이다. 만약 합의서상에 그러한 의도가 명백히 규정
되어 있는 경우에는 다툼이 없을 것이나, 합의서상 그러한 의도가 명백
히 규정되어 있지 아니할 경우에는 합의서의 구체적인 내용을 중심으로
하여 합의서 체결 절차와 형식, 그리고 합의서 체결 이후의 후속조치 여
부와 그 내용 등을 종합하여 판단하여야 할 것이다.

남북합의서를 위와 같은 기준에 따라 구별하면, 현재까지 체결된 합

---

4) 이한기, 국제법강의, 박영사, 2004, 496~511면 ; 제성호, 남북한특수관계론,
   한울아카데미, 1995, 219~230면.

의서는 조약으로서의 성격을 갖지 못하는 것이 대부분이나 4개 경협합의서와 비교하여 최소한 그와 유사한 법적 효력을 부여할 것을 예정하고 있거나 그 내용에 국민의 권리·의무에 관한 입법사항을 포함하고 있는 합의서의 경우에는 조약으로서 법적 효력을 인정하여야 할 것이다. 2005년 12월 8일 제정되어 2006년 6월 30일 발효된 '남북관계발전에관한법률'은 제4조 제3호에서 남북합의서를 "남북합의서라 함은 정부와 북한 당국 간에 문서의 형식으로 체결된 모든 합의를 말한다"고 규정하고, 제4장에서 남북합의서의 체결·비준, 국회동의, 공포절차, 효력범위 등에 대하여 자세히 규정하고 있다. 위 법률은 남북합의서에 대하여 조약으로서의 성격을 인정하고, 남북합의서에 법적 효력을 부여하기 위한 입법조치로 평가된다.

2) 국회의 비준동의

헌법 제60조 제1항은 "국회는 상호원조 또는 안전보장에 관한 조약, 중요한 국제조직에 관한 조약, 우호통상항해조약, 주권의 제약에 관한 조약, 강화조약, 국가나 국민에게 중대한 재정적 부담을 지우는 조약 또는 입법사항에 관한 조약의 체결·비준에 대한 동의권을 가진다"고 규정하여 일정한 중요한 조약에 대하여는 반드시 국회의 동의를 받도록 하고 있다. 이 규정은 헌법 제6조 제1항에 의하여 헌법에 의하여 체결·공포된 조약은 국내법과 같은 효력을 가지도록 함으로써 국회의 입법권에 대한 예외를 인정하고 있는 것에 상응하여 국회의 입법권을 보장하고 대통령의 조약체결권에 대하여 권력분립의 이념에 따라 행정부를 통제하기 위하여 입법권의 본질적인 내용에 해당하는 중요한 조약에 대해서는 국민의 대표기관인 국회의 동의절차를 거치도록 한 것이다. 이에 따라 위와 같이 중요한 조약은 국회의 동의절차를 거쳐야 하지만, 같은 조약이라도 행정협정과 같이 조약의 위임에 의한 사항이나 조약의 실시를 위하여 필요한 사항이라든가, 정부의 행정권에 관한 사항은 국회의 동의를 필요로 하지 않는다고 하겠다.

한편, 남북관계발전에관한법률 제21조 제3항은 "국회는 국가나 국민에게 중요한 재정적 부담을 지우는 남북합의서 또는 입법사항에 관한 남북합의서의 체결·비준에 대한 동의권을 갖는다"고 규정하고 있다. 이는 기본적으로 헌법 제60조 제1항과 동일한 취지에서 규정한 것으로 남북한 관계에서 발생할 것으로 예상되는 내용만을 제한적으로 열거한 것으로 보인다. 한편, 위 법률 제21조 제4항은 "대통령이 이미 체결·비준한 남북합의서의 이행에 관하여 단순한 기술적·절차적 사항만을 정하는 남북합의서는 남북회담대표 또는 대북특별사절의 서명만으로 발효시킬 수 있다"고 규정하여 행정협정에 해당하는 남북합의서에 대해서는 국회의 동의를 필요로 하지 않는다는 점을 명확하게 하였다.

남북합의서에 대하여 국회의 비준동의가 필요한가 하는 문제는 우선 그 합의서가 조약으로서의 효력을 가질 것을 전제로 하고 있으며, 어떠한 조약이 위에서 열거하고 있는 조약에 해당하는지 결정하여 선별하는 것이 중요하다. 그러나 어떠한 합의서가 위에서 열거한 중요한 조항에 해당하는지 여부를 선별하는 것은 그 기준이 명확하지 않은데다 남북한 특수관계가 반영되어 그 합의서에 의하여 직접적으로 국가나 국민에게 중대한 재정적 부담을 지우는 것은 아니지만 간접적으로 파급효과에 따라서 그와 같은 결과를 초래하는 경우도 있으므로 실제에 있어서는 매우 어려운 일이다.

입법사항이란 국회의 입법절차가 반드시 필요한 사항으로서 국회의 입법절차를 통하여 민주적 정당성이 인정되고 반대파의 참여 하에 이성적인 토론과정을 거쳐 민주적인 다수결의 원칙이 보장된다는 전제 아래 헌법에서 법률로 정하도록 한 사항이나 국민의 권리·의무에 관한 사항에 해당하는 것을 의미한다. 이는 입법의 내용과 형식에 비추어 특별히 중요하고 원칙적이고 방향설정적인 결정을 의미한다고 할 수 있다.

이를 구체적으로 살펴보면, 첫째, 국가와 개인이 당사자로서 서로 대립하는 일면적 기본권 규율 영역, 둘째, 국가가 기본권 주체 상호 간의 기본권 영역을 구획해 주어야 하는 다면적 기본권 규율 영역, 셋째, 위 두 가지 요소가 포괄되어 이익조정이 필요한 복합적 기본권 규율 영역, 넷째, 정치적 논쟁사항으로서 소수자의 보호가 필요한 사항, 다섯째, 법적 안정성의 관점에서 규율 영역이 보다 광범위하거나 미래의 세대에도 영향을 끼치는 사항 또는 오랜 경험의 축적으로 성립된 관습법의 개폐, 여섯째, 법질서의 조망 가능성의 입장에서 필수적으로 불확실성이 존재하거나 잠재적 위험성이 내포되어 있는 예측적 성질을 가지는 결정 등이 입법사항에 해당한다고 하겠다.[5] 따라서 이와 같은 입법사항을 포함하고 있는 남북합의서는 반드시 국회의 동의절차를 거쳐야 할 것이다. 한편, 국회는 헌법 제60조 제1항이 열거하는 중요한 조약이 아니라도 정부의 협조를 얻은 경우에는 권력분립의 원칙을 위반하지 않고 동의권을 행사할 수 있다는 전제하에 남북한 관계에서 발생하는 중요한 정책입안과 집행에 대하여는 민주적 정당성을 강화하고 이행입법절차를 거치지 아니하는 입법체계를 고려하여 가급적 폭넓게 국회의 동의절차를 받는 것이 바람직하다고 생각할 수도 있다.

3) 북한에 대한 국가승인 여부

남북합의서 체결과 관련하여 북한과 남북합의서, 특히 조약을 체결하는 것은 명시적 또는 묵시적으로 북한을 국가로 승인하는 효과가 발생하는 것이며, 이는 헌법 제3조의 영토조항에 위반하는 것이 아닌가 하는 문제가 제기될 수 있다. 그러나 국가승인은 기본적으로 당사국의 의사의 문제로서 남북한간 합의를 하더라도 이것이 국가승인을 의미하지 않는다는 유보의사를 표시할 경우에는 국가승인의 효과를 발생시키지 않는다.[6]

---

5) 한국법제연구원, 입법기술의 이론과 실제, 1997, 32~39면.

일반적인 국제법 원칙상 이변적이고 포괄적인 조약을 체결할 경우에는 묵시적 국가승인으로 인정될 수 있으나 외견상 묵시적 승인으로 보이는 경우에도 승인의사를 명백히 유보하거나 반대하는 때에는 묵시적 승인으로 인정되지 않는다. 이러한 기준에 따를 경우 남북기본합의서는 남한과 북한 사이에 체결된 이변적이고 포괄적인 조약에 해당되고, 남북기본합의서 제1조가 "남과 북은 서로 상대방의 체제를 인정하고 존중한다"고 규정하였으나 남북기본합의서 전문에서 남북한 관계가 "나라와 나라 사이의 관계가 아님"을 명시하고 있어 묵시적 국가승인의 효력을 배제하고 있다고 할 것이다. 따라서 남북기본합의서 제1조의 내용은 북한을 정치적 실체 및 국제법적 주체로서 지방적 사실상의 정부라는 점을 인정하고 그 제도와 법질서를 인정한다는 의미일 뿐이라고 하겠다.

남북합의서 체결이 북한에 대한 국가승인이 아님은 남북기본합의서뿐만 아니라 4개 경협합의서의 서문에서도 남북한 관계를 '나라와 나라 사이의 관계'가 아니라고 규정함으로써 이를 분명히 하였다. 한편 헌법재판소도 남북한의 UN 동시가입에 대하여 국제법상 국가승인을 한 것은 아니라고 결정한 것은 앞에서 검토한 바와 같다.[7]

4. 남북합의서의 효력

1) 정치적 신사협정과 조약

남북합의서는 위에서 살핀 바와 같이 법적 효력이 인정되는 조약과 법적 효력이 없는 신사협정으로 대별되며, 조약은 다시 국회의 동의를 필요로 하는 조약과 국회의 동의가 필요 없는 조약으로 구별된다. 남북

---

6) 제성호, 앞의 책, 231면 ; 이한기, 앞의 책, 194~230면 ; 김대순, 국제법론, 삼영사, 2004, 262면.

7) 헌법재판소 1997.1.16. 92헌바6·26 ; 93헌바34·35·36.

합의서의 법적 효력은 조약으로서 성격을 갖는 남북합의서의 일반적 효력에 대하여는 기본적으로 일반 조약의 법적 효력과 동일하고, 신사협정에 해당하는 경우에는 논의의 대상에서 제외된다. 그러나 법적 구속력을 갖지 않는 신사협정이라고 하더라도 전혀 규범력이 없거나 이를 무시할 수 있는 것은 아니며, 남북한의 책임 있는 당국자들이 합의하고 서명한 것으로서 남북한간에 성실하게 이행·준수되어야 하므로 당사자간에는 금반언의 법적 효과가 발생한다고 하겠다.[8]

남북합의서의 효력과 관련되지만 엄격한 의미에서 이와 별도로 남북한 당국 등이 남북합의서의 합의사항을 이행하지 않았거나 위반함으로 인하여 개인의 권리가 침해당하였을 경우에 그 개인이 남북합의서를 원용하여 법원에 권리구제를 위하여 제소할 수 있는지 하는 문제가 있다. 그러나 이는 남북합의서가 조약으로서 국내법으로 효력을 갖는다 해서 당연히 관련 당사자가 남북합의서에 근거하여 권리주장을 할 수 있는 것은 아니다. 이는 개인의 조약의 원용가능성(invocability)에 관한 것으로 전통적으로 조약은 원칙적으로 조약 당사자인 국가에게 권리의무를 부여하는 것이지 개인을 대상으로 하는 것은 아니며, 개인은 단지 조약 당사국인 국가의 조약상 의무에 따른 작위 또는 부작위에 의하여 간접적으로 영향을 받게 될 뿐이라고 한다. 그러나 조약에 대하여도 개인의 원용가능성을 직접적으로 인정하여야 한다는 주장이 제기되고 있고, 남북합의서의 경우에는 남북한특수관계가 반영된다는 것을 고려할 때 향후 개별적인 사건이 발생할 경우에 사법부의 판결을 통하여 구체화될 것으로 예상된다. 이러한 경우는 특히 이행법률을 제정하지 않고 남북합의서를 직접 국내법으로 수용하여 그 법적 효력을 인정할 경우에 발생할 가능성이 크다.

---

8) 제성호, 앞의 논문, 57면 ; 제성호, "6·15남북공동선언과 후속문서의 법적 성격과 효력", 저스티스 통권 60호, 2001.4, 198~199면.

2) 이행법률 필요성 여부

우리 헌법 제6조 제1항은 "헌법에 의하여 체결·공포된 조약과 일반적으로 승인된 국제법규는 국내법과 동일한 효력을 가진다"고 규정하고 있다. 조약의 국내적 효력에 대하여는 국제법상 일원론과 이원론이 존재하는데, 일원론은 국제법과 국내법은 하나의 통일된 법체계를 형성하고 있으므로 조약은 당연히 국내법의 일부이며 별도의 변형행위(transformation)를 거치지 않고 자동적으로 국내적 효력이 인정된다는 입장이다. 한편, 이원론은 국제법과 국내법은 타당 근거와 규율하는 대상이 다른 각각 별개의 법질서를 구성하고 있으므로 국제법이 직접 국내법으로 적용될 수는 없으며 그것이 국내에서 효력을 가지고 적용되기 위해서는 반드시 국제법을 변형하여 국내법으로 수용해야 한다는 것이다.[9]

우리 헌법 제6조 제1항은 조약의 국내적 효력에 대하여 일원론과 이원론의 입장을 명백하게 표현하고 있지는 않으나, 일반적으로는 일원론에 따라서 헌법상 적법하게 체결된 조약은 공포만으로 국내법의 일부로 수용되어 국내적 효력이 발생한다는 것으로 해석되고 있다.[10] 즉, 조약과 국내법의 효력우위에 대하여는 조약과 국내법 어느 일방의 우위가 아닌 동등한 효력을 가지고 있어 신법우선의 원칙, 특별법우선의 원칙에 따라야 하며, 헌법에 대하여는 헌법이 조약에 대하여 우월한 효력을 가진다고 해석하고 있다. 헌법재판소도 조약과 일반적으로 승인된 국제법규는 국내법과 동일한 효력이 있다고 결정하였다.[11] 남북관계발전에관한법률도 남북합의서의 효력범위 등에 대하여 규정하면서 별도의 입법적 조치가 필요하다는 점에 대하여 아무런 규정을 두지 않고 있어 일원

---

9) 이한기, 앞의 책, 121~128면.

10) 김철수, 헌법학개론, 박영사, 2004, 236~241면 ; 권영성, 헌법학원론, 법문사, 2004, 175면.

11) 헌법재판소 2001.4.26. 99헌가13 등.

설의 입장에 따른 것으로 판단된다.

남북합의서에 대한 이행법률을 제정하여 국내법으로 수용하자는 입장이 있다. 이는 기본적으로 남북합의서를 조약으로 인정하지 않는다는 전제 하에 변화하는 남북한 관계에 탄력적인 대응을 하기 위해서 이행법률을 통하여 국내법으로 변형하는 것이 필요하다는 것이다.[12] 그러나 앞에서 검토한 바와 같이 남북합의서는 유형에 따라 조약으로서 성격을 가지지만 국회의 동의절차가 필요 없는 경우가 있어 모든 남북합의서에 대하여 국내법적 효력을 부여하기 위하여 이행법률을 제정하는 것은 적당하지 않다. 또한, 행정부가 체결한 조약의 내용에 따라 국회가 이행법률을 제정하는 것은 국회의 입법권을 침해할 우려가 있을 뿐만 아니라 우리 헌법 제6조 제1항의 해석으로도 별도의 이행법률을 제정하지 않고 조약을 국내법체계로 수용할 수 있으므로 이행법률을 제정하여야 하는 것도 아니다.

우리 정부도 위 4개 경협합의서를 비롯한 남북합의서에 대해서도 그 집행을 위하여 별도의 이행법률을 제정하지 않고 있다. 영국과 독일과 같이 이원론 국가의 경우에는 우리 헌법 제6조 제1항과 같은 규정이 없고 입법부인 국회가 조약의 체결과정에서 완전히 배제되어 있어 조약을 이행법률 등 변형행위 없이 국내법으로 수용하는 것은 국회의 배타적인 입법권을 침해하는 결과가 되므로 이행법률을 통하여 국내법으로 수용하고 있는 것으로 이해할 수 있다.

특히, 개성공업지구 통신·통관·검역에 관한 3개 합의서에는 "이 합의서는 쌍방의 관련법규와 같은 효력을 가진다"고 규정하고 있는데, 이 규정은 남북한 당국이 당사자의 의사의 일치로 그 합의서에 대하여 법적 효력을 부여한다는 강한 의지를 표현한 것이긴 하지만 이 규정으로 인하여 비로소 그 합의서가 조약의 성격을 가지는 창설적 규정은 아니라고 할 것이다. 그러나 이 규정은 우리 헌법 제6조 제1항과 마찬가지로

---

12) 김명기, "남북투자보장·이중과세 방지 등에 관한 합의서의 법적 성격과 국내적 효력", 통일부 교류협력국 실무위촉과제 연구보고서, 2000, 1면.

남북합의서에 대하여 직접적으로 법적 효력을 부여한다는 것으로 해석할 수 있다.

남북합의서가 조약의 성격을 갖는지 여부는 합의서의 내용 등 위에서 본 요건들에 의하여 최종적으로 판단하여야 할 뿐만 아니라 조약성이 인정되는 4개 경협합의서와 향후 국회의 동의절차가 필요한 것으로 판단되는 일부 합의서에는 위와 같은 규정이 없는 점, 남북한간 '관련법규'의 개념이 명확하지 아니한 점 등을 고려할 때 이는 그 합의서에 조약성을 부여한다는 것을 확인하는 선언적이고 주의적인 규정이라고 할 것이다. 한편, 조약의 성격을 갖는 남북합의서를 체결하는 경우에도 이를 직접 국내에 적용하기가 적당하지 아니하여 새로운 법률의 제정이 필요하거나 법령의 정비 등 개정이 필요한 경우가 있으나 이는 남북합의서 자체의 효력 문제가 아니라 합의사항을 이행하는 과정에서 이루어지는 후속조치에 관한 문제이므로 그 본질을 달리한다.

3) 국내법적 효력부여 절차

남북합의서에 대하여 조약으로서의 성격을 인정하는 이상 헌법과 법률이 정하는 조약체결에 관한 절차규정에 따라야 한다. 4개 경협합의서를 비롯한 중요한 합의서의 경우에는 그 효력발생에 대하여 "쌍방이 서명하고 각기 발효에 필요한 절차를 거쳐 그 문본을 교환한 날부터 효력을 발생한다"고 규정하였다. 이때 '각기 발효에 필요한 절차'의 의미 내용이 명확하지 않아 그 해석을 둘러싸고 남북한간 의견이 대립될 수가 있으며, 남북한간 법률체계의 차이로 인하여 혹은 일방이 발효에 필요한 절차를 이행하지 않음으로 인하여 합의서의 효력 자체에 대한 다툼이 발생할 우려도 있다. 이러한 관점에서 동서독기본조약이 발효에 필요한 절차를 명확하게 규정하고 있는 것은 우리에게 시사점을 주고 있다.

남북한 쌍방은 통상의 조약이 서명 이후 필요한 경우에는 국회의 동의절차를 거쳐 비준서를 교환한 다음 국내에 공포함으로써 비로소 발효되는 절차와는 달리 발효에 필요한 절차를 모두 완료하고 쌍방이 그 비준서인 문본을 교환함으로써 즉시 효력을 발생시킨다는 것에 합의한 것으로 해석할 수 있다. 이는 헌법 제53조 제7항, 법령등공포에관한법률 제13조, 제13조의2에서 법률과 대통령령 등 행정입법은 특별한 규정이 없는 한 공포한 날로부터 20일, 국민의 권리제한 또는 의무부과와 직접 관련되는 법률 등은 긴급히 시행하여야 할 특별한 사유가 있는 경우를 제외하고는 30일이 경과함으로써 효력을 발생하도록 규정하고 있는 것에 대한 예외이다. 이를 문리적으로 해석할 경우에는 남북합의서를 체결하고 대통령이 서명 등 절차를 거친 후, 이를 국내에 공포함으로써 발효에 필요한 절차를 완성하는 것이므로 그 절차를 종료한 이후에 그 문본을 교환하는 것이 합의서의 취지에 부합한다고 할 수도 있다. 그러나 법률을 공포한다는 것은 발효되는 것을 전제로 그 실효성 있는 집행을 위하여 대내외에 이를 알리는 것인데 남북합의서를 공포하고도 발효요건을 충족하지 못하여 발효되지 못하는 경우가 발생할 수가 있으므로 남북합의서에서 규정하는 '발효에 필요한 절차'에는 이를 공포하는 것은 제외된다고 해석하는 것이 타당할 것이다. 실제로 4개 경협합의서도 2003년 8월 20일 발효되었으나 같은 달 23일 이를 공포하였고, 그 후속 합의서인 남북상사중재위원회 구성·운영합의서 등 9개 남북합의서도 2005년 8월 5일 발효한 이후인 같은 달 8일 이를 공포하고 관보에 게재하였다.

북한은 위 4개 경협합의서의 경우에는 남한에 대하여 최고인민회의 상임위원회 결정을 통하여 승인하였다고 통지하였다. 그러나 조선민주주의인민공화국헌법은 조약에 관하여 제119조 제11호에서 "내각은 다른 나라와 조약을 맺으며 대외사업을 하는 임무와 권한을 가진다", 제91조 제17호에서 "최고인민회의는 최고인민회의에 제기되는 조약의 비준, 폐기를 결정할 권한을 가진다", 제110조 제14호에서 "최고인민회의 상임위원회는 다른 나라와 맺은 조약을 비준 또는 폐기할 임무와 권한을 가진다"라고 각각 규정하고 있고, 각 기관의 공식적 행위형식에 대하여는 제123조에서 "내각은 결정과 지시를 낸다", 제97조에서 "최고인민회의는 법령과 결정을 낸다", 제114조에서 "최고인민회의 상임위원회는 정령과 결정, 지시를 낸다"라고 각각 규정하고 있다. 따라서 남북한간 상호주의에 따라 남북합의서가 실질적으로 법규범으로 기능할 수 있도록 북한의 법적 효력절차에 대하여도 이를 담보할 수 있는 방안을 강구하여야 할 것이다.

남북합의서에 대하여 조약으로서의 성격을 인정하는 이상 그 법적 효력을 부여하기 위해서는 헌법 제60조 제1항의 국회의 동의절차 규정 이외에도 제73조의 대통령의 조약체결·비준권, 제89조 제3호의 국무회의의 조약안 심의권 등 헌법 규정과 정부조직법, 법령등공포에관한법률, 정부대표및특별사절의임명과권한에관한법률 등 관련 법률이 규정하고 있는 법적 절차를 준수하여야 할 것이다.

그러나 남북관계발전에관한법률은 남북회담대표와 남북합의서 체결절차 등에 대하여 원칙적인 규정을 두고 있어 위 정부조직법 등 법률에 대하여 남북합의서에 관한 특별입법으로서 우선적으로 적용된다고 하겠다. 남북관계발전에관한법률은 남북합의서 체결절차를 구체적으로 규정하여 대통령은 남북합의서의 체결·비준의 주체로서 남북합의서를 비준하기에 앞서 국문회의의 심의를 거쳐야 하며, 통일부장관이 이와 관련된 대통령의 업무를 보좌하도록 규하고 있다(제21조 제1항, 제2항). 또한, 국회의 동의 또는 국무회의 심의를 거친 남북합의서는 법령등공포에관한법률의 규정에 따라 대통령이 공포하며(제22조), 남한과 북한 사이에 한하여 그 효력이 발생한다(제23조 제1항). 특히, 부칙규정에서 "이 법의 시행 전에 국회의 동의를 받아 체결·비준된 남북합의서는 이 법에 의한 남북합의서로 본다"고 규정하여 이 법 시행 이전에 체결된 남북합의서에 대하여도 동일한 법적 효력을 부여하도록 하였다.

Ⅱ. 남북한 민사문제에 관한 법률충돌

1. 남북한 민사법률의 모순·충돌

　남북한 인적·물적 교류의 확대와 협력사업의 강화에 따라서 발생하게 되는 남북한 민사사건은 남북한 사법제도와 민사법체계의 차이로 인한 남북한 법률의 모순·충돌문제에 속한다. 따라서 남북한 주민 간 발생하는 민사사건의 해결을 위하여 이를 규율하는 법적 기준을 마련할 것이 요구된다. 남북한 민사사건은 기본적으로 국내법 적용의 문제로 북한의 국제법적 지위를 전제로 하는 것이 아니므로 국내법적 규범 영역에 해당하며 국제법적 영역에 해당하는 것은 아니라고 하겠다. 또한, 이는 본질적으로 북한이 반국가단체 또는 불법국가로서 활동하는 규범 영역에서 발생하는 것이 아니라 헌법이 규정하는 조국의 평화적 통일을 달성하기 위한 화해와 협력의 동반자로서 활동하는 규범 영역에서 파생되는 것이라고 하겠다.

　물론 북한이 남북한특수관계에 있어서 이중적 지위를 가지고 있어 남한 주민과 관계에 있어서 통일전선전술의 차원에서 반국가단체 또는 불법단체로서 활동하는 과정에서 남북한 주민 간에 민사문제가 발생하는 것을 배제할 수는 없다. 그러나 이는 남북한 주민 간의 민사문제로 처리될 것이 아니라 일정한 경우에 국가보안법을 적용함으로써 규율할 수 있는 문제로서 해당 민사문제와 관련하여 북한의 반국가단체성 또는 불법단체성이 확인된 경우에는 민사문제의 해결을 위한 기본원칙은 적용되지 않을 것이다. 따라서 남북한 민사문제는 남북한특수관계론에 따라 국내법적 영역에서, 북한의 법적 지위에 대하여 평화통일을 위한 화해와 협력의 동반자로서의 지위에 기초를 두고 그 법적 해결방안을 모색하여야 한다.

이와 관련하여 법이론적으로 검토되어야 할 쟁점사항은 구체적으로 민사재판관할권의 인정 여부, 남북한간 저촉법과 준거법의 충돌, 민사사법공조 문제, 남북한 판결의 승인과 집행보장 방안을 들 수 있으며, 이러한 쟁점사항도 모두 남북한특수관계론에 따라서 해결되어야 할 것이다.

2. 외국의 사례

1) 동서독의 경우

동서독은 1961년 베를린 장벽설치로 친척방문 등 제한된 범위 내에서만 왕래가 허용되기도 하였으나 1972년 5월 통행조약과 같은 해 12월 동서독기본조약의 체결을 통하여 인적 교류가 제도화된 이후 연간 약 1,000만 명이 상호 지역을 방문하는 등 지속적으로 인적 교류를 추진하였다. 그 과정에서 동서독의 상이한 법률체계로 인하여 민사재판관할권을 비롯한 여러 가지 법적 문제가 발생하였으며, 이를 해결하기 위한 법이론과 제도가 요구되었다. 특히, 동서독은 공법사건을 제외한 재산관계와 가족·상속관계 등 민사사건 전반에 걸쳐서 사법공조를 실시하였으나 동서독관계에 대한 인식차이로 인하여 사법공조조약을 체결하는 데에는 실패하였다. 이에 따라 동서독간의 사법공조는 각자의 우호적 조치(Gefälligkeitsakt)로서 추진되었으며 동서독은 각각 사법공조의 의무를 부담하지 아니하였다.

1989년 베를린장벽이 붕괴된 이후에는 동서독 간 주거이전의 자유가 인정되고 교역의 비약적인 확대로 사법공조의 수요가 폭증하였다. 1990년에는 2차에 걸쳐 동서독 간 민사·형사사법공조의 규율을 위한 실무회담을 진행하여 공조범위의 확대 및 공조절차의 간소화라는 기본원칙에는 합의하였으나 사법공조조약이 체결되지 못한 상태에서 통일이 되었다. 동서독은 사법공조는 물론 동서독 법원의 판결에 대한 승인과 집행문제에 대하여도 동서독관계에 대한 인식의 차이를 반영하여 당시의 정치상황에 따라서 그 구체적인 내용과 절차를 결정하여 문제점들을 해결하였다.

서독은 동서독 주민 간 섭외적 민사법률관계에 대하여 기본적으로 민법시행법(EGBGB)에서 규정하고 있는 국제사법에 관한 조항을 통하여 규율하였다. 즉, 민법시행법 제3조부터 제38조까지를 통하여 동서독 민사문제를 처리하는 재판관할권에 대하여는 민사소송법에서 규정하는 국제적 특별관할규정을 준용하였으며, 동독법원의 소송절차가 서독의 관할규정을 위반한 경우에는 그와 관련된 사법공조요청 또는 해당판결의 집행을 거부함으로써 동독의 재판관할권 행사를 제한하였다.[13] 또한, 민사재판관할권 행사에 있어서 당사자적격에 대하여는 서독기본법 제16조와 제116조를 근거로 동독 주민도 하나의 독일 국적을 가진 독일 주민으로 인정한 서독연방헌법재판소의 판결에 따라서 동독 주민은 물론 동독의 법인이나 비법인단체에게도 서독 민사소송법상 당사자적격을 인정하였다.[14]

서독은 저촉법의 결정에 있어서 연결점으로서 '국내'와 '독일 국적'이 문제가 되는 경우에 연결점 또는 그 구성요건으로 된 저촉규정을 해석함에 있어서 '상거소(gewönlicher Aufenthalt)' 등 개념을 도입하여 이를 '장소적으로 가장 밀접한 관련성'으로 변형하여 적용하였다. 즉, 저촉법상 저촉규정에 의하여 실체법을 지정하는 과정에서 특정국가 또는 지역의 법을 지정하는 기준이 되는 요소로서 연결점 또는 그 구성요건이 '국내' 또는 '독일 국적'인 경우에는 이를 '장소적으로 가장 밀접한 관련성'을 의미하는 것으로 해석하여 '상거소', '최후의 상거소', '단순거소

---

13) 민법시행법(EGBGB) 제3조~제38조.

14) BVerfGE 36, 1 ; Nagel, Internationales Zivilprozessrecht, 1984, S. 452.

(schlichter Aufenthalt)', '최후의 단순거소' 등을 제시하였으며, 다수설과 판례도 이러한 해석을 뒷받침하였다.15)

이는 동서독 민사문제에 대하여 동서독의 이중적 지위와 독일의 단일 국적주의를 유지하면서 구체적인 사안에 있어서 문제를 합리적이고 현실적으로 해결하기 위한 것으로 판단된다. 또한, 절차적 준거법의 결정에 대하여는 국제사법의 일반 원칙에 따라서 법정지의 절차법을 적용하여 서독 민사소송법절차에 따라 동서독 민사문제를 처리하였다. 다만, 준거법 규정에 따라 동독법을 적용함으로써 서독법질서의 근본원칙에 위배될 경우에는 그 적용을 배제하도록 규정하는 '공공질서(public order)' 조항을 동서독 간 체제문제로 인하여 발생하는 불합리한 결과를 회피하는 수단으로 활용하였다.

서독은 분단 이후 사법공조를 순수한 국내공조로 인식하고 그에 따라 처리하였으나 1972년 동서독기본조약을 체결한 이후에는 동서독의 특수관계를 반영하여 국제공조에 관한 국내법을 준용하여 처리하였다. 즉, 동독과 사법공조에 있어서 당초 사법공조를 요청하는 해당법원이 직접 동독의 관할법원에 공조를 요청하였으나 1971년 이후부터는 서독의 해당법원이 소속된 주법무부를 통하여 동독 법무부로 사법공조요청을 송부하였다. 만약 사법공조의 요청으로 인하여 동독 주민이 형사처벌될 가능성이 있거나 동독 주민의 서독 내 미신고재산 보유사실이 발각될 우려가 있다고 판단할 경우에는 사법공조의 요청을 자제하였다. 동독의 사법공조요청에 대하여도 만약 사법공조에 응하는 것으로 인하여 서독에 불이익한 결과가 초래될 경우에는 위와 같은 '공공질서' 조항을 근거로 하여 사법공조요청을 거부하였다.

또한, 서독은 민사소송법 제328조와 가족법개정법률 제7조에서 외국

---

15) Kegel-Schurig, Internationales Privatrecht, 1987. S. 491 ; 임성권, "남북한 주민 사이의 가족법적 문제", 남북한 화해와 법적 준비, 이화여자대학교 국제대학원 국제회의 자료집, 2000.11, 22~23면.

의 확정판결을 서독에서 집행하기 위해서는 승인절차(Anerkennung)를 거치도록 규정하였다. 그러나 동독법원의 판결에 대하여는 이를 내국법원의 판결로 간주하고 그 승인절차를 거치지 않고 집행하는 것을 허용하였다. 특히, 민사소송법 제766조를 통하여 동독법원의 판결내용이 금전채무를 이행할 것을 명하는 경우에는 서독 집행기관이 동서독마르크를 환산하여 집행하였으며, 만약 이의가 있는 경우에는 이해관계인이 집행방법에 관한 이의를 제기함으로써 이에 불복할 수 있도록 허용하였다.

동독은 동서독 주민 간 섭외적 민사법률관계에 대한 재판관할권에 대하여는 민사소송법상 국제적 관할규정을 동서독관계에서도 그대로 적용하였다. 이에 따라 서독법원의 소송절차가 동독의 관할규정을 위반한 경우에는 그와 관련된 사법공조요청 또는 해당판결의 집행을 거부함으로써 서독의 재판관할권 행사를 제한하였다. 동서독 민사문제에 대한 절차적 준거법에 대하여도 국제사법의 일반 원칙에 따라서 법정지의 절차법을 적용함으로써 민사소송법절차에 따라서 처리하였다. 또한, 준거법의 규정에 따라 외국법을 적용한 결과 자국법질서의 근본원칙에 위배될 경우에는 그 외국법의 적용을 배제한다는 '공공질서(order public)' 조항을 근거로 하여 동독에 불리한 결과를 회피하는 수단으로 활용하였다. 이는 동독이 동서독관계를 서독과 같이 특수관계로 파악한 것이 아니라 국가 간 관계로 파악한 것에 따른 것이라고 판단된다.

동독은 동서독 민사문제를 해결하는 저촉법 규정의 해석, 민사사법공조, 서독법원의 판결과 승인에 있어서는 동독의 동서독관계에 대한 인식을 반영하여 서독과 다른 원칙을 적용하였다. 즉, 동독은 동독정부 수립 이후부터 1975년까지는 서독과 마찬가지로 민법시행법을 그대로 적용하였으나 동독 주민의 섭외적 민사법률관계를 규율하기 위하여 1976년 1월 1일 법적용법(Rechtsanwendungsgesetz)을 제정하여 독일통일 시까지 시행하였다. 동독은 법적용법을 적용함에 있어서 서독과 서독인을 법률적으로 외국 또는 외국인으로 인정하고 있었으므로 서독이 동서독의 특수관계를 반영하여 '상거소' 등 개념을 사용한 것과는 달리 일반적인 섭외사법인 법적용법을 그대로 적용하여 동서독의 특수관계를 이에 반영하지 않았다.

또한, 서독과의 사법공조에 대하여도 동서독 분단 이후 1960년 중반까지의 조정기를 거쳐 그 이후부터는 이를 순수한 국제공조로 인정하여 그에 관한 국내법에 따라 처리하였다. 즉, 사법공조요청의 송부도 동독 법무부를 경유하여 서독 연방법무부에 전달하는 방식을 취하였으며, 공공질서 조항을 원용하여 서독의 사법공조요청에 대하여 자국에 불리한 결과를 초래할 경우에는 사법공조를 거부하였다. 또한, 서독을 외국으로 인식하고 있었기 때문에 서독법원의 판결을 외국의 판결로 간주하고 동독 민사소송법 제193조에 따라 동독에서의 집행을 위해서는 승인절차를 거치도록 요구하였다. 승인대상이 되는 서독법원의 판결내용이 동독의 국가법질서 또는 관할규정을 위반한 경우에는 그 판결을 승인하지 않음으로써 그 집행을 불허하였다.

2) 중국 · 대만의 경우

중국과 대만은 1987년 11월 대만정부가 친척방문을 위한 대만인의 중국방문을 공식적으로 허용한 이후 민간차원에서 인적교류협력이 크게 확대되었으나 정부차원의 접촉은 없었다. 다만 반관반민 성격의 중국의 '해협회'와 대만의 '해기회'가 각각 정부를 대신하여 교류협력의 제도화를 위하여 접촉하고 있다. 중국과 대만은 양안 간 인적 교류확대로 재산관계와 신분관계 등 양안 간 법률관계의 모순 · 충돌을 해결할 필요성이 대두되고 있으나 당국 간의 협상이 없는 상태에서 각각 일방적인 법령의 제정과 사법해석 등을 통하여 이에 대처하고 있다.

해협회와 해기회는 양안 간 사법공조에도 협조하고 있으며, 1993년 4월 최고위급회담을 갖고 '양안 간 공증서 사용 사증에 관한 협정'을 체결하여 공문서에 대한 사증업무를 처리하고 있다. 중국과 대만은 각각 자산의 재판관할권과 법률이 상대방 지역에도 미친다는 것을 기본입장으로 채택하고 있으나 실제로는 장기간의 격리상태에서 비롯되는 특수상황을 고려하여 광범위하게 예외를 인정하고 있는 것이 특징이다. 이에 따라 민사판결에 대하여도 일정한 배제사유에 해당하지 아니하는 한 광범위하게 상대방 측 법원의 판결의 효력과 집행을 보장하고 있다.

중국은 민사재판관할권에 대하여 대만과 대만인을 포함한 전체 중국과 중국인에게 그 효력이 미친다는 입장을 바탕으로 양안 간 민사문제에 대한 관할권의 귀속은 중국의 민사소송법의 일반 원칙에 따라서 해결하고 있다. 즉, 민사소송에 있어서 피고의 소재지 또는 부동산소재지의 인민법원이 전속적인 관할권을 가진다. 신분관계소송의 경우에도 이혼소송의 관할권은 피고 주소지 법원에게, 상속소송의 관할권은 피상속인 사망 당시의 주소지 또는 주요 상속재산 소재지의 법원에게 각각 속한다. 이에 따라 피의자 소재지 또는 부동산소재지가 대만인 경우 등에는 대만법원의 재판관할권을 인정하였다. 다만, 이혼소송의 경우에 있어서 중국의 일방 당사자가 대만에 있는 배우자에 대하여 이혼소송을 제기할 경우, 대만이주자가 중국으로 돌아와 정착한 이후에 대만에 남아 있는 배우자에 대하여 이혼소송을 제기한 경우, 쌍방이 분리된 이후 아직 이혼절차를 밟기 이전에 일방 혹은 쌍방이 중국과 대만에서 재혼한 때에 중국에 있는 일방이 대만에 있는 배우자에 대하여 이혼소송을 제기한 경우에는 모두 중국 민사소송법 제23조에 따라 원칙적으로 원고의 주소지 또는 거주지인 중국 인민법원에 관할권을 인정하였다.

중국은 양안 간 민사법률관계에 대하여 중국 민사법이 적용되지 않는 예외를 인정하고 있다. 즉, 최고인민법원은 일정한 경우에는 대만법률의 효력을 인정하여 중국법률의 기본원칙에 위배되지 아니하고 사회적 공공이익에 위반하지 않는 한 원칙적으로 대만에서의 대만 주민의 민사상 법률행위의 효력과 대만법규에 의하여 취득한 민사상의 권리의무에 대하여 법적 효력을 인정하였다.

혼인 및 상속문제에 있어서도 중국의 혼인법과 민사소송법에 따라 현재의 가족관계의 안정성과 일부일처제의 원칙을 견지하되 대만 주민의 권리보호를 위하여 특례를 인정하였다.[16) 즉, 대만 주민도 합법적인 상속인으로 인정하여 소송참가의 방법으로 상속에 참여하도록 하고, 상속통지가 불가능한 경우에는 그 상속분을 유보하여 재산관리인을 지정하도록 하였다. 양안 간 민사사건에 대하여는 중국 민법에서 규정하는 20년의 소멸시효에 대하여는 소송시효기간을 연장하였으며, 양안 간 채권채무관계도 양안의 분단 등 역사적 원인으로 정당한 채권자가 소송권을 행사할 수 없었던 경우에는 소송시효중단을 인정하여 채권자의 소송제기를 허용하였다.

중국은 대만과의 민사사법공조에 대하여 해당법원이 최고인민법원의 동의를 얻어 스스로의 판단으로 관련법률의 규정에 따라 대만의 관련당사자와 적당한 방법으로 상호위탁하여 일정한 소송행위, 소송문서의 송달과 집행 등 문제를 처리하였다. 그러나 해협회와 해기회가 설립된 이후에는 이들 기구를 통하여 사법공조를 하고 있다. 1993년에는 해협회가 대만의 해기회와 '양안 간 공증서 사용 사증에 관한 협정'을 체결하여 쌍방은 상호 재산상 권리는 물론 혼인, 출생과 사망, 입양, 상속, 위임, 학력, 정주, 친족부양 등에 관한 증명서의 진위를 쉽게 판별할 수 있도록 그 부본을 상대방에게 송부하고 일정한 경우에는 상호 협조하여 사증을 함으로써 공문서를 통하여 민사사법공조를 담당하도록 확대하였다. 또한, 대만법원의 판결에 대하여도 대만과 대만 주민을 중국의 일부 및 내국인으로 인식하여 최고인민법원은 대만법원의 민사판결의 내용이 중국법률의 기본원칙에 위반되지 않고 사회공공의 이익에 손해가 되지 않는 한 원칙적으로 그 효력을 인정하여 민사소송법의 집행절차에 따라서 이를 집행하도록 하였다.[17)

---

16) 문준조, 앞의 책, 46~60면 및 62~63면.
17) 문준조, 앞의 책, 66~69면 및 127~131면.

대만은 민사재판관할권에 대하여 중국과 중국인에게도 그 효력이 미친다는 입장을 바탕으로 양안 간 민사문제에 대하여 중국 주민이 대만법원에 소송을 제기할 경우에는 그 재판관할권을 인정하였다. 그러나 실제에 있어서는 중국 주민에 대한 재판관할권 행사에는 한계를 가진다는 것을 인정하여 중국 주민에 대하여 그 권리행사를 제한하거나 대만법률 적용의 예외를 인정하였다. 1992년 양안관계조례를 제정한 이후에는 나아가 중국법률의 효력을 사실상 인정하였는데, 양안 주민 간 민사사건은 양안관계조례에 달리 규정한 것을 제외하고는 대만의 법률을 적용하도록 하고, 중국 주민 상호 간 및 중국 주민과 외국인 간의 민사사건은 중국의 규정을 적용하도록 하였다(양안관계조례 제41조 제1·2항). 양안관계조례는 중국 '규정'이라고 표현하여 대만 '법률'과 구별함으로서 그 법률적 효력을 사실상의 효력만을 인정하는 형식을 취하고 있다. 이는 외형적으로는 섭외사법의 성격을 갖지 않고 있으나 그 내용에 있어서는 행위능력, 법률행위의 방식 등 재산상 권리의무와 혼인·상속에 관하여 섭외사건의 준거법 적용에 있어서 섭외사법의 내용을 원용하고 있다(양안관계조례 제46조, 제47조).[18]

대만은 중국과의 민사사법공조에 대하여 양안관계조례를 시행하기 이전에는 중국정부가 작성한 문서에 대하여 공문서로서의 효력을 부인하고 일반 사문서로서의 효력만을 인정하였다. 따라서 당사자 일방이 그 문서의 진정성립을 다툴 경우에는 문서의 진정성립을 주장하는 당사자가 이를 입증해야 할 책임을 부담하였다. 그러나 양안관계조례를 제정한 이후에는 해기회로 하여금 양안 간 민사사법공조에 관한 사무를 처리하도록 위임하였다. 이에 따라 해기회는 중국에서 작성된 문서에 대하여 작성명의자의 서명 및 날인을 대비·조회·확인하는 방법으로 검증하였으며, 해기회의 검증을 거친 것은 그 진정성립이 추정되었다(양안관계조례 제4조 제1항, 제8조, 양안관계조례 시행세칙 제7조). 이와 같이 해기

---

18) 문준조, 앞의 책, 78~81면 및 123~126면.

회의 검증을 거쳐 진정성립이 추정되는 문서에 대한 실질적인 증명력은 법원 또는 주관기관이 재량으로 판단할 수 있도록 하되, 문서의 내용이 증명을 요하는 사실과 실질적인 관련성을 가지고 신빙성을 인정할 만한 사유가 있을 경우에는 그 실질적 증명력을 인정할 수 있도록 하였다. 다만, 진정성립이 추정된 문서인 경우에도 반대사실에 의하여 그것이 사실이 아닌 것으로 증명된 때에는 그 추정 원칙이 배제되도록 하였다(양안관계조례 시행세칙 제8조 제1항, 제2항, 제3항).

1993년에는 해기회가 중국 해협회와 '양안 간 공증서 사용 사증에 관한 협정'을 체결하여 공문서를 통하여 민사사법공조업무를 확대한 것은 앞에서 검토한 바와 같다. 또한, 중국의 민사확정판결 또는 민사중재재판에 대하여는 대만법원의 판결과 동일한 효력을 인정하는 집행명의 자격을 부여함으로써 법적 효력을 인정하고 있다(양안관계조례 시행세칙 제74조). 즉, 양안 간 민사법률관계의 당사자는 대만법원에 중국의 민사확정판결 또는 민사중재재판에 대한 재정 또는 인가신청을 할 수 있다. 대만법원은 대만의 공공질서 또는 미풍양속에 위배되지 않는 한 재정 또는 인가를 통하여 집행명의 자격을 부여하였다.

한편, 대만은 2003년 2월 3일 양안관계조례를 대폭 개정하여 양안관계에서의 교류협력을 제도적 보장하는 범위를 확대하였다. 이에 따라 대만은 중국 주민이라도 대만 주민과 결혼한 지 2년이 지났거나 친인척의 초청으로 대만에 거주한 지 4년이 지난 사람, 장기거주 신분으로 2년 이상된 사람에게 대만 정착권을 부여하였다. 대만의 항공기와 선박도 관리기관의 허가를 받은 경우에는 중국에 갈 수가 있으며, 중국의 교육기관과 기업이 대만에서 학생을 모집하거나 지사 또는 사무소를 설치하는 것도 허용하였다. 또한, 대만 주민이 일정한 한도에서는 중국 인민화폐를 소지할 수 있도록 하였다.[19]

---

19) 문화일보, 2004.3.19.

3. 남북한특수관계론의 적용

1) 북한 재판관할권 인정 가능성

남한헌법 제3조의 영토조항, 국가보안법, 국적법 등을 제한적으로 해석할 경우에는 북한은 반국가단체 또는 불법단체이며 북한 주민도 대한민국 국민이고, 대한민국 헌법과 법률의 효력이 당연히 북한 지역과 북한 주민에게도 미치므로 북한의 재판관할권을 인정할 여지가 없다. 그러나 북한의 법적 지위에 대하여 평화통일을 위한 화해와 협력의 동반자로서의 지위를 인정할 수 있고, 이를 바탕으로 하여 북한에 대하여 사실상 국가로서의 실체와 존재를 인정할 수 있는 이상 북한은 남한과 동등한 지위를 가지며, 북한법률도 일정한 범위에서 국내법상 규범적 효력을 가진다고 할 것이다. 따라서 북한과 북한법률에 대하여 위와 같은 법적 지위와 성격을 인정할 수 있는 규범 영역에 있어서는 북한의 재판관할권을 인정할 여지가 있다고 할 것이다. 이와 같이 북한의 재판관할권을 인정하는 것은 헌법 제3조와 제4조의 통일적·규범조화적 해석을 바탕으로 하는 남북한특수관계론에 의하여 헌법적 근거를 가지며, 평화통일을 위한 당사자로서의 상호주의와 대등성 원칙뿐만 아니라 남북기본합의서 등 남북한 당국의 실질적인 의사에도 부합한다고 하겠다.

현행법률도 사실상 대한민국의 통치권과 관할권이 남한 지역과 남한 주민에게만 미치고 북한 지역과 북한 주민에게는 미치지 않는다는 것을 인정하고 있는 것으로 판단된다. 즉, 헌법 제27조 제1항에서 국민의 재판을 받을 권리의 구체적인 내용과 절차를 법률로 정하도록 규정하고 있으면서도 이를 구체화한 하위법률인 법원조직법과 각급법원의설치와관할구역에관한법률은 대한민국의 통치권이 현실적으로 남한 지역에만 미치고 북한 지역에는 미치지 않는다는 것을 전제로 하여 법원의 관할구역에 따른 재판관할권을 정함에 있어 북한 지역을 제외하고 있어 북한 주민과의 민사상 문제에 대하여는 현실적으로 관할권을 행사할 수 없는 경우를 예정하고 있다. 이러한 의미에서 북한 지역과 북한 주민에 대하여는 입법의 불비라고 해석할 수도 있으나 이는 북한의 관할권을 인정할 수 있는 여지를 제공하고 있다고 판단된다.

2) 북한 재판관할권의 한계

민사재판관할권의 경우 관할법이 적용되는 소속 지역에 따라 그 소송절차법이나 저촉법규 등이 상이하므로 소송관계자의 입장에서 볼 때에는 자신이 소속된 지역의 관할권이 인정되지 않을 경우에는 상대방 지역에 적용되는 법률의 부지, 지리적·물리적·제도적 장애 등으로 인하여 소송수행이 곤란하게 되므로 민사재판관할권은 매우 중요한 의미를 가진다고 할 것이다. 그러므로 헌법 제27조에서 규정하고 있는 "헌법과 법률이 정한 법관에 의하여 법률에 의한 재판을 받을 권리"와 신속한 재판을 받을 권리 등 헌법상 기본권 보장의 측면에서도 이를 고려해야 할 것이다. 특히 북한의 사법제도가 권력분립의 원칙, 사법권의 독립, 법치주의 등 입헌주의를 기초로 하지 않고 있으므로 남북한 관계의 특수성과 헌법 제37조 제2항에 따라서 국민의 재판청구권의 제한을 인정한다고 하더라도 이를 엄격히 해석하여 제한의 한계를 명확히 할 것이 요구된다. 국내법적 규범 영역의 일정한 범위에서 북한의 재판관할권을 인정하는 경우에도 다음과 같은 한계를 가진다고 하겠다.

첫째, 북한의 재판관할권을 인정하기 위해서는 법률적 근거가 필요하다. 비록 남북한특수관계론에 따라서 북한의 재판관할권을 인정할 수 있는 헌법적 근거가 있다고 하더라도 이를 제도적으로 구체화하고 형성화하기 위해서는 이에 대한 법률이 필요한 것이다. 헌법 제27조 제1항에서도 국민의 재판을 받을 권리의 구체적인 내용과 절차를 법률로 정하도록 규정하고 있고, 앞에서 검토한 바와 같이 현행 법원조직법과 각급법원의설치와관할구역에관한법률도 대한민국의 통치권이 현실적으로 남한 지역에만 미치고 북한 지역에는 미치지 않는다는 것을 전제로 하여 법원의 관할구역에 따른 재판관할권을 정함에 있어 북한 지역을 제외하고 있으므로 북한의 재판관할권을 구체적으로 인정하는 법적 근거가 필요할 것이며, 이러한 경우에는 입법을 통하여 북한재판관할권의 근거와 한계를 함께 규정할 수도 있을 것이다. 이와 같이 북한 민사재판권관할을 인정하기 위한 법적 근거를 마련하기 위한 입법기술로서는 국내법의 제·개정을 통한 입법으로 해결하는 방법과 남북한 당국간 조약으로서 법률적 효력을 갖는 남북합의서를 체결하는 방법을 고려할 수 있다. 전자와 같이 국내법을 제·개정하는 경우에는 남북한 관계에 관한 별도의 특별법을 제정함에 있어서 이를 반영하는 방법과 법원조직법 등 현행 법률의 개정을 통하여 특별관할을 인정하는 규정을 두는 방법이 있을 수 있고, 후자와 같이 남북합의서를 체결하는 경우에는 그 규정내용이 입법사항에 해당하므로 헌법 제60조 제1항에 따라서 국회의 동의를 필요로 한다고 할 것이다. 북한 재판관할권을 인정하기 위한 법률적 근거를 마련하는 방법으로는 남북한특수관계에서 비롯되는 민족자결성, 상호주의를 고려하여 법률적 효력을 갖는 남북합의서를 체결하는 것이 보다 바람직하다고 판단된다.

　둘째, 남북한특수관계론이 헌법규범적 가치를 가진다고 하더라도 대한민국헌법이 추구하는 다른 모든 헌법적 가치와 이념보다 우월하다는 것이 아니라 이들 헌법적 가치 및 이념과 서로 조화를 이루는 범위 내에서 인정되는 것이므로 그와 같은 한계를 가진다고 할 것이다. 즉, 남북한특수관계론은 대한민국헌법의 기본원리로서 이념적·법적 기초에 해당하는 국민주권주의, 정치적 기본원리인 자유민주적 기본질서, 경제·사회·문화의 기본원리인 사회복지국가원리, 국제질서의 기본원리인 국제평화주의와 서로 조화를 이루면서 이에 부합하는 경우에만 헌법적 규범으로서 인정된다고 할 것이다. 특히, 국민의 재판청구권과 관련하여 기본권의 근본요소이자 핵심적 요소인 기본권의 본질적 내용을 침해하는 것은 헌법 제37조 제2항에 의하여 금지되므로 북한의 재판관할권을 인정함으로써 기본권의 본질적 내용을 침해하는 결과를 초래할 경우에는 허용되지 않아야 할 것이다.

셋째, 남북한특수관계론의 본질적 성격에 따른 한계를 들 수 있다. 남북한특수관계론는 민족자결성, 통일지향의 잠정성, 동태적 발전성과 가변성을 그 본질적 성격으로 보유하고 있는데, 민족자결성에 따라서 남북한특수관계론의 구체적인 내용으로서 재판관할권에 대하여도 남북한이 남북합의서 등 합의를 통하여 자율적으로 결정할 수 있다. 또한, 통일을 달성할 때까지 남북한 관계에 있어서 화해협력의 진전 내용과 정도, 향후 북한 사법제도의 민주화 등 북한체제의 변화에 따라서 북한의 재판관할권을 인정하는 범위와 한계가 결정될 수 있는 것이다. 이는 남북한 교류협력의 과정에서뿐만 아니라 통일과정 또는 그 이후의 남북한 사법제도의 통합을 위해서도 중요한 의미를 가진다고 할 것이다.

3) 법률충돌 해결을 위한 기본원칙

섭외적 민사법률관계에 대하여 남한은 민사소송법과 국제사법을 통하여, 북한은 민사소송법과 대외민사관계법을 통하여 각각 그 법률관계의 충돌과 모순을 규율하고 있으나, 남북한 모두 남북한 관계에서 발생하는 섭외적 민사사건에 대하여는 아무런 규정을 두지 않고 있다.

남북한 주민 간의 섭외적 민사사건의 준거법과 관련하여 연결점이 본국법으로 규정하고 있는 경우가 많은데, 남한과 북한의 국적법의 내용이 상이하여 남한 국적법상으로는 국적이 인정되나 북한 국적법상으로는 국적이 인정되지 않거나 그 반대의 경우, 또는 남북한 각각의 국적법상 국적이 모두 인정되는 경우가 발생하므로 구체적인 사건에 있어서 준거법을 결정함에 있어서 충돌과 모순이 발생하게 된다. 따라서 이 문제는 북한 주민의 법적 지위의 문제와 직접적으로 관련성을 가지게 된다. 남북한의 국적법을 형식적으로 해석하여 그대로 적용할 경우에는 남한 국적법에 의하여 북한 주민도 남한 국적을 가지게 되고, 북한 국적법에 의하여 남한 주민도 북한 국적을 가지게 되어 대부분 재판관할권이 경합하게 되는 등 문제점이 발생하게 된다. 그러나 이는 남북한 당국이 기본적으로 서로 상대방의 실체를 인정하기로 합의한 내용과도 부합하지 않으므로 이 문제가 남북한특수관계론에 따라서 우선적으로 해결되어야 할 것이다.

남북한 민사사건에 대하여 적용할 준거법을 결정하는 저촉법은 현실적으로 다음과 같은 방안에 따라 선택할 수 있을 것이다. 첫째, 남한민법을 적용하는 방안이다. 이는 북한 지역과 북한 주민에게도 남한법률이 적용된다는 것을 전제로 비록 사실상 남한재판권이 행사되지 못하고 있지만 법규범적으로는 당연히 남한민법이 북한 지역과 북한 주민에게도 적용되어야 한다는 것이다. 이 입장은 한반도에서 남한이 유일한 합법성과 정통성을 가지고 있다는 측면에서는 원칙적으로 타당한 측면이 있지만 북한 지역에 남한의 통치권이 행사되지 못하고 있는 분단현실을 고려할 때 남한민법을 무제한으로 적용한다는 것은 결국 북한 지역에서 북한 주민 상호 간에 행한 모든 민사적 법률행위에 대해서도 남한민법을 적용하여야 한다는 것을 의미한다. 그러나 이는 법현실을 무시한 것으로서 남북한특수관계론에서 예정하고 있는 남북한의 특수한 관계를 인정하지 않은 것이므로 형식논리적이며 적실성 있는 해결방안이라고 할 수 없다는 비판이 가능하다.

둘째, 법률행위가 이루어지는 행위지법을 적용하는 방안이다. 지역적·인적 관할을 달리하는 상이한 법률체계를 가진 경우에는 법률행위지법이 법률행위와 가장 밀접한 관련성을 가지므로 법률행위가 이루어진 장소를 관할하는 법률을 적용하자는 입장이다. 이는 남북한이 상이한 법률체계를 가지고 있다는 현실과 그 특수성을 고려한 것으로 평가할

수 있다. 이러한 입장에 따를 경우에는 북한 지역에서 행한 민사적 법률
행위에 대하여 행위지법인 북한민법을 적용해야 한다. 그러나 남한법원
에서 재판을 행함에 있어서 북한민법을 적용할 수 있는 법적 근거가 없
으며, 입법체계와 목적을 달리하는 북한민법을 적용함으로써 남한민법
상 공서양속에 위반되는 결과가 발생할 수 있다는 비판이 가능하다.

셋째, 국제사법을 유추적용하는 방안이다. 이는 남북한 민사문제를 순
수한 국내문제로 파악하는 것은 헌법현실과 남북한특수관계에도 부합하
지 않으므로 북한 지역과 북한 주민이 사실상 남한 통치권의 적용에서
배제되고 있는 특수성을 고려하여 남한의 국제사법을 '유추'하여 적용하
자는 것이다. 이에 대하여는 남북한특수관계를 반영하고 있으나 북한의
국가성을 인정하는 것이므로 헌법 제3조 등에 위반된다는 비판이 가능하
다. 즉, 북한과 북한 주민을 사실상 외국과 외국인으로 취급하고 있으며,
국제사법을 유추적용하는 결과 남북한 민사문제에 대하여 북한의 민사재
판관할권과 북한법률의 법원성을 인정하는 결과가 된다는 것이다. 그러
나 남북한특수관계론이 헌법적 규범으로서 국내법적 규범체계에 포섭되
는 이상 남북한특수관계에 있어서 남한의 국제사법을 유추적용하는 것이
헌법에 위반된다고 할 수는 없을 것이다. 이는 북한의 재판관할권을 직접
적으로 인정하는 것이 헌법이 정한 국민의 재판청구권을 예외적으로 제
한하거나 침해할 수 있는 것과는 달리 그 자체가 직접적으로 국민의 기
본권을 침해하는 것은 아니기 때문이다. 또한, 남북한특수관계론에 따라
'북한체제'를 인정한다는 것에는 북한법률의 적용도 포함되며, 이는 북한
의 국가승인의 문제와는 달리 평가할 수 있다고 할 것이다.

요컨대, 남북한 주민 간의 섭외적 민사법률관계에 대하여 이를 해결
하는 저촉법과 준거법의 결정은 국제사법을 유추적용하는 방안이 남북
한특수관계론에 부합할 뿐만 아니라 가장 적실성이 있는 방안이라고 판
단된다. 그러나 이러한 경우에는 북한의 재판관할권과 북한법률을 남한
주민에게 적용하는 것을 인정하는 것이므로 법적 근거가 필요하다고 할

것이다. 이는 국민의 기본권과 법적 안정성을 보장하고 가변적인 남북한 관계의 특수성을 법제도적 규범 영역으로 끌어들여 예측가능성을 담보하는 것이므로 법치주의 원칙의 요구에도 합당하다고 하겠다. 이에 대한 구체적인 방안으로서는 남북한특수관계에 적용되는 특별법을 제정하는 방안, 개별 법률에 남북한특수관계를 반영하는 특례조항을 규정하는 방안, 남북합의서를 체결하는 방안 등을 들 수 있다.

4. 구체적 해결방안

1) 저촉법 및 준거법의 결정

남북한 주민 간 민사문제를 해결하는 저촉법과 준거법의 결정은 국제사법을 유추적용하는 방안이 타당하며, 북한의 재판관할권과 북한법률을 남한 주민에게 적용하는 것을 인정하기 위한 법적 근거가 필요하다는 것은 앞에서 검토한 바와 같다. 이러한 입법에 있어서는 남북한 호혜와 상호주의를 바탕으로 평화통일에 기여하고 법적 안정성을 보장하는 기본방향을 최대한 존중하되, 남북한 관계의 특수성을 적절히 반영하여야 할 것이다.

국제사법을 유추적용하되 남북한특수관계를 반영하는 기본원칙으로서 다음을 제시할 수 있다. 첫째, 남북한의 교류협력의 확대와 진전에 도움이 되며 평화통일을 촉진하는 순기능을 발휘할 수 있어야 한다. 이는 결과적으로 통일과정과 그 이후의 사법통합에도 기여할 수 있을 것이다. 둘째, 남북한 주민의 실질적인 평등권을 보장하여 남북한 주민에게 법률상 동등한 지위를 부여하여야 한다. 북한 주민에 대하여는 북한에서 취득한 합법적인 민사법익을 보호하는 한편, 민사소송에 있어서도 남한 주민과 차별을 받지 않도록 평등권을 보장하여야 한다. 셋째, 법적 안정성과 구체적 타당성을 조화롭게 보장하여야 한다. 남북한은 장기간 분단된 상황에서 이념과 체제를 달리하여 생활하여 왔다는 특수성을 고려하여 그 동안 형성된 법률관계를 존중하되 그것이 남한 주민의 권리침해, 공공질서위반 등 정의의 관점에서 수용할 수 없을 경우에는 그 한계를 인정하여야 할 것이다.

국제사법을 유추적용함에 있어서 반영하여야 할 남북한 관계의 특수성으로서는 다음 사항을 들 수 있다. 첫째, 북한 주민의 법적 지위에 대하여는 사실상의 '북한적'을 인정하여 당사자의 국적이 연결점이 되는 경우에는 이를 연결점 또는 그 구성요건으로 인정하여야 한다. 다만, 이로 인하여 북한법률을 적용하여야 할 경우에는 그 해당 규정이 남한헌법의 이념에 따라 수용될 수 없을 경우에는 남한법률을 적용할 수 있는 여지를 남겨주어야 할 것이다.

둘째, 권리주체에 대하여 자연인의 행위능력, 한정치산·금치산의 원인과 효력, 자연인의 부재와 실종선고는 원칙적으로 상거소법이 준거법이 된다. 다만, 북한 주민이 북한법률에 의하여 행위무능력자인 경우라도 남한법률에 의하여 행위능력자로 인정될 경우에는 행위능력을 인정할 수 있다. 북한 주민의 생사가 분명하지 아니한 경우에 남한에 있는 재산에 관한 법률관계나 남한법률에 의하여야 사항에 대하여는 남한법률에 의하여 실종선고가 가능하다. 법인의 권리능력은 법인의 설립과 직접 관련성을 가지는 그 지역의 법이 준거법이 된다.

셋째, 법률행위에 대하여 물권법상 법률행위와 물권은 그 목적물의 소재지법이, 채권법상 법률행위는 당사자가 선택한 법률이 준거법이 되는 등 국제사법에서 규정하는 기준이 그대로 적용된다. 법정채권에 있어서 사무관리, 부당이득 또는 불법행위로 인하여 발생한 채권의 성립 및 효력은 그 원인된 사실이 발생한 곳의 법률이 준거법이 된다. 그러나 북한에서 발생한 사실이 남한법률에 의하여 불법행위가 되지 않을 경우에는 그 예외를 인정하고, 남한법률에 의하여 불법행위가 되더라도 피해자는 남한법률이 인정한 손해배상 기타 처분 이외에는 이를 청구하지 못하도록 제한된다.

넷째, 혼인·이혼·친자관계·상속 등 가족법관계에 관하여도 국제사법이 규정하는 기준을 바탕으로 당사자의 상거소법 등이 준거법이 되고, 후견관계에 대하여는 원칙적으로 피후견인의 상거소법이 준거법이 될 것이다. 그러나 남한에 주소 또는 거소가 있는 북한 주민에 대한 후견은 그 상거소법인 북한법률에 의하여 후견이 개시되더라도 그 후견사무를 행할 자가 없거나 그가 남한에서 한정치산 또는 금치산을 선고받은 경우에는 남한법률이 준거법이 된다.

2) 남북한 민사사법공조

남북한 사법공조는 근본적으로 남북합의서에 의하여 해결하여야 할 것이나 이는 남북한 정치상황에 따라서 체결여부와 그 구체적인 내용이 결정된다. 따라서 남북합의서가 체결되기 이전에도 남북한 민사문제에 대한 사법공조가 필요하므로 이에 대한 대처방안을 마련하여야 한다. 남한의 국제민사사법공조법 제3조도 "이 법에 정한 사법공조절차에 관하여 조약 기타 이에 준하는 국제법규에 다른 규정이 있는 경우에는 그 규정에 따른다"고 규정하여 향후 조약으로서 법률적 효력을 갖는 남북합의서를 체결할 경우에는 그 남북합의서가 우선적인 효력을 가질 것을 예정하고 있다.

이러한 현실에서 남북한 민사사법공조를 실현하는 방안으로 고려할 수 있는 것은 첫째, 남한의 국제민사사법공조법을 직접 적용하는 방안이 있다. 그러나 국제민사사법공조법은 제1조에서 "이 법은 민사사건에 있어 외국으로의 사법공조촉탁절차와 외국으로부터의 사법공조촉탁에 대한 처리절차를 규정함을 목적으로 한다"고 규정하고 있고, 제4조에서 "사법공조에 관한 조약이 체결되어 있지 아니한 경우에도 사법공조를 촉탁하는 외국법원이 속하는 국가가 동일 또는 유사한 사항에 관하여 대한민국 법원의 사법공조촉탁에 응한다는 보증을 한 경우에는 이 법을 적용한다”고 규정함으로써 ‘국가’로서의 ‘외국’과의 사법공조를 명확히 하고 있으므로 별도의 입법조치가 없는 상황에서 국제민사사법공조법을 남북한의 사법공조에 직접 적용할 수는 없을 것이다.

둘째, 국제민사사법공조법을 유추적용하는 방안이 있다. 이 방안이 남북한 주민 간의 섭외적 민사법률관계에 있어서 적용되는 저촉법과 준거법의 결정에 관한 부분에서 검토한 바와 같이 가장 현실적으로 적실성 있고, 법이론적으로도 남북한특수관계론에 부합하므로 타당하다고 할 수 있다. 이에 대하여도 국제민사사법공조법을 적용할 수 있는 법적 근거를 마련함으로써 이를 명확히 하는 것이 입법론적으로 바람직하다고 할 수 있을 것이다.

셋째, 이 외에도 남북한의 민사사법공조에 관한 별도의 특별법을 제정하는 방안도 고려할 수 있으나 현재 시행 중인 국제민사사법공조법을 남북한 관계에 유추적용하는 것이 법제도적으로 가능하므로 별도의 특별법을 제정할 필요성은 없을 것이다. 만약, 구체적 사안에 있어서 남북한 관계의 특수성을 반영할 필요가 있을 경우에는 국제민사사법공조법 등 개별 법률에 그 내용을 규정할 수 있을 것이다.

국제민사사법공조법을 유추적용할 경우에는 그 법률에서 규정하는 내용을 원칙으로 하되, 남북한 민사사법공조의 형식과 절차는 남북한 관계의 특수성을 반영하여 다음과 같은 내용이 포함되어야 한다.

첫째, 사법공조의 기본원칙으로서 법치주의에 따라 적법절차의 보장과 독립된 법관에 의한 공정한 재판을 받을 권리 등 기본권을 보장하여야 한다. 둘째, 사법공조의 범위는 공법분야를 제외한 재산관계 및 친족·상속관계 등 민사사건의 전반에 걸쳐 이루어져야 하며, 관계인의 진술이나 서류의 송달 등 사법공조를 요청받은 측의 법률에 의하여 금지되지 아니한 사항은 광범위하게 공조의 범위에 포함시켜야 한다. 셋째,

사법공조의 형식과 절차는 외국과의 공조에 준하여 처리하되, 구체적으로 남북한 당국 간 사법공조를 요청하는 송부경로에 대하여는 남북한이 서로 합의하여 남북한의 법무최고책임자 또는 그가 지명하는 법률담당 관서를 경유하여 송부하여야 한다. 넷째, 사법공조의 제한과 한계로서 남한이 사법공조를 요청한 경우에 북한이 이를 거부할 염려가 있거나 사법공조의 요청으로 인하여 관련 북한 주민이 민형사상 불이익을 입을 염려가 있을 경우에는 사법공조의 요청을 자제해야 한다. 또한, 북한의 사법공조요청에 대하여도 남한의 안녕과 질서, 미풍양속을 최대한 고려하여 남한에 불이익한 결과가 초래될 것이 우려되는 경우에는 사법공조를 거부할 수 있을 것이다. 다만, 남북한이 민사사법공조에 대하여 조약으로서 법률적 효력을 갖는 남북합의서를 체결하지 않는 이상 남북한은 각각 상대방에 대하여 사법공조에 응하는 것은 우호적 행위이고, 사법공조에 응하지 않는 것은 비우호적 행위에 해당할 뿐 국제법적으로도 법적 의무를 위반하는 것은 아니라고 할 것이다.

3) 남북한 법원의 판결에 대한 승인과 집행보장

남북한은 각각 민사소송법과 대외민사관계법을 통하여 외국법원이 행한 판결의 효력과 집행에 관하여 규율하고 있으나 남북한간 민사문제에서 발생하는 상대방 측 법원이 행한 판결의 효력과 집행에 대하여는 아무런 규정을 두지 않고 있다. 남북한은 각각 상대방을 국가로 인정하지 않고 있으므로 상호 상대방 측 법원의 판결을 집행할 것을 기대하기는 어려운 현실이다. 남북한 법원의 판결에 대한 승인과 집행보장도 남북한의 민사사법공조와 같이 근본적으로 남북합의서를 체결함으로써 해결하여야 할 사안이라고 할 것이나, 남북합의서가 체결되기 이전에도 남북한 법원의 판결에 대한 승인과 집행을 보장하기 위한 방안을 마련하여야 한다.

이에 대한 현실적 해결방안으로서는 기본적으로 남북한 민사사법공조에서 검토한 바와 같이 남한의 민사소송법을 직접 적용하는 방안, 남한의 민사소송법을 유추적용하는 방안, 그리고 남한만의 별도의 특별법을 제정하는 방안이 있다. 남북한특수관계론에 비추어 남한의 민사소송법을 유추적용하는 것이 가장 적실성 있는 해결방안이라고 할 수 있으나 민사소송법을 적용할 수 있는 법적 근거를 마련할 필요가 있을 것이다. 한편, 남한은 민사소송법 제217조에서 외국판결의 효력을 인정하기 위해서는 상호의 보증을 요구하고 있고, 민사집행법 제26조에서 외국법원의 판결에 기초한 강제집행은 대한민국 법원에서 집행판결로 그 적법함을 선고하여야 할 수 있도록 규정하고 있다. 북한도 대외민사관계법 제59조에서 다른 나라의 해당기관의 판결은 그것을 서로 인정한 데 대한 국가적 합의가 있는 경우에만 인정하는 것을 원칙으로 하고 있다. 따라서 남북한이 상호 판결을 승인하고 집행하기 위해서는 남북한간 협의가 필요하므로 이에 대한 고려가 있어야 할 것이다.

민사소송법을 유추적용할 경우에는 북한법원의 판결을 외국법원의 판결에 준하여 그 법률에서 규정하는 내용을 원칙으로 하되, 남북한 판결의 승인과 집행의 요건, 형식, 절차, 효력은 남북한 관계의 특수성을 반영하여 다음과 같은 내용이 포함되어야 한다. 남한 주민에 대하여 북한법원의 판결이 효력을 갖고 집행되기 위해서는 최소한의 절차적 정의가 보장될 수 있는 법제도적인 장치가 필요할 것이다. 즉, 남한 주민이 해당 법원의 판결에서 패소하였을 경우에는 공시송달 이외의 방법으로 소송개시에 필요한 명령의 송달을 받거나, 송달을 받지 않고 응소할 수 있는 절차가 마련되어야 한다. 또한, 남한은 민사소송법 제217조에서, 북한은 대외민사관계법 제60조에서 외국법원의 판결에 대한 그 효력과 집행을 배제하는 예외를 인정하고 있으므로 상호주의와 대등성의 원칙에 따라 법원의 판결이 공정하고 합리적으로 집행될 수 있도록 상호 보증하는 등 제도적 조정과 보완이 필요할 것이다.

Ⅲ. 남북한 형사사건에 관한 법률충돌

1. 남북한 형사법률의 모순·충돌

남북한 형사사건은 기본적으로 국내법 적용의 문제로 북한의 국제법적 지위를 전제로 하는 것이 아니므로 국내법적 규범 영역에 해당하며 국제법적 영역에 해당하는 것은 아니라고 하겠다. 또한, 이는 본질적으로 북한이 반국가단체 또는 불법국가로서 활동하는 규범 영역에서 발생하는 것이 아니라 헌법이 규정하는 조국의 평화적 통일을 달성하기 위한 화해와 협력의 동반자로서 활동하는 규범 영역에서 파생되는 것이라고 하겠다. 물론 북한이 남북한특수관계에 있어서 이중적 지위를 가지고 있어 반국가단체 또는 불법단체로서 활동하는 과정에서 발생하는 형사사건은 국가보안법을 통하여 규율되므로 남북한교류협력의 과정에서 발생하는 형사사건을 처리하기 위한 기본원칙은 적용되지 않을 것이다. 따라서 남북한 형사사건은 남북한특수관계론에 따라 국내법적 영역에서, 북한의 법적 지위에 대하여 평화통일을 위한 화해와 협력의 동반자로서의 지위에 기초를 두고 그 법적 해결방안을 모색하여야 할 것이다.

남북한 형사법의 모순과 충돌을 해결하고 형사사건을 합리적으로 처리하기 위한 해결방안을 마련함에 있어서 검토되어야 할 법이론적인 쟁점사항은 형사재판관할권의 인정여부와 한계, 형사재판에 있어서 적용되는 준거법의 충돌, 형사사법공조와 범죄인인도 등을 들 수 있다. 이들은 모두 남북한특수관계론에 따라서 해결되어야 할 것이다. 그러나 남북한의 형사법체계는 남북한의 상이한 체제와 이념을 직접적으로 반영하고 있어 남북한간 법체계의 이질성의 정도가 민사법체계에 비하여 훨씬 심각하고 국민의 기본권 보장의 측면에서 기본권을 침해할 우려가 크기 때문에 북한의 재판관할권과 형사법의 적용의 문제를 더욱 엄격하게 고려할 필요가 있다.

북한이 현실적으로 사실상의 국가공동체로서 북한 지역과 북한 주민들에 대하여 실효적인 규범력을 행사하고 있다는 사실과 북한법체계에 있어서 사법부의 독립이 보장되지 않는 등 법치주의 원칙에 한계가 있다는 것은 남북한 민사문제와 형사사건의 법률충돌에 있어서 동일하게 작용된다. 그러나 남북한간 민사법체계와 형사법체계는 체제와 이념을 반영하고 있는 정도와 심각성에서 큰 차이가 있으며, 이는 법률충돌의 문제를 해결하는 방안을 마련함에 있어서 중요한 의미를 갖는다. 남북한 형사사건에 대한 이러한 특징으로 인하여 북한의 재판관할권을 인정함에 있어서 그 한계를 보다 엄격하게 요구하게 된다. 즉, 남한 주민에 대한 형사사건 처리는 재판청구권은 물론 신체의 자유 등 헌법상 기본권 보장과 직접적으로 관련성을 가지므로 헌법에서 보장하는 기본권 제한의 한계를 준수하는 범위에서 해결방안이 모색되어야 한다. 특히, 국민의 재판청구권과 관련하여 기본권의 근본요소이자 핵심적 요소인 기본권의 본질적 내용을 침해하는 것은 헌법 제37조 제2항에 의하여 금지되므로 북한의 재판관할권을 인정함으로써 기본권의 본질적 내용을 침해하는 결과를 초래할 경우에는 허용되지 않아야 한다.

남북한 형사사건은 위와 같이 형사법체계의 차이로 인하여 남북한의 입법에 의하여 처리하는 데에는 한계가 있고, 현실적으로 남북합의서를 체결하는 것도 쉬운 일이 아니다. 따라서 현실적 방안으로서 포괄적인 형사사법공조 등에 대한 합의서를 체결하기에 앞서 개성공단 등 특정 지역에 대한 형사사건을 처리하기 위한 남북합의서를 체결하거나 국가안보에 관한 범죄 등 특정범죄를 제외하고 남북한이 공통으로 처벌하는 일반 자연범죄를 중심으로 한 남북합의서를 체결하는 것이 필요하다.

남북한 형사사건의 처리에 있어서 우선적으로 고려하여야 할 사항은 북한형사법의 비민주성이라고 할 것이다. 북한 형사법체계가 북한체제의 변화와 함께 법치주의 원리에 따라 민주화가 이루어질 경우에는 보다 광범위하게 북한의 재판관할권과 형사법을 인정할 여지가 있을 것이다. 북한의 형사법체계가 우리 헌법에서 보장하는 국민의 기본권 보장과 법치주의에 부합하지 않으므로 남한 주민에 대하여 북한 재판관할권과 형사법을 적용하는 것은 헌법위반의 문제를 발생시키고 법정책적으로도 이를 수용하기 어려운 것이 현실이다. 북한의 형사법체계가 어느 정도 개선되었을 경우에 국제형법을 유추적용하는 것이 가능할 것인지에 대하여는 본질적으로 국민의 신체의 자유, 재판청구권 등 국민의 기본권 보장의 이념과 법치주의 원칙의 구체적인 실현여부, 형사사건 처리의 법적 기준에 대한 예측가능성과 법적 안정성, 남북교류협력과정에서의 신변안전보장 여부 등이 기준이 될 것이다. 그러나 남북한의 상이한 체제를 인정한다는 전제하에 남북한특수관계를 고려하고, 남북한간 법적 분야에서의 교류협력을 강화하는 것이 장기적으로 북한의 형사사법체계를 법치주의로 전환할 수 있도록 유도할 수 있는 촉매역할을 할 것이며, 이는 통일과정과 통일 이후의 남북한간 사법·법률통합의 기초를 마련한다는 점도 함께 고려하여 남한 주민의 신변안전보장을 확보할 수 있는 최소한의 여건이 마련된다면 북한의 형사법체계를 적극적으로 수용하는 자세도 필요하다고 하겠다.

2. 외국의 사례

1) 동서독의 경우

(1) 법률충돌의 해결

통일 전 동서독은 동서독관계에 대한 각각의 인식을 반영하여 동서독 주민의 인적교류과정에서 동서독의 상이한 형사법체계로 인한 형사법률의 충돌문제에 대하여 상이한 입장을 취하였다. 즉, 서독은 법이론적으로 서독형법적용설, 지역간형법적용설, 국제형법적용설 등이 제기되었는데 이들은 모두 속지주의 원칙에 따라 동독의 형사재판관할권을 인정하는 것을 전제로 하고 있었다.[20]

서독은 동독 주민에 대한 형사사건의 처리와 관련하여 동서독특수관계를 고려하여 특별입법을 통하여 특례를 인정하였다. 첫째, 1966년 '독일 재판권의 잠정적인 적용배제에 관한 법률(Gesetz über befristete Freistellung von der deutschen Gerichtsbarkeit)'을 제정하였다. 이 법률은 1966년 3월 동독 공산당이 서독 사민당에 대하여 정치인 상호방문과 대중연설을 제의하면서 서독형법의 국가안전에 관한 규정(형법 제80조~제100조)과 서독 재판권을 동독 주민에 대하여 적용하는 것을 문제삼자 동독 정치인들의 서독방문을 법률적으로 보장하기 위하여 제정한 것이다. 위 법률은 서독 이외의 지역에 살고 있는 독일인에게 만약 이들의 활동을 고려할 때 중요한 공공의 이익을 촉진하기 위하여 필요하다고 인정되는 경우에는 잠정적으로 재판권의 적용을 배제하여 모든 법원, 형사소추기관과 수사기관의 법적용이 유보된다는 것을 내용으로 하고 있었다.[21]

둘째, 1976년 형사소송법을 개정하여 검찰총장이 반국가범죄행위에 대하여 소추를 유예할 수 있는 법적 근거를 마련하였다. 즉, 형사소송법 제153조의d는 민주적 법치국가에 대한 위해 내지 국가반역 등의 범죄행위에 대한 소송의 수행이 서독에 대한 중대한 위해를 발생시킬 가능성이 있거나 그 소추가 그 밖의 중대한 공공이익에 반하는 때에는 검찰총장은 그 소추를 배제할 수 있도록 하고, 이미 소가 제기된 경우에는 검

---

20) 장영민, "남북한 인적 왕래에 따른 형사문제 처리방안", 체제통일 및 변화에 따른 형사정책의 방향, 형사정책연구원 제1회 국제워크샵, 1993, 67~76면 ; 통일원, 동서독 교류협력 사례집, 1993, 12, 204~210면.
21) 신현윤, "남북한 교류 · 협력의 제도적 발전방향 – 동서독 사례와의 비교 및 시사점을 중심으로 –", 남북교류와 관련한 법적 문제점(3), 법원행정처, 2004, 304~305면.

찰총장이 소송절차의 어느 단계에서나 그 소를 취소하고 절차를 중지할 수 있도록 규정하였다.

셋째, 1984년 법원조직법을 개정하여 제20조 제1항에서 서독 재판관할권은 외국의 대표자 및 독일의 공식초청에 의하여 이 법의 적용 영역에 체류하는 수행자에 대하여 미치지 않는다고 규정하였다. 제20조 제2항에서 국가원수 이외에 서독 재판관할권이 면제되지 않는 정부수반, 장관 등 외국의 대표자와 그 수행원에게도 그와 같은 치외법권을 확대하였다. 이는 동독의 국가평의회 의장 및 그 구성원들이 서독을 방문할 경우를 예상하고 이들에 대한 형사고소로 인한 혼란을 방지하기 위하여 개정한 것으로 평가된다.

이에 반하여, 동독은 서독과 서독인을 외국 또는 외국인으로 인식하여 동서독 주민의 형사사건에 대하여 국제법 원칙을 적용하여 해결하고자 하였다. 즉, 동독형법과 동독 국적법이 제정되는 1960년대 중반까지는 독일구형법에서 규정하는 국제형법을 유추적용하였다. 1968년 7월 1일 동독형법을 제정하여 제80조 제1항과 제2항에서 동독형법의 장소적·인적 적용범위를 명확히 규정하였다. 1967년 제정된 국적법에서는 동독 국적자로서 "국적취득 시 동독 내에 주소나 거소를 가진 자는 계속 동독 국적을 보유한다"고 규정하여 국제형법을 적용할 것을 명확히 하였다.

동독은 나아가 1972년 10월 16일 '국적문제에 관한 규제법령'을 제정하여 제1조에서 "제1항 : '근로자와 농민의 국가'의 법을 위반하고 1972년 1월 1일 이전에 독일민주공화국을 이탈한 뒤 독일민주공화국에 다시 주거하지 않은 독일민주공화국 인민은 법령의 발효와 동시에 독일민주공화국의 국적을 상실한다. 제2항 : 제1항에서 규정한 사람들의 자손이 독일민주공화국의 국가당국으로부터 허가를 받지 않고 독일민주공화국 영토 밖에 거주할 경우에도 본 법령의 발효와 함께 독일민주공화국의 국적을 상실한다"고 규정함으로써 그 입장을 입법적으로 분명히 하였다.

그러나 위 법률 제2조에서 "제1조 제1항에서 말한 사람들이 불법으로 독일민주공화국을 이탈한 사실에 대하여는 형사처벌을 소추하지 않는다"고 규정하여 일정한 경우에는 형법적용의 예외를 인정하였다.

(2) 형사사법공조와 범죄인인도

동서독은 분단 이후 형사사법공조를 지속적으로 전개하였는데, 이때에도 동서독관계에 대한 인식을 바탕으로 구체적인 내용과 절차에 있어서 차이점을 보였다. 즉, 서독은 1953년 5월 2일 '형사사건의 내독 간 법률공조 및 관청공조에 관한 법률(Gesetz über die innerdeutsche Rechts-und Amtshilfe in Strafsachen)'을 제정하여 그에 따라 사법공조를 실시하였으나, 동독은 외국과의 사법공조에 관한 1965년 제정된 법무부 통첩 및 1974년 제정된 동독 법원조직법에 따라서 법무부를 거쳐 외교경로를 통한 사법공조를 실시하였다. 서독은 위 법률에 근거하여 관할법원은 주법무부를 통하여 동독 법무부를 경유하여 동독의 해당 지역 법원에 공조요청을 하였고, 동독은 해당 지역 법원이 동독 법무부를 통하여 서독 연방법무부, 주법무부를 경유하여 관할법원으로 이첩하는 절차를 취하였다.

동서독은 1972년 동서독기본조약을 체결한 이후 형사사법공조를 체결하기 위한 노력을 진행하였으나 동서독 간 법률체계와 법정책의 상이성, 독일 국적 문제에 대한 견해차이 등으로 인하여 합의서를 체결하는데에는 실패하였다. 특히, 서독은 내독관계부의 위임을 받은 신교연합구호사업단을 통하여 동독 측의 변호사 포겔(Vogel)과 은밀하게 정치범석방을 위한 협상을 전개하여 막대한 자금을 지불하고 동독에 의하여 박해를 받는 정치범을 석방시켜 서독으로 추방하도록 하였다.[22]

---

22) 통일원, 동서독 교류협력 사례집, 1993.12, 185~203면.

2) 중국·대만의 경우

(1) 법률충돌의 해결

중국과 대만의 경우에는 중국과 대만 모두 자신이 중국과 대만에서의 유일한 정통성과 합법성을 가진 국가임을 주장하면서 자신의 법률이 중국 전체에 적용된다는 것을 기본입장으로 하면서도 현실적으로는 각각 양안관계에 있어서 장기간의 격리단절상태의 특수성을 반영하여 예외를 폭넓게 인정하고 있는 것이 특징이다.

중국은 대만을 중국영토의 일부분으로 인식하고 중국 형사재판권의 장소적·인적 효력범위에 대하여 속지주의에 따라 대만을 포함한 중국 전체와 대만인을 포함한 전체 중국인에게 미친다는 것을 기본원칙으로 하여 양안관련 형사사건에 대해 중국법원의 형사재판관할권을 인정하고 중국형법을 적용하여야 한다는 입장이다. 다만, 현실적으로 대만 지역은 중국 지역과 별도의 법률체계에 의하여 규율되고 있으므로 중국의 형사재판권 행사가 제한된다는 사실을 인정하고 '일국양제'의 통일방안에 따라서 양안 간 존재하는 법률관계의 충돌문제를 구제(區際) 또는 역제(域祭) 형사법률충돌문제 즉, '하나의 국가내부에서 서로 다른 법률제도를 가진 다수 지역 간의 법률충돌문제'로 파악하고 있다.23) 이에 따라 양안 간에 발생하는 형사법의 충돌과 모순을 국제형사법률의 충돌문제가 아니라고 인식하고 있으며, 향후 대만이 '하나의 중국'이라는 대원칙 하에 중국에 편입될 경우에는 대만을 특별행정구로 인정하고 대만에 독립된 사법권과 재판의 최종심판권을 부여할 수 있다는 입장을 견지하고 있다.

중국은 이와 같이 중국형법의 적용을 원칙으로 하면서도 양안관계의

---

23) 문준조, 앞의 책, 2004, 63~64면 ; 법무부, 중국과 대만의 통일 및 교류협력 법제, 1995, 268~271면.

특수성을 고려하여 다음과 같은 예외를 인정하고 있다. 첫째, 대만인의 과거범죄에 대한 불소추로서 1988년 3월 14일 최고인민법원과 최고인민검찰원은 '대만이주자의 중화인민공화국 성립 이전 범죄행위의 불소추에 관한 공고'를 발표하여 대만이주자가 중화인민공화국 성립 이전에 범한 범죄행위에 대하여는 중국형법 제76조에서 규정하는 공소시효의 입법취지를 고려하여 소추하지 않기로 하였다. 1989년 9월 7일 '대만이주자의 중화인민공화국 성립 이후 지방인민정권 수립 이전 범죄행위의 불소추에 관한 공고'를 발표하여 대만이주자의 중화인민공화국 성립 이후 지방인민정권 수립 이전에 범한 범죄행위에 대하여도 이를 소추하지 않기로 하였다.

둘째, 대만 주민이 중국에서 범죄행위를 저지른 경우에는 범죄사실에만 근거하고 그 이외의 특수한 신분 등 다른 요소를 고려하지 않고 동일하게 처리한다는 원칙에 따라 정상이 특별히 현저한 경우에 한하여 죄질에 따라 징역형에 처하고 정상이 동일한 경우에는 가급적 벌금 등 경제적 처벌을 가하는 한편, 경미한 범죄행위에 대해서는 형사재판권 행사를 자제하고 있다. 특히, 대만 주민에 대하여는 원칙적으로 관제(管制)나 구역(拘役)을 적용하지 아니함으로써 형법적용에 있어서 신중을 기하고 있다. 관제란 법원의 판결에 의하여 선고되는 주형의 일종으로서 범죄자를 감옥 등에 구금하거나 유치시키지 않고 통상의 직장에서 노동에 종사시키며 공안기관의 관리단속과 군중의 감시 하에 행동의 자유에 일정한 제한을 가하는 형벌이며 그 기간은 3개월 이상 2년 이하이다. 구역이란 15일 이상 6개월 이하의 단기 유기징역형에 해당하는 것으로 범죄자의 소재지 관할 공안기관이 집행하며, 집행기간 중 매월 1일 내지 2일 귀가가 허용되고 노동에 종사한 경우에는 일정한 보수가 지급된다.[24]

대만도 대만헌법상 중국대륙도 중화민국의 영토에 속하고 중국 주민도 중화민국 주민이라는 것을 전제로 하여 중국 주민이 중국 또는 대만

---

24) 문준조, 앞의 책, 64면.

에서 범한 범죄행위에 대하여 대만법원의 형사재판관할권이 미치고 대만형법이 적용된다는 것을 기본입장으로 하고 있다. 그러나 1992년 양안관계조례를 제정하여 양안관계에서 발생하는 형사사건에 대하여 장기간의 격리단절상태를 고려하여 일정한 예외를 인정하고 있다. 즉, 1992년 양안관계조례가 제정되기 이전까지는 대만 주민의 중국에서의 범죄행위는 물론, 중국 주민의 대만에서의 범죄행위에 대하여 대만법원의 형사재판관할권을 인정하고 대만형법을 적용하였다. 그러나 중국 주민의 중국에서의 범죄행위에 대하여는 법률적으로는 대만법원이 대만형법을 적용하여 형사처벌할 수는 있으나 사실상 처벌이 곤란한 점을 고려하여 처벌하지 아니하였다. 대만은 1992년 9월 양안관계조례를 제정하여 시행하면서 양안 간 주민 왕래에 있어서 발생하는 형사사건을 처리하기 위하여 다음과 같은 특별규정을 두었다.

첫째, 대륙에서 처벌받은 경우의 형 집행의 면제로서 양안관계조례 제75조는 "대륙지구 또는 대륙지구의 선박·항공기 내에서 발생한 범죄는 비록 대륙지구에서 형사처벌을 받더라도 대만의 법에 따라 처벌할 수 있다. 그러나 그 형의 전부 또는 일부의 집행을 면제할 수 있다"고 규정하였다. 위 조문에서 "처벌한다"고 규정하지 않고 "처벌할 수 있다"고 규정한 것은 중국에서 발생한 범죄행위에 대하여 사실상 모두 처벌하는 것이 불가능하다는 현실을 반영한 것이며 그 형의 집행의 전부 또는 일부를 면제할 수 있도록 한 것도 국제형법규정에서 외국에서 받은 형의 집행에 관하여 면제하는 것을 반영한 것으로 보인다.

둘째, 중혼 및 간통사건의 소추와 처벌의 면제로서 양안관계조례 제76조는 "배우자의 일방은 대만지구에 있고, 타방이 대륙지구에 있는 상황에서 1987년 7월 1일 이전에 중혼하거나 배우자가 아닌 자와 공동생활을 목적으로 동거한 경우에는 소추 및 처벌을 면제한다. 그 상대자 또는 동거인도 같다"고 규정하였다. 이는 중혼죄와 간통죄를 형사처벌하고 있는 대만형법의 예외를 인정하여 양안 간 40여 년 동안 분리되어 단절한 상태에서 발생한 새로운 혼인과 동거관계를 보호하고 법적 안정성을 유지하기 위한 것으로 판단된다.

셋째, 내란죄 및 외환죄를 범한 중국 주민에 대한 소추와 처벌의 면제로서 양안관계조례 제77조는 "대만지구 이외의 지구에서 내란죄, 외환죄를 범한 대륙지구 주민이 허가를 받아 대만지구에 들어오는 경우에는, 입국신고 시 그 사실을 신고한 경우에는 그 소추 및 처벌을 면제한다. 대만지구에 들어와 주관기관이 개최를 허가한 회의 또는 활동에 참가한 경우나 특별전문허가로 신고를 면제한 경우에도 같다"고 규정하였다. 대만은 중국 공산당을 반란단체로 규정하고 공산당정부의 활동 자체를 내란죄 및 외환죄로 규정하여 처벌하여 왔으나 양안관계의 특수성에 비추어 중국정부의 활동에 참여한 것을 이유로 형사 처벌하는 것은 양안 간 교류협력의 취지에 어긋난다는 현실을 고려하여 대만에 들어오는 중국 주민이 신고를 하는 것을 전제로 형사법체계와 법현실을 조화롭게 반영한 것으로 평가된다.

넷째, 중국 주민의 고소 및 자소권의 제한으로서 양안관계조례 제78조는 "중국 주민이 자신의 저작권 또는 그 밖의 권리가 대만에서 침해받은 경우에 그 고소 또는 자소의 권리는 대만 주민이 중국에서 향유하는 것과 동등한 소송권리에 한하여 인정한다"고 규정하였다. 이는 중국 주민의 저작권 등 권리에 대하여 대만 주민의 권리와 형평성을 고려하여 호혜주의와 평등주의를 적용한 것으로 판단된다. 즉, 대만 형사법상 중국 주민이 범죄의 피해자가 된 경우에 대만법원에 고소 또는 자소할 수 있는 권리가 당연히 인정됨에도 불구하고 중국의 저작권법상 형사책임에 대한 규정이 없어 대만 주민이 중국에서 저작권의 침해를 받은 경우에 고소 및 자소권이 인정되지 않는 현실을 고려하여 중국 주민들에 대하여도 고소 및 자소권을 인정하지 않는다는 것을 명확히 한 것으로 평가된다.

(2) 형사사법공조와 범죄인인도

범죄인인도를 포함한 사법공조에 대하여 중국의 최고인민법원은 대만과 형사사법공조에 관한 조약을 체결하지 아니한 상태에서도 형사사법공조는 국가 간뿐만 아니라 이역법(異域法) 간에도 이루어질 수 있다는 전제하에 대만과의 사법공조 담당자를 고등인민법원으로 하고 대만의 관련부문과 직접 공조를 할 수 있다는 입장을 취하였다. 현실적으로는 1991년 12월 17일 제정되어 1992년 5월 1일부터 시행 중인 '중국공민의 대만지구 왕래관리판법(往來管理辦法)'을 통하여 대만 주민에 대한 대륙방문 불허 또는 강제출경조치 등을 통하여 규율함으로써 초보적인 형사사법공조 및 범죄인인도에 관한 사무를 처리하고 있다. 특히, 1990년 9월 중국과 대만의 적십자회가 체결한 '송환업무협의서'를 통하여 일방의 형사 피의자 또는 피고인이 타방지구에 들어온 경우에는 중국과 대만의 적십자회가 약정한 지점에서 형사 피의자 등을 상대방에게 인도하고 있다.[25]

한편, 대만사법원은 양안 간 형사사건에 대하여는 국제형사사법공조법률인 '외국법원위탁사건협조법'의 적용이 배제된다는 입장을 취하고 있다. 다만 양안관계조례 제4조에서 규정하는 '양안중개사무위탁규정'에 따라 대륙위원회가 해기회에 양안의 중개사무를 위탁할 수 있고, 해기회의 중개를 거쳐 증거조사 등 사법공조를 할 수 있도록 하였다. 또한, 양안관계조례 제7조와 제8조에서 사법기관으로 하여금 중국에 송달하여야 할 문서와 필요한 조사를 위하여 해기회에 촉탁 또는 위탁할 수 있도록 하고 있으므로 이 규정에 따라 양안의 형사사건에 있어서 형사사법공조사무를 처리하여야 한다고 결정하였다. 대만은 이와 같이 해기회를 통하여 증거물과 문서의 송부, 범죄자료의 제공 등 사법공조를 실시하고

---

25) 문준조, 앞의 책, 69~71면 ; 법무부, 앞의 책, 284~286면.

있다. 범죄인인도에 대해서는 '불법 입경한 대륙지구 주민의 송환에 관한 실시요점'에 의하여 중국의 형사범죄자 또는 범죄혐의자를 중국으로 송환하는 것을 원칙으로 하고 있다. 이에 따라 중국의 일반 범죄자가 대만으로 불법 입경한 경우에는 별도의 합의가 없더라도 이들을 중국으로 인도하도록 하였다.[26]

3. 북한 형사법체계의 문제점

1) 북한 형사법 개요

북한은 1950년 3월 소련의 영향을 받아 사회주의 형사법원리에 따라서 형법과 형사소송법을 제정한 이후 2004년 4월 29일 최고인민회의 상임위원회 정령 제432호로 형법을 개정하였고, 같은 해 5월 6일 최고인민회의 상임위원회 정령 제436호로 형사소송법을 개정하였다. 같은 해 6월에는 개정 형법과 형사소송법을 포함하여 총 112개의 법률이 수록된 '조선민주주의인민공화국 법전(대중용)'을 발간하여 이를 공개하였다. 위 법전은 서문에서 "법은 모든 공민들이 의무적으로 지켜야 할 행동준칙이다. … 공민들이 법을 알고 스스로 지키는데 도움을 주기 위해서 … 법전을 편찬하여 발행한다"고 선언함으로써 그 동안 법률, 특히 형사법률에 대한 비밀주의를 탈피하는 모습을 보여주고 있다.

북한은 1999년 형법과 형사소송법을 개정한 이후 약 5년이 경과한 2004년 그 내용을 대폭 개정하였는데, 개정 형사법은 형식과 체계면에서는 포괄적이고 추상적인 내용을 보다 구체적으로 명확하게 규정하고 관련된 조문들을 주제에 따라 분류함으로써 입법을 체계화하였다. 그 내용면에서도 죄형법정주의를 규정하는 한편, 대외개방과 경제악화 등 변화

---

26) 문준조, 앞의 책, 130~132면 ; 법무부, 앞의 책, 398~405면.

된 주민생활과 사회분위기를 반영하고 이를 효율적으로 규율하기 위하여 경제범죄와 반사회적 일탈행위에 대하여 다양한 규정을 신설하고 그 내용을 구체적으로 규정함으로써 현대 입헌주의 헌법원리를 기준으로 볼 때 인간의 자유와 권리의 보호를 위하여 개선된 것으로 볼 수 있다. 그러나 반국가범죄와 군사범죄 등 사회주의 체제수호와 관련된 범죄와 사회주의 계획경제질서를 침해하는 범죄에 대하여는 처벌을 강화하는 한편, 대외개방에 따른 사회적 이완분위기를 규율·통제하기 위하여 사회주의 문화·공동생활을 침해하는 범죄에 대해서는 보다 엄중하게 대처하고 있는 것으로 판단된다.

2) 기본원리

북한에서의 법이란 계급투쟁과 사회주의 국가관리의 수단이고, 혁명에서 싸워 이겨 얻은 전취물을 지키기 위한 무기로서 인식되고 있다. 특히, 형사법은 프롤레타리아 독재를 실현하는 중요한 수단으로서 사회의 주체사상화에 적극 이바지하는 것을 사명으로 하고 있다. 또한 북한에서는 최고의 규범력을 가진 주체사상과 김일성·김정일 교시, 그리고 이를 실천하기 위한 조선노동당의 혁명노선과 결정들이 헌법과 형사법을 포함한 모든 법률의 상위규범으로 기능하고 있다. 그러므로 북한 형사법제도는 사회주의체제를 나라의 안과 밖의 모든 반혁명세력으로부터 보호하는 한편, 모든 주민들을 계급투쟁과 주체사상을 맹종하는 공산주의적 인간으로 개조하는 것을 목적으로 한다. 따라서 북한의 형사법은 이러한 범위 내에서만 그 존재 의의를 가지며, 개인의 자유와 인권보장, 실체적 진실의 발견, 적법절차의 원리를 기본이념으로 하는 남한의 형사법제도와는 그 본질과 기능에 있어서 근본적인 차이가 있다고 할 수 있다.

이와 같이 북한 형사법은 사회주의헌법이 규정하는 민주적 중앙집권제 원칙과 집단주의 원칙을 기본원칙으로 하고 있다. 북한형법은 제1조

(형법의 사명)에서 "조선민주주의인민공화국 형법은 범죄에 대한 형사책임 및 형벌제도를 바로 세워 국가주권과 사회주의제도를 보위하고 인민들의 자주적이고 창조적인 생활을 보장하는데 이바지한다", 제2조(범죄자의 처리 원칙)에서는 "국가는 범죄자의 처리에서 노동계급적 원칙을 확고히 견지하고 사회적 교양을 위주로 하면서 이에 법적 제재를 배합하도록 한다"라고 각각 규정하고 있다. 북한형사소송법도 제2조(계급노선의 관철 원칙)에서 "국가는 반국가 및 반민족범죄와의 투쟁에서 적아를 엄격히 가려내어 극소수의 주동분자를 진압하고 다수의 피동분자를 포섭하며, 일반범죄와의 투쟁에서 사회적 교양을 위주로 하면서 법적 제재를 배합하도록 한다", 제3조(군중노선의 관철 원칙)에서 "국가는 형사사건의 취급처리에서 군중의 힘과 지혜에 의거하도록 한다"라고 각각 규정하여 계급노선과 군중노선을 채택하고 있다.

따라서 헌법 제62조 내지 제86조의 '공민의 권리와 의무', 제69조의 '신소·청원권', 제79조의 '인신과 주택의 불가침 등', 제158조의 '공개재판과 변호권 보장' 등과 형법 제6조의 '형법에 규정된 행위에만 형사책임 부과', 제9조의 '소급효 금지', 형사소송법 제4조의 '과학성과 객관성, 신중성, 공정성 보장', 제5조의 '인권보장', 제98조의 '강압적 수사의 제한과 자백의 보강법칙' 등 형사법의 일부 규정에도 불구하고 실제 현실 생활에서 제대로 집행되고 있는지 등 그 실효성은 의문이라고 하겠다.

3) 분석과 평가

최근 개정된 북한 형사법은 인권보장 측면에서 일부 개선된 부분에도 불구하고 사회주의 형사법의 기본원리를 그대로 유지하고 있어 근본적인 변화는 기대할 수 없으며, 일부 개선된 부분도 실제의 법현실에서 적용되는 태양과 정도에 따라서 평가되어야 할 것이므로 형사법의 개정 내용만으로 그 공과를 쉽게 평가할 수는 없을 것이다. 또한, 북한에서의 형사법의 본질과 기능에 따른 한계 이외에도 형법에서 규정하는 범죄의 구성요건은 여전히 추상적이고 불명확한 규정이 산재해 있다. 형사소송 절차에 있어서도 법관에 의한 영장주의 미채택·비법률가의 광범위한 재판참여, 심급·사물관할의 변태적 운용, 민·형사절차의 미분화 등 인권보장을 위한 제도적 장치가 미흡한 것으로 평가된다.

외국의 언론보도, 탈북자들의 증언 등을 종합할 때 법과 사회변화의 관계에 있어서 북한의 경우에는 법률규정의 내용만으로 그 법현실을 제대로 가늠하기 어려운 한계가 있다고 할 수 있다. 최근 형사법의 개정에 대하여는 북한이 국제사회의 인권문제 제기를 중요한 이슈로 인식하기 시작하였으며 경제적 지원이 필요한 상황을 고려하여 북한인권문제에 대하여 '우리식 인권' 등을 주장하며 문화상대주의 논리로 반박하면서도 형사법을 개정하는 등 전향적인 제도적 조치를 취한 것으로 분석하는 것은 매우 설득력이 있어 보인다. 결국, 북한의 형사법 적용 등과 관련한 법현실을 고려할 때 소와 식량절도, 인신매매 등에 있어서 공개총살형의 집행은 물론 정치범수용소(관리소), 노동단련대, 집결소 등 불법적인 구금시설의 운영과 출신성분에 의한 차별과 여행과 종교의 자유에 대한 제한 등 실질적이고 구조적인 인권침해 실태는 별로 개선되지 않고 있는 것으로 평가된다.

결국, 북한에서의 법률, 특히 형사법의 기능과 역할에 비추어 형사법의 개정과 그 내용을 통하여 북한사회의 변화상을 추론하고 예측할 수 있을 것이다. 그러나 북한이 사회주의 체제수호를 엄격하게 고수하는 한 사회주의 법이론에 따른 형사법의 본질과 사명, 헌법상 민주적 중앙집권제와 집단주의 등에 의하여 형사법에 있어서 변화는 근본적인 한계를 가진다고 할 것이다. 이와 같은 북한 형사법과 법현실의 문제점으로 인하여 남북한 형사사건 처리에 있어서 남북한특수관계론의 상호주의를 전적으로 적용할 수 없는 헌법적 한계가 있다.

4. 준거법으로서 형사실체법의 충돌

1) 남한형법의 규정

국제법상 형사관할권에 관한 원칙은 크게 속지주의, 속인주의, 보호주의, 세계주의로 구분된다. 형사재판관할권과는 별개의 문제로 형사재판에 있어서 적용되는 준거법으로서 형사실체법의 장소적·인적 적용범위에 대하여 남한형법은 속지주의를 기본원칙으로 하면서 속인주의와 보호주의를 보충적 원칙으로 규정하고 있다.

첫째, 형법 제2조(국내범)는 "본법은 대한민국 영역 내에서 죄를 범한 내국인과 외국인에게 적용된다"고 규정하여 속지주의(영토주의)를 원칙으로 택하고 있다. 이는 국가주권사상에 입각하여 자국의 영역 안에서 발생한 모든 범죄에 대하여 행위자의 국적을 불문하고 자국형법을 적용하는 원칙을 말한다. 여기서 말하는 대한민국 영역이라 함은 우리의 영토, 영해, 영공을 포함하는 개념이며, 헌법 제3조는 "대한민국의 영토는 한반도와 그 부속도서로 한다"라고 규정하고 있어 북한 지역도 당연히 대한민국 영역에 포함되는 것으로 보아야 한다. 따라서 남한 주민이 북한 지역에서 범죄를 저지른 경우에도 위 속지주의에 의하여 우리 형법이 적용된다고 보아야 할 것인지의 문제가 발생한다. 이에 대하여는 형법의 적용범위는 형법이 법률적 및 사실적으로 적용되는 범위를 말하므로 북한은 형법의 장소적 적용을 받는 대한민국 영역이라고 할 수 없다는 견해[27]와 북한 지역도 당연히 대한민국 영역 내이므로 우리 형법이 적용된다는 견해[28]로 나뉘어 진다. 이 문제는 남북한 법률의 충돌에 관

---

27) 김일수·서보학, 형법총론, 박영사, 2004, 54면 ; 배종대, 형법총론, 홍문사, 2004, 105면 ; 박상기, 형법총론, 박영사, 2005, 39면.

28) 이재상, 형법총론, 박영사, 2003, 43면 ; 정성근·박광민, 형법총론, 삼지원, 2005, 55면.

한 것으로 북한법률의 국내법적 효력과도 밀접한 관련이 있는데, 남북한
특수관계론에 따르면 남한은 북한 지역의 남한 주민에 대하여 입법관할
권은 가지나 집행관할권의 행사에 제한을 받는다고 할 수 있다. 따라서
북한은 특별규정이나 법률적 효력을 갖는 남북합의서에서 달리 규정하
지 아니하는 한 이에 대하여 입법관할권과 집행관할권을 모두 가지나,
북한의 실체를 인정함으로써 실제로는 그 집행관할권의 제한을 받게 되
는 것으로 해석하는 것이 타당할 것이다.

둘째, 형법은 제3조(내국인의 국외범)는 "본법은 대한민국 영역 외에
서 죄를 범한 내국인에게 적용한다"고 규정하여 속인주의를 보충적으로
채택하고 있다. 이는 자국의 국적을 가진 자에 대하여는 범죄지를 불문
하고 자국형법을 적용한다는 원칙으로서 여기에서 내국인이란 대한민국
국적을 가진 자를 말하며, 범행 당시 대한민국 국적을 가지고 있어야 함
은 물론이다. 여기에서도 헌법 제3조의 영토조항 등과 관련하여 북한 주
민도 내국인으로 보아야 할 것인지가 문제될 것이다. 이에 대하여 형법
의 적용을 받는 내국인은 사실상·법률상 우리나라 형사재판권의 영향
아래 있는 대한민국 국적을 현재 가지고 있는 자에 국한해야 하므로 형
법의 적용에 있어서 내국인에는 북한 주민이 포함되는 것은 아니라는
견해가 있다.29) 그러나 헌법, 국적법 등에 의하여 북한 주민도 대한민국
국민인 것을 전제로 하여 남북한특수관계론에 따라서 남북한의 특수성
이 인정되는 규범 영역 내에서 '북한적'을 지닌 특수한 국민으로 해석하
여 그들에 대하여는 남한의 입법관할권은 미치나 집행관할권의 제한을
인정함으로서 조화롭게 해결할 수 있을 것이다. 이러한 해석은 북한 주
민을 일관되게 대한민국 국민으로 인정하고 있는 판례의 태도에도 부합
한다고 할 것이다.30)

셋째, 형법 제5조(외국인의 국외범)는 "본법은 대한민국 영역 외에서
다음에 기재한 죄를 범한 외국인에게 적용한다. ① 내란의 죄, ② 외환의

---

29) 김일수·서보학, 앞의 책, 55면.
30) 대법원 1996.11.22. 96누1221.

죄, ③ 국기에 관한 죄, ④ 통화에 관한 죄, ⑤ 유가증권, 우표와 인지에 관한 죄, ⑥ 문서에 관한 죄 중 제225조 내지 제230조, ⑦ 인지에 관한 죄 중 제238조”라고 규정하여 보호주의를 보충적으로 채택하고 있다. 또한, 남한형법이 명문으로 채택하지 않고 있으나 국제조약 등을 통하여 채택할 수 있는 것으로 세계주의가 있는데, 이는 해적행위(piracy), 전쟁범죄(war crimes) 등 반인도적 범죄에 대한 사회방위의 국제적 연대성을 강조하는 입장에서 누가, 어디에서 범한 범죄인지를 불문하고 자국형법을 적용하는 원칙을 말한다. 북한 주민의 범죄에 대하여는 이러한 보호주의와 세계주의에 따라 남한형법이 적용될 수 있을 것이다. 그밖에도 외교관계에 관한 비엔나협약 등 보편적 관할권에 관한 조약, ‘대한민국과 아메리카합중국간의 상호방위조약 제4조에 의한 시설과 구역 및 대한민국에서의 합중국 군대의 지위에 관한 협정’ 등과 같은 특정한 국가 간 합의 등을 통하여 형법의 인적 적용의 범위가 제한되기도 하므로 남북합의서에 의하여 그 적용범위가 제한될 수도 있을 것이다.

2) 북한형법의 규정

북한형법은 속인주의를 기본원칙으로 하면서 속지주의와 보호주의를 보충적 원칙으로 규정하고 있다. 즉, 형법 제8조(형법의 대인적 및 공간적 효력 원칙)는 “이 법은 범죄를 저지른 공화국 공민에게 적용한다. 공화국 영역 밖에서 범죄를 저지른 공화국 공민에게도 이 법을 적용한다. 공화국 영역 안에서 범죄를 저지른 다른 나라 사람에게도 이 법을 적용한다. 그러나 외교특권을 가진 다른 나라 사람에 대한 형사책임은 그 때마다 외교적 절차에 따라 해결한다. 다른 나라에서 공화국을 반대하였거나 공화국 공민을 침해한 다른 나라 사람에게도 이 법을 적용한다”고 규정하고 있다. 북한형법의 적용범위를 규정하는 위 조항의 해석에 있어서 북한형법은 속인주의와 속지주의를 기본원칙으로 하고 보호주의를 보충적으로 채택하고 있는 것으로 파악할 수도 있다. 그러나 북한법률이 우선적으로 중요한 내용을 먼저 규정하는 입법체계의 특성이나 속인주의에 대하여 절대적인 전속적 관할권을 주장하고 있는 것에 비추어 볼 때 속인주의를 기본원칙으로 하고 있는 것으로 해석하는 것이 타당할 것이다.

여기에서 공화국의 영역과 공민의 범위에 대하여 남한 지역과 남한 주민이 포함되는지 여부가 문제될 수 있다. 북한헌법과 조선노동당 규약은 남한헌법과는 달리 별도의 영토조항을 두고 있지는 않으나, 조선노동당 규약 전문, 헌법 전문, 제1조, 제62조, 국적법 제2조 제1호 등의 규정 내용에 비추어 남한 지역과 남한 주민도 공화국의 영역과 공민에 포함되는 것으로 해석된다. 그러나 이에 대해서도 남북한특수관계론에 따라서 북한이 입법관할권은 가지나 집행관할권이 제한되는 것으로 해석함으로써 법률규정과 법현실을 조화시킬 수가 있을 것이다.

북한형법의 적용범위의 구체적인 내용과 관련하여, 속인주의에 대하여는 "공화국 공민이 공화국형법에 예견된 범죄행위를 비록 외국에서 감행하였다고 하더라도 그에 대한 처분권은 완전히 조선민주주의인민공화국만이 가지며 조선민주주의인민공화국 이외의 그 어떤 나라도 우리나라 공민을 마음대로 처벌할 권리가 없다"고 해설하여 행위지국가의 제1차적 관할권을 부인하고 있는 것으로 평가된다. 또한, 속지주의에 대해서는 "공화국 영역 안에서 감행된 범죄에 대해서는 그 어떤 나라도 간섭할 수 없으며 범죄사건에 대하여 어떻게 처리하는가 하는 것은 오직 조선민주주의인민공화국의 전속적 권한에 속하는 문제이다. 영역 원칙은 범죄의 준비 또는 실행이 외국에 이루어지고 그 결과만이 공화국 영역 안에서 일어나든지, 반대로 범죄의 준비 또는 실행이 공화국 영역 안에서 이루어지고 그 결과가 외국에서 일어나든지 관계없이 범죄의 일부가 공화국 영역 안에서 실현된 이상 공화국의 법을 적용할 것을 요구하는 것이다"라고 해설하고 있다. 한편, 보호주의에 대하여는 적용대상이 되는 범죄를 구체적으로 열거하지 않고 있으나 "이것은 외국인이 우리나라 밖에서 범죄를 감행하고 우리나라에 와있지 않다고 하여 처벌할 수 있는 권리를 상실하거나 범인을 우리에게 넘겨줄 데 대한 요구권이 없다는 것을 의미하지 않는다"고 해설하고 있어 속지주의 원칙에 대하여 절대적·배타적·전속적 관할권을 주장하고 있는 것으로 해석된다.[31]

3) 법률충돌 해결방안

(1) 남북한 형법의 충돌

남북한 형법의 적용범위에 대하여는 위에서 검토한 바와 같이 남한형법은 속지주의를 원칙으로 하면서 속인주의와 보호주의를 보충적으로 규정하고 있으며, 북한형법은 속인주의를 원칙으로 하면서 속지주의와 보호주의를 보충적으로 규정하고 있다. 이에 따라 남북한 주민이 각각 남한 지역 또는 북한 지역에서 남한 주민 또는 북한 주민을 상대로 한 범죄나 남한법익 또는 북한법익을 침해하는 범죄를 저지른 경우에는 현실적으로 법률충돌의 문제는 발생하지 않을 것이나 그 이외의 경우에는 남북한 형법의 충돌·모순이 발생하게 될 것이다.

여기서 한 가지 주의할 것은 현실에 있어서 이와 같은 법률충돌의 문제가 발생하는 것은 남북한이 상대방과 상대방 측 주민을 어떻게 인식하고 남북한 관계를 어떻게 인식하느냐에 따라서 달리 나타나는 것이 아니라는 것이다. 즉, 남한 주민이 북한 지역에서 범죄를 저지른 경우에 남한의 입장에서 북한 지역을 남한영토로 보느냐에 관계없이 남한형법에 따라서 남한형법이 적용되며, 북한의 입장에서도 남한 주민을 북한국민으로 보느냐에 관계없이 북한형법에 따라서 북한형법이 적용된다는 것이다. 따라서 이 문제는 한반도에서 남한과 북한이라는 두 개의 정치적 실체로서 존재하여 일정한 지역적·인적 범위에서 통치권을 행사하고 있는

---

31) 김근식, 형법학 1, 김일성종합대학출판사, 평양, 1986, 74~75면.

현실을 인정하는 이상 남북한특수관계의 규범적 성격과 무관하게 발생하는 것이다. 그러므로 현실적인 논의의 핵심쟁점은 남북한 주민이 범죄행위를 저지른 경우에 남북한이 각각 남북한 형법의 인적 적용범위의 예외를 어느 정도 인정하여 상대방 측 형법의 적용을 수용할 것인지에 관한 문제라고 하겠다.

(2) 기본원칙

남북한 형사실체법의 충돌을 해결하고 준거법을 결정하는 방안으로는 동서독의 사례를 참고하여 이론상 남한형법을 적용하는 방안, 지역간형법이론을 원용하여 그에 따라 북한형법의 적용을 인정하는 방안, 국제형법을 유추적용하는 방안을 고려할 수 있을 것이다. 첫째, 남한형법을 적용하는 방안에 대하여는 북한 지역과 북한 주민에 대하여는 남한의 통치권이 행사되지 못하고 있는 분단현실을 고려하지 못한 것으로 비현실적이며, 남북한특수관계론에 따르더라도 남북한이 특수한 관계를 인정하지 않은 것이 되므로 이는 형식논리적이며 적실성 있는 해결방안이라고 할 수 없다는 비판이 가능하다. 둘째, 지역간형법이론을 원용하는 방안에 대하여는 한반도에 헌법상 부합하는 두 개의 상이한 형법 영역이 존재한다는 것을 전제로 하나 북한형법을 남한 주민에게 적용할 수 있는 법적 근거도 없고 이는 남한 주민의 헌법상 기본권을 침해하는 것으로서 죄형법정주의에 위배된다는 비판이 가능하다. 셋째, 국제형법을 유추적용하는 방안에 대하여는 북한의 법적 지위, 북한법률의 국내법적 효력 등을 고려할 때 현실적으로 적실성이 있고 법이론적으로도 남북한 특수관계에 부합하는 것이라고 할 수 있다. 한편, 국제형법을 유추적용하는 것은 죄형법정주의에 위반된다는 비판이 가능하나, 국제형법규정을 유추적용하는 것은 형벌권을 창설하거나 확대하는 것이 아니므로 죄형법정주의 원칙에 위반된다고는 할 수 없을 것이다.

이와 같이 원칙적으로 국제형법을 유추적용하는 방안에 따를 경우, 남북한의 형법의 적용범위에 대하여는 다음과 같은 기본원칙을 제시할 수 있을 것이다. 첫째, 국제법 원칙에 따라 속지주의를 기본원칙으로 하고 속인주의, 보호주의, 세계주의를 보충적으로 채택하되, 남북한특수관계를 고려하여 속인주의의 범위를 제한하여 상대방 주민에 대한 속인주의는 배제하는 것이 타당하다. 둘째, 속지주의에 대한 예외로서 남북한 양측의 어느 일방의 형사법에 의해서만 처벌되는 경우 또는 남북한 주민이 상대방 지역에서 범죄를 저지르고 자기 지역으로 돌아온 경우에는 속인주의를 적용할 수 있고, 남북한 주민이 자기 지역에서 범죄를 저지르고 상대방 지역으로 간 경우에도 범죄인인도요청이 거부될 경우에는 남북한간 합의에 따라 상대방 지역에서의 재판권 행사를 인정할 수 있을 것이다. 셋째, 하나의 범죄행위로 인하여 남북한의 형사재판권이 경합하거나 남북한에 걸쳐서 수 개의 범죄를 저지른 경우에는 남북한의 형사재판관할권이 경합하므로 남북한 쌍방의 재판관할권을 인정하되 사물관할의 기준, 관련사건의 범위, 범죄자의 현재지 재판권의 우선여부, 중한 범죄에 대한 재판권 우선여부, 시간적으로 먼저 소송절차를 시작하여 진행 중인 재판권 우선여부 등에 대하여는 남북 당국 간 합의에 의하여 결정할 수 있을 것이다.

(3) 구체적 해결방안

남북한 형사법의 충돌을 해결하는 위와 같은 기본원칙을 현실적으로 발생하는 남북한 형사사건에 적용할 경우에는 그 범죄의 유형, 범죄 지역과 가해자의 현재 소재지, 가해자와 피해자와의 관계 등에 따라 다양한 유형으로 구별하여 그 해결방안을 제시할 수 있다. 이 문제는 남북한 형법의 인적 적용범위의 예외를 어디까지 인정할 것인지 하는 것이 핵심쟁점이므로 범죄를 저지른 자가 남한 주민인지 북한 주민인지를 기준으로 구별하는 것이 현실적이라고 할 수 있다.

첫째, 남한 주민이 범죄를 저지른 경우로서 1) 남한 지역에서 범죄를 저지르고 남한 지역에 소재하는 경우에는 남한형법이 적용되나 그 범죄가 북한형법상 처벌 가능한 경우에는 보호주의에 따라서 북한형법의 적용이 가능하나 범죄인인도가 문제될 것이다. 2) 남한 지역에서 범죄를 저지르고 현재 북한 지역에 소재하는 경우에는 보호주의 또는 세계주의에 따라 북한형법의 적용이 가능한 경우가 있다. 다만, 북한형법은 보호주의의 대상이 되는 범죄를 구체적으로 명시하지 않고 있어서 형사재판권 행사와 형법의 적용에 있어서 다툼이 있을 수 있다. 3) 북한 지역에서 범죄를 저지르고 북한 지역에 소재하는 경우에는 북한의 속지주의가 남한의 속인주의보다 우선적으로 적용되며, 범죄가 남한형법에 의해서만 처벌 가능한 경우에는 북한의 속지주의가 적용될 여지가 없으므로 이때에는 범죄인인도 등 형사사법공조가 문제될 것이다. 다만, 이 경우에는 남한형법 제7조에 따라서 외국에서 받은 형집행을 인정함으로써 이를 조정할 수 있을 것이다. 4) 북한 지역에서 범죄를 저지르고 남한 지역에 소재하는 경우에는 북한의 속지주의가 남한의 속인주의보다 우선적으로 적용될 것이나 남한의 자국민불인도 원칙에 따라서 인도를 거부할 것이므로 남한형법이 적용된다. 5) 북한 지역에서 범죄를 저지르고 제3국에 소재한 경우에는 남한의 속인주의와 북한의 속지주의가 경합하나 남한의 입장에서는 속인주의에 따라 제3국에 범죄인인도를 요청하고 북한에 대하여는 형사사법공조를 요청할 수 있다. 6) 제3국에서 범죄를 저지르고 북한 지역에 소재한 경우에는 보호주의 또는 세계주의에 따라 북한형법에 의하여 처벌할 수 있는 경우를 제외하고는 북한형법은 적용될 여지가 없고 남한의 속인주의에 따라 남한형법이 적용되고 북한에 대하여는 범죄인인도 문제가 발생할 것이다.

둘째, 북한 주민이 범죄를 저지른 경우로서 1) 북한 지역에서 범죄를 저지르고 북한에 소재한 경우에는 원칙적으로 북한형법이 적용되나 그 범죄가 남한형법상 내란죄 등에 해당하는 경우에는 남한의 보호주의에 따라서 남한형법이 적용될 수 있을 것이나 현실적으로 범죄인인도가 문제될 것이다. 2) 북한 지역에서 범죄를 저지르고 현재 남한 지역에 소재하는 경우에는 보호주의 또는 세계주의에 따라 남한형법의 적용이 가능한 경우가 있다. 3) 남한 지역에서 범죄를 저지르고 남한 지역에 소재하는 경우에는 남한의 속지주의가 북한의 속인주의보다 우선적으로 적용되며, 그 범죄가 북한형법에 의하여만 처벌 가능한 경우에는 남한의 속지주의가 적용될 여지가 없으므로 이 때에는 범죄인인도 등 형사사법공조가 문제될 것이다. 4) 남한 지역에서 범죄를 저지르고 북한 지역에 소재하는 경우에는 남한의 속지주의가 북한의 속인주의보다 우선적으로 적용될 것이나 북한의 자국민불인도 원칙에 따라서 인도를 거부할 것이 예상된다. 5) 남한 지역에서 범죄를 저지르고 제3국에 소재한 경우에는 남한의 속지주의와 북한의 속인주의가 경합하나 남한의 입장에서는 속지주의에 따라 제3국에 범죄인인도를 요청할 수 있으나 북한도 속인주의에 따라 제3국에 범죄인인도를 요청하고 남한에 대하여 형사사법공조를 요청할 가능성이 있다. 6) 제3국에서 범죄를 저지르고 남한 지역에 소재한 경우에는 보호주의 또는 세계주의에 따라 북한형법에 의하여 처벌할 수 있는 경우를 제외하고는 남한형법은 적용될 여지가 없고 북한의 속인주의에 따라 북한형법이 적용되고 남한에 대하여는 범죄인인도 문제가 발생할 것이다.

5. 남북한 형사사법공조와 범죄인인도

1) 기본원칙

형사사법공조란 범죄진압이라는 국제적인 공통관심사를 실현하기 위한 모든 형태의 협력행위를 의미하는데, 협의의 형사사법공조(mutual assistance in criminal matters)는 사람 또는 물건의 소재수사, 서류·기록의 제공, 서류 등의 송달, 증거수집, 압수·수색·검증, 증거물 등 물건의 인도, 진술청취 기타 요청국에서 증언하게 하거나 수사에 협조하게 하는 조치를 의미한다. 광의의 형사사법공조는 이 외에도 범죄인인도(extradition)를 포함하고, 최광의의 형사사법공조는 이 외에도 외국형사판결의 집행(execution of foreign sentences), 복역을 위한 수형자의 이송, 형사소추의 이송(transfer of proceedings in criminal matters)을 포함하는 개념이다.32) 남북한간 형사사법공조는 남북교류협력과정에서 발생하는 형사사건을 합리적으로 처리함으로써 남북한간 신뢰를 구축하고 이질성을 극복하는데 기여할 뿐만 아니라 북한의 형사법체계를 법치주의에 따라 민주화할 수 있는 계기로 삼을 수 있을 것이다.

남북한의 형사사법공조는 민사사법공조와 마찬가지로 근본적으로 남북한 당국 간에 조약의 성격을 갖는 남북합의서를 체결함으로써 해결하여야 할 사안이나 남북합의서가 체결되기 이전에도 합리적인 해결방안을 마련할 필요가 있다. 이에 대하여는 민사사법공조에서 검토한 바와 같이 남한의 국제형사사법공조법을 직접 적용하는 방안, 국제형사사법공조법을 유추적용하는 방안, 남한만의 별도의 특별법을 제정하는 방안이 있다. 남북한특수관계론에 비추어 남한의 국제형사사법공조법을 유추적용하는 것이 가장 적실성 있는 해결방안이라고 할 수 있으나 이에 대한 법적 근거를 마련할 필요가 있다. 다만, 북한의 대응조치가 없는 상황에서 남한만이 일방적으로 형사사법공조를 시행하는 것은 남북한 상호주의에도 반하고 북한체제의 변화가 없는 한 그 실효성을 기대하기 어려운 한계가 있다.

북한은 국제형사사법공조 또는 범죄인인도에 관한 법률은 제정되지 않고 있는 것으로 알려져 있으며, 2004년 6월 발간된 조선민주주의인민공화국 법전(대중용)에도 그에 관한 법률은 발견되지 않고 있다. 북한은

---

32) 백진현·조균석, 국제형사사법공조에 관한 연구, 형사정책연구원, 1993, 4~5면.

2003년 11월 19일 중국과 민·형사사법공조조약을 체결하였는데, 중국 전국인민대표대회 상무위원회는 2005년 8월 28일 이에 대하여 비준 결정하였다. 북한과 중국이 체결한 민·형사사법공조조약 제30조에서 각 당사국은 조약에 대하여 비준을 거쳐야 하고 비준서를 평양에서 교환하도록 하고, 위 조약은 비준서가 교환된 후 30일째 되는 날에 발효한다고 규정하고 있어서 북한도 최고인민회의 또는 최고인민회의 상임위원회의 비준을 거쳐 발효할 것으로 예상된다.

2) 구체적 해결방안

국제형사사법공조법을 유추적용할 경우에는 그 법률에서 규정하는 내용을 원칙으로 하되, 남북한 형사사법공조의 형식과 절차는 남북한 관계의 특수성을 반영하여 다음과 같은 내용이 포함되어야 한다.

첫째, 공조의 기본원칙으로서 법치주의에 따라 적법절차의 보장과 독립된 법관에 의한 공정한 재판을 받을 권리 등 기본권을 보장하여야 하며, 인도주의에 따라 사법공조와 범죄인인도의 경우에 사형의 배제, 형기만료시의 무사귀환 등 인도적 고려가 반영되어야 한다. 특히, 북한에 대한 범죄인인도에 있어서는 당사자가 공정한 절차와 법적 변론이 가능하고 사실관계에 대한 방어가 가능한 상태에서 독립한 법관의 심판을 받을 수 있다는 전제조건이 충족되기가 어려우므로 현실적으로는 위와 같은 기본원칙이 지켜질 것을 조건으로 하여 실시될 수 있을 것이다. 형사사법공조의 범위와 절차는 민사사법공조에서와 마찬가지로 남북한 관련법률에 의하여 금지되지 아니한 사항은 광범위하게 공조의 범위에 포함시키고, 남북한이 합의하여 사법공조의 절차를 결정하여야 한다.

둘째, 공조의 한계로서는 공조의 대상이 되는 형사판결이 헌법상 자유민주적 기본질서, 법치주의, 국민의 기본권 보장에 위반되는 경우에는 공조의 대상에서 제외할 수 있다. 즉, 공조의 요건으로서 인정되는 공서

양속의 원칙·정치범죄배제 원칙·쌍방가벌성 원칙·특정성 원칙·상호주의·상호보증의 원칙·자국민불인도의 원칙·일사부재리의 원칙 등에 따라서 구체적 사안에 있어서 공조를 거부할 수 있을 것이다. 특히, 북한의 형법이 사회주의체제를 고수하기 위한 체제형법으로서 공조범죄가 대부분 정치적 성격을 지니거나 정치적 목적으로 행해지는 경우가 많을 것이 예상된다. 그러므로 북한형법이 규정하는 범죄 가운데 자유민주적 기본질서와 법치주의에 배치되는 반국가범죄·반민족범죄·사회주의경제질서를 침해한 범죄 등은 공조의 대상에서 제외되며, 정치이념·체제와 비교적 관련성이 없는 살인죄·상해죄·개인재산파괴죄 등과 같은 공민의 생명재산을 침해한 범죄는 공조의 대상에 포함될 수 있을 것이다.

셋째, 남북한 형사재판의 집행인수와 청구에 대하여는 남한 국제형사사법공조법 또는 범죄인인도법은 채택하지 않고 있으나 수형자로 하여금 자기 지역에서의 형의 집행을 통하여 사회복귀에 기여할 수 있는 방안을 검토할 필요가 있다. 특히, 북한 형집행제도의 불투명성과 비인도주의적 형집행제도의 현실에 비추어 남한 주민의 인권보호를 위해서도 필요할 것이므로 남북한이 상호 합의에 의하여 채택할 수 있으며, 그 전단계로 대상자를 상호 상대방 지역으로 추방하고 추후에 그 결과를 통보받는 조치를 취하는 것도 검토할 수 있을 것이다. 또한, 남북한이 형사사법공조에 대하여 조약으로서 법률적 효력을 갖는 남북합의서를 체결하지 않는 이상 남북한은 사법공조에 응할 법적 의무가 없다는 것은 민사사법공조에서와 같다.

6. 개성·금강산지구 출입·체류합의서상의 신변안전보장

1) 신변안전보장의 필요성

남북교류협력의 진전에 따라 남북한 주민의 인적 교류가 확대되고 있으나, 위에서 지적한 바와 같이 남북한 형사법률의 모순·충돌문제를 법제도적으로 해결하지 않고 있어 남한 주민의 신변안전보장이 매우 불안전한 것이 현실이다. 남한 주민이 북한 지역에 장기간 또는 정기적으로 체류·거주하는 경우로는 개성공단사업, 금강산관광사업 이외에 KEDO와 북한과의 경수로공급협정에 따라 북한 함경남도 금호지구 일대에서 추진하였던 경수로사업을 들 수가 있다.

KEDO의 경수로사업은 2000년 10월 북한의 핵문제로 인하여 미국의 중유공급이 중단된 이후, 2000년 12월 1일부터 중단되었다가 2006년 5월 31일 집행이사회에서 공식적인 사업종료를 결정하였다. 이는 KEDO와 북한이 체결한 '한반도에너지개발기구와 조선민주주의인민공화국 정부 간의 조선민주주의인민공화국에 대한 경수로사업의 공급에 관한 협정' 제4조 제6항, 제7항 및 '특권·면제 및 영사보호의정서'를 통하여 KEDO의 독립된 법적 지위를 보장하였다. 이에 따라 KEDO와 그 직원은 물론 계약자 인원에 대하여 KEDO의 위임된 기능의 수행에 필요한 북한 영역 내에서의 특권 및 면제를 부여하며, 그 신변과 재산을 보호하는 조치를 취하는 등 외교관 수준의 영사보호와 면제·특권을 부여하고 있다. 또한, KEDO에 부지 내에서의 자체적인 질서유지권을 부여하는 한편, 북한의 형사재판관할권을 배제함으로써 법률적용의 경합·모순·충돌문제를 해결하고 있다. 이는 경수로부지라는 제한된 장소에 국한된 것이지만 남한 주민의 신변안전을 가장 확실하게 법제도적으로 보장하고 있었던 것으로 평가된다.

이에 반하여, 개성공업사업과 금강산관광사업의 경우에는 남한 주민의 신변안전보장은 매우 미흡한 것으로 판단된다. 현재까지 남한 주민이 방북하는 경우에는 남북교류협력에관한법률시행령 제10조 제1항에 따라 북한으로부터 "신변안전보장과 무사귀환을 보장한다"는 내용이 명기된 초청장을 발급받고 있고, 금강산관광의 경우에는 금강산관광을 위한 계약서·부속계약서, 신변안전보장에 관한 합의서 등에서 '신변안전과 편의, 무사귀환' 등에 대한 규정을 두고 있다.[33] 그러나 그 내용이 불명확할 뿐만 아니라 그것은 북한 일방의 초청장 또는 북한과 금강산관광사업자인 현대그룹·주식회사 현대아산 사이에 체결된 합의문건으로서 개별적인 사업추진을 목적으로 하는 일시적인 합의 또는 정치적 약속에 불과할 뿐 법적 구속력이 없어 이것만으로는 북한형법의 적용을 배제할 수가 없으므로 남한 주민의 신변안전을 보장하는 법적 장치로서는 매우 미흡하다고 판단된다.

2) 북한의 관련법령

북한은 영토고권을 이유로 개성공단에서는 북한법률이 적용되는 것을 전제로 하고 있는데, 개성공업지구 지정정령 제4조와 개성공업지구법 제1조에서 개성공단에는 북한의 주권과 법률이 적용됨을 선언하고 있고, 부칙 제3항은 "이 법의 해석은 최고인민회의 상임위원회가 한다"고 규정하고 있다. 또한 개성공업지구법 제9조는 "공업지구에서 경제활동은 이 법과 그 시행을 위한 규정에 따라 한다. 법규로 정하지 않은 사항은 중앙공업지구지도기관과 공업지구관리기관이 협의하여 처리한다"고 규정하여 개성공단에서의 경제활동에 대하여는 개성공업지구법과 하

---

33) 통일부, 남북합의서, 2004 ; 법무부, 북한 금강산관광지구법 분석, 2003, 89~131면.

위규정이 적용되며, 아무런 규정이 없을 경우에는 중앙특구개발지도총국과 개성공업지구관리위원회가 협의하여 처리하도록 하였다. 결국, 북한법률상으로는 개성공단에서는 북한법률이 일반적으로 적용되고, 특히 경제활동과 관련된 제한된 범위에서는 개성공업지구법과 하위규정이 적용되며, 최종적으로는 법률해석 또는 개성공업지구관리위원회와 협의를 통해 북한당국이 결정하도록 함으로써 남한법률의 적용을 배제하고 있다. 금강산관광지구의 경우에도 금강산지구 지정 정령 제3조, 금강산광광지구법 제1조·제4조·부칙 제3조와 그 하위규정을 통하여 동일한 내용을 규정하고 있다.

개성공단에서의 남한 주민에 대한 신변안전보장과 관련하여 개성공업지구법 제8조는 "법에 근거하지 않고는 남측 및 해외동포, 외국인을 구속, 체포하거나 몸, 살림집을 수색하지 않는다"고 규정하고 있고, 개성공업지구 출입·체류·거주규정 제28조는 "공업지구에 체류, 거주하는 자는 인신과 주택의 불가침권, 서신의 비밀을 보장받는다. 법에 근거하지 않고서는 체류자·거주자를 구속, 체포할 수 없으며 몸이나 살림집을 수색할 수 없다"고 규정하고 있다. 그러나 위 규정들은 모두 북한의 형사법을 적용하는 것을 전제로 하고 있으며, 원칙적인 선언규정에 그치고 있을 뿐만 아니라 위 법령에 대하여는 위에서 본 바와 같이 북한당국이 최종적으로 결정하도록 하고 있어 남한 주민의 신변안전보장을 위한 실효성 있는 규범으로 기능할 것을 기대하기 어렵다. 특히, 금강산관광지구법은 남한 주민에 대한 신변안전보장에 대하여는 아무런 규정을 두지 않고 있다. 다만, 개성공업지구법과 금강산지구법은 부칙 제2조에서 개성공업지구 또는 금강산관광지구와 관련하여 남북 사이에 맺은 합의서의 내용에 대하여는 개성공업지구법 또는 금강산관광지구법과 같은 효력을 가진다고 규정하고 있어 남북 간 합의서의 체결을 통하여 신변안전보장을 제도적으로 강화할 수 있는 여지는 있다고 할 것이다. 그러나 북한의 법체계에 있어서 특별법우선의 원칙, 신법우선의 원칙, 상위법우선의 원칙 등 법률해석과 적용에 관한 일반 원칙이 그대로 적용되는지 여부가 불투명하므로 여전히 한계가 있다고 할 수 있다.

3) 개성 · 금강산지구 출입 · 체류합의서

남북한은 2004년 1월 29일 '개성 · 금강산지구 출입 · 체류합의서'를 체결하여 남한 주민 등이 개성 · 금강산지구에 출입 · 체류하는 절차와 함께 신변안전보장에 관한 기본원칙에 합의하였다. 남한은 위 합의서의 규정에 따라 법적 효력을 부여하는 절차로서 2004년 9월 23일 국회의 동의절차를 경료하였으며 위 합의서는 2005년 8월 5일 남북한이 문건을 교환함으로써 발효되었는데, 그 내용과 체결절차 등에 비추어 법률적 효력을 가진 조약의 성격을 가진다고 할 것이다. 따라서 이는 개성공업지구법 제8조에서 규정하고 있는 "신변안전 및 형사사건과 관련한 북남 사이의 합의"에 해당하므로 개성공업지구법과 동일한 효력을 가진다고 하겠다.

이 합의서는 제10조에서 신변안전보장에 관하여 "① 북측은 인원의 신체, 주거, 개인재산의 불가침권을 보장한다. ② 북측은 인원이 지구에 적용되는 법질서를 위반하였을 경우 이를 중지시킨 후 조사하고 대상자의 위반내용을 남측에 통보하며 위반정도에 따라 경고 또는 범칙금을 부과하거나 남측 지역으로 추방한다. 다만 남과 북이 합의하는 엄중한 위반행위에 대하여는 쌍방이 별도로 합의하여 처리한다. ③ 북측은 인원이 조사를 받는 동안 그의 기본적인 권리를 보장한다. ④ 남측은 법질서를 위반하고 남측 지역으로 추방된 인원에 대하여 북측의 의견을 고려하여 조사, 처리하고 그 결과에 대하여 북측에 통보하며, 법질서위반행위의 재발방지에 필요한 대책을 세운다. ⑤ 남과 북은 인원의 불법행위로 인하여 발생한 인적 및 물질적 피해의 보상문제에 대하여 적극 협력하여 해결한다. ⑥ 외국인이 법질서를 위반하였을 경우에는 북측과 해당

국가 사이에 맺은 조약이 있을 경우 그에 따른다"고 규정하였다.

이에 대하여는, 개성공단과 금강산이라는 제한된 지역이지만 현실적으로 남한 주민이 장기간 또는 정기적으로 왕래하는 북한 지역에 있어서 남한 주민의 신변안전보장을 위한 기본원칙을 남북한 당국 간 법률적 효력을 갖는 합의서를 통하여 마련하였다는 점에서 매우 중요한 의미가 있다고 할 수 있다. 종전에는 남북한 당국 간 또는 사업자 간 합의서 또는 계약서에 추상적인 신변안전보장 문구를 삽입하는 정도에 머물렀던 신변안전보장에 관한 규정을 법률적 효력을 가지는 합의서에 규정하였다는 점에서 법제도적 장치의 기틀을 마련한 것으로 평가할 수 있는 것이다. 남한 주민의 기본적 인권의 보장은 물론 이들에 대한 처리절차, 피해보상과 재발방지 등에 대하여도 규정하는 한편, 남한 주민이 범죄를 저지른 경우에는 원칙적으로 북한의 형사재판관할권과 형사법의 적용을 배제하도록 한 것은 개성 지역과 금강산 지역의 특수성, 북한 형사법체계의 비민주성, 남북한 교류협력의 진전 정도 등을 고려하여 남한 주민의 신변안전을 최대한 보장하기 위한 조치로서 남북회담의 큰 성과로 평가된다. 그러나 이러한 기본적인 원칙규정만으로는 법제도적 안전장치로서 부족하므로 이들에 대한 후속합의서와 후속조치를 통하여 위 합의내용을 구체화하여야 할 것이 요구된다. 한편, 법무부는 개성공단사업과 금강산관광사업을 추진하는 과정에서 남한 주민의 형사사건이 발생하고 있는 현실적인 상황을 고려하여 2005년 3월 14일 '개성공업지구 및 금강산관광지구에서 발생한 형사사건 처리지침(법무부훈령 제512호)'을 제정하여 시행하고 있다.

Ⅳ. 남북한 상사분쟁의 합리적 해결

1. 남북한 상사중재제도의 필요성

1) 남북한특수관계론의 적용

남북한 경제협력사업을 성공적으로 추진하기 위해서는 남북한간 법률체계의 차이로 인하여 발생하는 상사법적 분쟁을 안정적으로 해결할 수 있는 법제도적 장치를 마련하는 것이 필수적으로 요구된다. 특히, 개성공단사업이 활발하게 추진되고 있는 상황에서 남북한간 경제협력의 과정에서 발생하는 상사분쟁을 합리적으로 해결하는 법적 장치를 마련하는 것은 분쟁사건의 해결뿐만 아니라 남북한간 신뢰를 회복하고 남북한 관계를 법치주의에 의하여 규율할 수 있다는 의미를 가진다.

남북한간 상사분쟁에 대하여는 남북합의서를 통하여 기본적인 법적 장치로서 '중재(arbitration)'에 따른 해결절차를 마련하고 있다. 중재란 사인간의 분쟁을 국가기관인 재판제도를 이용하지 않고 자치적으로 해결하는 이른바 '소송에 의하지 않은 분쟁해결방안(alternative dispute resolution, ADR)'의 하나로서 사인 간의 분쟁이 발생한 경우 당사자가 합의한 바에 따라 그 해결방법을 국가의 사법기관에 맡기지 않고 사인(私人)인 제3자에게 그 해결을 의뢰하는 것이다. 이는 사적자치의 원칙에 따라 분쟁 당사자의 합의가 필요한 점, 중재인은 국가기관이 아닌 사인이며, 그 중재권한이 국가권력이 아닌 당사자의 합의로부터 기인한다는 점, 중재판정은 법적 구속력이 있어서 당사자는 그 판정에 따라야 할 의무가 있는 점 등을 특징으로 한다. 남북한간의 상사분쟁에 대하여는 남북한이 서로 상이한 법질서를 유지하고 있고 남북한의 교류협력이 상호 상대방의 사법제도를 신뢰할 수 있을 정도에 이르지 못한 현실에서 재판과 동일한 법적 구속력을 가질 수 있는 종국적인 해결방안이 필요하다는 점을 고려할 때 중립적이고 객관적인 중재제도를 활용하는 것은 매우 중요한 의미가 있다고 할 것이다.

남북한 경제협력의 과정에서 발생하는 상사분쟁의 해결방안을 남북한특수관계론에 따라서 도출할 경우에는 남북한 상사분쟁 해결절차가 필요한 규범 영역은 제1차적으로 국내법적 규범 영역에 속하고 기본적으로 북한이 평화통일을 위한 화해와 협력의 동반자로서 활동하는 규범 영역에 해당한다. 그러므로 남한과 북한이 민족자결주의와 상호주의를 바탕으로 북한의 실체를 인정하고 상호 신뢰할 수 있는 해결방안을 마련하고, 향후 평화통일을 지향하는 과정에서 남북한 관계의 진전에 따라 새로운 해결방안을 마련하는 것도 필요할 것이다.

2) 북한의 중재제도

북한의 외국인투자법, 대외경제중재법 등 경제개방과 관련된 법률은 기본적으로 대외경제에서 발생하는 상사분쟁에 대하여 제1차적으로는 당사자들 사이의 협의에 의하도록 하고, 협의의 방법으로 해결할 수 없는 경우에는 중재 또는 재판절차로 해결하고, 보충적으로 제3국의 중재기관에 의하여 해결할 수 있다고 규정하고 있다.[34] 이들 법률에서 규정하는 중재란 국제무역중재기관인 '조선국제무역중재위원회' 또는 '조선해사중재위원회'가 담당하는 중재를, 재판절차란 통상의 민사재판을 각각 의미한다. 이들 법률에 따를 경우에는 남북한 경협과정에서 발생하는 상사분쟁은 남북상사중재위원회를 통한 해결 이외에도 북한의 민사재판

---

34) 북한외국인투자법 제22조, 합영법 제47조, 나진·선봉경제무역지대법 제42조, 개성공업지구법 제46조, 개성공업지구세금규정 제86조, 개성공업지구세관규정 제43조.

또는 국제무역중재를 이용하여 해결할 수도 있다는 것을 의미한다.

북한이 2005년 7월 6일 남북한간 경제협력을 규율하는 기본법으로 제정한 북남경제협력법은 남북상사중재위원회를 통한 분쟁해결절차를 인정하고 있는데, 북남경제협력법 제27조(분쟁해결)는 "북남경제협력사업과 관련한 의견 상이는 협의의 방법으로 해결한다. 협의의 방법으로 해결할 수 없을 경우에는 북남 사이에 합의한 상사분쟁해결절차로 해결할 수도 있다"고 규정하고 있다. 이는 남북상사중재위원회의 관할사항이 위 남북합의서들에서 규정하고 있는 상사분쟁뿐만 아니라 남북경제협력의 과정에서 발생하는 일반적 분쟁에도 미칠 수 있는 법적 근거를 마련하였다는 점에서 남북한 경제협력의 법제도적 장치를 강화한 것으로 평가할 수 있다. 다만, 개성공업지구법 제46조와 금강산관광지구법 제29조는 남북한간 분쟁해결수단으로서 원칙적으로 당사자들 사이의 협의에 의하고, 협의의 방법으로 해결할 수 없을 경우에는 북남 사이에 합의한 상사분쟁해결절차 또는 중재, 재판절차로 해결하도록 규정하고 있는 것에 반하여 북남경제협력법은 분쟁해결수단으로서 '중재 또는 재판절차'를 명시적으로 규정하지 않고 있으나, "상사분쟁해결절차로 해결할 수도 있다"는 임의적·선택적 규정형식을 취하고 있어 북한에서의 일반적 분쟁해결수단으로서 중재 또는 재판절차를 배제하고 있는 것으로 해석할 수는 없을 것이다.

북한은 당사자 자치에 근거한 대내적 중재법이 없고, 다만 대외적인 사항만을 규율하는 대외경제중재법을 두고 있으나 '외국중재판정의 승인 및 집행에 관한 국제연합규약(일명 뉴욕협약)'이나 '국가와 타국가 국민 간의 투자분쟁해결에 관한 협약(일명 워싱턴협약)' 등 중재에 관한 국제적 협약에 가입하지 않고 있다. 또한, 북한의 중재제도는 국제중재위원회의 직권적 절차개입을 허용하고 재판기관에 의한 중재판정취소를 인정하면서도 구체적으로 그 사유를 규정하지 않고 있고 있으며, 외국인투자법 등 제3국 중재기관에 의한 중재를 규정하고 있는 법률도 그 중재판정에 대한 승인 및 집행에 대한 규정을 두지 않고 있어서 외국중재판정에 대한 승인과 집행에 대하여 이를 담보할 제도적인 장치가 없다는 점이 문제점으로 지적되고 있다. 이에 반하여, 남한 중재법은 당사자자치 원칙을 바탕으로 중재절차에 법원의 보충적 개입을 최소화하여 원칙적으로 일정한 절차상의 하자에 대해서만 법원에 의한 중재판정 취소를 인정하고, 그에 해당하는 사유가 없을 경우에는 중재판정을 승인·집행하도록 규정하고 있으며, '국제연합 무역법위원회(UNCITRAL) 모델법'을 수용하여 절차적 정의만 담보되면 중재판정을 존중하도록 규정하고 있다.

남북한 상사분쟁의 해결에 있어서 KEDO와 북한 간에 체결한 경수로공급협정을 참고로 할 필요가 있다. 경수로공급협정 제15조는 위 협정의 해석 또는 이행과 관련하여 발생하는 모든 분쟁에 대하여는 국제법의 원칙에 따라 KEDO와 북한 간의 협의를 통하여 해결하고 이를 위하여 양측이 선정한 각 3명의 위원으로 구성되는 조정위원회를 설치하며, 조정이 실패한 경우에는 일방이 요청하고 상대방이 이에 동의한 때에는 중재재판소에 회부할 수 있도록 하였다. 또한, 분쟁의 쌍방 당사자는 각 1명의 재판관을 임명하고 그 재판관들이 재판장 1명을 선정하도록 하였는데, 재판관 또는 재판장을 선정하지 못하였거나 2명의 재판관 선정 후 30일 내에 제3의 재판관이 임명되지 못한 경우에는 국제사법재판소장에게 임명을 요청하도록 하였다. 중재재판소의 의사정족수는 과반수이며 재판소의 결정은 당사자를 구속하고, 쌍방은 자기가 선임한 재판관과 중재재판 참여비용을 부담하고 재판장의 임무수행 비용과 기타 비용은 쌍방이 균등히 부담하도록 하였다.

남북한 상사분쟁은 남북한 법률체제의 차이점과 북한 중재제도의 미비로 인하여 남북한 일방의 중재제도에 따라 해결되는 것을 기대하기는 어렵다. 또한, 제3국의 중개기관이나 국제중재기관을 통하여 남북한 상사분쟁을 해결하는 것도 남북한 민족내부거래성에도 위배될 뿐만 아니라 언어상의 장애, 원거리 중재장소 이동에 따른 비용부담과 시간적 부담 등 현실적이고 기술적인 측면에서도 문제점이 있다. 따라서 남북한 상사분쟁에 대하여는 남북합의서에 의하여 인정되는 남북상사중재위원회를 적극 활용할 것이 요구된다.

2. 외국의 사례

1) 동서독의 경우

통일 전 동서독 간 경제교역은 1951년 9월 20일 체결된 '동서독 간 통상에 관한 협정(베를린협정)'과 1990년 5월 18일 체결된 '동서독 간 화폐·경제·사회통합에 관한 국가조약(Vertrag über die Schaffung einer Währungs-, Wirtschaft-, und Sozialunion, 제1차 국가조약)'에 의하여 규율되었다.

첫째, 베를린협정은 기본적으로 동서독은 상이한 법률체계를 가진 독립한 국제법주체라는 것을 전제로 국가 간 교역과 유사하게 취급하였다. 따라서 경제교역의 과정에서 발생하는 상사분쟁도 국제분쟁처리절차에 의하여 처리되었다. 다만, 서독이 1951년 '관세 및 무역에 관한 일반협정(GATT)' 체제에 가입할 당시에 GATT의정서에 동서독 간 경제교류의 특수성을 반영하여 동서독 간 교역에 대하여는 GATT협정 제1조의 최혜국대우의 예외성을 인정받았다. 동서독 간 상사거래에 있어서 발생하는 분쟁에 대한 해결은 주로 당사자가 계약을 체결할 당시 합의한 내용에 따라 '수시중재재판부(ein ad hoc Schiedsgericht)'를 구성하여 해결하였다. 수시중재재판부는 각 당사자가 1명씩 중재인을 선정하고 그 중재인 2명이 재판장이 될 중재인을 선출하는데, 만약 일정기간 내에 중재재판부 구성이 완료되지 않을 경우에는 오스트리아 빈에 소재하는 상업회의소(Bundeskammer f´ür gewerbliche Wirtschaft) 의장이 중재인을 선정하도록 하였다. 수시중재재판부는 오스트리아법을 재판의 준거법으로, 상업회의소 중재규칙을 중재절차규칙으로 하여 중재판정을 진행하였고, 중재판정은 종국적인 분쟁해결로서 법원에 의하여 다툴 수가 없으며, 양 당사자에 대하여 법적 구속력과 집행력을 가졌다.

한편, 동독도 서독과 마찬가지로 뉴욕협약, 워싱턴협약 등 다수의 국제상사중재협약에 가입하여 회원국으로 활동하였으며, 동서독 간 경제교역에서 발생하는 상사분쟁에 대하여는 일반 외국과의 상사분쟁에서와 같이 처리하였다. 즉, 동독은 1954년 7월 동독 '대외무역위원회(Außenhandelskammer)'에 중재재판소(Schiedsgericht)를 설치하여 동독의 대외무역기업과 서독을 포함한 자본주의 기업 간의 상사분쟁을 처리하였다.

둘째, 동서독은 통일과정에서 '제1차 국가조약'을 체결하였다. 제1차 국가조약 제6조와 제7조는 위 조약 또는 조약의 시행에 의하여 보장된 권리가 공권력에 의하여 침해당한 경우에는 법원에 소를 제기할 수 있도록 규정하는 한편, 조약의 해석과 적용에 대한 분쟁을 제1차적으로 쌍방 정부의 협상으로 해결하도록 하였다. 이 방식으로 분쟁이 해결되지 않을 경우에는 중재재판소를 설치하도록 하여 통일을 지향하는 과도기적 연합단계에서 동서독 간 분쟁을 해결하도록 하였다.

중재재판소는 1명의 재판장과 4명의 재판관으로 구성되는데, 동서독 정부가 조약 발효 후 1개월 내에 각각 2명의 재판관과 부재판관을 임명하고 재판장과 부재판장은 쌍방 정부간 합의로 임명한다. 만약, 위 기간 이내에 합의가 되지 않을 경우에는 EC법원의 재판소장이 임명하도록 하였다. 중재재판관의 임기는 2년이며, 중재재판소의 재판장과 재판관은 그들이 직무를 수행함에 있어서 외부지시를 받지 않고 독립적이고 자유롭게 그 권한을 행사하며, 직무개시 이전에 독립적이고 양심에 따라 그 직무를 수행하고 직무상 비밀을 지켜야 할 의무를 질 것을 수락하도록 하였다. 중재재판에 대하여는 '국가조약 부속의정서 Ⅷ'을 제정하여 중재재판소의 소재지, 중재신청, 중재재판의 소집과 심리·결정, 중재판결의 구속력, 재판부 구성원의 면책특권 등에 대하여 자세히 규정하였다. 다만, 통일 당시 동독 지역에서 진행 중인 중재절차에 대해서는 동독의 중재재판규정(Verordnung über das schiedsgerichtliche Verfahren)을 계속 적용하도록 하였다.[35]

2) 중국·대만의 경우

중국과 대만은 양안 간 경제교역에 있어서 대만투자자와 중국의 공사·기업 등 경제조직·개인간에 발생하는 투자관련 분쟁에 대하여는 당사자 간의 협상 또는 조정을 통하여 해결하는 것을 원칙으로 하면서도, 상사분쟁과 관련하여 별도의 민사조정기구를 설립하여 운영하였다. 중국과 대만은 1989년 홍콩에 '해협양안경무협조회'와 '해협양안상무협조회'를 각각 설립하여 각 기구의 4개 전문위원회 중 '조해중재위원회'에서 중국과 대만의 상사분쟁에 관한 조정해결업무를 담당하도록 하였다. 대만동포투자보호법 제14조와 대만동포투자장려에관한규정 제20조에 따르면 상사분쟁이 발생한 경우에는 원칙적으로 당사자 간 협상을 통하여 해결하되, 협상에 의하여 분쟁이 해결되지 않을 경우에는 분쟁당사자가 조정을 신청할 수 있다. 조정이 신청되면 양 협조회가 공동으로 제정한 '조해규칙(調解規則)'에 따라서 미리 선정한 조정위원이 조정을 담당한다. 조정위원들의 조정협의가 이루어지면 조정해결서를 작성하는데, 이는 양 당사자에 대하여 법적 구속력을 가지며, 조정에 필요한 비용은 쌍방이 균등하게 부담하도록 하였다.

중국은 1987년 뉴욕협약에 가입하여 외국의 중재판정에 대한 승인과 집행을 보장하고 있는데, 양안관계에 대한 인식을 반영하여 양안 간의 상사분쟁을 국내중재가 아닌 섭외경제무역분쟁으로 파악하였다. 이에 따라 양안 간 상사분쟁에 대하여는 섭외중재기구가 섭외중재절차에 따라서 처리하도록 하였다. 특히, 당사자가 계약서상 중재조항을 미리 두지 않았거나 사후에도 서면에 의한 중재합의를 하지 않은 경우에 당사

---

35) 법제처, 독일통일관계법 연구, 1991, 275~276면.

자 일방은 중국 인민법원에 제소할 수 있도록 하였다. 양안 간 경제적
분쟁에 대하여는 중국 중급법원이 제1심으로 관할하도록 하였다. 실체
관계에 적용될 준거법은 1차적으로 중국의 섭외경제계약법 및 대외무역
관련법률이지만 당사자가 국제관례를 적용하기로 약정한 경우에는 법원
이 국제관례를 적용할 수 있도록 하였다. 다만, 이러한 경우에 당사자가
대만법률을 준거법으로 선택한 경우에는 중국법원에서 이를 준거법으로
삼을 수는 없도록 제한하였다.[36] 다만, 중재기구에 대하여는 대만동포투
자보호법은 단순히 '중재기구'라고 규정하여 제3국은 물론 대만의 중재
기구에도 중재 신청할 수 있는 것으로 해석되었으나 '대만동포투자장려
에관한규정'은 '대륙 또는 홍콩의 중재기구'로 한정하여 대만의 중재기
구를 제외하였다.

3. 남북한 상사분쟁 해결에 관한 남북합의서

1) 남북한 상사분쟁 해결의 기본원칙

남북한 경제협력과 교류가 직거래의 본격화, 개성공단의 본격추진 등
으로 확대됨에 따라 남북한간 법제도·경제체제 및 산업여건의 차이 등
으로 상사분쟁이 증가할 개연성이 농후하므로 남북한 투자보장 등 경제
협력을 위한 제도정비와 함께 공정하고 상호 신뢰할 수 있는 상사분쟁
해결방안을 마련할 것이 절실히 요구된다. 남북한간 발생하는 상사분쟁
도 본질적으로는 남북한간 민사사건의 법률충돌 문제에 해당하므로 기
본적으로는 앞에서 검토한 바와 같이 남북한특수관계론에 입각한 해결
방안을 동일하게 적용할 수 있다. 즉, 남북한 상사분쟁에 대하여는 북한
이 평화통일을 위한 화해와 협력의 동반자로서 활동하는 국내법적 규범

---

36) 법무부, 앞의 책, 231~233면.

영역에 속한다는 것을 전제로 기본적으로 국제사법을 유추적용할 것이나, 남북한 관계의 특수성을 반영하여 남북합의서를 통하여 기본적인 법적 장치로서 중재제도에 따른 해결절차를 마련하고 있다.

상사분쟁에 대한 중재제도는 구체적으로 타당하고 합리적이며 종국적인 분쟁해결을 목표로 사법적 재판작용을 대신하여 국제적으로 널리 통용되는 재판외분쟁해결수단으로서 기본적으로 당사자자치를 기초로 당사자가 중재를 선택한 경우에는 일정한 절차를 준수하도록 의무화하여 절차적 정의를 구현하도록 하고, 국가에 의한 집행을 보장하는 시스템을 구축하고 있다. 중재에 있어서 당사자자치의 원칙은 중재합의의 여부, 중재판정에 적용될 절차법과 실체법의 선택에서만 허용된다는 내적 한계와 중재절차에 있어서 중재지의 절차법 또는 당사자가 합의한 중재절차 모국법의 강행규정과 실체법상 공서양속 등 강행규정을 위반할 수 없다는 외적 한계를 가지며, 이는 종국적으로 각국의 중재관련 법률에 구체화되어 있다. 따라서 남북한 상사중재제도를 성공적으로 정착시키기 위해서는 그 절차적 정의가 구현되도록 하여야 하며, 이를 위해서는 공정성이 담보된 기구 또는 기관이 중재절차에 개입하도록 하고 중재판정에 대한 사후심사를 허용하는 것이 필수적이라고 할 것이다.

남북한은 남북한 상사분쟁을 해결하기 위하여 '상사분쟁해결절차합의서'와 '남북상사중재위원회 구성·운영합의서'를 체결하였다. 남북한은 남북한 경협과정에서 발생하는 상사분쟁에 대하여는 제1차적으로는 당사자의 협의의 방법으로 해결하도록 하고, 협의의 방법으로 해결되지 않을 경우에는 중재의 방법으로 해결하는 것을 원칙으로 하여 남북상사중재위원회의 구성·권한·조직과 운영 등에 대한 기본원칙을 규정하고 있다. 이는 남북한 경협과정에 발생하는 상사분쟁에 대하여 남북한 일방의 재판제도나 기존의 국제상사중재 등 제도를 이용하는 것이 아니라 남북한이 합의하여 남북한 공동기구로서 남북상사중재위원회를 구성하여 상사분쟁을 해결하는 제3의 분쟁해결시스템을 도출한 것으로서 남북한의 상사분쟁의 해결은 물론 향후 남북한 사법제도 통합에 있어서도 매우 중요한 의미를 가진다고 평가할 수 있다.

남북한간 경제교역은 국가 간 무역이 아니라 민족내부거래성을 가지고 있으나 남북한이 각각 사실상 독립된 경제 및 관세 영역을 가지고 국제사회에서 활동하고 있는 현실을 고려하여 남북한간에도 일정한 영역에서는 국가 간 무역을 규율하는 규범을 적용할 필요성도 있을 것이다. 이를 위해서는 남북한의 상사분쟁과 관련된 법령과 뉴욕협약, 워싱턴협약, 'UNCITRAL 중재규칙 및 표준중재법' 등 국제적으로 널리 통용되는 국제적 중재제도를 참고로 하여 국제중재제도에 통용될 수 있는 기준을 바탕으로 남북한특수관계를 반영할 수 있는 구체적이고 타당성 있는 해결절차를 마련하여야 할 것이다. 따라서 북한으로 하여금 조속히 위 뉴욕협약, 워싱턴협약 등 국제협약에 가입하도록 하는 것이 남북경협의 활성에 도움이 될 것이다.

2) 남북 상사분쟁 해결절차를 위한 합의서

2000년 12월 16일 남북한이 체결한 '상사분쟁해결절차합의서'는 2003년 8월 20일 발효되었는데, 남북경협에 있어서 발생하는 상사분쟁에 대하여 상당히 체계적인 분쟁해결절차를 규정하고 있다. 위 합의서는 서문에서 "남북의 경제교류와 협력이 나라와 나라 사이가 아닌 민족내부의 거래임을 확인"하고 있으며, 상사분쟁 해결의 원칙으로서 제1차적으로 당사자의 협의에 의하여 해결하고, 협의의 방법으로 해결되지 않을 경우에는 중재의 방법으로 해결하는 것을 원칙으로 제시하고 있다(제1조). 개성공업지구법 제46조는 "공업지구의 개발과 관리운영, 기업활동과 관련한 의견 상이는 당사자들 사이의 협의의 방법으로 해결한다. 협의의 방법으로 해결할 수 없을 경우에는 남북 사이에 합의한 상사분쟁 해결절차 또는 중재, 재판절차로 해결한다"고 규정하였다. 개성공업지구 보험규정 제27조는 "보험사고와 관련한 분쟁은 보험당사자들이 협의의 방법으로 해결한다. 협의의 방법으로 해결할 수 없는 경우에는 중재, 재판 절차 또는 북남 사이에 합의한 상사분쟁 해결절차로 해결할 수도 있다"고 규정하여 남북 상사분쟁 해결절차에 관한 합의서에서 규정한 남북상사중재위원회를 이용하여 상사분쟁을 해결할 수 있음을 제도적으로 인정하고 있다.

남북상사중재위원회는 남북 각각 위원장 1명과 위원 4명으로 구성하며(합의서 제2조), 그 관할사항으로서 남북경협 과정에서 발생한 상사분쟁 가운데 당사자가 중재위원회에 제기하여 해결할 것을 서면으로 합의한 분쟁사건과 투자보장합의서 제7조 제1항에서 규정하는 일방 당사자와 상대방 투자자 사이에 발생하는 분쟁으로 한다(제3조, 제8조). 다만, 중재위원회의 기능에 '이밖에 쌍방의 합의에 의하여 부여되는 기능'이 포함되므로 남북 당국 간 합의를 통하여 순수한 상사분쟁뿐만 아니라 경제활동과 관련되는 각종 민사, 노동, 세금 등 다양한 분쟁해결수단으로 활용할 수도 있을 것이다(제3조 제6항). 중재위원회의 기능으로서는 남북한 당사자 사이 또는 일방의 당사자와 상대방의 당국 사이에 경제교류협력의 과정에서 발생하는 상사분쟁의 중재 또는 조정 및 그와 관련한 사무처리, 투자보장합의서 제7조 제1항에 규정된 분쟁으로서 당사자가 중재위원회에 제기한 분쟁의 중재 또는 조정 및 그와 관련한 사무처리, 중재규정과 그 관련규정의 제정 및 수정·보충, 중재인의 선정, 이밖에 쌍방의 합의에 의하여 부여되는 기능을 규정하고 있으며, 중재위원회의 의사결정은 쌍방의 합의에 의하도록 하였다(제3조, 제4조). 중재인은 남북 각 중재위원회에서 법률 및 국제무역투자실무에 정통한 자 가운데 30명씩 선정되며(제5조, 제6조), 자기에게 부과된 직무를 공정하게 수행할 수 있도록 보장받는다(제7조).

중재판정부는 당사자 사이의 합의에 따라 선정되는 중재인 3명으로 구성하되 정해진 기간 안에 중재인의 선정에 대하여 합의를 하지 못할 경우에는 중재인 명부에서 각각 1명의 중재인을 선정하며 선정된 2명의 중재인이 협의하여 중재인 명부에서 의장중재인 1명을 선정하도록 하고, 만약 의장중재인을 선정하지 못할 경우에는 일방의 중재위원회 위원장은 '국제투자분쟁해결센터'에 의장중재인의 선정을 의뢰할 수 있도록 하였다(제10조 제1·2·4항). 중재판정의 준거법은 당사자가 합의한 법령에 따르고, 당사자가 합의한 법령이 없을 경우에는 남한 또는 북한의 관련법령, 국제법의 일반 원칙, 국제무역거래 관습에 따른다(제12조). 중재판정은 중재판정부에서 중재인 과반수의 찬성으로 결정하고(제13조), 당사자들의 동의 없이는 공개하지 않으며(제15조), 중재신청이 접수된 날부터 6개월 이내에 하되 필요한 경우 당사자들과 협의하여 그 기간을 3개월까지 연장할 수 있다(제14조). 남북한은 특별한 사정이 없는 한 중재판정을 구속력이 있는 것으로 승인하고 해당 지역 재판기관의 확정판결과 동일하게 집행하도록 하였다(제16조). 이에 대하여는 중재판정의 구속력의 예외사유인 '특별한 사정'에 대하여 중재위원회가 결정하도록 하고 있어 법적 안정성을 저해하는 요소가 된다는 비판이 있을 수 있으나, 이는 남북 쌍방의 중재위원회의 공동행위로 결정하는 사항이므로 남북 쌍방이 합의하지 아니한 경우에는 '특별한 사정'에 대한 결정이 없는 것이 되어 그 구속력이 보장된다고 할 것이다.

남북한 상사분쟁에 대하여는 중재뿐만 아니라 조정제도도 인정되고 있는데, 중재신청이 접수된 후 당사자 쌍방으로부터 조정의 요청이 있을 경우에는 중재위원회는 중재절차를 중지하고 조정절차를 개시한다. 당사자는 합의에 의하여 조정인 1명 또는 3명을 선정하며 조정절차와 방법은 조정인이 정하도록 하고, 만약 조정이 성립한 경우 당사자가 합의한 조정의 결과는 중재판정과 동일한 효력을 가지며, 조정인이 선정된 날부터 30일 이내에 조정이 성립되지 아니하는 경우에는 조정절차는 종료되고 중재절차가 다시 진행된다(제17조).

현실적으로 남북한 경제협력에 있어서 중재절차의 적정성과 공정성을 담보할 기구로서는 남북한의 재판기구 또는 중재기관, 제3국의 상설 중재기관이나 국제기구도 고려할 수 있으나 위에서 살펴본 바와 같은 문제점이 있으므로 남북한 당국이 합의한 남북상사중재위원회에 남북한 재판기관이 중재절차에서 담당하고 있는 권한을 부여하여 일정한 경우에 중재절차에 개입하고 중재판정에 대한 사후심사를 할 수 있도록 한 것이다. 다만, 현재의 남북한 관계의 특수성을 고려하여 남북상사중재위원회에 준(準)사법·입법·행정기관의 성격을 인정하여 중재위원회 구성, 중재인 선정, 중재규정의 제정 등에 있어서 정부기관의 업무를 대신하여 수행할 수 있도록 그 권한을 인정하고 그러한 범위에서는 남북한의 사법·입법·행정기관이 직접적으로 그 권한을 행사하는 것을 배제할 필요가 있다.

3) 남북상사중재위원회 구성 및 운영에 관한 합의서

2003년 10월 12일 남북한이 체결한 '남북상사중재위원회 구성 및 운영에 관한 합의서'는 '상사분쟁해결절차합의서'를 이행하기 위한 후속합의서로서 2005년 8월 5일 발효되었다. 남북상사중재위원회에 대하여 각각 남북한에서 독자적인 법인으로서의 능력을 부여하고 업무수행에 필요한 범위 안에서 계약의 체결, 재산의 취득 및 처분, 소송제기의 능력을 부여하여 법적 지위를 명확히 하였다(제1조). 또한, 중재위원회의 기능에 중재인·감정인에 대한 기피신청, 중재인 권한의 존재여부에 대한 이의신청, 중재판정부의 권한범위에 대한 이의신청, 중재판정의 취소신청 등에 대한 결정권을 부여함으로써 남북상사중재위원회에 대하여 남북 쌍방의 중재위원회의 공동기구로서 중재절차를 관리하도록 하는 한편, 중재판정의 재심기관으로서의 성격을 명확히 하였다(제3조 제2항). 중재위원회는 남북한이 각각 정한 위원장 1명과 위원 4명을 구성되며, 쌍방 위원장이 위원회를 공동으로 대표하고, 위원장과 위원의 임기는 4년으로 연속하여 재임할 수 있도록 하였다. 또한 위원장과 위원은 후임자가 정해질 때까지 직무를 계속 수행하며, 쌍방 위원장은 필요한 수의 보좌인원과 서기 1명을 지정할 수 있도록 하였다(제2조).

남북한은 중재위원회와 중재인 및 조정인의 사업과 활동조건을 보장하기 위하여 협력하고, 위원회의 활동을 보장하기 위하여 위원장과 위원 등에 대하여 신변안전과 출입 및 통신을 포함한 사업조건을 보장한다. 중재위원회의 위원장과 위원 등 인원뿐만 아니라 위원회와 그 재산도 중재 또는 조정 및 그와 관련된 사무처리의 범위 내에서 남한 또는 북한의 재판기관에 의한 소송으로부터 면제되며, 특별한 사정이 없는 한 분쟁사건의 당사자, 대리인, 증인 및 감정인이 분쟁해결절차에 출석할 수 있도록 보장하였다(제9조). 중재위원회는 일방 또는 쌍방 위원장이 필요하다고 인정하고 그에 대하여 합의한 경우, 중재판정부 또는 조정인의 요청이 있는 경우에 소집되며, 회의는 쌍방위원장이 공동으로 운영하고 쌍방에서 각기 위원장을 포함한 3명 이상의 위원들이 참가하여야 성립된다. 또한, 회의는 비공개를 원칙으로 하고 쌍방이 합의하거나 구체적인 분쟁해결을 위한 회의에 있어서 당사자들이 동의한 경우에만 공개할 수 있으며, 쌍방 위원장이 합의한 경우에는 서면으로도 개최할 수 있고 쌍방 위원장의 합의에 따라 중재인이나 조정인 또는 해당 분야의 전문가를 참가시킬 수 있도록 하였다(제5조). 위 합의서는 그밖에도 중재판정에 대한 취소절차를 명확히 규정하는(제8조) 한편, 남북한의 재판기관은 위원회의 결정에 대하여 다시 심사할 수 없도록 하여(제4조) 중재절차의 공정성, 적정성, 신속성을 도모하였으며, 중재위원회의 회의장소와 재정에 대하여도 구체적으로 규정하였다(제6·11조).

남북상사중재위원회는 위 합의서가 발효된 날부터 6개월 내에 구성하도록 하고, 위원회 중재규정에 대한 쌍방의 초안을 교환하도록 규정하였는데(제14조 제4항), 남북상사중재위원회의 기능과 역할에 비추어 남북상사중재제도의 성공적인 운영을 위해서는 남북상사중재위원회의 구성과 중재규정의 내용이 결정적으로 중요하다고 할 수 있다. 위 합의서는 남북상사중재위원회의 구성에 대하여 법률 및 국제무역투자 실무에 정통한 자, 기타 필요한 분야의 전문지식이 있는 자 중에서 각기 위원장, 위원을 지명하도록 규정하고 있다. 그러므로 남북상사중재위원회의 준(準)사법적·입법적 기능, 남북한 경제협력의 과정에서 발생하는 분쟁의 효율적인 해결 등 그 기능과 역할을 고려하여 적절한 자를 위원장과 위원으로 선정하여야 할 것이 요구된다.

남북합의서에서 정한 기본원칙에 따라 제정되는 중재규정도 상사분쟁사건의 중재신청, 중재판정부의 구성, 심리절차, 판정, 불복, 중재판정의 이행과 집행 등에 대하여 국제적으로 보편 타당한 표준적인 중재규정을 참고로 하되, 남북한의 특수성을 반영하여 공정하고 신속한 해결절차를 마련하는 내용이 포함되어야 할 것이다. 특히, 남북상사중재위원회가 합의에 이르지 못한 경우에 중재인, 감정인에 대한 기피신청 등 일정한 경우에는 이를 기각하도록 규정하고 있으나 그 이외의 경우에 있어서는 별도의 규정을 두지 않고 있다(제5조 제6항). 따라서 향후 남북상사중재위원회의 구성과 운영에 있어서 남북한 쌍방의 중재위원회가 합의를 이루지 못할 경우에 어떻게 처리할 것인지에 대한 대책을 마련하여야 할 것이다. 그 외에도 남북한 관계를 고려할 때 어려움이 예상되는 의장중재인 선정을 어떻게 해결할 것인지, 남북한관계의 진전에 따른 남북상사중재위원회의 상설화 여부와 관할사항의 확대, 남북상사중재위원회와 남북한 각각의 중재위원회와의 관계, 남북공동사무국의 설치 필요성 등 장기적으로 해결하여야 할 과제가 많이 남아 있다.

그러므로 이러한 문제들에 대해서도 법제도적인 장치를 준비하여야 하며, 북한으로 하여금 개혁개방정책의 추진과 함께 뉴욕협약, 위싱턴협약 등 국제협약에 가입하여 국제사회의 일원으로 활동함으로써 남북상사중재위원회의 활성화는 물론 남북한 법률 및 사법통합에도 기여할 수 있도록 하여야 할 것이다.

제6장 남북한특수관계론의 국제법적 활용방안

Ⅰ. 남북한 경제교역에 있어서의 민족내부거래성 인정

1. 민족내부거래성 인정의 필요성

1) 남북한 경제교역의 성격

남북한 경제교역은 한국전쟁을 전후로 중단되었다가 1988년 남한의 대북한 경제개방조치로 재개되어 1990년대 이후 급속히 증가하고 있다. 2005년에는 경제교역 규모가 약 10억 달러를 넘어섰으며, 그 교역 형태도 초기의 단순한 구상무역형태에서 위탁가공무역, 관광사업 등으로 다양화되고 있다. 특히, 개성공단사업이 본격적으로 추진되면서 남한의 자본이 직접거래를 통해 북한 지역에 투자되어 북한과 협력하는 방식으로 발전되고 있다. 남북한 경제교역은 남북교류협력사업에 있어서 가장 활성화되고 있는 분야로서 남북한간 인적·물적 교류를 확대하는 중요한 요인으로 작용하고 있다. 남북한특수관계론에 따르면 남북한 경제교역 자체는 국내법적 규범 영역에 속하며 소극적으로 비국제관계성을 가지므로 외국 간 교역으로 취급할 수는 없다. 북한의 법적 지위와 관련하여서도 원칙적으로 북한이 평화통일을 위한 대화와 협력의 당사자로서 활동하는 규범 영역에 해당하므로 일정한 영역에서 북한의 국가적 실체성을 인정할 것이 요구된다.

북한은 현실적으로 남한과 구별되는 독립된 경제 영역을 형성하고 국제사회에서 국제법주체로 활동하고 있으므로 국제법적 영역에서는 달리 취급될 여지가 있다. 즉, 남북한 경제교역은 남북한이 각각 또는 동시에 제3국 등 외국이나 국제기구와 교역할 경우에만 국제법적 규범 영역의 적용을 받는 것이므로 기본적으로는 국제법적 영역과는 무관한 것이라고 하겠다. 그러나 제3국이나 국제기구 등 국제사회의 입장에서 볼 때에는 남북한은 각각 독립된 국가공동체로서 외국과의 교류에 있어서 국제법 원칙에 따라서 규율되고 있으므로 남북한 경제교역에 대해서도 다른 제3국과의 경제교역에서 적용되는 동일한 법규범이 적용되어야 한다고 생각할 수 있다. 특히, 자유무역을 지향하는 WTO체제에서는 위와 같은 남북한 경제교역에 대하여 일반적인 국제법 원칙을 배제하는 것은 국제통상규범에 배치되는 것으로 평가될 수 있다. 남북한 경제교역의 규범 영역은 본질적으로 남북한 내부관계에 관한 것으로서 그 범위 내에서 남북한관계의 특수성을 고려하여 특별하게 취급할 수 있지만, 국제법적 규범 영역이 미치는 범위에서 국제통상법 등 국제법 원칙에도 부합하도록 할 현실적 필요가 있다.

2) WTO체제 등 국제통상규범과 충돌 가능성

남북한 경제교역은 제1차적으로는 남북한 내부교류에 불과하지만 북한이 국제사회에서 독립된 주권국가의 실체로서 활동하고 있는 영역에서는 상품뿐만 아니라 서비스와 지적재산권을 포함한 국제거래에 있어서 자유무역을 목표로 하여 체결된 '세계무역기구 설립을 위한 마라케쉬 협정(WTO설립협정)'이 확대·강화됨에 따라 국제법적 규범 영역에서 일정한 관련성을 가지게 된다. '관세 및 무역에 관한 일반협정(GATT협정)'은 1947년 상품분야의 자유무역을 목표로 설립되었으나 1995년 1월 WTO설립협정으로 '세계무역기구(WTO)'로 대체되었다. 이는 상품뿐만 아니라 농산물, 섬유, 서비스, 지적재산권 등 광범위한 분야에서 국제무역의 자유와 평등을 추구하고 있다. WTO체제는 1994년 신GATT협정을 체결하면서 UR 최종협정에 저촉되지 않는 한 최초의 GATT협정도 계속 유효한 것으로 인정하고 있으므로 이에 따라 GATT협정 제1조의 최혜국대우의무와 제3조의 내국민대우의무는 여전히 유효하다고 하겠다.

남북한 경제교역은 본질적으로 국내법적 영역에 해당하는 사항이므로 남북기본합의서를 비롯한 이른바 4개 경협합의서 등을 통하여 투자보장, 이중과세금지 등 외국 간 교역과는 다른 특례가 인정되며, 남북교류협력에관한법률 등 남북한 교역에 관한 남한법령들도 이러한 특례를 제도적으로 보장하고 있다. 그러나 WTO체제는 자유무역을 실현하기 위한 '비차별 원칙(Non-Discrimination Principle)'으로서 '최혜국대우(Most-Favored-Nation Treatment)' 및 '내국민대우(National Treatment)'를 앞세워 남북한 경제교역에 대하여 국제통상규범을 위반한 것이라는 주장을 제기할 가능성이 농후하다. 향후 남북한 경제교역이 확대됨에 따라 기존의 무관세 대우 이외에도 각종 특혜의 교환이 수반될 것이 예상된다.

실제로 1991년 3월 남한의 천지무역상사가 구상무역 형태로 북한 금강산국제무역개발회사에 대하여 쌀 5,000톤을 반출하고 북한산 시멘트를 무관세로 반입한 것에 대하여 미국이 국제법적 합치성에 문제가 있음을 지적한 사례가 있다. 이중곡가제의 지원을 받는 남한 쌀을 북한에 반출한 것은 GATT협정상의 수출보조금 금지규정(제16조 제3항)을 위반하였으며, 북한산 물품에만 무관세 혜택을 부여한 것은 최혜국대우 원칙(제1조)을 위반하였다는 것이다. 이에 따라 남북한 교역에 대해서는

GATT협정 제25조 제5항에서 규정하는 의무면제(Waiver)를 받을 필요가 있다는 주장이 제기되기도 하였다.[1] 그 동안 남북한 특혜교역의 정당성은 국제적으로 묵인되어 왔으나 남북한 경협의 확대와 북한의 경제개방에 따라 남북한과 경제적 이해관계를 밀접하게 갖는 미국, 일본, 중국, EU, 호주 등 국가들이 남북한 무관세교역 및 위탁가공무역상의 각종 특혜조치에 대하여 이의를 제기할 가능성이 크다고 할 것이다. 나아가 미국이 대북 경제제재를 해제하고 미국, 일본, EU 등이 북한과 수교하면서 이들이 대북교역을 확대할 경우에는 남북한 특혜무역은 국제적 공격의 대상으로 부상할 가능성이 높다고 지적하는 견해도 있다.[2]

따라서 남북한특수관계론에 따라서 국제법적 규범 영역에서 남북한이 각각 국가성을 가지고, 혹은 경제분야에 있어서 독립적인 관세 영역을 형성하고 독자적인 무역규범체계를 유지하고 있는 현실에서 남북한 간 경제교역이 민족내부거래로서 특수성을 가진다는 것을 국제사회로부터 인정을 받을 수 있도록 국제법 차원에서 법논리적인 대응방안을 마련할 것이 요구된다.

3) 외국의 사례

국제사회에서 WTO체제에도 불구하고 경제공동체의 특수성을 인정하여 그 예외를 인정한 대표적인 사례는 통일 전 독일의 경우와 인도·파키스탄의 경우를 들 수 있다.[3] 통일 전 서독은 1951년 GATT에 가입할 당시 체약국단(CONTRACTING PARTIES)의 결정으로 동서독 거래에 대하여 "GATT 제1조에도 불구하고 서독의 GATT 가입으로 인하여 독일에

---

1) 박노형, "WTO체제에서의 남북한 무역거래의 지위", 법조 통권 530호, 2000.10, 35~57면.
2) 조명철 등, 남북경협활성화를 위한 제도정비 방향, 대외경제정책연구원, 2000.7, 123면.
3) 법무부, WTO 비차별 원칙의 이해와 적용 연구, 2003, 43~44면.

서 생산된 상품의 독일 내 무역의 현 지위나 조치들이 수정될 필요가 없다"고 결정한 트로키의정서를 채택함으로써 GATT협정상의 의무면제를 보장받았다. 이는 GATT협정 제33조에 의한 체약국단 결정으로서 GATT협정 제25조의 의무면제(Waiver)는 아니며, 위 결정 당시 회원국에 의한 재심사를 받아야 한다는 단서조항이 포함되어 있었다. 그러나 그 동안 이에 대하여 재심을 요구한 회원국은 없었다.

인도와 파키스탄 간의 교역도 "양국이 하나의 경제공동체를 형성하여 온 사실을 고려하여 GATT상의 제반규정에도 불구하고 양국 간 특별대우를 부여하는 조치를 취하는 것이 허용된다"는 GATT협정 제24조 제11항에 따라서 특별대우를 인정받았다. 이에 대하여는 인도와 파키스탄 간의 "상호무역관계가 확고하게 수립될 때까지"만 잠정적으로 인정되며, 양국 간의 특별대우조치는 "GATT상의 일정한 조항으로부터 일탈할 수 있으나 협정의 목적에는 일반적으로 일치해야 한다"는 제한이 부가되어 있어 그 해석을 둘러싸고 논란이 있다.

통일 전 독일 및 인도·파키스탄의 경우에는 이와 같이 의무면제자격을 획득함으로써 국제사회에 대하여 민족내부거래성을 확인받아 국제통상법의 특혜교환을 제도적으로 보장받았다. 그러나 대한민국의 경우에는 GATT협상 가입 시 아무런 특례규정을 확보하지 못하였다. 이에 대하여는 대한민국이 GATT에 가입한 1967년은 이념적으로 냉전체제로서 남북한 경제교역이 거의 없었을 뿐만 아니라 북한은 GATT 체약국이 아니어서 현실적으로나 국제법적으로 이를 주장할 수 있는 근거가 부족하였던 것으로 평가된다. 다만, 남한의 GATT 가입 당시의 실무작업반 보고서(1966년 12월 26일 15th BISD 106-109), GATT협정 제33조에 의한 회원국단의 한국가입에 대한 결정(1967년 3월 2일 15th BISD 60), 한국의 가입의정서(1967년 4월 17일 15th BISD 44-46)에는 남한의 주권범위에 북한지역을 포함하는 한반도 전체로 한 것에 대하여 이의제기가 없었으므로 서독 등의 경우와 같이 민족내부거래성을 인정할 여지가 있다고 할 수 있다. 요컨대, 위와 같은 독일 등 사례는 남북한이 국제사회에 대하여 민족자결주의를 바탕으로 남북한 교역의 민족내부거래성을 주장할 수 있는 중요한 선례로 작용할 수 있을 것이다.

2. 민족내부거래성의 법적 근거

1) 남북합의서

남북한 교역의 민족내부거래성은 남북합의서에 잘 나타나 있는데, 남북기본합의서는 그 전문에서 남북한관계에 대하여 "나라와 나라 사이의 관계가 아닌 통일을 지향하는 과정에 잠정적으로 형성되는 특수관계"라고 선언한 것을 바탕으로 제15조에서 "민족내부교류로서의 물자교류, 합작투자 등 경제교류와 협력을 실시한다"고 규정하였다. '남북기본합의서 제3장 남북교류·협력의 이행과 준수를 위한 부속합의서'도 제1조 제7항에서 "남북사이의 물자교류는 상호성과 유무상통의 원칙에서 실현한다", 제8항에서 "남북사이의 물자교류에 대한 대금결제는 청산결재방식을 원칙으로 하며", 제10항에서 "남북은 물자교류에 대하여 관세를 부과하지 않으며", 제12조에서 "남북은 경제교류와 협력을 원활히 추진하기 위하여 필요한 투자보장, 이중과세방지, 분쟁조정절차 등에 대하여 쌍방이 합의하여 정한다"고 규정함으로써 남북한간 교역에 대하여 무관세 등 특례를 인정하였다.

4개 경협합의서도 모두 그 서문에서 "남북사이의 경제교류와 협력이 나라와 나라 사이가 아닌 민족내부의 거래임을 확인하고"라고 규정하고, 이를 바탕으로 투자보장합의서를 통하여 남북한 교역에 있어서 상대방 투자자의 투자자산을 보호하고 각종 인허가, 대우, 수용과 보상, 송금 등에 있어서 투자에 유리한 조건을 보장하였다. 또한, 이중과세방지합의서를 통하여 남북 간 교역에 있어서 발생하는 개인과 법인의 소득에 대하여 소득세 등의 이중부과를 금지하는 특례를 인정하며, 청산결제합의서를 통하여 남북 간 거래상품의 대금과 용역거래대금에 대하여 이를 청산 결제하는 특례를 규정하였다. 그리고 상사분쟁해결절차합의서를 통하여 남북 간 교역에 있어서 발생하는 상사분쟁에 대하여는 남북상사중재위원회를 구성하여 해결하도록 하는 절차를 마련하였다.

이 외에도 '남북 사이에 거래되는 물품의 원산지 확인절차에 관한 합의서'도 서문에서 "남북 사이의 경제협력사업이 민족내부거래로서 경제협력사업을 증진, 발전시키고"라고 규정하고, 통신합의서도 제2조 제1항에서 "남측 지역과 공업지구 사이의 우편 및 전기통신교류는 국가 간의 교류가 아닌 민족내부 간의 교류이다"고 규정하며, '남북해운합의서'도 서문에서 "경제교류와 협력이 나라와 나라 사이가 아닌 우리 민족내부의 사업이라고 인정하면서"라고 규정하는 등 남북한간 경제협력에 관한 후속합의서도 이와 같이 남북한간 교역을 민족내부의 거래라는 것을 전제로 구체적인 내용과 절차를 규정하고 있다.

요컨대, 남북한특수관계론의 중요한 근거의 하나로서 남북한 당국 간의 진정한 의사가 반영되어 있는 남북합의서는 남북한간 경제교역에 대하여 이를 민족내부의 거래임을 분명히 확인하고 있다고 하겠다.

2) 관련법률

남북교류협력에관한법률도 제12조 제2항에서 "남한과 북한 간의 거래는 국가 간의 거래가 아닌 민족내부의 거래로 본다"고 규정하고, 제26조 제2항에서 "원산지가 북한인 물품의 반입에 있어서는 관세법에 의한 과세규정 및 다른 법률에 의한 수입부과금에 관한 규정은 이를 준용하지 아니한다"고 규정함으로써 남북한 경제교역에 대하여 민족내부거래성을 인정하였다. 이를 전제로 원산지가 북한인 물품의 반입에 있어서 관세를 면제하도록 하고, 2005년 5월 3일 개정법률을 통하여 제13조에서 물품반출입의 포괄승인제를 도입하였다. 세계무역기구협정이행에관한 특별법도 제5조에서 "남북한간의 거래는 민족내부거래로서 협정에 의한 국가 간 거래로 보지 아니한다"고 규정하고 있다. 남북관계발전에관한 법률도 제3조 제2항에서 "남한과 북한 간의 거래는 국가 간의 거래가 아 닌 민족내부의 거래로 본다"고 규정하고, 제7조에서 "정부는 민족경제의 균형적 발전을 통하여 남북경제공동체를 건설하도록 노력한다. 정부는 남북경제협력을 활성화하고 이를 위한 제도적 기반을 구축하는 등 남한 과 북한 공동의 경제적 이익을 증진시키기 위한 시책을 수립·시행한 다"고 규정하고 있다. 그밖에 남북협력기금법과 남북교류협력에관한법 률시행령 등 남북교류협력에 관한 법령들도 남북한 교역을 국제무역과 구별하여 북한산 물품에 대하여는 관세를 부과하지 않고 있는 것을 비 롯하여 대외무역법, 외국환거래법 등 국제무역관련법과는 구별되는 법 원칙을 설정하고, 남북한 경제교역에 있어서 자금의 융자와 지원 등에 있어서도 국제무역과 차별하여 취급할 수 있는 특례규정을 두고 있다.

요컨대, 남북한 관계를 규율하는 남한의 관련법률도 남북한 경제교역 에 대하여 민족내부거래성을 인정하고 이를 국제무역과는 달리 취급할 수 있는 특례를 제도적으로 인정하고 있는 것으로 판단된다. 다만, 남한 은 북한산 물품을 남한으로 반입함에 있어서는 민족내부거래성을 근거 로 하여 무관세 처분을 하고 있음에도 남한물품을 북한으로 반출하는 경우에는 수입물품에 대하여 부과한 관세를 환급하여 주고 있어 다른 외국으로의 수출에 있어서와 동일한 방식을 택하고 있는데, 이는 남북한 교역을 민족내부거래라고 인정하고 있는 기본입장과 모순되는 것이라는 비판이 있다.[4]

---

4) 법무부, 앞의 책, 37면.

3) 민족자결주의(국제법적 근거)

남북한 경제교역에 대하여 민족내부거래성을 규정하고 있는 남한법률과 남북합의서를 근거로 국제통상법규의 예외를 주장하는 것은 국내법과 국제법과의 관계에 비추어 국제법적으로 정당화되거나 수용되기가 어려울 것이다. 이들 남한법률과 남북합의서는 국내법 또는 남북한관계에서만 그 법적 의미를 가질 뿐이므로 이를 이유로 국제통상규범이 적용되는 규범 영역에서 GATT협정상의 최혜국대우의무라는 국제법규를 위반하는 것을 정당화할 수 없기 때문이다. 남한이 당사국으로 가입한 '조약법에관한비엔나협약'도 제27조에서 "협약당사국은 국제법 위반을 정당화하기 위해 국내법 규정을 원용할 수 없다"고 규정하고 있으며, WTO설립협정 제16조 제4항도 "각 회원국은 자국의 국내법, 규정 및 행정절차를 WTO협정규정과 합치하도록 보장할 것"을 규정하고 있다. 남북합의서를 조약으로 인정하더라도 양자조약의 효력은 체약 당사자인 남북한간에만 미치는 것이어서 남한이 제3국의 다자조약인 GATT에 기인한 의무위반 주장에 대하여 양자조약의 규정을 원용하여 대응할 수도 없는 것이다.

따라서 남북한 경제교역에 대하여 민족내부거래성을 주장하여 국제통상법규의 예외로 인정받기 위해서는 국제법적 근거가 필요하다. 이에 대한 국제법적 근거로서는 첫째, GATT협정의 해석을 통하여 민족내부거래성의 특수성을 인정받을 수 있다는 입장이 있다. 즉, GATT협정 제1조가 '다른 국가(any other country)'에 대하여 특혜를 부여하는 것을 금지하고 있는데, 남한은 북한을 국가 승인한 것이 아니어서 '다른 국가'에 해당하지 아니하므로 남북한 경제교역은 그 적용대상이 되지 않는다는 것이다. 이에 대하여는 남북한이 이미 UN을 비롯한 국제기구에 동시에 가입하였고, 세계 150개 국가와 동시에 국교를 수립하여 활동하고 있는 현실에서 북한에 대하여 국제법적 규범 영역에서 그 국가성을 부인할 수는 없다. 또한, WTO설립협정 제12조 제1항과 제32조는 국가만을 대상으로 하는 것이 아니라 '독립된 관세 영역(separate customs territory possessing full autonomy)' 또는 '정부(government)'도 그 적용대상에 포함시키고 있으므로 남북한 경제교역이 GATT협정의 적용대상에서 제외된다고 주장하기가 어렵다.

둘째, 민족자결주의를 근거로 국제통상법규의 적용에 있어서 예외를 인정받을 수 있다는 입장이 있다. 즉, 남북한은 단일한 민족으로서 스스로의 의사와 결정을 존중하여야 한다는 민족자결주의는 UN헌장 등에서 규정하는 국제법 원칙으로서 WTO설립협정에 우선하여 적용된다는 것이다. UN헌장은 제1조 제2항에서 UN의 기본목표의 하나로 '민족자결 원칙에 기한 국가 간의 우호관계 증진'을 들고 있고, 제55조에서 민족자결의 원칙 하에서 국제적으로 경제·사회적 협력이 이루어져야 한다고 규정하고 있으며, 제103조에서 회원국의 의무에 관하여 헌장과 다른 국제협정이 충돌할 경우에는 헌장규정이 우선 적용된다고 규정하고 있다. 조약법에관한비엔나협정 제31조 제3항도 국제협정의 해석에 있어서 '각 당사국의 관계에 적용될 국제법상의 관련 원칙'을 고려하도록 규정하고 있다. 따라서 WTO설립협정도 '국제법상 관련 원칙'인 UN헌장에 합치되는 방향으로 해석하여야 하며, UN헌장이 WTO설립협정의 규정보다 우월한 효력을 가진다는 것이다. 결국, 남북한 거래는 하나의 민족으로서 통일을 지향하는 잠정적인 특수관계에 있는 남북한이 민족내부거래로서 하나의 경제공동체를 지향한다는 자결권의 행사로 나타난 것이다. 따라서 UN회원국은 한 국민의 자결권을 존중하여야 할 의무가 있고, WTO설립협정도 이에 부합하는 방향으로 해석하여야 하므로 UN헌장 제2조 제7항에 따라서 남북한 거래는 GATT협정상의 관할사항에 속하지 않는다는 것이다.

이에 대하여는, 과거 제국주의시대 식민통치에 대한 저항을 정당화하기 위하여 원용된 민족자결주의를 남북한 거래의 특혜교환을 합리화하는 근거로 하기에는 어렵다는 비판이 있다. 이러한 선례는 세계 각국이 자국과 민족이 같은 타국과의 특혜교환을 정당화하는 도구로 이용되어 결국 WTO체제를 회원국 단위가 아닌 민족단위로 재편성하는 결과를 초래하게 된다는 것이다. 뿐만 아니라, WTO체제의 UN에 대한 독립성을 고려할 때 UN헌장의 민족자결주의에 관한 규정이 GATT협정 제1조에 우선한다는 해석은 WTO 분쟁해결절차에서 쉽게 받아들여지지 않을 것이라는 것이다.[5] 그러나 WTO체제는 국제정치에 대하여는 가급적 개입을 자제하는 입장을 견지하고 있어 분단국가 내부의 경제교역에 대한 규율범위와 관련하여서는 일반법 원칙 또는 관행이 확립되어 있지 아니한 상태이고, 위에서 검토한 바와 같이 분단국가 간 거래에 대하여 특례를 인정한 사례가 있으므로 남북한 거래에 대하여도 민족자결주의를 근거로 하여 그 특례를 인정할 수 있는 여지가 있다고 하겠다.

요컨대, 남북한이 민족자결주의에 기초하여 남북한 경제교역을 민족내부거래로 합의하고 이를 국내법적 관할사항으로 운용할 경우에는 민족자결주의에 따라서 GATT협정의 예외로 취급될 수가 있을 것이다. 이러한 의미에서 서독과 인도·파키스탄의 경우에 GATT협정상의 예외로 인정한 것도 민족자결주의에 따른 것으로서 GATT협정의 적용을 배제하는 새로운 법적 효과를 발생시키는 창설적 행위가 아니라 민족자결주의에 대한 국제법 원칙을 확인하는 선언적 행위라고 해석하는 것이 타당하다고 하겠다. 남북한 경제교역을 민족내부거래로 규정한 남북합의서와 남북교류협력에관한법률 등 국내법령도 분단국가에 관한 국제법의 일반 원칙을 국내법으로 수용한 것으로 해석할 수 있을 것이다. 이러한 해석이 UN헌장, 국제인권규약, 조약법에관한비엔나협정 등 국제법규에 합치하는 것이라고 하겠다.

다만, 남북한 경제교역으로 인하여 제3국이 자국의 GATT협정상의 이

---

5) 법무부, 앞의 책, 37~38면.

익이 침해되었거나 무효화되었다고 주장할 경우에는 해당 제3국은 GATT에 제소할 수 있도록 하고 있다. 제3국의 이익침해 여부 등은 GATT협정 제23조에 따라서 GATT 심사단에 의하여 WTO 분쟁해결절차에서 결정되므로 남북한 경제교역에 대한 특례가 제도적으로 보장되는 데에는 일정한 한계가 있다. 따라서 남북한 경제교역이 구체적인 사건에 있어서 민족내부거래성을 인정받기 위해서는 국제법 원칙으로서의 민족자결주의를 근거로 하여 국제사회로부터 명시적으로 법적 자격을 획득할 수 있는 법제도적 장치가 필요할 것이다.

3. 국제법적 활용방안

1) 개발도상국 허용조항(Enabling Clause) 원용방안

1978년 11월 28일 제정된 '개발도상국에 대한 특혜에 관한 허용조항' 제1조는 GATT협정 제1조에도 불구하고 선진국이 개발도상국에 대하여 차별적이고 유리하게 대우하는 것을 허용하였다. 이 조항은 일반관세특혜(GSP) 제도를 통한 관세상의 특혜 및 기타 비관세 분야에서의 특혜를 부여할 수 있도록 규정하고 있으므로 남북한 경제교역에 있어서 이를 원용하는 방안이 있다. 이는 남북한 경제교역은 '선진국'인 남한이 '개발도상국'인 북한을 지원한다는 실체적 조건을 충족시켜야 하며, 그 내용을 WTO 사무국에 통보하고 각종 관련정보를 제공하여야 한다는 절차적 통제가 있다. 또한, 만약 제3국이 이에 대하여 이의를 제기할 경우에는 이들 국가와 즉시 협의하여 적절한 합의를 모색해야 한다는 의무가 부과된다.[6] 이러한 특혜부여는 선진국의 권한사항일 뿐 의무사항이 아

---

6) Differential and More Favourable Treatment, Reciprocity and Fuller Participation of Developing Countries, L/4903(Decision by GATT Contracting Parties, 28 November

니므로 전적으로 선진국의 의사에 의하여 그 특혜부여 여부가 결정되므로 이를 '허용조항(Enabling Clause)'이라고도 한다.

이에 대하여는, 남한이 선진국으로서 일방적으로 개발도상국인 북한을 경제적으로 지원한다는 것을 전제로 하므로 북한이 이를 수용할 가능성이 희박하다는 문제점이 있다. 설사 북한이 이를 수용한다고 하더라도 이는 북한이 개발도상국의 지위에 있는 동안만 유용하므로 시간적인 한계가 있고, 남한이 북한에 대하여 위 조항을 적용할 경우에는 다른 개발도상국에게도 동일한 수준의 특혜를 부여해야할 의무를 부담하게 될 가능성이 농후하다는 비판이 가능하다. 이 외에도 '개발도상국에 대한 특혜에 관한 허용조항' 제2조의c는 개발도상국 상호 간 관세면제협정을 체결할 수 있다는 규정을 두고 있는데, 남북기본합의서와 이중과세금지합의서 등 4개 경협합의서를 이러한 관세면제협정으로 보아 GATT로부터의 의무면제를 보장받는 것도 가능하다는 입장도 있다. 그러나 남한을 개발도상국으로 인정할 것인지 여부와 무관하게 이는 회원국 상호 간에만 적용되는 조항으로 해석되므로 북한이 비회원국인 이상 그와 같은 협정체결은 어렵다고 할 것이다.[7]

2) 남북한 지역무역협정(Regional Trade Agreement) 체결방안

GATT협정 제24조 제5항은 "GATT협정은 동 지역 내와 기타 국가 간 무역에 대한 장벽을 높이지 않는 등 일정한 조건을 충족하는 경우에는 회원국 영역 간에 관세동맹 또는 자유무역지대를 설치하거나 이에 필요한 잠정협정의 채택을 방해하지 않는다"고 규정하고 있다. 이러한 규정을 이용하여 남북한은 남북한 지역무역협정을 체결할 수 있고, 이를 통

1979).

7) 법무부, 앞의 책, 29면.

하여 상호 특혜를 부여할 수 있는 방안이다. 이러한 지역무역협정을 체결하기 위한 '일정한 조건'이란 실체적 조건과 절차적 조건을 충족하여야 한다는 것을 의미한다. 실체적 조건은 지역협정을 체결하는 회원국 상호 간 무역장벽을 철폐해야 한다는 대내적 요건과 당해 지역협정을 체결하는 회원국이 아닌 국가에 대하여 무역장벽을 더 높이지 말아야 한다는 대외적 요건을 의미한다. 한편, 절차적 조건은 그 내용을 WTO에 통보하여 WTO로부터 일정한 심사를 받아야 한다는 것이다.

이러한 방안이 남북한 경제교역에 실제로 적용하기 위해서는 다음과 같은 전제조건을 구비하여야 할 것이다. 즉, 첫째, 남북한이 지역무역협정의 체결에 합의하여야 한다. 그러나 현실적으로 남북한 지역무역협정을 체결할 경우에는 남북한 무역장벽을 철폐하고 상호 경제체제의 의존성과 영향력을 증대시키게 될 것이므로 북한이 지역무역협정체결에 동의할 가능성이 크지 않다는 것이다. 둘째, 북한이 대내외적으로 경제개방정책을 통하여 시장경제체제를 본격적으로 도입하고 남북한간 항구적인 평화체제가 확립되어야 한다. 이는 지역무역협정의 취지에 비추어 체결 당사국의 경제구조가 기본적으로 비슷하고 당사국 간 상호 신뢰가 형성되고 유지될 경우에만 그 목적을 달성할 수 있기 때문이다. 셋째, 북한이 WTO에 가입하여야 한다. GATT협정은 WTO 회원국 간 체결된 지역무역협정에 대해서만 최혜국대우의무의 예외를 인정하고 있기 때문에 남북한이 지역무역협정을 체결하기 위해서는 북한이 WTO 회원국이 되어야 한다. 그러나 WTO는 지역무역협정 체결의 '일정한 조건'에 대한 충족여부를 엄격히 심사하지 않고 있다. 이는 위 조건에 대한 다의적인 해석 가능성과 지역무역협정의 정치적 민감성에 기인한 것으로 해석된다. 따라서 실제로는 WTO 회원국들은 엄격한 의미에서 위 조건들을 충족하지 못하는 경우에도 부분적으로 지역무역협정을 체결하여 상호 특혜무역을 실시하고 있고, 다른 회원국들도 이에 대하여 문제제기를 자제하고 있는 실정이다. 또한, 과거 WTO 회원국가와 비회원국가 간에 지역무역협정이 체결되었으나 그 효력이 부인되지 않은 사례가 있으며, 'WTO 서비스협정(GATS)'은 서비스분야에서는 WTO 회원국가와 비회원국가 간의 지역무역협정을 통하여 최혜국대우의무의 면제특혜를 부여할 수 있도록 허용하고 있다. 이는 비록 북한이 WTO 비회원국이라도 남북한이 지역무역협정을 체결하는 것이 전혀 불가능한 것이 아니라는 점을 시사하고 있다.

요컨대, 남북한 경제교역에 대하여 특혜부여를 위해서는 지역무역협정을 체결하는 것이 국제통상법규와 조화를 이루면서 제도적으로 남북한 민족내부거래성을 보장받는 확실하고 바람직한 방안이라고 할 수 있다. 그러나 현재로서는 이를 실현하기 위한 전제조건을 구비하기가 어려우므로 남북한 지역무역협정을 체결하는 것은 장기적 목표로 하고, 중·단기적으로는 남북한 특혜교역을 국제법적으로 뒷받침할 과도기적 제도를 모색하는 것이 현실적이라고 할 것이다.

3) GATT 가입의정서의 개정 또는 특별의정서 채택방안

남북한 경제교역에 대한 특혜교환을 인정받기 위해서는 남한의 GATT 가입의정서를 개정하거나 남북한에 대한 특별의정서를 채택하는 방안을 고려할 수 있다. 남북한은 기본적으로 단일한 경제체제를 이루고 있다는 전제 하에 6·25전쟁으로 단일한 경제체제가 사실상 중단된 상태에 있을 뿐 그 본질은 그대로 유지하고 있다는 것을 바탕으로 하고 있다. 즉, 현재 남북한은 냉전시대의 이념과 체제의 대립을 극복하고 민족자결권에 바탕을 두고 대화와 합의를 통하여 단일의 경제공동체를 복원하고 있으므로 GATT 가입의정서를 개정하여 남북한 특혜교역을 반영할 수 있도록 하거나 이에 대한 특별의정서를 채택하자는 것이다. 남북한이 남북합의서를 통하여 단일한 경제공동체를 실현하기 위하여 노력하고 있으며,

관련법률을 통하여 이를 법제도적으로 뒷받침하고 있다고 해석할 수 있다. 또한, 남한이 GATT에 가입할 당시에 GATT가 한반도 전체에 단일한 경제권이 미친다는 것을 수용하였다는 사실도 그 근거로 제시할 수 있다. 1994년 7월 서울을 방문한 GATT 사무총장 피터 서덜랜드는 "현재로서는 남한만이 WTO체제에 가입할 것으로 예상되며, 이 경우 단정하기는 어려우나 남북한 경제교역은 민족내부거래에 해당할 것으로 판단한다"고 발언한 사실도 GATT 등 국제사회에 원용할 수 있을 것이다.[8]

이에 대하여는, GATT협정에는 가입의정서에 대한 개정절차가 별도로 규정되어 있지 아니하므로 남한의 가입의정서를 개정하는 것이 새로운 가입의정서를 채택하는 것과 동일한 절차를 밟아야 하므로 현실적으로 어렵다는 비판이 가능하다. 남북한 경제교역에 대한 특혜교환을 인정하는 특별의정서를 채택하는 것도 사실상 남한의 가입의정서를 개정하는 것을 의미하는 것이므로 동일한 문제가 있다. 그러므로 이러한 방안은 GATT와 추가양허수준에 관한 협의를 거쳐 총회의 승인을 받는 절차를 거쳐야 하므로 결국 국제사회에서의 외교적인 노력과 방법으로 실현할 수 있는 것이라는 한계가 있다.

4) WTO설립협정상의 의무면제(Waiver) 획득방안

WTO설립협정 제9조 제3항과 제4항은 일정한 요건을 갖춘 경우에는 두 국가 간 특혜교환을 인정하여 최혜국대우의무로부터 면제하는 것을 명문으로 인정하고 있다. 위 규정에 따라서 제도적으로 남북한 경제교역에 대한 특례를 인정받는 방안을 고려할 수 있다. WTO설립협정은 최혜국대우의무의 면제를 위해서는 실체적 요건과 절차적인 요건이 충족될 것을 요구한다. 실체적 요건이란 해당 국가 간에 의무면제의 필요성에 해당하는 '예외적 상황(exceptional circumstances)'이 인정되어야 하며, 그러

---

8) 중앙일보, 1994.7.20.

한 경우에도 일정한 조건과 기한 등 부가되는 제한을 수용하여야 한다는 것이다. 절차적 요건이란 WTO 회원국의 4분의 3 이상의 동의를 얻어야 하며 매년 의무면제가 지속적으로 필요하다는 것에 대하여 각료회의의 심사를 받아야 한다는 것이다. 남북한 경제교역에 대하여는 분단국가로서 민족내부의 통일논리가 경제논리보다 중요하므로 예외적 상황에 해당한다고 주장할 수 있고, 이러한 실체적 요건을 주장하여 WTO 회원국을 설득한다면 절차적 요건을 구비할 수 있을 것이다. 또한, 서독과 인도·파키스탄의 사례도 그 실체적 요건에 대한 근거로 원용할 수 있을 것이다. 이러한 방안은 WTO설립협정에서 명문으로 규정한 법제도적인 방법을 이용하는 것으로서 남북한 지역무역협정을 체결하는 방안과는 달리 북한과 협의를 거치지 않고 남한이 일방적으로 추진할 수 있다는 장점이 있어 실현가능성도 보다 높다고 할 수 있다.

이에 대하여는, 남한이 WTO설립협정상의 의무면제를 획득하는 것이 현실적으로 가능한지, 또한 정책적으로 바람직한 것인지에 대하여 다음과 같은 문제점이 제기될 수 있다. 첫째, 의무면제를 획득하기 위하여는 WTO 회원국의 4분의 3 이상의 동의를 얻어야 하는데, 이는 결코 쉬운 일이 아니다. 또한, WTO설립협정은 '의무면제에 관한 양해'를 신설하여 해당국가가 의무면제를 신청할 경우에는 '달성하려고 하는 목표'를 적시하고 이러한 목표가 WTO설립협정에 합치하는 수단에 의하여 달성될 수 없는 이유를 제시하도록 의무화하는 등 실체적인 요건을 강화하고 있어 그 요건을 충족시키는 것도 어려운 일이다. 둘째, 의무면제란 WTO 설립협정의 의무를 위반하는 예외적인 것으로서 남한이 의무면제를 신청하는 것은 남한 스스로가 WTO설립협정을 위반한다는 것을 인정하는 것이다. 이는 남북한 경제교역은 국가 간 거래라는 것을 전제로 이를 위반하는 특별한 예외에 해당하는 것임을 주장하므로 남북한 경제교역의 민족내부거래성을 포기하는 것으로 인식될 수 있다. 남한이 의무면제를 신청할 경우에 북한도 남북한 경제교역의 민족내부거래성에 위배된다는 이유로 반발할 가능성도 있다. 따라서 설사 의무면제가 가능하다고 하더라도 남북교류협력의 진전과 국제사회의 변화 등을 고려하여 의무면제의 신청여부와 그 시기를 조정할 필요가 있을 것이다. 셋째, 남한이 의무면제를 획득한다고 하더라도 국제사회의 현실에 비추어 이를 위하여 회원국을 설득하는 과정에서 유·무형의 대가를 지불하여야 한다. 또한, 의무면제에 수반되는 각종 조건과 연례적 재심사 등 절차를 거쳐야 하므로 그 과정에서 남북한의 민족자결권에 손상을 초래하게 되는 결과가 발생할 가능성이 있다. 넷째, 남한의 의무면제신청이 받아들여지지 않을 경우에는 남북한 특혜조치에 대하여 제3국이 본격적으로 WTO 분쟁해결절차에 회부할 가능성이 농후하며, 남한이 의무면제를 획득한 경우에도 '의무면제에 관한 양해'는 이에 의하여 제3국의 이익이 무효화되거나 침해된 경우에는 해당 제3국이 비위반청구(non-violation claim)에 기한 보상청구를 제기할 수도 있다. 이러한 의미에서 남북한 경제교역에 대하여는 국제사회의 이해와 협조가 없이는 남북한의 민족내부거래성을 확보하는 것이 완전하게 보장받을 수 없다는 한계가 있다.[9]

5) 제3국과의 자유무역협정(FTA)에 남북한특수관계를 반영하는 방안

1995년 WTO체제가 출범한 이후 자유시장경제질서의 강화와 함께 자유무역협정(Free Trade Agreement, FTA)을 중심으로 한 지역주의가 가속화되고 있다. 자유무역협정은 특정국가간 배타적인 무역특혜를 서로 부여하는 협정으로서 가장 느슨한 형태의 지역 경제통합체제이며, 지역무역협정이 대종을 이루고 있다. 세계적으로 FTA 추진이 증가하여 그 발효수는 1970년대 12개, 1980년대 9개, 1990년대 124개에 이어 2001년부터 2005년간 55개로 확대되었다. 우리나라도 2004년 4월 1일 발효된 한·칠

---

9) 법무부, 앞의 책, 41~46면.

레 자유무역협정을 시작으로 일본·ASEAN·미국·캐나다·인도 등과 FTA협상을 추진하고 있으며, 브라질·중국과 공동연구를 진행 중에 있다. 남한이 제3국과 체결하는 자유무역협정의 내용에 남북한 경제교역의 민족내부거래성을 인정하는 특별규정을 삽입하는 방안을 고려할 수 있다. 이는 남한과 자유무역협정을 체결하는 나라들이 남북한 경제교역에 있어서 남북한 특혜교환에 대하여 이의를 제기하지 않는다는 국제법적 약속을 의미한다. 자유무역협정은 비록 그 구속력이 협정당사국에만 미치는 양자적인 것으로서 그 효력의 범위에 한계가 있지만 체약국이 증가함에 따라서 WTO설립협정의 의무면제를 획득한 것과 유사한 다자적 효과를 발생시킬 수 있다. 그 결과 남북한이 지역무역협정을 체결한 것과 동일한 효과를 기대할 수도 있을 것이다.

이러한 방안은 남북한 지역무역협정을 체결하는 것이 어려운 현실을 고려할 때 자유무역협정을 체결함으로써 당장 실현할 수 있을 뿐만 아니라 의무면제 획득 등 다른 방안에서 제기되는 단점과 파급효과들을 최소화하여 이를 보완할 수 있는 장점도 있다. 남한이 최초로 타결한 한·칠레 자유무역협정에서는 남북한 거래에 관한 특별규정을 두지 않았으나 2004년 11월 19일 타결이 선언된 한·싱가포르 자유무역협정 제4조 제3항에서는 북한 지역인 개성과 다른 경제특구에서 생산되는 제품에 대해서도 그 효력이 미치는 것으로 규정하고 있어 남한에서 생산되는 제품과 동일하게 특혜관세를 부여하도록 하고 있다. 한·싱가포르 자유무역협정은 2005년 8월 4일 협의문안이 확정되어 서명되었고, 같은 해 12월 1일 국회의 비준동의안이 통과되어 발효되었다. 그 외에도 남한이 2005년 7월 12일 스위스·노르웨이, 아이슬란드, 리히텐슈타인으로 구성된 유럽자유무역연합(EFTA)과 체결한 자유무역협정과 2006년 4월 28일 ASEAN과 체결한 자유무역협정에도 그와 동일한 내용이 포함되어 있어 남북한 민족내부거래성을 국제법적으로 인정받을 수 있는 중요한 계기를 마련하고 있다. 남한은 2005년 3월 14일 '남북교역물품의 원산지 확인에 관한 고시' 개정을 통하여 남한에서 공급한 원·부자재를 이용하여 개성공단에서 생산한 물품 중 일정 요건을 갖춘 경우에는 남한산으로 인정하여 원산지를 'Made in Korea, Made in Korea(Gaeseong), 한국산, 한국산(개성 또는 개성공단)'으로 표시할 수 있도록 하여 이를 반영하였다.

4. 민족내부거래성의 국제관습법화

남북한 경제교역에 대하여 민족내부거래성을 인정받고 이를 바탕으로 남북한간 거래에 특혜교환을 보장받기 위해서는 위에서 본 바와 같이 여러 가지 방안이 제시될 수 있으나 각각 장단점을 가지고 있어서 현재로서는 이를 완전하게 국제사회로부터 인정받는 방안을 발견하기는 어렵다고 할 것이다. 다만, 국제통상법과 국제법 원칙과 조화를 이루면서 그에 대한 법제도적으로 남북한 경제교역에 있어서 특혜교환의 정당성을 가장 확실하게 보장받을 수 있는 것은 남북한 지역무역협정을 체결하거나 WTO설립협정상 의무면제를 획득하는 방안이라고 할 수 있다. 그러나 위에서 검토한 바와 같이 현재의 남북한관계, 북한의 경제체제 등에 비추어 이에 필요한 여러 가지 전제조건을 충족할 수 없는 것이 현실이므로 위 방안들은 장기적인 목표로 설정하여 이를 위한 전제조건을 충족할 수 있도록 남북교류협력을 강화할 필요가 있을 것이다. 이와 함께 현실적으로 국제사회에서 남북한 경제교역의 민족내부거래성을 인정받기 위해서는 남한이 현재 여러 나라들과 체결하고 있는 자유무역협정에 남북한특수관계에 관한 특별조항을 삽입하는 방안을 차선책으로 채택할 수 있을 것이다.

이와 함께 남북한간 경제교역에 있어서 민족내부거래성을 전제로 하여 국가 간 무역과는 다른 특별한 취급을 하는 관행을 계속적으로 축척하고 이를 장기간 지속시켜 그 관행에 일반성을 부여하는 한편, 남북한은 물론 국제사회에서도 이러한 관행에 대한 법적 확신이 형성되도록 노력함으로써 남북한간 거래에 대한 특별한 지위를 국제관습법으로 발전시키는 방안을 강구할 필요가 있다. 이는 민족자결주의를 바탕으로 남북한 민족내부거래성을 국제법 법원(法源)인 국제관습법으로 인정될 수 있도록 하는 것으로서 민족내부거래성을 규정하고 있는 남북합의서와 관련법률에도 부합하며, 이를 국제법적으로 구현하는 의미를 가진다고 하겠다. 이를 위해서는 남북한교류협력을 확대하고 이를 통하여 평화적 통일을 달성하기 위한 노력을 기울이는 한편, 이러한 노력이 국제사회로부터 지지를 획득할 수 있도록 이해와 협조관계를 구축하여야 한다.

또한, 남북한 경제협력에 관한 남북합의서를 체결함에 있어서 남북상사중재위원회를 통한 상사분쟁해결 등 민족내부거래성을 제도적으로 보장하여 이를 실천하고, 국내법률에도 남북한특수관계론에 따라 남북한 민족내부거래성이 반영될 수 있도록 제도적 장치를 마련하여야 할 것이다. 향후 남북한 경제협력의 확대와 진전에 따라서 남북한관계의 가변성과 동태적 발전성을 고려하여 남북한 지역무역협정을 체결하거나 WTO 설립협정상의 의무면제를 획득하는 방안도 검토할 수 있을 것이다.

II. 남북한 경제협력에 있어서
전략물자수출통제체제의 합리적 운영

1. 남북한 경제협력과 전략물자수출통제체제와의
충돌 가능성

2001년 9·11테러사태와 이라크전쟁 이후 스페인의 마드리드, 영국의 런던 등에서 폭탄테러가 발생함에 따라 국제사회에서는 대량파괴무기 (Weapons of Mass Destruction, WMD)의 비확산체제를 더욱 강화하고 있다. 특히, 미국은 새로운 안보전략인 '부시 독트린(Bush Doctrine)'에 따라 이라크, 이란, 북한을 '악의 축(axis of evil)'으로 호칭하고 쿠바, 리비아, 시리아 등을 '불량국가(rogue states)'로 지정하여 군사무기와 관련한 수출을 통제하고 자국의 수출규제법규를 위반한 국가·기업에 대하여 경제제재와 처벌을 더욱 강화하고 있다. 또한, 2003년 5월 31일 폴란드 크라코프에서 대량파괴무기의 확산방지를 위한 '비확산안보구상(PSI)'을 선언함으로써 테러방지와 대량파괴무기 비확산에 대한 확고한 입장을 대외적으로 천명하였다.

전략물자수출통제체제란 특정국가에게 전략적으로 우위를 부여하거나 전쟁위협을 증대시킬 수 있는 물품(goods), 장비(equipment), 자료(data), 기술(technology)을 의미하는 '전략물자(strategic items)'에 대하여 수출입을 규제·통제함으로써 국가안보와 세계평화를 유지하기 위한 국제협력체제를 의미한다. 전략물자수출통제에 대하여는 그 중요성과 긴박한 필요성으로 인하여 자원의 효율적인 배분을 목표로 자유무역체제를 지향하는 GATT협정 및 WTO설립협정에서도 특별한 예외를 인정받고 있다.

남북한특수관계론에 따르면 남북한 경제교역은 국내법적 규범 영역에 속하며, 북한의 법적 지위와 관련하여서도 원칙적으로 북한이 평화통일을 위한 대화와 협력의 당사자로서 활동하는 규범 영역에 해당한다. 따라서 남북한 경제교역에 있어서는 민족내부거래성을 인정하여 교역의 내용과 절차에 있어서 보다 광범위한 자율과 자유가 인정되어야 할 것이다. 그러나 북한은 현실적으로 남한과 구별되는 독립된 경제 영역을 형성하고 국제사회에서 국제법주체로 활동하고 있으므로 국제법적 규범 영역에서 일정한 관련성을 맺는 경우에는 국제법의 규율을 받아야 할 것이므로 남북한 경제교역에 대해서도 다른 제3국과의 경제교역에서 적용되는 동일한 법규범이 적용되어야 할 것이다.

전략물자수출통제체제와 관련하여 북한은 국제사회에서 핵무기개발 등과 관련하여 세계평화를 위협하는 위험한 국가로 취급되고 있는 것이 현실이다. 2004년에는 북한이 대량살상용 화학무기인 사린가스의 주원료로 사용되는 시안화나트륨을 태국기업을 통하여 대량으로 구입하려고 시도하였으나 미국 PSI 감시체계와 태국 소재 한국대사관의 개입으로 무산된 적이 있었다.10) 이와 같이 남북한 경제교역에 있어서 남한의 특정물자를 북한으로 반출할 경우에는 미국을 중심으로 한 전략물자수출통제체제가 이에 대하여 엄격한 심사와 통제를 받을 것을 요구하고 있는 실정이다. 이는 본질적으로 국내법적 규범 영역에 속하는 남북한 경제교역의 민족내부거래성에 대하여 국제법적 규율이 엄격하게 적용되는 것을 의미하므로 전략물자수출통제는 남북한 경제협력사업을 성공적으로 추진하는데 있어서 장애요인으로 작용할 가능성이 있으며, 민족자결주의에 기초한 민족내부거래성 인정에 있어서 미국을 비롯한 국제사회의 간섭을 초래하는 결과를 야기할 수도 있다.

그러나 남북한특수관계론을 적용하여 이를 평가할 경우에는 남북한 경제교역이 전략물자수출통제체제의 대상이 되는 때에는 북한의 법적 지위와 관련하여 북한이 반국가단체로서의 성격과 지위를 가지고 활동

---

10) 중앙일보, 2004.9.1.

하는 규범 영역에 해당하므로 남북교류협력의 규범체계가 그대로 적용될 수는 없을 것이다. 이는 국가안보와 세계평화와 직결되는 중요한 문제로서 남북한 경제교역이라 하더라도 교류협력의 목적, 동기, 성격 등에 비추어 국가의 존립·안전, 자유민주적 기본질서, 국민의 자유보장 등 헌법이념과 가치가 보장되는 범위 내에서 보호되어야 할 것이다. 이러한 의미에서 남북한이 국제사회의 일원으로서 세계평화와 국제협력을 최대한 실현할 수 있도록 전략물자통제체제에 적극 동참하면서도 이것이 남북한의 평화통일을 위한 경제협력사업에 장애가 되지 않도록 하기 위한 조화로운 해결방안을 모색하여야 할 것이다. 특히, 남북한간 진행되고 있는 개성공단사업의 성공적인 추진을 위해서도 남한의 물품을 북한으로 반출하는 것에 대하여 국가의 존립·안전과 자유민주적 기본질서를 보장하면서도 남북교류협력을 강화할 수 있도록 전략물자수출통제체제와 조화로운 제도적 방안을 도출할 것이 시급히 요청된다.

2. 전략물자수출통제 현황

1) 국제 전략물자수출통제체제

현재 운영중인 국제 전략물자수출통제체제로서는 바세나르체제(Wassenaar Agreement/Regime), 대량파괴무기비확산체제(Non-Proliferation Regime), 비확산안보구상(Proliferation Security Initiative), 기타 UN안전보장이사회 결의와 국제협정 등을 들 수 있다.

1996년 7월 출범한 바세나르체제는 상용무기(conventional weapons)와 이중용도(dual-use) 품목 및 기술의 불법취득방지를 위하여 그 수출 또는 이전에 대한 투명성(transparency)과 책임성(responsibility)을 강화함으로써 지역 및 국제평화와 안전·안정에 기여하는 것을 주된 목적으로 하고 있다. 그 정식명칭은 'The Wassenaar Agreement on Export Controls for

Conventional Arms and Dual-Use Goods and Technologies'이며, 대공산권 수출통제를 목적으로 설립된 '국제수출통제조정위원회(International Export Control Coordinating Committee, COCOM)'가 1994년 3월 해체된 이후에 공산주의나 자본주의를 불문하고 국제안보나 지역안보를 위태롭게 하는 국가를 대상으로 한 집단안보협력체제라고 할 수 있다. 남한은 구(舊)COCOM에 협력국으로 참여하였다가 바세나르체제에도 가입하고 있으나 북한은 가입하지 않고 있다. 위 체제에 참여하고 있는 33개 국가는 바세나르체제 운영규칙 제1조에 따라 국내입법 등을 통하여 대상품목의 수출이 바세나르체제의 설립목적에 반하는 군비증강이나 무기개발을 초래하지 않도록 조치할 의무를 부담한다.

바세나르체제에서 통제대상으로 하고 있는 품목은 '상용무기와 이중용도(상업용 및 군사용) 품목 및 기술'의 이전으로서 총 375개 품목이 이에 해당한다. 그러나 이들 통제대상에 해당하는 경우에도 모든 대상품목을 통제하는 것이 아니라 일정한 기술수준 이상의 품목만을 전략물자로 규정하여 국가별로 통제하며, 그 중 이중용도 품목 및 기술(tier 1)은 민감품목(tier 2)과 초민감품목(sub-set tier 2)으로 구분되며, 정기적으로 기술발전을 고려하여 추가 또는 삭제여부를 재검토하여 결정된다. 참여국은 상호 간 정보교환과 비참여국에 대한 수출허가 및 거부사실의 통보 등을 통하여 대상품목의 국제거래에 관한 투명성을 제고하는 등 긴밀하게 협조하여야 한다. 전략물자에 대한 수출통제는 기본적으로 개별참여국의 고유한 권한으로서 참여국 간에는 '수출거부 존중규정(no-undercut provision)'에 따라 다른 참여국에 의하여 수출거부된 품목과 본질적으로 동일한 품목에 대하여는 최초로 수출거부한 참여국과 협의를 하지 않고서는 수출허가를 하지 말아야 하는 의무를 부담한다.

그러나 바세나르체제는 법적 구속력이 없는 신사협정에 불과하므로 수출통제는 해당 참여국이 다른 참여국과의 사전협의 없이 자신의 고유한 권한과 책임하에 수출통제를 진행한다. 따라서 바세나르체제가 정하고 있는 의무규정은 법적 의무가 아니라 정치적 의무에 불과하므로 참여국의 수출허가 거부는 다른 참여국을 구속하지 않으며, 이에 대한 정보교환도 참여국이 자발적으로 진행하고 비공개를 원칙으로 한다. 바세나르체제에 대하여는 위와 같은 법적 성격과 효력으로 인하여 전략물자수출통제체제로서 국제법적 한계를 갖는다는 점이 문제점으로 지적된다. 즉, 바세나르체제는 그 협정을 위반한 참여국에 대하여 직접적으로 이를 규율하는 강제적인 조치를 포함하고 있지 않아 실효성 있는 안전장치가 되지 못한다는 것이다. 바세나르체제 내의 모든 결정은 의결이 아니라 '총의(consensus)'에 따르도록 한 것도 위와 같은 법적 성격이 반영된 것으로 평가할 수 있다.[11]

대량파괴무기비확산체제는 바세나르체제와 별도로 서방선진국들을 중심으로 원자력 등 대량파괴무기의 확산을 방지하기 위한 전략물자수출통제체제로서 '원자력관련 비확산체제', '생화학무기관련 비확산체제, '미사일관련 비확산체제'를 지칭한다. 대량파괴무기비확산체제는 그 대상품목이 바세나르체제와 약 50~60% 중복되고 정보교환이나 통제절차도 유사하지만, 통제수준이나 수출허가요건 등에 있어서는 훨씬 광범위하고 엄격한 것이 특징이다. 바세나르체제와 마찬가지로 대상품목에 대한 수출통제는 개별참여국의 고유한 권한으로서 대상품목에 대하여는 개별허가가 원칙이지만 모든 참여국에 대하여 수출이 허용되는 일반허가와 내부통제제도를 운영하는 기업에 대하여 포괄적으로 수출을 허가하는 포괄허가도 가능하다.

대량파괴무기비확산체제는 일반적으로 대상품목을 수입하는 수입국 정부의 최종용도 확인과 이행보증 또는 이행협약체결을 요구하며, 대상품목이 재수출되는 경우라도 자국의 부품이나 기술이 25% 이상 포함된 경우에는 대상품목의 최초수출국은 자국규정에 의하여 수출을 통제할 수 있도록 하였다. 나아가 대량파괴무기비확산체제는 대상품목에 대한 수출통제뿐만 아니라 이에 대한 연구·제조·비축시설 및 활동까지도

---

11) 최승환, "전략물자수출통제와 남북경협", 법무부, 통상법률 통권 제61호, 2005.2, 128~130면.

감시하는 제도로 강화되고 있다. 특히, 9·11사태 이후에는 미국, 일본, 캐나다, EU 등은 수출국 정부나 수출업자가 수입업자의 무기개발 의도를 인지하였거나 당해 수출품목이 대량파괴무기의 확산을 초래할 우려가 있다고 판단하는 경우에는 대상품목이 아닌 품목에 대해서도 수출을 전면통제하도록 하는 내용의 이른바 '캐치올 정책(Catch-all Policy)'을 도입하여 전략물자수출통제체제를 더욱 강화하고 있다.

비확산안보구상(PSI)은 테러 우려국가·집단에 관련된 WMD와 미사일 기타 관련물자를 운송한다는 의심이 있는 선박 및 항공기를 수색·임검·나포하는데 필요한 협조를 강화하기 위한 다자간 협력체제이다. 이는 2003년 9월 14일 파리에서 대량파괴무기의 확산방지를 위한 구체적인 '저지 원칙(Interdiction Principles)'을 채택하여 관련정보의 신속한 교환절차, 국제사회의 협조와 조치내용 등을 자세하게 규정하였다. 비확산안보구상은 대량파괴무기의 확산방지를 위하여 미국 주도의 일시적인 대응과 다자간 협력체제의 제도화를 지양하고 보다 유연한 접근을 모색하기 위한 미국의 대외정책의 산물로 평가된다. 이에 대하여는, 비참여국에 대하여는 위와 같은 협조와 조치를 강제할 수 없고, 현실적으로 대량파괴무기를 개발·판매하는 국가들의 지지를 받기 어렵다는 한계가 있다. 실제로 러시아와 중국은 PSI의 합법성에 대하여 의문을 제기한 바가 있으며, 일부 국가들의 비협조로 인하여 제도의 시행과정에서 분쟁이 발생할 가능성도 있다.[12]

2004년 4월 28일 UN안전보장이사회는 미국에 의하여 제안된 'UN안전보장이사회 결의 1540'을 만장일치로 채택하였다. 이는 핵무기, 화학무기 등 대량파괴무기를 개인에게 불법적으로 거래하는 것을 예방하기 위하여 채택된 것이다. 그 주요 내용은 모든 UN회원국들에게 국내법과 국제법에 따라 핵무기 등 대량파괴무기의 불법적 거래를 예방하기 위하여 적절하고 효과적인 조치를 개발·유지할 것을 요청하는 것이다. 또한, 위 결의안이 핵무기비확산조약, 화학·생물무기금지협약 등에 저촉

---

12) 최승환, 앞의 논문, 135면.

되는 것이 아니라는 것을 선언하였다. 그러나 위 결의안은 모든 회원국들에게 위와 같은 협력조치를 취할 것을 요청하는 것으로 권고적 효력을 가지는데 불과하고, 이를 강제할 수단이 없다는 점에서 한계가 있다.

그 외에도 국제통상협정이나 국가 간 우호·통상·항해조약과 투자조약에서도 국제평화와 국가안보를 목적으로 일정한 경우에는 통상규제조치를 허용하는 예외를 인정하고 있다. 즉, GATT협정, WTO설립협정, 무역관련지적재산권협정 등 국제협정은 '국가안보상의 중대한 이익을 보호하기 위하여 필요한 경우(necessary for the protection of its essential security interests)'에는 예외적으로 통상규제조치를 허용하고 있다. 이러한 조치로서는 특정정보의 비공개를 비롯하여 핵관련 물질·무기 등 물품·재료의 거래의 제한, 전시 등 긴급상황에서의 조치, 국제평화와 안전을 위한 UN헌장상의 의무를 준수하기 위하여 회원국으로서 취하는 조치 등을 들 수 있다. 국가 간 우호·통상·항해조약과 투자조약도 일반적으로 "본 조약은 국제평화와 안전의 유지 또는 회복을 위한 회원국의 의무를 이행하거나 중대한 안보이익을 보호하기 위하여 필요한 조치를 위하는 것을 배제하지 않는다"고 규정하여 통상규제조치를 예외적으로 인정하고 있다.

한편, 미국은 국내법으로 수출관리규정(Export Administration Regulations, EAR)을 제정하여 제3국이 테러지원국으로 분류된 북한 등에 대하여 수출할 경우에는 미국산 기술·소프트웨어가 10% 이상 포함된 제품은 미국 상무부의 사전 승인절차를 거치도록 하였다. 만약 특정국가가 이를 위반한 경우에는 민사벌칙, 수출특혜거절, 수출허가 취소 및 거부, 압류, 수입제재 등 행정제재를 가할 수 있도록 규정하여 수출통제체제를 강화하고 있다. 미국 수출관리법상의 전략물자통제제도를 위반한 외국기업에 대하여 미국정부가 제재조치를 취한 사례는 '시베리아 가스파이프라인 사건', 'Toshiba-Kongsberg 사건', 'Floating Dock 사건', 'JAE-Iran 사건' 등이 있으며, 그 결과 해당기업은 회복할 수 없는 치명적인 피해를 입었다고 한다.[13]

2) 남한의 전략물자수출통제제도

남한의 전략물자수출통제제도는 1987년 9월 체결된 '한미 전략물자 및 기술자료보호에 관한 양해각서'의 국내적 실시를 위하여 대외무역법시행령과 대외무역관리규정에 그 근거규정을 마련함으로써 도입되었다. 전략물자수출통제와 관련된 국내법률로서는 원자력법, 기술개발촉진법, 방위산업특별조치법, 남북교류협력에관한법률 등이 있다. 남한은 전략물자수출에 대하여는 1993년 7월 1일 발효된 대외무역법과 동법시행령에 따라 수출허가를 받도록 하고, 전략물자수입에 대하여는 1990년 7월 1일부터 수입증명서와 통관증명서 발급제도를 통하여 규율하는 것을 기본으로 하고 있다. 전략물자에 대한 수출입통제는 주로 대외무역법 제21조와 동법시행령 제39조 내지 제45조, 산업자원부 고시인 '전략물자·기술수출입통합공고'에 의하여 시행되고 있다.

대외무역법시행령 제39조 제1항은 수출통제대상이 되는 품목으로 '1종 전략물자'와 '2종 전략물자'로 구분하고 있다. '1종 전략물자'는 바세나르체제와 대량파괴무기비확산체제상의 수출제한품목과 동일하고, '2종 전략물자'는 2003년 1월 1일부터 캐치올 제도를 시행하면서 수출통제대상물품으로 편입된 것이다. 그러나 대상품목에 속하는 물자가 모두 통제되는 것이 아니라 특정의 기술수준을 초과하는 물품에 대해서만 수출이 통제되며, 한미 간에 체결된 위 양해각서에서는 전략물자의 통제대상을 상호 합의에 의하여 결정하도록 규정하고 있다.

전략물자의 수출통제 대상국가 및 지역으로서는 '국제평화와 안전을 저해할 우려가 있는 국가 또는 지역'으로서 대상품목에 따라서 통제의 정도가 상이한 두 개의 지역인 '가' 지역과 '나' 지역으로 구분하고 있는데, 수출허가절차를 전략물자의 유형과 수출 지역에 따라 차별화하여 수

---

13) 최승환, 앞의 논문, 147~148면.

출통제의 효율성을 제고하고 있다. 즉, '가' 지역은 미국, 일본 등을 포함
하여 바세나르체제 등 4개의 다자간 수출통제체제에 모두 가입한 총 28개
국가로서 '1종 전략물자'와 '2종 전략물자'에 대하여 수출허가를 받을 필
요가 없다. 그러나 '나' 지역은 그 이외의 160여 개 국가 또는 지역으로서
'1종 전략물자'에 대하여는 수출허가가 필요하고, '2종 전략물자'에 대하
여도 수요자에 관한 일정한 요건을 충족하는 경우에는 수출허가를 받도
록 하고 있다. 이때 최종목적지가 '가' 지역이라고 하더라도 '나' 지역을
경유하는 경우에는 '나' 지역으로 전략물자를 수출하는 것으로 간주한다.
특이한 점은 북한의 경우에는 제3국을 경유하여 전략물자가 재수출되는
경우에 한하여 '나' 지역으로 분류하고 있어 남한이 북한으로 직접 전략
물자를 반출하는 경우에는 '가' 지역은 물론 '나' 지역에도 포함되지 않도
록 하고 있는 것이다. 이는 남북교류협력에관한법률 제26조 제1항과 동법
시행령 제50조 제1항에서 "대외무역법 등 관계법률의 목적을 달성하고 남
북교류협력을 촉진하기 위하여 필요한 범위 안에서 당해 법률을 준용한
다"고 규정하고 있음에도 불구하고 남북한 직접교역에 대하여는 민족내
부거래성을 인정하여 특례를 허용한 것으로 판단된다.

대상물품에 대한 수출허가는 대상물품의 종류에 따라서 산업자원
부·국방부·과학기술부에서 담당하도록 규정하고 있다. 특히, 전략물
자를 북한에 직접 반출하는 경우에는 통일부장관이 승인하도록 하고 있
다. 이에 따라 통일부장관은 대북 반출물품의 군사적 전용가능성에 대한
기술적 검토를 위하여 산업자원부에 전략물자판정을 의뢰하고, 그 판정
결과에 따라 반출승인여부를 결정한다. 남북교류협력에관한법률은 제13
조와 제14조에서 대북 반출입의 대상이 되는 물품 또는 거래형태, 대금
결제방법 등에 대하여 통일부장관이 승인하도록 하고, 승인을 요하는 품
목과 금지품목에 대하여 통일부장관이 고시하도록 규정하고 있다. 대외
무역법은 제54조 제2호와 제56조에서 전략물자수출통제에 관한 법률규
정을 위반한 행위에 대하여 형사처벌을 규정하고 있으며, 동법시행령 제

45조와 '전략물자·기술수출입통합공고' 제64조, 제65조에서 산업자원 부장관은 전략물자의 수출입제한이 필요하다고 인정될 경우에는 '전략 물자거래 부적격자'로 지정하여 1년 이내의 기간 동안 전략물자의 수출 또는 수입을 금지할 수 있도록 하고 있다.

또한, 동법시행령 제40조의2와 '전략물자·기술수출입통합공고' 제57 조부터 제61조에서 전략물자 사전판정제도를 도입하여 원칙적으로 신청 서를 접수한 날부터 15일 이내에 전략물자 판정을 내리도록 하여 효율 성과 신속성을 제고하는 한편, '표준자율수출관리규정'을 신설하여 기업 들에게 전략물자 판정에 대한 구체적인 지침을 제시하여 자율적인 수출 통제관리능력을 제고하고 자율준수 무역거래자 지정제도를 도입하여 운 영하고 있다. 대외무역법 제21조의2와 동법시행령 제45조의2에서 전략물 자수출입관리정보시스템을 구축·운영할 것을 규정하고 있으며, 이에 따 라 2004년 8월 30일 '전략물자무역정보센터'가 신설되었다. 이는 수출물 품에 대한 전략물자 해당여부 판정, 기업의 전략물자 자율수출관리 지 원, 전략물자 수출입에 대한 홍보 및 교육, 주요국가 및 국제수출통제체 제와 협력체제 구축, 전략물자 수출입정보시스템 운영 등 사업을 담당하 고 있다. 특히, 개성공단사업과 관련하여 남한에서 북한으로 반출되는 물자의 판정업무를 수행함으로써 남북한 경제협력에 있어서 매우 중요 한 기능을 담당하고 있다.

3. 전략물자수출통제체제의 합리적 운용방안

남북한 경제협력에 있어서 전략물자의 반출입과 그에 대한 통제문제 는 남북한관계가 국내법적 규범 영역과 국제법적 규범 영역에 동시에 적용되는 사례에 해당한다. 또한, 북한의 법적 지위와 관련하여 세계평 화와 국가의 존립·안전에 직접적으로 위해요소로 작용함과 동시에 남북한 경제협력의 확대와 진전을 위하여 반드시 해결해야할 과제라고 할 수 있다. 남북한특수관계론에 따를 경우 북한은 국내법적 영역에서 반국가단체 또는 불법단체로서 지위를 가지고 있으며, 특히 국제사회에서 핵무기와 대량파괴무기의 개발과 반출입에 있어서 세계평화를 위협하는 존재로 인식되고 있는 상황을 고려하여 국제법적 규범 영역에서 세계평화와 국가안보에 대하여 국제사회와 협력체제를 유지할 것이 요구된다. 그러나 남북한 경제교역에 있어서 북한은 평화통일을 위한 화해와 협력의 동반자로서 지위를 가지고 있으므로 전략물자에 관한 국제 및 국내의 수출통제제도를 엄격히 시행할 경우에는 컴퓨터, 선반 등 대부분의 산업용 물품과 기술이 전략물자로 판정되어 북한으로 반출하는 것이 곤란하게 되며, 이는 개성공단사업을 포함한 남북한 경제협력의 진전에 장애요소가 될 수 있다.

특히, 바세나르체제 등 전략물자수출통제제도는 일정수준 이상의 품목만을 대상품목으로 규정하고 있으나, 미국은 이라크, 리비아와 함께 북한을 테러지원 국가 및 대량파괴무기 개발가능 국가로 분류하여 전략물자수출을 엄격히 통제하고 있고, 남한에 대하여도 미국 국내법상의 통제수준을 준수할 것을 요구하고 있다. 2005년 6월 29일 미국은 북한, 이란, 시리아의 WMD 확산 관련기업에 대하여 미국 내 자산을 동결하고 관련기업과의 금융, 재료, 기술지원 또는 상품, 서비스 제공 등의 거래를 금지하는 조치를 취하였다. 이러한 현실은 남북교류협력을 가로막는 장애요소일 뿐만 아니라 국제법적 규범 영역에서 국제법 원칙을 남북한에 직접 적용함으로써 남북한특수관계론에도 반하는 결과를 야기시킬 수 있다. 따라서 전략물자수출통제체제에 있어서 국제사회와의 위와 같은 협력체제를 유지하면서도 국내법적 규범 영역에서 북한이 평화통일을 위한 화해와 협력의 동반자로서의 지위에서 활동하는 범위에서는 남북한 경제교역의 민족내부거래성을 최대한 반영할 수 있는 운용방안을 도출하여야 할 것이다.

전략물자수출통제체제의 합리적인 운용방안으로서는 첫째, 남북한 경제협력에 있어서 전략물자에 해당되는 대상품목의 범위를 제한하는 방안이 있다. 일반적으로 전략물자의 대상품목에 국가안보에 중대한 영향을 미치는 물자를 포함시키고 있으나, '국가안보'에 대한 '중대한 영향'의 개념이 명확하지 않고 그 구체적인 내용에 대하여 국제적인 합의가 존재하는 것도 아니다. 전략물자의 개념을 확대할 경우에는 국가안보를 이유로 수출규제조치를 남용할 우려가 있으며, 이는 관련국가에 대한 경제적 강제나 간섭을 초래하여 국제법상 분쟁이 발생할 수도 있다. 따라서 전략물자수출통제체제의 대상이 되는 전략물자의 범위를 결정함에 있어서 그 물자의 용도, 반출입의 목적, 군사적 목적의 전용가능성, 관리와 통제의 투명성 정도 등을 고려하여 그 판정기준을 탄력적으로 적용함으로써 대상품목의 범위를 제한하는 것도 가능할 것이다. 또한, 전략물자와 관련된 기술의 개발이나 발전, 국가안보상황, 남북관계와 국제사회의 변화 등에 따라서 정기적으로 대상품목의 대상과 범위를 재심사하여 그 범위를 조정하는 것도 필요할 것이다. 특히, 개성공단사업과 금강산관광사업과 같이 제한된 지역에서 경제·관광특구로서 운영되는 남북한 경제협력사업에 있어서는 남한에서 북한으로 반출되는 대상품목은 남한기업이 관리·감독하면서 독자적으로 사용하는 점, 경제특구를 행정적으로 관리하는 개성공업지구관리위원회도 사실상 남한 주민으로 구성되어 있는 점, 대상품목과 기술을 사용하여 생산된 제품이 남한으로 다시 반입하는 점 등 그 특수성을 고려하여 이에 필요한 물자에 대하여는 광범위하게 반출입을 허용하는 것이 가능할 것이다.

둘째, 남한에서 북한으로 반출되는 물자가 전략물자 대상품목에 해당하는 경우라도 그 물자가 군사적 목적으로 전용되지 않고, 남북한 경제협력과 평화적 목적만으로 이용된다는 것을 보장하는 제도적 장치를 마련함으로써 이러한 경우에는 전략물자수출통제에서 예외적으로 허용하도록 하는 방안이 있다. 미국이 남한에서 북한으로 반출되는 산업용물자에 대하여 통제를 강화하는 것은 이들이 군사용으로 전용될 수 있다는 우려에서 기인하므로 남한에서 북한으로 반출되는 산업용물자가 평화적 목적으로만 이용된다는 것을 확인시킬 수 있는 제도적 장치를 마련한다면 이러한 우려를 불식시킬 수 있을 뿐만 아니라 북한에 대상물품을 반출하는 것을 반대할 이유도 없을 것이다. 남북한 경제협력에 있어서 남한이 북한으로 반출하는 물품은 그 대부분이 미래지향적인 평화통일의 인프라를 구축하는 준비작업에 이용된다. 남한의 관련법령인 전략물자·기술수출입통합공고 제16조도 전략물자의 수출 및 재수출에 대하여 평화적 목적에 사용되는 경우에 한하여 허가하도록 하고 있다. 남한이 북한으로 반출하는 전략물자의 군사적 전용을 방지하기 위해서는 다음과 같은 제도적 장치를 마련할 것이 요구된다. 즉, 남북한이 대상품목의 사용내용을 투명하고 공개적으로 밝히고 미국을 비롯한 국제사회가 이를 수시로 확인·검증할 수 있도록 허용하는 것이다. 남한이 북한으로 반출할 경우에는 그 대상품목에 대하여 첨단위치추적시스템 또는 전자칩(RFID)을 부착하여 대상품목의 사용처와 용도 등에 대하여 상시적으로 감시하는 기술체계를 마련하는 것도 검토할 수 있다. RFID(Radial Frequency Identification Device)는 물품에 작은 정보인식용 칩이나 태그를 부착하여 주파수 인식기기가 이 칩이나 태그에 담긴 정보를 읽어내는 장치 및 기술이다. 미국은 2005년부터 RFID 기술을 전략물자통제에 활용할 것으로 예상되며, 개성공업지구관리위원회도 대북 반출물자에 대한 위치추적을 위하여 국내보안업체와 공동으로 시스템을 개발하고 있는 것으로 알려졌다.[14] 그 외에도 남북한이 대상품목을 군사적 목적으로 전용하지 않는다는 것을 내용으로 하는 남북합의서를 체결하거나 국제사회에 공동선언문을 발표하는 것도 가능하다. 그러나 무엇보다 중요한 것은 북한이 세계평화를 위하여 국제사회와 협력하는 자세를 진지하게 견지하는 것이라고 하겠다. 즉, 북한은 남한으로부터 반입되는 대상품목

---

14) 조선일보, 2004.11.11. 및 11.25.

을 평화적인 목적으로만 투명하게 사용하고, 이에 대하여 국제사회로부터 신뢰를 받을 수 있는 적극적이고 성실한 노력을 보여야 할 것이다.

셋째, 미국의 수출관리규정(EAR)에서 인정하고 있는 해외대체원 제도를 활용하고, 이를 국내법에도 도입하는 방안이 있다. 미국의 수출관리규정은 전략물자에 해당하는 대상품목이라도 그것이 미국의 국가안보상 수출통제의 적용대상인 물품과 '질적으로 동등하고(comparable in quality)' 수출통제 또는 허가의 거절을 비효과적이게 할 정도로 '충분한 수량(sufficient quantities)'을 대상국가가 '미국의 관할권 밖에 있는 자로부터(from a non-US source)', '사실상 입수가능(in fact available)'하다고 인정할 경우에는 이를 '해외대체원(foreign availability)'으로 결정할 수 있도록 규정하고 있다. 미국 상무부장관은 대상품목이 해외대체원에 해당하는지 여부를 결정하며, 대통령이 이에 대하여 미국의 국가안보에 유해하다고 결정하지 않는 한 국가안보통제를 해제하거나 수출허가를 승인하도록 하고 있다.[15] 이는 미국이 전략물자로 판정받은 물품에 대하여 수출을 금지하더라도 대상국가가 자국에서 생산할 수 있거나 제3국으로부터 용이하게 입수할 수 있는 경우에는 전략물자수출통제의 목적을 달성할 수 없으며, 해당 대상품목에 대하여 수출을 금지하는 것은 자국기업에게만 경제적 손실을 가하게 되는 불합리한 결과를 초래할 뿐이라는 비판을 수용하여 제도적으로 도입된 것이다. 남한에서 북한으로 반출되는 전략물자 대상품목 가운데 해외대체원에 해당하는 품목이 있을 경우에는 이 제도를 적극 활용하고, 남한의 대외무역법에도 이를 도입할 필요가 있다. 이는 남한이 북한에 반출하는 대상품목에 대하여 법제도적인 방법을 활용함으로써 국가의 존립·안전을 보장하고 전략물자의 불법반출에 대한 미국의 우려를 불식시킬 수 있을 것이다. 그밖에도 전략물자 대상품목의 구체적인 내용을 사전에 공고함으로써 전략물자 해당여부를 명확히 하고, 내부통제제도를 적절히 운영하는 기업에 대하여는 일정기간 동안

---

15) 최승환, 앞의 논문, 151~152면.

개별적 수출허가를 면제하는 포괄수출허가제도를 적극 활용함으로써 수출입절차를 간소화하는 것도 남북한 경제협력강화에 도움이 될 것이다.

제7장 결 론

　1990년 이후 세계는 동구 사회주의체제의 붕괴에 따라 이념과 체제의 냉전이 종식되고 미국을 중심으로 새로운 자유경쟁체제가 형성되는 가운데, 유럽과 아시아 등 지역주의가 대두되고 있다. 제2차 세계대전의 유산물로서 이념과 체제의 대립으로 인하여 분단되었던 독일과 예멘이 통일되었으며, 과거 사회주의체제를 유지하였던 러시아 등 동구 국가들은 체제전환 작업을 계속하고 있다. 중국과 베트남은 정치적으로는 사회주의체제를 고수하고 있으면서도 경제적으로는 자유시장경제질서를 적극 도입하여 근본적인 변화를 시도하고 있다.

　북한도 김일성 사망 이후 극심한 식량난을 겪으면서 경제회복을 위하여 2002년 7·1경제관리개선조치를 단행하여 경제분야에서의 개혁개방을 추진하고 있으며, 개성공단사업과 금강산관광사업 등 남북한간 교류협력사업을 적극 추진함에 따라서 남북한 관계도 근본적인 변화를 맞이하고 있다. 특히, 2000년 6월 분단 이후 처음으로 남북한 정상회담이 개최된 이후 남북통일방안에 대한 합의와 함께 다양한 분야에서의 남북교류협력이 진행됨으로써 남북한 화해·협력이 가속화되고 있다. 남북한 관계의 이러한 본질적인 변화는 대한민국이 ‘자유민주적 기본질서에 입각한 평화통일 원칙’에 따라 남북한간 화해와 협력을 위하여 기울인 노력의 결실이지만, 국제적인 냉전적 구도의 완화와 북한의 변화된 모습도 긍정적인 요인으로 작용한 것이라고 평가할 수 있다.

　남북교류협력은 그 동안 남북교류협력에관한법률 등 국내법령과 남북합의서를 통하여 제도적으로 규율되어 왔다. 그러나 국내법령과 남북합의서는 남북통일과 남북한관계를 실효성 있게 규율하는 규범체계로 기능함에 있어서는 최고규범인 헌법을 비롯한 관련법규 간에 체계적 일관성 또는 논리적 정합성이 부족하다는 지적이 계속되어 왔다. 이에 따라 남북한관계와 남북교류협력에 대한 적실성 있는 규범체계를 모색하기 위하여 남북한특수관계의 헌법규범적 의미를 분석하였다. 이러한 남북한특수관계론은 남북한관계가 적용되는 규범 영역에 따라서 제기되는 다양한 법률적 쟁점사항에 대하여 그 해결방안을 제공할 수 있는 구체적이고 적실성 있는 규범체계를 마련하는 법이론적 기준을 제시할 수 있다.

남북한특수관계론은 남북한이 헌법규범적으로 상대방을 국가로 인정하지 않고 있으므로 남북한관계는 국가 간 관계라고 할 수 없으면서도 현실적으로 단일한 국내법이 적용되지 않는 상태에서 남북교류협력을 추진하고 있는 특수한 관계이며, 국제사회에서도 남북한이 각각 국가적 실체를 가지고 국제법주체로 활동하고 있는 것을 전제로 하고 있다. 따라서 남북한특수관계론은 남북한관계가 적용되는 규범 영역에 따라서 상이한 규범적 의미를 가진다.

첫째, 국내법적 규범 영역에서 소극적인 의미는 남북한관계가 나라와 나라 사이의 관계가 아니라는 것을 의미하므로 남북한관계에 대하여는 국제법 원칙을 적용할 수 없다.

둘째, 국내법적 규범 영역에서 북한이 반국가단체로서 활동하는 경우에는 헌법 제3조와 국가보안법 등 국내법이 적용되고 국제법 원칙이 적용되지 않으며, 헌법 제4조를 근거로 하여 제정된 남북교류협력에관한법률 등 국내법률과 각종 남북합의서도 적용될 여지가 없다.

셋째, 국내법적 규범 영역에서 북한이 남한의 평화통일을 위한 노력에 대응하여 남북교류협력 등 그에 부합되는 활동을 하면서 평화통일을 위한 대화와 협력의 동반자로서 활동하는 경우에는 북한의 실체를 규범적으로도 인정하고 있으므로 원칙적으로 국제법 원칙이 적용되어야 한다. 이러한 경우에도 남북한관계의 특수성을 반영하여 국제법 원칙을 변용하거나 탄력적으로 적용할 필요가 있으므로 이에 대한 법적 근거를 마련할 필요가 있다. 이러한 규범 영역에서는 국제법 원칙 이외에도 헌법 제3조, 제4조와 이를 근거로 하여 제정된 남북교류협력에관한법률 등 국내법률과 각종 남북합의서도 북한을 평화통일을 위한 대화와 협력의 동반자로 인정하고 제정된 것이므로 남북한관계에 그대로 적용된다고 하겠다.

넷째, 국제법적 규범 영역에서는 남북한 일방 또는 쌍방이 특정한 제3국 또는 국제기구와 법률관계를 형성할 경우에는 국제법 원칙이 적용된다고 하겠다. 남북한관계가 국내법적 규범 영역에 머무르지 않고 특정한 제3국 또는 국제기구와 관련성을 갖는 경우에는 헌법 제3조와 제4조에서 천명하는 평화통일을 달성하기 위한 통일정책을 수립하고 추진한다는 기본목표에 부합하도록 남북한관계의 특수성을 최대한 반영하여 국제법 원칙을 변용 또는 탄력적으로 적용하는 방안을 마련할 필요가 있다.

남북한특수관계론은 국내법체계에 있어서 헌법의 통일적·규범조화적 해석을 통하여 도출되는 헌법적 규범으로서 통일정책과 남북교류협력에 관한 헌법적 근거이자 정당성의 기초가 된다. 따라서 남북교류협력에 대한 국내법적 규범체계를 정립하고 평화통일을 대비한 법제도적인 통일인프라를 구축하는 작업은 남북한특수관계론에 부합하도록 추진되어야 한다. 남북교류협력에 대한 규범체계는 남북한특수관계론을 조망하는 관점에 따라서 국내법적 적용, 남북한간 적용, 국제법적 활용방안으로 구분하여 검토하는 것이 현실적으로 발생하는 법률문제를 해결하는데 유용할 것이다.

남북한특수관계론을 국내법적으로 적용할 경우에는 다음의 쟁점사항을 분석하였다.

첫째, 북한 주민의 법적 지위는 국내법적 규범 영역에서는 소극적인 의미에서 남북한은 나라와 나라 사이의 관계가 아니라는 것을 의미하므로 북한 주민을 외국인으로 인정할 수는 없다는 것을 전제로 하고 있다. 북한이 반국가단체로서 활동하는 규범 영역에서는 법규범적으로는 대한민국 국민이라고 할 것이다. 그러나 북한이 평화통일을 위한 화해와 협력의 동반자로서 활동하는 규범 영역에서는 북한 주민은 법규범적으로도 그 실체를 인정하는 북한을 구성하는 주민으로 인정되므로 그러한 범위 내에서는 북한의 주민인 특수한 지위를 가진다고 하겠다. 즉, 북한 주민은 외국인은 아니지만 현실적으로 남한 주민으로서의 법적 지위를 현실적으로 누리고 있지도 않은 특수한 지위로서 '북한적'을 가진 주민으로 인정하여 원칙적으로 국제법 원칙을 유추적용하거나 북한 주민에 대하여 외국인에 준하는 지위를 인정하여야 한다. 한편, 북한 주민의 법적 지위가 국제법적 규범 영역에서 적용될 경우에는 원칙적으로 '북한적'을 인정하여 국제법 원칙을 유추적용하거나 외국인에 준하는 지위를 인정하여야 할 것이나, 북한 주민의 특수한 지위를 반영할 수 있도록 외교적 노력을 기울일 필요가 있을 것이다.

둘째, 북한법률의 국내법적 효력은 북한의 이중적 지위에 따라서 그 규범적 의미가 달라지는데, 원칙적으로 북한은 대한민국의 영토를 불법적으로 점유하고 있는 불법단체이므로 북한 당국이 제정한 법률은 남한 헌법상 그 효력이 인정되지 않는다. 그러나 북한이 평화통일을 위한 화해와 협력의 동반자로서 활동하는 경우에는 북한의 실체를 인정하지 않을 수 없으므로 북한 당국이 제정한 법률에 대하여도 이를 인정하고 그 자체의 효력을 존중하고 이를 인정하여야 할 것이다. 남북교류협력의 과정에서 발생하는 다양한 법률관계는 주로 북한이 평화통일을 위한 화해와 협력의 동반자로서 활동하는 규범 영역에서 발생하는 것이므로 남북합의서가 직접적으로 적용되며, 그에 따라 북한법률에 대해서도 일정한 규범적 효력을 인정하여야 할 것이다. 그러나 북한법률의 법적 효력이 인정된다는 것은 "사실상 지방적 정부인 북한이 제정한 법률이 북한 지역과 북한 주민에게 규범력을 가지고 존재한다"는 사실을 인정하고 존중한다는 취지이지 북한법률이 곧 국내법체계에 포섭되어 개개의 북한법률이 그대로 국내법적으로 일정한 법률적 효력을 가지는 것을 의미하는 것은 아니다. 그러므로 남북한관계에 대하여는 원칙적으로는 국제법원칙이 유추적용되고, 그 범위 내에서 북한법률은 외국의 법률과 동일한 법규범적 의미와 효력을 갖는다고 하겠다.

셋째, 남북한 이산가족의 재결합에 따른 가족법률관계는 기본적으로는 남북한 민사사건에 관한 법률충돌로 인하여 발생하는 문제에 해당하나 이산가족 재결합의 특수성을 반영하여 그 특칙을 인정할 필요가 있다. 즉, 법치주의에 바탕을 둔 법이념과 인도주의적인 입장을 고려하여 이산 이후에 형성된 가족관계에 대하여 법적으로 보호할 가치가 있는 부분에 대하여는 가급적 이를 존중하고 그 유효성을 인정함으로써 법적 안정성을 보장하여야 할 것이다. 이는 북한가족법 및 그에 근거하여 북한이 행한 행정·사법작용을 통하여 형성 또는 해소된 가족관계에 대하여 법적 효력을 부여하여 그 유효성을 인정하는 것을 전제로 한다. 이산가족의 재결합은 당사자의 고유한 인격권과 직접적으로 관련된 것으로서 이산가족 당사자는 물론 이산가족의 재결합과 관련되는 당사자의 의사를 최대한 존중하여야 한다. 또한, 인도주의 원칙을 고려하여 이산으로 인한 고통을 최소화할 수 있도록 배려해야 할 것이므로 일정한 경우에는 중혼관계의 인정 등 남북한의 가족법이 인정하지 아니하는 결과가 발생할 수도 있을 것이다. 다만, 이러한 결과는 일시적·제한적·예외적으로 필요한 범위에서만 수용되어야 한다.

남북한특수관계론을 남북한간에 적용할 경우에는 다음의 쟁점사항을 분석하였다.

첫째, 남북합의서의 법적 성격과 효력은 남북한 당국이 교류협력의 차원에서 체결한 각종 합의문건의 규범력에 관한 문제이다. 남북합의서는 그 명칭 여하에 불구하고 남북한 당국이 당사자로서 국제법상 법적 효과를 창출하고자 하는 의도가 있었는지 여부에 따라 상이한 법적 성격과 효력을 가지게 된다. 즉, 남북합의서는 법적 구속력과 집행력을 가지는 조약과 법적 구속력이 없이 단순히 정치적 의사표명이나 협력의지를 표명하는 신사협정으로 구별된다. 현재까지 체결된 남북합의서는 남북기본합의서를 비롯하여 조약으로서의 성격을 갖지 못하는 것이 대부분이나 4개 경협합의서 또는 그 후속합의서로서 그와 유사한 법적 효력을 부여할 것을 예정하고 있거나 그 내용에 국민의 권리·의무에 관한 입법사항을 포함하고 있는 합의서의 경우에는 조약으로서의 성격을 인정하여 법적 효력을 부여해야 한다. 이러한 경우에는 그 합의서가 법률, 명령, 규칙 등 국내법체계 중 어느 수준에 편입되는가를 결정하여 헌법과 법률이 정하는 절차에 따라 그에 상응한 법적 효력을 부여하는 후속조치를 취하여야 한다. 남북합의서에 대한 국회의 비준동의는 그 합의서가 조약으로서의 성격을 갖는 것을 전제로 하고 있으며, 헌법 제60조 제1항에서 규정하는 입법사항에 해당하는 내용을 포함하고 있는 경우에는 국회의 비준동의를 받아야 한다.

둘째, 남북한 민사문제에 대한 법률충돌은 기본적으로는 국내법적 규범 영역에서 북한이 평화통일을 달성하기 위한 화해와 협력의 동반자로서 활동하는 경우를 전제로 하는 것이다. 이때 북한은 남한과 동등한 지위를 가지며, 북한법률도 일정한 범위에서 국내법상 규범적 효력을 가지므로 이러한 규범 영역에서는 북한의 재판관할권을 인정할 여지가 있다고 할 것이다. 그러나 국민의 재판청구권 등 기본권 보장과 북한 사법제도의 비민주성 등을 고려하여 반드시 법률적 근거가 필요하며, 헌법이 추구하는 다른 가치와 이념과 서로 조화를 이루는 범위 내에서만 인정된다. 북한의 재판관할권은 남북한관계의 발전이나 북한 사법제도의 민주화 등 북한체제의 변화에 따라서 구체적인 내용과 범위가 결정된다는 한계를 가진다. 남북한 민사문제에 대한 법률충돌을 해결하는 기본원칙으로서 남북교류협력의 확대와 평화통일을 촉진하는 순기능을 발휘할 수 있을 것, 남북한 주민들의 실질적인 평등권을 보장하여 남북한 주민에게 법률상 동등한 지위를 부여할 것, 북한 주민이 북한에서 취득한 합법적인 권리를 보호하여 법적 안정성을 기할 것, 남북한이 장기간 분단된 상황에서 이념과 체제를 달리하여 생활하여 왔다는 특수성을 고려하되 남한의 공공질서와 미풍양속을 최대한 존중할 것 등을 제시할 수 있다.

셋째, 남북한 형사사건에 관한 법률충돌은 북한이 평화통일을 위한 대화와 협력의 동반자로서 활동하는 규범 영역에 있어서는 속지주의 원칙을 기본으로 하여 국제형법 원칙을 유추적용할 수도 있을 것이다. 그러나 사회주의 체제·이념을 직접 반영하고 있는 북한 형사법의 비민주성과 남북한관계의 발전 정도에 비추어 현재로서는 남한 주민에 대하여 북한형법을 적용하는 것은 곤란하며, 북한 주민에게도 남한형법을 적용할 수 없는 한계를 인정하여야 할 것이다. 다만, 향후 남북한간 교류협력의 확대와 북한 형사법제도의 민주화 등 여건이 조성될 경우에는 다음의 기본원칙에 따라 북한형사법을 제한적으로 적용할 수 있을 것이다. 즉, 국제법 원칙에 따라 속지주의를 기본원칙으로 하되, 상대방 주민에 대한 속인주의는 배제하는 것이 타당하다. 속지주의에 대한 예외를 인정하여 남북한 어느 일방의 형사법에 의해서만 처벌되는 경우 또는 남북한 주민이 상대방 지역에서 범죄를 저지르고 자기 지역으로 돌아온 경우에는 속인주의를 적용하고, 남북한 주민이 자기 지역에서 범죄를 저지르고 상대방 지역으로 간 경우에도 범죄인인도요청이 거부될 경우에는 남북한간 합의에 따라 상대방 지역에서의 재판권 행사를 인정할 수도 있을 것이다.

넷째, 남북한 상사분쟁의 합리적 해결은 남북한간 민사사건의 법률충돌의 문제에 해당하나 남북한 경제협력의 성공적인 추진을 위해서는 공정하고 상호 신뢰할 수 있는 상사분쟁 해결방안이 특히 요구되는 점을 고려하여 남북한 상사분쟁에 대하여는 남북합의서를 통하여 중재제도에 따른 해결절차를 마련하였다. 즉, '상사분쟁해결절차합의서'와 '남북상

사중재위원회 구성·운영합의서'는 남북한 상사분쟁에 대하여 제1차적
으로는 당사자의 협의의 방법으로 해결하도록 하고, 협의의 방법으로 해
결되지 않을 경우에는 중재의 방법으로 해결하는 것을 원칙으로 하여
남북상사중재위원회의 구성·권한·조직과 운영 등에 대한 기본원칙을
규정하고 있다. 이는 남북한 상사분쟁에 대하여 남북한 일방의 재판제도
나 기존의 국제상사중재 등 제도를 이용하는 것이 아니라 남북한이 합
의하여 남북한 공동기구로서 남북상사중재위원회를 구성하여 상사분쟁
을 해결하는 제3의 분쟁해결시스템을 도출한 것으로서 향후 남북한 사
법제도 통합에 있어서도 매우 중요한 의미를 가진다고 평가할 수 있다.
남북상사중재제도의 성공적인 운영을 위해서는 남북상사중재위원회의
구성과 중재규정의 내용이 매우 중요하다. 따라서 남북상사중재위원회
는 그 기능과 역할을 고려하여 합리적으로 구성하고, 중재규정도 국제적
으로 보편타당한 표준적인 중재규정을 참고로 하되 남북한의 특수성을
반영하여 공정하고 신속한 해결절차를 마련하는 내용을 포함시켜야 할
것이다.

남북한특수관계론을 국제법적으로 활용할 경우에는 다음의 쟁점사항
을 분석하였다.

첫째, 남북한 경제교역에 있어서의 민족내부거래성은 남북 간의 경제
교역 자체가 국내법적 규범 영역에 속하므로 외국 간 교역으로 취급할
수는 없으나, 북한이 현실적으로 남한과 구별되는 독립된 경제 영역을
형성하고 있어 그 범위 내에서 특수한 지위를 인정할 필요가 있다. 특히,
WTO체제에서는 남북한의 경제교역도 국제법 원칙에 따라 규율되므로
일반적인 국제법 원칙을 배제하는 것은 국제통상규범에 배치되는 것으
로 평가될 수 있다. 따라서 남북한간 경제교역에 대하여는 민족자결주의
를 바탕으로 WTO체제의 비차별 원칙, 최혜국대우 의무 등 국제통상규
범에 대한 예외로서 무관세교역, 특혜교환 등 민족내부거래의 특수성을
가진다는 것을 국제사회로부터 인정을 받을 수 있도록 법논리적인 대응

방안을 마련할 것이 요구된다. 현재 국제통상법규범상 민족내부거래성을 제도적으로 국제사회로부터 인정받기는 어려우므로 장기적으로는 남북한간 지역무역협정을 체결하는 것을 목표로 하되, 현실적으로는 남한이 현재 제3국과 체결하는 자유무역협정에 남북한 교역에 관한 특별조항을 삽입하는 방안을 채택할 필요가 있다. 또한, 남북한은 민족내부거래성을 전제로 하여 국가 간 무역과는 다른 관행을 계속적으로 축적하고 국제사회에 이러한 관행에 대한 법적 확신이 형성되도록 노력함으로써 남북한 경제교역에 대한 특별한 지위를 국제관습법으로 발전시키는 방안을 강구할 필요가 있다.

둘째, 남북한 경제교역과 전략물자수출통제체제의 합리적 운용은 남북한 경제교역이 민족내부거래성을 가지므로 그 내용과 절차에 있어서 보다 광범위한 자율과 자유가 인정되어야 할 것이나, 국제법적 규범 영역에서는 전략물자수출통제체제 등 국제법 원칙의 규율을 받아야 할 것이다. 북한이 국내법적 규범 영역에서 반국가단체로서의 지위를 가지고 있고, 국제사회에서 핵무기와 대량파괴무기 등과 관련하여 세계평화를 위협하는 위험한 국가로 인식되고 있는 특별한 상황을 고려하여 국제법적 규범 영역에서 세계평화와 국가안보에 대하여 국제사회와 협력체제를 유지할 필요성이 있다. 남북한은 국제사회의 일원으로서 세계평화와 국제협력을 최대한 실현할 수 있도록 전략물자통제체제에 적극 동참하면서도 이것이 남북한의 평화통일을 위한 경제협력사업에 장애가 되지 않도록 조화로운 해결방안을 모색하여야 할 필요가 있다. 따라서 전략물자수출통제체제와 관련하여 남북한간 경제교역에 있어서 남한에서 북한으로 반출되는 전략물자 대상품목에 대하여 군사적 전용을 방지하고 평화적 목적으로 이용된다는 것을 보장할 수 있도록 투명하고 신뢰받는 운영체제를 마련하여야 할 것이다.

참 고 문 헌

1. 국내문헌

(1) 단행본

강경근, 헌법학, 법문사, 1997.
계희열, 헌법학(상), 박영사, 2004.
곽윤직, 민법총칙, 박영사, 2003.
구병삭, 신헌법원론, 박영사, 1998.
권영성, 헌법학원론, 법문사, 2004.
권재열 등, 북한의 법체계－그 구조와 특색, 아산재단 연구총서 제160집, 집
　　　　문당, 2004.
김근식, 형법학 1, 김일성종합대학출판사, 1986.
＿＿＿＿, 형법학 2, 김일성종합대학출판사, 1987.
김국신 등, 분단극복의 경험과 한반도 통일 1·2, 한울아카데미, 1994.
김대순, 국제법론, 삼영사, 2004.
김대중, 공화국연합제, 학민사, 1991.
김명기, 북방정책과 국제법, 국제문제연구소, 1989.
김승대, 통일헌법이론－동서독과 남북한 통일의 비교법론－, 법문사, 1996.
김영탁, 독일통일과 동독재건과정, 한울아카데미, 1997.
김용욱, 한민족 통일과 분단국 통합론, 전예원, 2001.
김일수·서보학, 형법총론, 박영사, 2004.
김철수, 한국입헌주의의 정착을 위하여, 법서출판사, 2003.
＿＿＿＿, 독일통일의 정치와 헌법, 박영사, 2004.
＿＿＿＿, 헌법학개론, 박영사, 2004.
김한길, 현대조선역사, 사회과학원 역사연구소, 일송정, 1983.
목영준, 상사중재법론, 박영사, 2000.
문준조, 중국과 대만의 인적교류법제, 한국법제연구원, 2004.
민병천, 신통일론, 고려원, 1991.
박　광, 진통의 기록 : 전조선 제정당 사회단체 대표자연석회의 문헌집, 평화

　　　　　　도서주식회사, 1948.
박상기, 형법총론, 박영사, 2005.
박정원, 북한의 대외경제중재법에 관한 연구, 한국법제연구원, 2000.
박종철 등, 평화번영정책의 이론적 기초와 과제, 통일연구원, 2003.
박지향 등, 해방전후사의 재인식, 책세상, 2006.
배종대, 형법총론, 홍문사, 2004.
백진현·조균석, 국제형사사법공조에 관한 연구, 형사정책연구원, 1993.
석광현, 국제사법해설, 지산, 2003.
석동현, 국적법연구, 동강, 2004.
성낙인, 헌법학, 법문사, 2005.
성영훈등, 주석 독일법원조직법, 법무부, 2001.
신용호, 독일통일에 따른 법적 문제, 전주대출판부, 1998.
신정현 등, 국가연합 사례와 남북한 통일과정, 한울아카데미, 2004.
심지연, 남북한 통일방안의 전개와 수렴, 돌베개, 2001.
심현상, 조선형법해설총칙, 평양국립출판사, 1957.
양 건, 입헌주의를 위한 변론, 고시계, 1987.
양영식, 통일정책론, 박영사, 1997.
유지호, 예멘의 남북통일, 서문당, 1997.
유진오, 헌법해의, 명세당, 1949.
＿＿＿, 신고헌법해의, 일조각, 1959.
윤명선·김병묵, 헌법체계론, 법지사, 1998.
이영석, 죽산 조봉암, 원음, 1983.
이재상, 형법총론, 박영사, 2003.
이한기, 국제법강의, 박영사, 2004.
장명봉, 한민족공동체 통일방안－그 법적 체계화 연구, 통일원, 1989.
＿＿＿, 분단국가의 통일헌법 연구－독일과 예멘의 통일사례와 자료, 국민대
　　　출판부, 1998.
＿＿＿, 분단국가의 통일과 헌법, 국민대출판부, 2001.
＿＿＿, 김정일체제 출범 이후 북한법제 정비동향, 통일부, 2001.
＿＿＿, 북한 대외경제개방법제의 최근 동향과 북한경제의 개혁개방 지원을
　　　위한 법제화 모색, 통일부, 2001.
＿＿＿, 김정일체제하의 북한법령집, 북한법연구회, 2005.
장명봉 등, 북한의 법과 법이론, 경남대 극동문제연구소, 1988.

장명봉 등, 통일정책 및 북한 주민의 법적 지위에 관한 헌법적 문제, 헌법재
　　　판소, 1998.
＿＿＿＿＿＿, 북한의 대외경제개방과 관련법제 정비 동향, 한국경제연구원, 2001.
장유식, 남북관계발전기본법 제정의 의미와 입법방향, 남북관계발전기본법 제
　　　정 의의와 입법방향 토론회, 참여연대 평화군축센터 평화포럼, 2004.9.
전득주, 세계의 분단사례 비교연구, 푸른길, 2004.
정경환, 민족분단과 통일문제, 신지서원, 2002.
정성근·박광민, 형법총론, 삼지원, 2005.
정종섭, 헌법학원론, 박영사, 2006.
정종섭 교감·편, 한국헌법사문류, 박영사, 2002.
제성호, 남북한특수관계론, 한울아카데미, 1995.
＿＿＿＿ 편저, 통일시대와 법, 중앙대학교출판부, 2003.
＿＿＿＿ 등, 법제도분야 통일인프라 실태연구, 통일연구원, 2003.
조명철 등, 남북경협 활성화를 위한 제도정비 방향, 대외경제정책연구원,
　　　2000.7.
최달곤, 북한민법의 연구, 세창출판사, 1998.
최달곤·신영호, 북한법입문, 세창출판사, 1998.
최대권, 통일의 법적 문제, 법문사, 1990.
＿＿＿＿, 헌법학강의, 박영사, 2001.
최종고, 북한법, 박영사, 2001.
최창동, 법학자가 본 통일문제 Ⅰ·Ⅱ, 2002.
한운석, 하나의 민족·두개의 과거, 신서원, 2003.
허　영, 한국헌법론, 박영사, 2004.
＿＿＿＿, 헌법이론과 헌법, 박영사, 2003.
＿＿＿＿ 편저, 독일통일의 법적 조명, 박영사, 1994.
홍성방, 헌법학, 현암사, 2002.
국토통일원, 예멘 통일관계 자료집, 1990.
대통령비서실, 박정희 대통령 연설문집 제10집, 1974.
민족통일연구원, 남북한특수관계의 법적 성격과 운영방안, 1994.
법무부, 북한법의 체계적 연구(2), 1995.
＿＿＿＿, 중국과 대만의 통일 및 교류협력법제, 1995.
＿＿＿＿, 독일통일 10년의 법적 고찰, 2000.
＿＿＿＿, 남북교류협력관련 판례집, 2003.

______, 통일법무기본자료, 2003.
______, 북한 개성공업지구법 분석, 2003.
______, 북한 금강산관광지구법 분석, 2003.
______, WTO 비차별 원칙의 이해와 적용 연구, 2003.
______, 키프로스 통일방안 연구, 2004.
______, 개정 북한형사소송법 해설, 2004.
______, 베트남 개혁개방법제 개관, 2005.
______, 개정 북한형사법제 해설, 2005.
법무법인 태평양, 개성공업지구 법규 및 제도 해설, 로앤비, 2004.
법원행정처, 통일에 대비하는 법조, 근대사법 100주년 기념 심포지움, 1995.
__________, 북한사법제도 개관, 1996.
__________, 북한의 부동산제도, 1997.
__________, 북한 대외경제교류법령의 주요 논점, 2001.
__________, 남북교류와 관련한 법적 문제점(1)~(4), 2002~2005.
법제처, 독일통일관계법 연구, 법제자료 제156집, 1991.
______, 독일통일관계법 연구(2), 법제자료 제161집, 1992.
______, 중국과 대만의 교류법제, 1992.
______, 남북한 법제통합 연구의 기본방향, 1999.
______, 2001년도 남북법제개선 연구보고서, 2001.
______, 2002년도 남북법제개선 연구보고서, 2002.
______, 2003년도 남북법제개선 연구보고서, 2003.
______, 2004년도 남북법제개선 연구보고서, 2004.
사회과학원, 국제법사전, 사회과학출판사, 2002.
사회과학원 법학연구소, 법학사전, 사회과학출판사, 1971.
__________________, 민사법사전, 사회안전부출판사, 1997.
사회과학출판사, 사회주의·공산주의 건설이론, 도서출판 태백, 1989.
____________, 조선말대사전 1·2, 1992.
새시대전략연구소, 남북연합과 북한의 느슨한 연방제 통일방안 비교, NSIK
　　　2001년도 제2차 심포지움 자료집, 2001.7.6.
아태평화재단, 김대중의 3단계 통일론－남북연합을 중심으로－, 아태평화출
　　　판사, 1995.
외교통상부, 영국 개황, 2004.
________, 베트남 개황, 2004.

__________, 예멘 개황, 2005.
조선노동당출판사, 김일성 선집 2, 1964.
__________________, 김일성 저작집 5, 1980.
__________________, 김일성 저작집 6, 1980.
__________________, 김일성 저작집 14, 1981.
__________________, 김일성 저작집 20, 1982.
__________________, 김일성 저작집 26, 1984.
__________________, 김일성 저작집 28, 1984.
__________________, 김일성 저작집 35, 1987.
선중앙통신사, 조선중앙연감, 1949.
______________, 조선중앙연감, 1993.
통일부, 남북한 법제 정비방안 연구, 1999.12.
______, 독일통일백서 1999~2003, 2000~2004.
______, 북한개요, 2004.
______, 남북합의서, 2004.
______, 통일백서, 2004.
______, 통일백서, 2005.
______, 독일통일백서 2004, 2005.
______, 월간 남북교류협력동향 제173호, 2005.11.
통일연구원, 미의회 '북한인권법' : 의미와 전망, 통일정세분석 2004-16, 2004.8.
통일원, 대만·중국간 교류관계법규집(1), 1992.
______, 남북합의서 해설, 1992.
______, 동서독 조약·협정 자료집, 1993.
______, 동서독 교류협력사례집, 1993.
______, 독일통일 6년·동독재건 6년, 1996.
한국법제연구원, 남북통일에 대비한 법적 대응방안, 1995.
______________, 입법기술의 이론과 실제, 1997.
__________________, 특집 통일지향적 새 남북관계 정립을 위한 법적 과제, 법제
    연구 통권 제19호, 2000.

(2) 논문

강경선, 남북한 헌법이념의 비교 1 : 남북한 헌법이념의 궁극적 지향점, 한국

방송통신대 논문집 제17집, 한국방송통신대학, 1994.
강병근, 남북상사중재위원회 구성·운영 활성화 방안, 남북교류협력 법제연구, 법무부, 2005.
강신중, 중국과 대만 사이의 가족법상 제문제 해결사례, 남북교류와 관련한 법적 문제점(3), 법원행정처, 2004.
권영설, 헌법의 국민조항과 국적법, 고시계 1997.7.
권영성, 우리 헌법의 영토조항과 통일조항, 판례월보 제228호, 1989.9.
______, 문익환 목사 방북, 좌우 대결 구실 안된다, 신동아, 동아일보사, 1989.5.
______, 남북통합과 국가형태, 국가체제문제, 공법연구 제21집, 1993.
김근식, 중국대륙과 대만의 결혼, 이혼 및 상속에 관한 비교고찰, 가족법연구 제12호, 1998.
김도창, 분단국 헌법과 통일관계조항, 법학 제8권 2호, 서울대 법학연구소, 1966.
김명기, 북한 주민을 대한민국 국민으로 본 대법원 판결의 법이론, 저스티스 30권 2호, 한국법학원, 1997.6.
______, 북한 붕괴 시 흡수통일 과정에서 북한 영역에의 적용법, 국제문제 제333호, 1998.
______, 남북투자보장·이중과세방지 등에 관한 합의서의 법적 성격과 국내적 효력, 통일부 교류협력국 실무위촉과제 연구보고서, 2000.
______, 남북한간 교역의 사법관계에의 적용법에 관한 연구, 통상법률 제21호, 법무부, 1994.
김문현, 영토조항과 북한 주민의 법적 지위, 고시연구, 1999.2.
김상용, 북한의 토지제도와 통일후의 개편 방향, 현대이념연구 제8집, 건국대학교 현대이념비교연구회, 1992.
______, 북한의 토지소유제도의 사상적 기초와 제도적 변천, 감정평가논문집 제12권 1호, 2002.
______, 북한의 사회주의토지제도의 변천과 통일후의 북한토지의 처리방안, 북한법연구 7호, 북한법연구회, 2004.
김선택, 헌법과 통일정책, 제1회 한국법학자대회 논문집, 한국법학 50년 – 과거, 현재, 미래(1), 1998.
김승대, 남북한간 특수관계의 법적 성격에 관한 고찰, 법조 통권 462호, 1995.3.
______, 동서독 통일과정에서의 헌법적 문제에 대한 이념적 고찰 : 남북한 통일에 대비한 헌법이론의 모색, 서울대 대학원 법학박사학위논문, 1996.

______, 상대방 지역 체류의 법률문제 — 신변안전의 법적 보장을 중심으로 —, 남북교류와 관련한 법적 문제점(3), 법원행정처, 2004.

______, 헌법관습의 법규범성에 대한 고찰, 헌법논총 제15집, 2004.

김일수, 북한형법의 체계와 특색, 북한법 체계와 특색, 세종연구소, 1994.

김찬규, 북한의 국제법에 대한 태도, 북한법 체계와 특색, 세종연구소, 1994.

______, 북한탈출자의 난민성격과 그 처우에 관한 고찰, 인권과 정의 제214호, 대한변호사협회, 1994.4.

김천식, 법적 보장으로 본 남북교류협력법, 통일한국, 1990.9.

김철수, 분단국헌법과 통일문제, 법학 제18권 1호, 서울대 법학연구소, 1977.

______, 남북한헌법의 비교와 통일헌법제정방향, 고시연구 제109호, 고시연구사, 1982.

______, 한국통일과 통일헌법 제정문제, 헌법논총 제3집, 1992.

______, 남북한헌법의 비교, 고시계 1997.5.

김태석, 북한형법의 실상, 유일당우선주교수 정년기념논문집, 한국형사법학의 새로운 지평, 2001.

김형성, 한반도 통일의 헌법적 과제, 헌법학연구 제4집 2호, 1998.10.

김홍규, 남북한의 민사재판제도 및 중재제도의 비교, 북한법연구 창간호, 1998.3.

나인균, 한국헌법의 영토조항과 국적문제, 헌법논총 제5집, 1994.

______, 한국헌법과 통일의 법적 문제, 헌법논총 제6집, 1995.

노영돈, 우리나라 국적법의 몇 가지 문제에 관한 고찰, 국제법학회 논총 제41권 2호, 1996.12.

______, 북한이탈주민의 법적 지위와 그 처리방안, 통일문제와 국제관계, 인천대학교 평화통일연구소, 1996.12.

도회근, 헌법과 통일문제, 사회과학논집 제5권 3호, 울산대, 1996.

______, 북한 주민의 헌법상 지위에 관한 연구, 한국헌법학회, 헌법학연구 제4집 제2호, 1998.10.

______, 북한이탈주민의 보호 및 정착지원에 관한 법제 연구, 울산대 사회과학논집 제8권 제1호, 울산대, 1998.

______, 헌법 제3조의 해석, 헌법규범과 헌법현실, 권영성교수 정년기념논문집, 법문사, 1999.

______, 헌법 영토조항, 남북관계 현실맞게 적용해야 한다 — 국민 기본권을 제약하는 국가보안법은 개폐해야, 자유공론, 한국자유총연맹, 2000.9.

동용승, 북한의 외국투자유치 관련 법제의 현황과 활용 방안, 남북교류협력
　　　법제 논문자료집, 통일원, 1996.
문준조, 북한이탈주민의 법적 지위, 남북교류와 관련한 법적 문제점(1), 법원
　　　행정처, 2002.
_____, 남북경제교류의 민족내부거래성과 대우 문제, 한국법제연구원, 2003.
박광섭, 남북한 주민의 왕래에 따른 신변안전보장방안, 남북교류협력 법제연
　　　구, 법무부, 2005.
박노형, WTO체제에서의 남북한 무역거래의 지위, 법조 통권 530호, 2000.11.
박수혁, 북한법과 현실과의 관계, 서강대동아연구 35, 1998.6.
박은정, 북한법 기본원리와 통일법이념 모색, 북한연구 창간호, 이화여대,
　　　1998.
박재옥·이상훈, 남북한 경협관련 분쟁해결방안, 2001년도 남북법제개선 연
　　　구보고서, 법제처, 2002.
박정원, 남북한 통일헌법에 관한 연구 : 통일헌법의 기본질서와 내용을 중심
　　　으로, 국민대학교 박사학위논문, 1996.
_____, 북한이탈주민의 법적 지위에 관한 헌법적 문제, 통일정책 및 북한 주
　　　민의 법적 지위에 관한 헌법적 문제, 헌법재판소, 1998.
_____, 남북관계발전을 위한 법제도 정비방안-남북관계발전기본법(안) 제
　　　정을 중심으로-, 제17대 국회에서의 남북협력 법제도 정비방안 정
　　　책토론회, 민족화해협력범국민협의회, 우리겨레하나되기운동본부, 우
　　　리민족서로돕기운동, 2004.6.
_____, 남북교류가 북한법제 변화에 미친 영향, 남북교류협력과 북한의 변
　　　화, 북한연구학회 춘계학술회의 자료집, 2005.
박종보, 동서독관계 및 대외관계에 관한 독일연방헌법재판소의 판례분석, 독
　　　일통일관련 연방헌법재판소의 판례 및 기본법개정에 관한 연구, 헌
　　　법재판소편, 1996.
박훤일, 개성공업지구내 담보활용방안 연구, 북한법연구 6호, 북한법연구회,
　　　2003.
배재식, 남·북한의 법적 관계와 통일방안의 비교고찰, 현대공법의 이론, 목
　　　촌 김도창박사 화갑기념논문집, 학연사, 1982.
_____, 남북한의 UN가입과 법적 문제, 한국통일정책연구논총 제2권, 한국
　　　통일정책연구회, 1993.
배종대, 통일과 북한형법의 이해, 북한법률행정논총 제7집, 고려대 법학연구

　　　소, 1989.
석동현, 통일전 북한 주민의 국내법적 지위 및 관련입법의 방향 논고, 법조 통권 522호, 2000.3.
소재선, 이산가족의 재결합에 따른 가족법상의 제문제, 가족법연구 제10호, 한국가족법학회, 1966.
손희두, 북한의 국적법과 그 과제, 남북교류와 관련한 법적 문제점(4), 법원행정처, 2005.
신영호, 북한 가족법의 회고와 전망, 북한법률행정논총 제10집, 고려대 법학연구소, 1995.
＿＿＿, 98년 헌법개정에 따른 북한소유제도의 변화 가능성, 북한법연구 제2호, 북한법연구회, 1998.
＿＿＿, 북한의 민법, 북한법 50년, 그 동향과 전망, 아시아사회과학연구원, 1999.
＿＿＿, 금강산관광 개발사업에 대한 북한법의 적용, 북한법연구 3호, 북한법연구회, 2000.
＿＿＿, 이산가족의 재결합에 따른 법적 분쟁과 그 해결방안, 남북교류와 관련한 법적 문제점(1), 법원행정처, 2002.
＿＿＿, 금강산관광지구법의 주요 내용과 쟁점, 북한법연구 6호, 북한법연구회, 2003.
신현윤, 북한 개방관련 법제의 현황과 문제점, 저스티스 제33권 제4호, 한국법학원, 2000.
＿＿＿, 남북한 경제법제의 동화에 따른 법적 갈등과 문제점, 통일연구 제5권 제1호, 연세대 통일연구원, 2001.
＿＿＿, 남북한 교류협력의 제도적 발전방향 ― 동서독 사례와의 비교 및 시사점을 중심으로 ― , 남북교류와 관련한 법적 문제점(3), 법원행정처, 2004.
심상용, 제17대 국회, 남북교류협력법제 정비의 과제와 방향, 남북교류협력법제 정비를 위한 제17대 국회의 과제 ― 남북관계발전기본법과 남북교류협력법을 중심으로 ― , 서울 YMCA 통일토론회, 2004.8.
양　건, 남북한관계의 새로운 방향제시와 법적 문제, 국제법학회논총 제26권 2호, 대한국제법학회, 1982.
＿＿＿, 국가보안법과 남북한관계의 이중성론, 판례월보, 1990.1.
＿＿＿, 남한의 통일방안을 어떻게 볼 것인가, 공법연구 22집 1호, 한국공법학회, 1994.
＿＿＿, 남북한 경협합의서의 법적 성격과 헌법적 과제, 법조 통권 554호, 2002.

오수근, 남북한간의 국제사법적 문제, 국제사법연구 제3호, 한국국제사법학회, 1998.

유병화, 남북기본합의서의 법적 성격, 법학논집 제27집, 고려대 법학연구소, 1992.

______, 남북한 UN가입과 한국통일의 법적 문제, 통일문제연구 제3권 3호, 통일원, 1991.

유하영, 분단국가 교역의 법률충돌 문제해결에 관한 연구, 국제법학회논총 제40권 제2호, 대한국제법학회, 2002.

______, 남북한간 혼인관계 법률충돌 문제의 해결에 관한 연구, 법조 통권 583호, 2005.4.

육소영, 남북한의 저작권 보호체계와 북한 저작물에 관한 법적 문제점, 남북교류와 관련한 법적 문제점(4), 법원행정처, 2005.

윤익중, 영연방 외교의 발전(1880-1973) : 역사적 변천과 특징, 한국외국어대학교 사회과학연구소, 2004.

윤대규, 북한의 경제정책과 법제의 변화, 경남법학 제9집, 경남대 법학연구소, 1994.

______, 북한 저작물에 대한 보호 및 문제점, 북한법연구 제3호, 북한법연구회, 2000.

______, 북한사회에서의 법의 성격, 북한법연구 6호, 북한법연구회, 2003.

______, 개성공단 운영에 따른 법적 문제점, 성균관법학 제15권 제2호, 2004.

이동률, 3차 국공합작의 불씨가 당겨질 것인가, 통일한국, 평화문제연구소, 2005.6.

이백규, 남북한 왕래에 관련된 법적 문제점, 남북교류와 관련한 법적 문제점(1), 법원행정처, 2002.

이상철, 북한이탈주민의 보호·지원법제 현황 및 문제점, 법제연구 제12호, 한국법제연구원, 1997.

이상훈, 헌법상 북한의 법적 지위에 관한 연구, 법제 563호, 법제처, 2004.11.

이상훈·금창섭, 헌법상 통일조항에 대한 법리적 고찰, 2004년도 남북법제개선연구보고서, 법제처, 2004.

이성환, 대한민국 국민의 범위, 법학논총 9집, 국민대 법학연구소, 1997.

이승우, 국가보안법의 헌법적 조명, 인권과 정의, 대한변호사협회, 1995.5.

이시우, 동독탈출자에 대한 서독의 법적 대응방안, 인권과 정의, 대한변호사협회, 1994.6.

______, 독일통일과정에서 파생된 헌법적 문제에 관한 독일연방헌법재판소
    의 판례분석, 독일통일관련 연방헌법재판소의 판례 및 기본법개정에
    관한 연구, 헌법재판소편, 1996.
이은정, 남북교류에 따른 가족법 대응방안-이산가족의 재결합을 중심으로-,
    가족법연구 제15권 제2호, 2001.12.
______, 북한의 지적재산권, 북한법연구 5호, 북한법연구회, 2002.
______, 남북교류와 지적재산권의 보호, 남북교류와 관련한 법적 문제점(1),
    법원행정처, 2002.
______, 중국과 대만의 교류협력 실태 및 법적 분쟁의 해결, 남북교류와 관련
    한 법적 문제점(2), 법원행정처, 2003.
______, 북한 가족법의 변화와 전망, 북한법연구 7호, 북한법연구회, 2004.
이일걸, 국제법적 측면에서 본 통일문제, 남북한정치의 구조와 전망, 도서출
    판 한울, 1994.
이장희, 평화공존체제를 위한 법적 수정방향, 통일한국, 1990.7.
______, 독일통일이 남북한통일에 주는 법적 의미, 국제법학회논총 제26권 2
    호, 대한국제법학회, 1991.
______, 남북합의서의 법제도적 실천과제, 남북합의서의 후속조치와 실천적
    과제, 아시아사회과학연구원 제1회 통일문제 학술세미나, 1992.
______, 남북한의 특수관계와 그 운영 방안, 외법논집 제7집, 1999.
______, 6·15공동선언과 통일지향적 국제법적 정비방향, 6·15남북공동선언
    과 통일지향적 법제정비방향, 제30회 아시아사회과학연구원 학술시
    민포럼, 2001.5.3.
______, 북한의 국제법 일반에 대한 동향과 전망, 북한법연구 7호, 북한법연
    구회, 2004.
______, 남북교류협력 확대에 따른 형사관할권의 제문제, 남북교류와 관련한
    법적 문제점(4), 법원행정처, 2005.
이재일, 북한형법에 대한 일고찰, 외법논집 제9집, 2000.
이주현, 남북한특수관계의 의미, 남북교류와 관련한 법적 문제점(2), 법원행
    정처, 2003.
______, 동서독 간의 민사분쟁 해결방식, 남북교류와 관련한 법적 문제점(3),
    법원행정처, 2004.
이진만, 동서독 법원 사이의 사법공조, 남북교류와 관련한 법적 문제점(4), 법
    원행정처, 2005.

임복규, 통일 이전의 서독과 동독의 법적 지위 — 독일의 법적 개념과 관련하여 —, 남북교류와 관련한 법적 문제점(2), 법원행정처, 2003.

임성권, 남북한 사이의 국제사법적 문제, 국제사법연구 제4호, 한국국제사법학회, 1999.

______, 남북한 주민 사이의 가족법적 문제, 남북한 화해와 법적 준비, 이화여자대학교 국제대학원 국제회의 자료집, 2000.11.

장명봉, 남북한 기본관계 정립을 위한 법적 대응, 유엔가입과 통일의 공법문제, 한국공법학회, 1991.

______, 통일정책과 헌법문제, 법학논총 제3집, 국민대 법학연구소, 1991.

______, 북한헌법의 발전과 헌법질서, 인권과 정의 통권 231호, 대한변호사협회, 1995.

______, 북한의 법제정비를 통해 본 북한의 변화 전망, 공법연구 제24집 4호, 한국공법학회, 1996.

______, 헌법의 영토조항과 북한 주민의 법적 지위, 헌법학연구 제3집, 1997.

______, 통일시대의 영토조항과 통일정책의 헌법적 문제, 통일정책 및 북한 주민의 법적 지위에 과한 헌법적 문제, 헌법재판소, 1998.

______, 대법원 판결과 북한 주민의 법적 지위 문제, 김철수교수 정년기념논문집, 1998.

______, 북한의 1998년 사회주의헌법 개정의 배경, 내용, 평가, 공법연구 제27집 2호, 한국공법학회, 1999.

______, 남북한법의 역사적 형성과 과제, 법제연구 제19호, 한국법제연구원, 2000.

______, 북한의 경제부분에서의 변화와 1998년 헌법개정, 법학논총 제14집, 국민대 법학연구소, 2002.

______, 신의주특별행정구기본법의 의미와 법적 고찰, 남북교류와 관련한 법적 문제점(2), 법원행정처, 2003.

______, 중국의 2004년 헌법개정 : 배경·내용·평가, 북한법연구 7호, 북한법연구회, 2004.

장석권, 북한헌법의 성립 배경과 그 특색, 헌법학연구 제1집, 한국헌법학회, 1995.

장승화, 남북 상사중재규정의 주요 쟁점과 제정방향, 남북교류협력 법제연구, 법무부, 2005.

______, 남북 상사분쟁의 해결, 남북교류와 관련한 법적 문제점(4), 법원행정

처, 2005.

장영민, 남북한 인적 왕래에 따른 형사문제 처리방안, 체제통일 및 변화에 따른 형사정책의 방향, 형사정책연구원 제1회 국제워크샵, 1993.

장영민·박강우, 남북한 인적 왕래에 따른 형사문제 처리방안, 형사정책연구원, 1994.

장영민 등, 남북한 통일과 형법통합, 형사정책연구 제7권 제1호, 1996.

장영수, 통일헌법 논의의 의의와 필요성, 헌법규범과 헌법현실, 권영성교수 정년기념논문집, 법문사, 1999.

전홍택 등, 남북경협 관련 북한의 법제도 현황과 과제, 통일경제, 현대경제사회연구원, 1995.1.

정동윤, 북한의 법원조직과 민사소송, 저스티스 제27권 제1호, 한국법학원, 1994.

정영화, 통일 후 북한의 재산권 문제에 관한 헌법적 연구, 서울대 대학원 법학박사학위논문, 1995.

______, 북한 경제특구법의 분석과 전망, 북한법연구 제6호, 북한법연구회, 2003.

제성호, 남북이산가족의 재결합에 따른 법적 문제점과 해결방안, 통일원 91 연구논문, 1991.

______, 기본합의서의 법적 성격과 효력, 국제법학회논총 제37권 1호, 1992.6.

______, 헌법상 통일관련 조항의 개폐문제, 통일연구논총 창간호, 민족통일연구원, 1992.

______, 남북한간 인적 교류시 형사문제 처리방안－형사관할권 행사를 중심으로－, 법조 통권 449호, 1994.2.

______, 남북한간의 형사법적 문제, 법조 통권 455호, 1994.8.

______, 북한의 법체계와 사법제도, 북한의 이해, 집문당, 1996.

______, 북한 인민경제계획법에 관한 일고찰, 북한법연구 3호, 북한법연구회, 2000.

______, 북한의 대외민사관계법과 남북한간 민사법률문제 처리 방향, 통일정책연구 제10권 2호, 2001.

______, 북한의 형사법제와 국제인권규약, 서울국제법연구 제8권 1호, 2001.

______, 6·15남북공동선언과 후속문서의 법적 성격과 효력, 저스티스 통권 60호, 2001.4.

______, 해외탈북자의 법적 지위와 처리방안, 법조 통권 556호, 2003.1.

______, 개성특구 진출에 따른 한국의 법적 대응, 저스티스 통권 75호, 2003.10.

______, 북한 인권실태와 국제사회의 대응, 북한법연구 7호, 북한법연구회, 2004.

______, 헌법상 통일관련 조항을 둘러싼 주요 쟁점, 2004년도 남북법제개선연구보고서, 법제처, 2004.

______, 남북합의서에 대한 국내법적 효력부여 문제, 법조 통권 571호, 2004.4.

______, 남북한 주민의 이주에 따른 법적 문제, 남북교류와 관련한 법적 문제점(3), 법원행정처, 2004.

______, 개성공단 관련 남북간 분쟁의 해결방안, 저스티스 통권 85호, 2005.6.

조성국, 북한가족법의 개관 및 남북한 가족법의 이·동질성, 경민대학연구논총 제3집, 경민대학, 2000.

조정찬, 북한 주민의 법적 지위에 관한 연구, 2001년도 남북법제개선 연구보고서, 법제처, 2002.

최경옥, 한국헌법 제3조와 북한과의 관계, 공법학연구, 영남공법학회, 1999.

최달곤, 한국과 북한 가족법의 이질성과 동질성, 가족법연구 제3호, 한국가족법학회, 1989.

______, 북한민법의 체계와 특색, 북한법 체계와 특색, 세종연구소, 1994.

______, 북한의 상속법, 인권과 정의 통권 231호, 대한변호사협회, 1995.

______, 남북 이산가족 재결합에 따르는 법적 문제점, 북한학연구, 고려대 북한연구소, 2000.

최대권, 남북합의서와 관련된 제반 법문제-특히 특수관계의 의미를 중심으로-, 법학 통권 93호, 서울대 법학연구소, 1993.12.

______, 남북교류협력 본격화 시 예상되는 국내법 체계상의 문제점과 그 대책, 법학 제34권 1호, 서울대 법학연구소, 1996.5.

최병문, 남북한 형사사법의 구조 비교, 비교한국학 제8권, 국제비교한국학회, 2001.

최승환, 전략물자수출통제와 남북경협, 통상법률 통권 제61호, 법무부, 2005.2.

최종고, 북한의 입법동향과 법생활, 북한연구 제3권 1호, 1992.

______, 북한법의 최근 동향과 특징, 북한연구 제4권 4호, 대륙연구소, 1993.

______, 북한법이론과 북한법학의 회고와 전망, 북한법률행정논총 제10집, 고려대 법학연구소, 1995.

______, 북한의 국가상징과 법, 북한법연구 4호, 2001.

______, 북한인권의 논의 동향과 과제, 법학 46권 3호, 서울대 법학연구소, 2005.

최종고 등, 북한법의 변화와 전망, 북한법 50년, 그 동향과 전망, 아·사·연 법·언론 연구총서 제8권, 아시아사회과학연구원, 1999.

최진욱, 통일한국의 권력구조, 민족통일연구원 연구보고서 94-31, 1994.
최창동, 통일을 앞 둔 남북한의 법적 지위·분단국가의 법적 지위, 법률행정
　　　연구원, 1996.
______, 헌법상 영토조항과 통일조항의 올바른 헌법해석론, 정책연구, 국제
　　　문제조사연구소, 2005.
한석희, 롄잔 방문과 양안관계, 정세와 정책, 세종연구소, 2005.6.
한인섭, 북한형법 반세기, 북한법 50년, 그 동향과 전망, 아·사·연법·언론
　　　연구총서 제8권, 아시아사회과학연구원, 1999.
한형건, 서독과 동독의 법적 관계 — 남북한 관계와의 비교를 위한 고찰—, 국
　　　제법학논총 제26권 2호, 1982.
______, 분단한국의 재통일에 관한 국제법적 고찰, 국제법학논총 제37권 1호,
　　　1992.
허　영, 독일통일과 법질서통합과정, 독일통일의 법적 조명, 박영사, 1994.
허　전, 남북기본합의서와 헌법, 법학연구 제5권, 충북대학교, 1993.
홍익표, 남북한 사회통합의 새로운 지향 : 합의제 민주주의를 중심으로, 통일
　　　문제연구, 통권 제42호, 평화문제연구소, 2004.
통일연구원, 북한인권에 대한 국제사회의 동향, 통일정세분석 2005-11, 2005.4.
________, 북한 주권국가 인정문제의 국제법적 조명 — 동서독 사례와 향후
　　　통일정책 과제, 통일정세분석 2005-14, 2005.8.

2. 외국문헌

(1) 단행본

Arzinger, R., Das Selbstbestimmungsrecht im allgemeinen Völkerrecht der Gegenwart,
　　　1966.
Bernhardt, R., Die Rechtslage Deutschlands, JuS 1986, Heft 11.
Blatt, H., Der Streit um die Rechtslage Deutschlands von der Kapitulation bis zur
　　　Einheit, 2000.
Bleckmann, A., Grundgesetz und Völkerecht, 1975.
Blumenwitz, D., Die Grundlagen eines Friedensvertrages mit Deutschland, Berlin, 1966.
________, The Legal Status of the Divided Nations, 최창동 역, 분단국가의 법적

지위, 법률행정연구원, 1996.

Choi, Chongko, Law and Justice in Korea-South and North-, Seoul National University Press, 2005.

Doehring, K., Die Wiedervereinigung Deutschlands und die europäische Integration, DVBL, 1979.

Doehring, K. - Kewenig, W. - Ress, G., Staat und Völkerrechtliche Aspekte der Deutschland und Ostpolitik, Frankfurt, 1971.

Goodrich, L., Korea. A Study of United States Policy in the United Nations, New York, 1956.

Hacker, J., Der Rechtsstatus Deutschlands aus der Sicht der DDR, 1974.

Hesse, K., Grundzüge des Verfassungsrechts der Bundesrepublik Deutschland, 계희열 역, 박영사, 2001.

Kelsen, H., The Law of United Nations, London, 1951.

Kimminich, O., Deutschland als Rechtsbegriff und die Anerkennung der DDR, Deutsches Verwlatungsblatt 1970.

Krülle, S., Die völkerrechtliche Aspekte des Oder-Neiße Problems, Berlin, 1970.

Petersmann, E. u., Study on Legal and Political Aspects of Inter-Korean Transactions and their Relationalship to the Interantional Trade Regime under Gatt, 한국 개발연구원 편, GATT체제하의 남북한 교역의 법적·정치적 측면에 관한 연구, 한국개발연구원, 1993.1.

Rauschning, D., Rechtsstellung Deutschlands, Völkerrechtliche Verträge und andere rechtsgestaltende Akte, München 1985.

Ress, G., Die Rechtslage Deutschlands nach dem Grundlagenvertrag vom 21. Dez. 1972, 1978.

Roth, M., Zwei Staaten in Deutschland : Die sozialliberale Deutschland- politik und Ihre Auswirkungen 1969-1978, Düsseldorf : Westdeutscher Verlag, 1981.

Schunck, E - Clerck, H. d. - Guthardt, H., Allgemeines Staatsrecht und Staatsrecht des Bundes und der Länder, 1995.

Schuppert, F., Die verfassungsgerichtliche Kontrolle der auswärtigen Gewalt, Baden-Baden, 1973.

Teyssen, G., Deutschlandtheorien auf der Grundlage der Ostvertragspolitik, 1987.

Weidenfeld W. - Korte K., Handbuch zur deutschen Einheit, Frankfurt /Main, 1996, 임종헌 등 역, 한겨레신문사, 1998.

Wilke, K. m., Bundesrepublik Deutschland und Deutsche Demokratische Republik, Grundlagen und ausgewählte Probleme des gegenseitigen Verhältnisses der beiden deutschen Staaten, Berlin, 1976.

Young Wei, Divided Nations and International Law : Political Realty and Legal Practice, Occasional Papers/Reprint Series in Contemporary Asian Studies, 1981.

Zündorf, B., Die Ostverträge, München : Verlag, C. Beck, 1979.

Bundesministerium des Innern, Materialien zur deutschen Einheit und zum Aufbau in den Neuen Bundesländern, Bonn, 1995.

Bundesministerium der Justiz, Referat Ⅳ B 4, Berlin, 2000. 1. 27.

Deutscher Bundestag 13. Wahlperiod, Schlußbericht der Enquete-Kommission "Überwindung der Folgen der SED-Diktatur im Prozeß der deutschen Einheit", Drucksache 13/11000, 1998. 6. 10.

North Korean Human Rights Act of 2004, USA.

邵宗海, "兩岸關係史", 張五岳 主編, 兩岸關係研究, 臺北, 新文京開發出版股份有限公司, 2003.

吳新興, 整合理論與兩岸關係之研究, 臺北, 五南圖書出版公司, 1998.

王泰銓, 兩岸法律重要議題 : 系列研究, 國立高雄大學, 2004.

張五岳, 張仕賢, 中華民國的大陸政策, 張五岳 主編, 臺北, 新文京開發出版股份有限公司, 2003.

全國臺灣研究會, 2001年 兩岸關係研究報告, 北京, 九州出版社, 2002.

中國電視臺對臺編輯部 主編, 臺灣同胞政策法規問答, 北京, 民族出版社, 2002.

(2) 논문

Freiherr, F. a. - Heydte, Deutschlands Rechtslage, in : Die Friedenswarte, Basel, 1977.

Grewe, W., Die verfassungsrechtlichen Grundlagen der Bundesrepublik Deutschland, in DRZ 1949.

Hacker, J., Die deutschlandrechtliche und deutschlandpolitische Funktion der Vier Mächte Verantwortung, in : Dieter Blunenwitz und Meissner(Hrsg.) : Staatliche und nationale Einheit Deutschlands ihre Effektivität, 1984.

__________, The German question in national and international law. in : Aspects of the German question. 1987.

__________, Deutschland als Rechtsbegriff aus der Sicht beider Staaten, in : Innerdeutsche Rechtsbeziehungen, 1988.

Kaufmann, E., Die These von den zwei deutschen "Teilstaaten" oder "Teilvölkern", in : Bull. 1955.

Kewenig, W., Auf der Suche nach einer neuen Deutschland - Theorie, in : DÖV 1973.

__________, Deutschlands Rechtslage heute, in : Europa Archiv 1974.

Kimminich, O., Deutschland als Rechtsbegriff und die Anerkennung der DDR, Deutsched Verwaltungsblatt 1970.

Kriele, M., Der Streit um die Rechtslage Deutschlands und die völkerrechtliche Anerkennung der DDR, Zeitschrift für Rechtspolitik 1971.

Krüger, H., Bundesrepublik Deutschland und Deutsches Reich, in : Süddeutsche Juristenzeitung, 1950.

__________, Die nationale Frage in Deutschland und die Aufgaben der deutschen Staatswissenschaft, in : Staat und Recht, 1953

Kuppe, J., Die deutsch-deutschen Beziehungen aus der Sicht der DDR. in : Weidenfeld, W./Ölmmermann, H.(Hrsg.) : Deutschland Handbuch. München 1989.

Kupper, S., Die innerdeutschen Beziehungen im Wandel. in : Deutschland, Europa und die Welt. 1986.

Lee, Eric Y., Development of North Korea's Legal Regime Governing Foreign Business Cooperation : A Revist under the New Socialist Constitution of 1998, 21 Northwestern Journal of International Law and Business 199, 2000.

Mahnke, H., Die besondere Beziehungen zwischen den beiden deutschen Staaten, in : Gottfried Zieger(Hg), Fünf Jahre Grundver tragurteil des Bundesverfassungsgerichts, Köln, 1979. 주독일대사관 역, 1993.7.

Mangoldt, H., Zur heutigen Bedeutung der Entscheudung des Grundgesetzes für die deutsche Staatsangehörigkeit. in : Hartmut Mauer(Hrsg.) : Das akzeptierte Grundgesetz. 1990.

Rauschning, D., Die Wiedervereinigungsgebot-Willensbildungsfunktion und Kontrollfunktion, in : Heilbronner, K. - Ress, G. - Stein, T.(Hrsg.), Staat und Völkerrechtsordnung, Festschrift für K. Doehring, Berlin, Heidelberg, 1989.

__________, Die Wiedervereinigung vor dem Hintergrund der Rechtslage

Deutschlands, in : Juristische Schulung, 1991.

Ress, G., Einige völkerrechtliche und staatsrechtliche Konsequenzwen der Mitgliedschaft von BRD und DDR in den Vereinten Nationen und ihren Sonderorganisationen, in : Der Staat 11, 1972.

Robra, R., Lust oder Frucht, Die Herstellung der Einheit Deutschlands im Rechtsalltag, Neue Justische Wochenschrift, 1998.

Rumpf, H., Aktuelle Rechtsfragen der Wiedervereinigung Deutschlands, in : Europa-Archiv, 1957.

Scheuner, U., Die staatsrechtliche Stellung der Bundesrepublik, in : DÖV 1973.

Schmit-Jortzig, E., "Gleichberechtigte" und "besondere" Beziehungen der beiden deutschen Staaten durch den Grundvertrag. in : Deutschland-Archiv 11/1973.

Wengler, W., Justiziabilität der Wiedervereinigungsfrage, NJW 1971.

Wilke, K., Der Begriff der gutanchbarlichen Beziehungen. in : Deutschland-Archiv 6/1976.

찾아보기

가

나

자

자유무역협정 350
자유민주적 기본질서 33
자주 44
잠재적 국적 174
재결합 217
재통일 29
재판관할권 273
재혼 230
저촉법 279
적법절차의 보장 310
전략물자 354
전략물자수출통제체제 354
정당화이론 113
정상적인 선린관계 249
정치적 공동성명 241
조교 186
조국통일 3대 헌장 59
조약 251, 256
준거법 279
중재 317
중혼 230
지역간형법이론 305
지역무역협정 345
집단주의 원칙 41
집행관할권 210
집행보장 283

차

창설적 효과설 150
최혜국대우 335
7·4남북공동성명 137

카

카이로선언 49
키프로스 97

타

통일 28
통일방안 61
통일적·규범조화적 해석 128
통일조항 35, 132
통일주체국민회의 16
통일지향의 잠정성 162
특별법 135
특별법우선의 원칙 206

파

판결에 대한 승인 283

이 효 원

서울대학교 법과대학
서울대학교 대학원 법학석사
동 대학원 법학박사
서울북부·울산·창원·서울지방검찰청 검사
독일 베를린자유대학 장기연수
법무부 특수법령과 검사
현재 대구지방검찰청 부부장검사

남북교류협력의 규범체계

값 20,000원

2006년 9월 15일	초판 인쇄
2006년 9월 25일	초판 발행

저　　자 : 이 효 원
발 행 인 : 한 정 희
발 행 처 : 경인문화사
편　　집 : 장 호 희
서울특별시 마포구 마포동 324-3
전화 : 718-4831~2, 팩스 : 703-9711
이메일 : kyunginp@chol.com
홈페이지 : http://www.kyunginp.co.kr
: 한국학서적.kr
등록번호 : 제10-18호(1973. 11. 8)

ISBN : 89-499-0418-7 94360
© 2006, Kyung-in Publishing Co, Printed in Korea
* 파본 및 훼손된 책은 교환해 드립니다.